中国股权投资基金发展新论

New Studies on the Development of Chinese Private Equity Funds

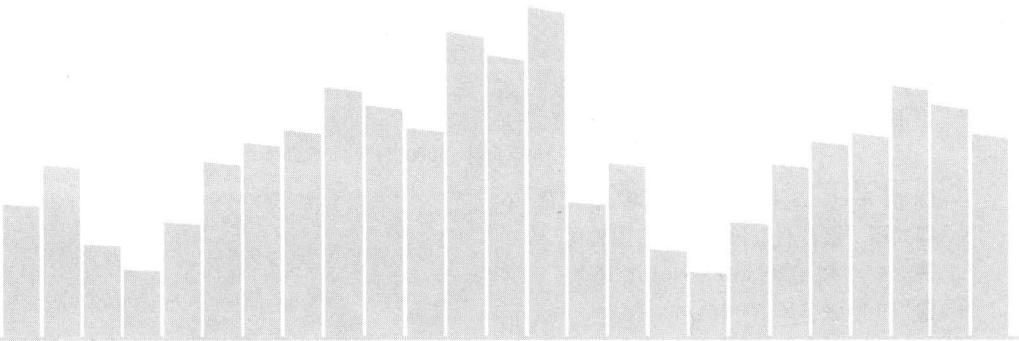

中国发展出版社
CHINA DEVELOPMENT PRESS

图书在版编目（CIP）数据

中国股权投资基金发展新论/朱忠明，赵岗著．—北京：中国发展出版社，2012.5

ISBN 978 - 7 - 80234 - 778 - 6

Ⅰ．中…　Ⅱ．①朱…　②赵…　Ⅲ．股权—投资基金—研究—中国　Ⅳ．F832.51

中国版本图书馆 CIP 数据核字（2012）第 065846 号

书　　　　名：中国股权投资基金发展新论
著作责任者：朱忠明　赵　岗
出 版 发 行：中国发展出版社
　　　　　　　（北京市西城区百万庄大街 16 号 8 层　100037）
标 准 书 号：ISBN 978 - 7 - 80234 - 778 - 6
印　刷　者：北京科信印刷有限公司
开　　　本：720×1000mm　1/16
印　　　张：26.5
字　　　数：416 千字
版　　　次：2012 年 5 月第 1 版
印　　　次：2012 年 5 月第 1 次印刷
定　　　价：49.00 元

咨 询 电 话：（010）68990692　68990622
购 书 热 线：（010）68990682　68990686
网　　　址：http://www.develpress.com.cn
电 子 邮 件：fazhan@drc.gov.cn

本书编撰委员会名单

主　　　　编：朱忠明　赵　岗

副　主　编：李　直　林柄城　薛　朋　燕美灵

编撰委员会成员：王英明　孔德军　耿丽聘　骆　敏

　　　　　　　　郑雅文　过　群　梁　丹　张　欢

　　　　　　　　柴　旦　刘建超

前
言

　　股权投资经过近 30 年来的飞速发展，已经成为发达国家资本市场的重要组成部分。

　　目前股权投资在我国还处于起步阶段，虽然近几年来发展迅猛，但中国为数众多的中小企业对股权投资这条融资渠道有着广泛的需求，股权投资行业在我国还有很广阔的发展前景。创业板的推出更是进一步推动了股权投资行业的高涨，大量的股权投资基金出现，越来越多的资金涌向这个行业。另一方面，中国正处于产业结构调整和行业整合阶段，迅速成长的中小高新技术企业需要大量的资金扶持，行业间的并购也越来越多，这些都为我国股权投资行业的发展提供了基础。但是目前股权投资行业的市场格局也正在逐步发生变化。持续收紧的货币政策导致市场流动性降低，股权投资基金的融资困难和竞争加剧将致使实力不济的投资基金退出市场。同时，随着 IPO 市场的逐步回归理性，并购业务将在国内股权投资市场占据越来越多的份额，大型股权投资机构将向并购业务渗透转型。此外，IPO 前期越来越高的投资成本也将导致股权投资基金的投资阶段前移，更注重对企业前期的投资和培育。

　　本专著全面系统地详述了股权投资在国内外的发展历程，分析了股权投资对我国经济和资本市场发展的意义，论述了对股权投资的适度监管，提出了合理引导股权投资发展的政策建议，创新性的对股权投资进行信息经济学和产业经济学分析，并通过建立模型对股权投资的投资风险进行实证分析。

本专著由十章构成。第一章介绍了股权投资基金的基本概念、类型、组织形式及比较，以及股权投资基金的运作。第二章从信息经济学和产业经济学的角度对股权投资基金进行了经济学分析，论述了委托代理关系中存在的逆向选择和道德风险。第三章则建立了股权投资基金投资风险指标体系，并利用三角模糊数网络建立评价模型，对项目风险因子进行实证分析。第四章着重介绍了美国和英国的情况，在分析国外发展经验的基础上提出了几点经验借鉴。第五章分别从我国本土股权投资基金和外资股权投资基金的角度，详细介绍了股权投资基金在我国的发展历史和特点。第六章主要阐述了股权投资基金对我国经济的积极推动作用。第七章则探讨了目前我国股权投资行业还存在的不足，如基金运作不规范、信息披露不完善、行业发展失衡等。第八章介绍了国外股权投资行业的立法监管现状和国内股权投资行业的立法监管，并在此基础上论述了目前监管法律制度存在的问题。第九章重点探讨了如何构建我国股权投资基金的湿度监管体系。第十章分析了合理引导股权投资行业发展的具体措施，对促进国内股权投资行业的发展提出了政策性的建议。

本专著由朱忠明教授、赵岗博士提出基本框架并拟定大纲，由王英明、孔德军、耿丽聘、骆敏、郑雅文、过群、梁丹、张欢、薛朋、柴旦、刘建超、燕美灵分别撰写初稿，最后由李直、林炳城、薛朋、燕美灵副主编协助主编总纂、修改、定稿。各章初稿撰写分工为：第一章由王英明撰写，第二章由孔德军撰写，第三章由耿丽聘撰写，第四章由骆敏撰写，第五章由郑雅文撰写，第六章由过群撰写，第七章由梁丹撰写，第八章由张欢撰写，第九章由薛朋撰写，第十章由柴旦、刘建超共同撰写。

本书在写作过程中，国务院发展研究中心的研究人员、北京大学光华经济管理学院教授和博士研究生同仁对本书的写作提出了大量宝贵的意见，在此表示感谢。

朱忠明　赵　岗
2012 年 2 月 28 日

目录

第一章 股权投资基金概述

四股力量——石油美元、亚洲各国中央银行、对冲基金和股权投资基金正在世界金融市场上起到越来越重要的作用。尽管它们并非新生事物，但自2000年起它们的快速增长已经赋予其前所未有的影响力。麦肯锡全球研究院（McKinsey Global Institute）的研究（2007年）发现，四大力量的快速增长远非是一个暂时现象，新兴力量代表了全球资本市场的结构性转变①。总部位于华盛顿的行业组织私募股权成长资本委员会（Private Equity Growth Capital Council）曾公布，在全球信贷市场处于紧缩的状况下，2010年前三季度全球股权投资基金的现金投资总额已经达到了940亿美元，创下有史以来的最高水平。总部位于伦敦的市场研究机构 Preqin 有限责任公司称，全球股权投资基金（不包括主权财富基金）目前的资本承担总额已经超过4000亿美元。而据国际货币基金组织统计，至2011年底，全球主权财富基金所管理的资产规模已超过4万亿美元。瑞银集团（UBS）预计到2012年底全球主权财富基金规模有希望达到7.2万亿美元，未来5年平均年增长率达到18%。由此可见，股权投资基金已经成为资本市场上最具影响力的主体之一。

第一节 股权投资基金的基本概念

股权投资基金（Private Equity Fund，PE）是指以非公开交易企业股权

---

① 麦肯锡全球研究院：《新兴力量：石油美元、亚洲中央银行、对冲基金以及私募股权投资基金如何塑造全球资本市场（执行摘要）》，2007年10月。

为主要投资领域的投资基金。欧洲私人股权与创业资本协会（EVCA）将股权投资基金定义为一种由一定数量投资者组成的主要投资于企业股权或与股权相关的证券的集合投资工具或计划，一般以私人企业为投资对象，有时也会投资于公众企业，但所投资的股权一般未在证券交易所上市交易或暂时不能在证券交易所交易（如对即将退市企业并购重组）。股权投资基金以投资私人企业股权为主，投资于公众企业是以企业重组和行业整合为目的，而不是为了持有企业股票在二级市场上获利。著名评级机构标准普尔对"私募股权投资基金"的定义是：股权投资基金是包括对非上市公司的股权投资、创业投资，以及较大规模和中等规模的杠杆收购、夹层债务和夹层股权投资（Mezzanine）等各种另类投资（alternative investment）的统称；此外，私募股权投资基金还包括对上市公司进行的非公开的协议投资（Private Investment in Public Equity，PIPE）。

我国将 PE 普遍翻译为私募股权投资基金。根据北京股权投资协会对 PE 的定义：私募股权投资从投资方式角度看，是指通过私募形式对非上市企业进行的权益性投资，在交易实施过程中附带考虑了将来的退出机制，即通过上市、并购或管理层回购等方式，出售持股获利。但随着全球金融行业的发展，公募也成为股权投资基金资金来源的形式之一，例如在欧美国家，已经开始出现公募并上市交易的股权投资基金。如 KKR 集团（Kohlberg Kravis Roberts & Co. L. P.）在 2006 年 5 月成立了一项永久性投资计划，曾在公开市场募集了 50 亿美元[①]；美国著名的股权投资基金黑石集团于 2007 年在纽交所成功上市；英国也有许多专门投资于私人股权的封闭式基金通过公募形式进行融资并上市交易。私募股权投资基金的译法强调了"私募"这一资金募集形式，显然已经不再适合现在股权投资概念的发展，所以本书中采用"股权投资基金"作为"Private Equity Fund，PE"的统一定义。

一、股权投资基金概念辨析

1. 股权投资基金与创业风险资本

传统上，欧美国家通常将创业风险资本与私人股权资本区分开来定义，

① 凌涛：《股权投资基金在中国——兴起原因与未来发展》，上海三联书店 2009 年版，第 17 页。

如表 1.1 所示。然而这种区分是狭隘的，也是不符合最新发展的，在实践中，很多股权投资基金同时从事着风险投资、收购重组等业务。美国全美投资协会（NVCA）就用股权投资资本对所有的创业风险投资、管理层收购以及夹层投资等进行了定义。将创业风险资本定义为股权投资的一部分，有助于对股权投资基金做出更准确的定义。

表 1.1　　　　　　　　　　欧美对股权投资基金的不同定义

	股权投资行业（the private equity industry）		
美国	风险投资（venture capital）		私人股权投资（private equity）
欧洲	风险资本 （venture capital）	发展资本 （expansion capital）	收购资本 （bay-outs）

2. 私募基金与公募基金

按照基金的募集对象和方式，基金可以分为公募基金及私募基金。

公募基金是受政府主管部门监管的，向不特定投资者公开发行受益凭证的证券投资基金，这些基金在法律的严格监管下有着信息披露、利润分配、运行限制等一系列行业规范。在目前法律框架内，公募基金是最透明、最规范的基金。

私募基金则是通过非公开方式向特定对象筹集资金，整个基金的设立、资金的募集和赎回等都通过私下协商进行。相对于公募基金，私募基金所受到的监管很少，信息披露程度较低，容易发生不规范行为。

公募基金及私募基金的主要区别如下。

（1）方式不同。公募基金募集资金是通过公开发售的方式进行的，而私募基金则是通过非公开发售的方式募集，这是私募基金与公募基金最主要的区别。

（2）募集的对象不同。公募基金的资金募集对象是社会上不特定的投资者，资金筹集潜力大。而私募基金资金募集的对象是少数特定的投资者，包括机构和个人，资金募集对象范围较小，对投资者投资金额的要求较高。

（3）信息披露要求不同。监管机构对公募基金的信息披露有着非常严格的要求，其投资目标、投资组合等信息都要在指定媒体上定期进行披露。而对私募基金信息披露的要求则很低，所以私募基金的日常管理及投资操作具有较强的保密性。

（4）投资限制不同。公募基金在基金设立时对投资的品种、各品种投资的比例、投资行为与基金类型的匹配上有着相对严格的限制，而私募基金的投资限制则完全由协议约定。

（5）业绩报酬不同。公募基金不提取业绩报酬，只收取管理费。而私募基金则一般采取管理费与基金收益提成相结合的方式，基金收益提成是报酬的主要来源。

公募基金与私募基金有很多不同点，我国对私募基金的监管也一直存在不完善的问题，而这一问题有望在 2012 年得到初步解决。《中华人民共和国证券投资基金法》修订工作已进入实质阶段，并取得阶段性成果，此次修订的一个重点是，为私募下定义，将私募和公募区分开，并制定不同的监管标准。基金监管范围拟拓宽，私募基金、私募股权投资基金、风险投资基金、券商集合理财计划、信托投连险等都将被纳入监管体系。

3. 股权投资基金与私募证券投资基金

股权投资基金与私募证券投资基金是完全不同却经常被大家混淆的两个概念，两者在资金来源及投资对象等多个方面有着本质的区别。在投资对象方面，股权投资基金的投资对象主要为非上市企业的股权，主要的业务在一级市场；而私募证券投资基金的投资对象则为证券市场公开上市的证券，主要的业务在二级市场。资金募集来源方面，股权投资基金的资金募集方式为私募，极少数也可以采取公募方式；而私募证券投资基金的资金募集方式则为私募。资金流动性方面，股权投资基金的投资周期较长，资金变现能力较弱，流动性较差；而私募证券投资基金的资金流动性则较强。投资理念方面，股权投资基金更注重企业的成长价值并在大多数时间里伴随企业一同成长，而私募证券投资基金则更关注企业的证券价格在市场上的表现。风险收益方面，由于两种基金面临着不同的政策背景、处在不同的资本市场层次、投资于不同的企业发展阶段，两者在风险收益方面有很大的不同。

4. 股权投资基金与产业投资基金

产业投资基金，在国外通常被称为风险投资基金及股权投资基金。在本书中，产业投资基金是指在我国股权投资基金发展历程中形成的特有概念。我国《产业投资基金管理办法》对其有如下定义："一种对未上市企业进行股权投资和提供经营管理服务的利益共享、风险共担的集合投资制度，即通过向多数投资者发行基金份额设立基金公司，由基金公里自任基金管理人或另行委托基金管理人管理基金资产，委托基金托管人托管基金资产，从事创业投资、企业重组投资和基础设施投资等实业投资。产业基金实行专业化管理。按投资领域的不同，相应分为创业投资基金、企业重组投资基金、基础设施投资基金等类别。"我国产业投资基金的设立须经国家发展与改革委员会核准，国务院批准。通常为地方政府连同金融机构发起主导，2006 年天津市筹办了国内首只产业投资基金——渤海产业投资基金。产业投资基金的设立是为了深化投融资体制改革，促进产业升级和经济结构调整，是发展中国家不可或缺的投资主体，一定程度上提高了市场资源配置的有效性。

5. 股权投资基金与对冲基金

私募股权投资基金和对冲基金都属于私募基金，有许多共同点：投资者大多是一些投资机构和少数富人；没有向公众披露信息的义务，投资策略和资产组合都比较隐蔽；在操作方式上，多采用财务杠杆操作；组织结构比较简单，人员精简；基金管理者一般都要参与投资，薪酬与业绩相关等。

对冲基金的投资对象主要是二级市场上的证券和证券衍生产品，传统的对冲基金主要采用各种交易手段（如卖空、杠杆操作、互换交易、套利交易、衍生品种等）进行对冲、套期来赚取巨额利润实际中，随着金融市场的发展，两者的界限越来越模糊。对冲基金开始逐步进入到股权投资行业中，对冲基金中有一项类似股权投资的项目叫做困境投资，向处于困境的企业提供股权投资以帮助其渡过难关，待企业恢复后通过获得股本增值而获取收益。金融危机之后，一些股权投资基金（如 KKR 和 Apollo Advisors）和对冲基金（如 Citadel Investment Group）开始涉足投资银行业，开展利润丰厚的债券股票承销业务。历史上银行界最大的收购案——荷兰银行收购案中也出现了对冲基金的身影。

二、股权投资基金的主要特征

股权投资基金作为基金的一种主要形式，是一种集合投资计划，即由众多投资者出资并让渡资金使用权，通过委托代理的方式由专业基金管理机构和人员管理运作资金。由于资金来源于多个投资者，集合投资可以有效地实现风险和成本在投资者间的分摊，同时对于单个投资者来说，降低了专家理财的成本；聚集的巨额资本可以满足现代社会发展对资金的巨额需求，投资于一些资金需求巨大的项目，具有规模经济效应；股权投资基金作为投融资双方间的中介机构，有效降低了资金所有者的投资成本及资金需求者的筹资成本，促进了经济社会更高效率的发展。这些都是个人投资者无法轻易办到的。股权投资基金具有以下主要特征。

1. 高风险高回报

投资者进行投资的目的是在风险承受能力范围内取得理想的投资回报。股权投资基金一方面面临着所投资企业创业失败、业绩下滑、无法达到预期期望收益，所投资金退出方式及时间不确定等投资风险；另一方面，在重组收购交易中多采取高财务杠杆，使股权投资基金面临巨大的财务风险。金融市场上，高风险往往意味着高收益，股权投资基金的投资者在面临高风险的同时，同样面临着超额的投资收益，这也正是股权投资吸引人之处。英国另类投资研究机构 Preqin 曾发表数据称：2009 年 6 月至 2010 年 6 月一年时间里，全球股权投资基金投资回报率是 17.6%，这一投资回报率超过了美国和欧洲股市的投资回报。分类数据统计显示，私募股权收购基金以 20.7% 的投资回报率位列第一，其中巨型企业收购基金的回报率甚至达到 23.6%，小型和中型基金的回报率分别是 19.1% 和 17.9%；创业风险投资基金回报率是 8.4%，"基金的基金"回报率为 11.6%；夹层基金回报率则仅为 6%。

2. 积极的投资管理

股权投资基金在投资过程中很多情况下扮演战略投资者的角色。股权投资基金作为一种中长期股权投资，除了投入资金外，一般还参与企业的日常经营管理。

战略投资者是指那些符合国家法律、法规和规定要求，与融资企业具有合作关系或合作意向及潜力，并愿意遵守融资企业的配售要求与融资人签署战略投资配售协议，与融资企业业务联系紧密且欲长期持有融资企业股权的法人。战略投资者与普通投资者相比，除了对目标企业投入资金外，还帮助目标企业完善公司治理结构，甚至向目标企业输入高端技术和先进设备，改善目标企业经营与管理现状。战略投资者的主要特征有：

（1）与目标业务联系紧密，拥有改善与增进目标企业业务发展的实力。

（2）长期稳定持股。战略投资者持股年限一般都在 5~7 年以上，追求长期投资利益，这是区别于一般法人投资者的主要特征。

（3）持有股权数量大。战略投资者一般持有可以对公司经营管理形成一定影响的股份，以确保其对企业具有足够的控制力。

（4）追求长期的战略利益。战略投资者对于企业的投资侧重于行业或产业链的战略利益，通常希望通过战略投资实现其行业的战略地位。

（5）有动力参与企业治理。战略投资者一般都希望能参与公司的经营管理，通过自身丰富先进的管理经验改善公司的治理结构，以期获得超额收益。

引进私募基金有明显的优势：企业没有任何债券负担，还可以有更灵活的财务面来增加借贷机会。从历史的角度来说，私募基金都是比较稳定的财务基金。引入的私募基金，一般都会为企业带来整合增值机会。

3. 投资期限长、变现能力差

证券投资基金投资期限短，投资者投入到证券投资基金的资金可以随时变现。但股权投资基金的主要投资对象是未上市企业的股权，一般以出售企业股权的方式退出项目，完成整个投资过程，特别是创业风险投资基金，在企业初创期就开始投资，一直伴随着企业发展直到企业成功上市，考虑到项目选择、投资、管理、退出到全部项目清算的周期，创业风险投资基金的投资期限比较长，存续期一般为 7~10 年，而 Pre-IPo 基金存续期一般为 3 年左右。股权投资基金的存续期由合伙人在合同中约定，期满后，有限合伙人可以召开会议决定延长一年。中信产业投资基金管理有限公司管理的绵阳科技城产业投资基金绵阳基金存续期为 12 年，其中投资期 6 年，退出期 6 年。中国建设银行已经发起设立的国内首家医疗保健产业基金的存续期为 7~10年。

投入到股权投资基金的资金变现能力比较差。一方面，股权投资项目运作时间长，投入到基金里的资金无法轻易收回；另一方面，由于股权市场发展的不完善，没有现成的市场供非上市公司的股权出让方与购买方直接达成交易。股权投资基金和有融资需求的企业，必须充分利用包括个人关系、行业协会或中介服务机构在内的多方资源寻找交易机会。

4. 投资者与管理层利益一致性

拨米和米恩斯等经济学家曾指出，委托人与代理人之间由于存在信息不对称以及在激励与责任方面的不一致性，导致代理人有可能背离委托人的利益或委托人的意图而采取机会主义行为，发生道德风险和逆向选择，随之而产生的委托代理成本问题会损害委托代理关系。不同于直接投资，投资者通过投资基金对企业进行投资属于间接投资，存在双重的委托代理关系，即投资者与股权投资基金管理机构之间及股权投资基金与被投资企业之间的委托代理关系。

在股权投资市场中，由于组织安排和制度设计，使投资者与管理层利益具有一致性，这在一定程度上削弱了委托代理关系问题给投资者带来的损害。

首先是基金管理人共同出资制度。股权投资基金的组织形式一般为有限合伙制。基金的投资者被称为有限合伙人，其投入绝大部分资金，但不参与经营管理，并且只以其投资的金额承担有限责任；而基金管理者被称为普通合伙人（亦称无限合伙人），全权负责基金的经营管理，只需投入极少的一部分资金，但要承担无限责任。基金管理者在进行决策时要为自己的投资利益及投资风险考虑。

其次是投资业绩报酬机制。一般的证券投资基金收入来源主要是基金管理费用，与基金业绩表现没有最直接联系，所以在投资者和管理层之间存在着委托代理问题，在缺少约束的情况下，管理层可能为了自身利益而损害投资者利益，投资者与管理层之间会出现利益不一致。股权投资基金则采取管理费加投资收益分成的利润分配方案，基金管理机构的收入主要取决于投资收益。这一分配方案有效地保护了投资者利益。

另一方面，股权投资基金作为投资方与被投资企业的管理层也存在着利益一致性。股权投资基金与企业所有者同为企业股东，有共同的目标及利益，是风险共担、利益共享的关系。基金与被投资企业的管理层有着追求利润的共同目标，这使得企业在获得基金投资资金的同时，通常会得到股权投资基金为企业提供多方面的增值服务。这主要包括三个方面：一是可以为企业计划财务管理，为企业架构提供战略性管理；二是可以帮助企业建立销售网络，开拓市场；三是能够帮助企业培养高级管理人员，提供专家和信息等方面的专业服务。除了提供必要的服务外，股权投资基金还会与企业管理层签订协议，设立约束条款（非竞争性协议、金手铐条款等）以及激励机制（股票期权、奖金等），确保企业健康快速发展，在投资结束时获得巨额的经济利润。

5. 较小的负外部性与较大的正外部性

外部性（externality）指市场参与者的活动会给无辜的第三方造成一定的影响，即有一定的溢出效应，好的影响称为正外部性，不好的影响称为负外部性。股权投资基金具有较小的负外部性，因为股权投资基金资金募集对象是包括机构和个人的少数特定的投资者，各国对投资股权投资基金最低金额也进行了限定，由于筹资范围小，同时筹资对象有较强的风险承担能力，所以股权投资基金与银行、保险公司等金融机构相比有较小的风险外部性特征，没有风险扩散效应。正因如此，各国监管部门对股权投资基金一般都采取适度监管的政策，监管较松。

股权投资基金具有较大的正外部性[①]：可以提高一国就业，促进资本市场及并购市场的发展，弥补信贷市场等传统融资渠道的不足，带来技术创新与产业结构的升级，提高一国的综合实力。具体来说，第一，股权投资基金提高了市场资源配置效率。股权投资基金一般投资于其他投资基金不愿意投资的领域，比如风险较高的创业企业、处于财务困境中的企业等。另外，由于股权投资基金使用杠杆收购目标企业，提高了市场资金的使用效率。第二，促进了企业销售收入和就业增长。创业投资基金主要投资于创新型初创企业，这些企业从成长到成熟，会带来大量的就业机会。第三，促进了资本市场发展。股权投资基金有利于促进证券市场、银行信贷市场等长期资本市场的发展，由于股权投资资本主要的退出方式为IPO，培育了大量符合上市要求的企业；股权投资资本的存在拓宽了企业的融资渠道。第四，促进高技术企业发展和产业结构升级。股权投资基金通常投资于成长性好的高科技企业，有利于促进一国科技进步，带来产业结构升级，提高一国的竞争力。

---

① 凌涛：《股权投资基金在中国——兴起原因与未来发展》，上海三联书店 2009 年版，第 139 ~ 144 页。

第二节　股权投资基金的类型

随着全球范围内经济、金融及基金业的发展，股权投资基金呈现出多元化发展的态势，不同投资目的、投资对象、投资策略以及不同投资主体的股权投资基金纷纷涌现。按照主流的分类方法，股权投资基金主要可以分为以下几种类型，见表 1.2。

表 1.2　　　　　　　　　　　　股权投资基金类型

基金类别	基金类型	投资方向
创业投资基金	・种子期（seed capital）基金 ・成长期（expansion）基金 ・Pre-IPO 基金	新兴产业、高技术产业、中小型、未上市的成长型企业
并购重组基金	・MBO 基金 ・LBO 基金 ・重组基金	以收购成熟期企业为主
资金类股权投资基金	・基础设施基金 ・房地产投资基金 ・融资租赁基金	主要投资于基础设施、收益型房地产等
其他股权投资基金	・PIPE ・夹层基金 ・问题债务基金	・PIPE：上市公司非公开发行的股权 ・夹层基金：优先股和次级债等 ・问题债务基金：不良债权

一、按企业发展生命周期不同阶段分类

企业的发展生命周期一般可以划分为五个阶段：初创期、成长期、扩张期、成熟期、衰退期。股权投资基金出于不同的目标，在企业发展生命周期的不同阶段对企业进行投资。广义的股权投资基金涵盖了企业发展各个阶段的权益投资，按投资阶段可划分为创业投资（venture capital）、发展资本、并购基金（buyout/buyin fund）、Pre-IPO 资本、夹层资本（mezzanine capital）、重组资本（turnaround capital），以及其他如上市后私募投资（Private Investment in Public Equity，PIPE）、不良债权（distressed debt）等。表 1.3

描述了企业发展不同阶段各股权投资基金的参与情况。

表 1.3　　　　　　股权投资基金分类（按企业发展阶段）

企业发展阶段	特　点	资金需求	参与股权投资基金
初创期	·企业处于"商业计划"的初步实现阶段，主要工作是产品的研发 ·未来产品及市场处于未知阶段，风险很大	场地、设备等日常经营活动	创业投资基金（风险投资基金、天使基金）
成长期	·产品开始规模生产并投向市场 ·资金需求量大，现金流不稳定，银行贷款困难，融资渠道有限 ·未来产品及市场不确定，风险大	扩张生产规模、开拓市场销售渠道	发展资本、增长型基金
扩张期	·企业进入正常发展渠道，企业产品走向成熟，销售渠道、市场稳定 ·面临行业竞争风险	扩张生产规模，完善产品线，扩大市场占有率	增长型基金、并购基金、Pre‑IPO 基金
成熟期	·企业发展稳定，生产能力充分发挥，企业的组织体系已经稳固 ·竞争加剧，利润水平降低	收购企业，整合上下游企业，寻找新的利润增长点	并购基金、Pre‑IPO 基金、重组资本、上市后私募投资
衰退期	·主导产品被新产品替代，市场占有率、技术水平、盈利能力不同程度下降 ·面临破产及被收购风险	新产品的研发，新行业领域的进入	重组资本

1. 创业资本

创业资本主要包括风险投资基金（venture capital）及天使资本（angel capital）。

根据美国全美风险投资协会的定义，风险投资是指由职业金融家投入到新兴的、迅速发展的、有巨大竞争潜力的企业中的一种权益资本。一般投资于企业的初创阶段、产品研发阶段及产业化的早期阶段，为拥有技术却缺乏资金的创业者提供资金及创业支持，承担所投资创业企业的失败风险。一般以股权转让的方式获取利益并取得巨额的投资回报。

风险投资主要有以下四个特点：

（1）投资对象为初创期的中小型高新技术企业，由于企业产品不成熟、企业发展前景不明朗，不确定性因素很多，导致投资风险大。

（2）投资期限长，投资期一般贯穿企业从初创期到成熟期 IPO 上市的整个发展周期，投资资金的回收期一般为 5～8 年不等。

（3）所投资企业由于刚刚创立，面临很多技术、管理、市场风险及现实问题。投资者向企业投入资本的同时为企业提供增值服务，帮助企业渡过难关，为企业成长提供巨大帮助，为创新性企业的良好发展提供丰富的土壤。

（4）由于面临的风险大，投资期长，投资对象的潜力大，未来的投资收益率非常高，一般为几倍到几十倍不等。

天使资本是由富有个人（天使投资者）以自己名义直接投资于创业企业，并不是由多数投资者共同出资组建的"集合投资制度"性质的创业投资基金机构。所以，它是一种典型的"非组织化的创业投资资本"[①]。天使投资者往往是那些不单是为了现金回报的退休企业家或高管。他们的目的可能是有意跟踪行业潮流发展，指导下一代的企业家，或者将其当做一个"半兼职"。因此除了资金，天使投资者往往可以提供有价值的管理咨询和重要的社会关系[②]。

天使资本主要有三个来源：曾经的创业者；传统意义上的富翁；大型高科技公司或跨国公司的高级管理者。在部分经济发展良好的国家中，政府也扮演了天使投资人的角色。

同风险资本相比，天使投资人投入的资金比较少，往往是风险资本的零

---

① MBA 智库百科（http：//wiki. mbalib. com/wiki/% E5% A4% A9% E4% BD% BF% E8% B5% 84% E6% 9C% AC）。

② 维基百科（http：//zh. wikipedia. org/wiki/% E5% A4% A9% E4% BD% BF% E6% 8A% 95% E8% B5% 84% E8% 80% 85）。

头；所投资项目的审查也没那么严格，更多的是投资者个人对行业及企业未来前景的判断。

我国国内著名的天使投资人有：朱敏、马云、邓锋、钱永强、雷军、杨宁、张向宁、周鸿祎、李开复等等。

2. 发展资本

发展资本（development capital）又称增长型基金（growth capital），主要投资于相对成熟的、处于成长期和扩张期的企业，不以控股为目的，分享企业高速成长带来的高额回报。企业此时已经进入正常经营轨道并开始快速发展，发展过程中面临的风险较小，因此发展资本取得的利润回报率相对较小。

3. 并购资本

并购基金指收购资本和兼并资本，其中又以杠杆收购资本最为著名，主要投资对象为扩张期和成熟期的企业。与其他股权投资基金不同，并购资本收购目标企业股权直至控股，取得企业的实际控制权，并以此通过资本自身拥有的各种资源优势对企业实施重组改造，甚至更换管理层，整合行业及企业资源，提升企业价值，最后通过管理层收购（MBO）等股权转让方式实现增值收益。

并购基金对目标企业的收购一般采取杠杆收购（leveraged buyout）的方式，即以被并购企业的资产及未来现金流为担保获得债务资本，以较少的股本投入（一般为一两成）融得数倍的资金，对目标企业进行收购、重组，最终实现巨额收益。

并购基金是股权投资基金最主要的组成部分，一般资产规模很大，比较著名的有黑石、KKR、凯雷等。

4. Pre-IPO 资本

Pre-IPO 资本一般指过桥资本（bridge finance）及夹层资本。Pre-IPO基金一般在企业规模与盈利水平已经达到可上市水平时进行投资。基金具有投资风险小、投资期限短的优点，并且在企业股票价格较理想的情况下，可以获得较高的投资回报。

夹层资本是收益和风险介于企业债务资本和股权资本之间的资本形态，本质是长期无担保的债权类风险资本，一般采取债权的形式，并带有一定的可转换证券或认股权证等权益资本性质，到期可以获得利息收益同时有机会通过资本升值获利。主要投资于已完成初步股权融资、公开上市前期的企业，通常用于那些接受后续风险资本的公司，或者在杠杆收购时银行的高级贷款不能提供收购所需全部资金的情况下使用。

过桥资本的引入，是为了解决企业上市前短期融资困难，以及改善企业的财务结构状况等。一些实力较强的投资基金或战略型的投资基金，在提供资金的同时会为企业引入公司治理结构、技术、市场客户以及上市服务等资源，为企业成功冲刺上市提供了必要条件，最后通过公开市场股权转让或以利息方式获得理想的超额收益。蒙牛乳业在 IPO 之前引入摩根士丹利、英联投资和鼎晖投资三家股权投资基金，利用他们的资源及经验对企业财务结构等多方面进行改善，使其快速满足上市要求，最终成功在香港股票市场公开上市；新加坡政府投资公司（SGIC）投资于李宁公司，帮助李宁公司改善公司治理结构，实现从家族式管理向规范化管理的过渡，最终帮助李宁公司成功登陆香港交易所。

5. 重组资本

重组资本又叫重振资本，是一种专门从事特定企业或资产重组和并购的金融资本，同时也是对被并购企业的资产在资源整合中进行改造的投资机构。它不同于并购资本。狭义上的重组资本是特指投资于面临财务困难、生产经营陷入困境的企业，经重组后整体或分拆出售获得收益的股权投资基金，主要投资于企业的衰退期。

6. 私人股权投资已上市公司股份（Private Investment in Public Equity，PIPE）

PIPE 是私募基金以市场价格的一定折价率购买上市企业股份的投资方式。PIPE 主要分为传统型和结构型两种形式。传统的 PIPE 由发行人以设定价格向 PIPE 投资人发行优先或普通股来扩大资本。而结构性 PIPE 则是发行可转债（转换股份可以是普通股，也可以是优先股）。

中小型快速成长的上市企业往往选择 PIPE 而不是二次发行等传统的融资手段进行融资，因为 PIPE 的融资成本和融资效率相比有一定的优势：在 PIPE 发行中监管机构的审查更少，而且也不需要昂贵的"路演"费用，大大降低融资的成本和时间；受资本市场环境的影响比较小，融资风险更小。

在国外发达国家的股权投资基金中，风险投资基金的比重呈下降趋势，而收购基金开始成为主流，PIPE进入快速发展阶段。由于经济金融发展水平及政策环境的不同，我国股权投资基金的发展呈现另外一种态势，即以成长资本、收购资本和PIPE为主要类型。从投资数量来讲，成长资本占据绝对优势。具体见图1.1。

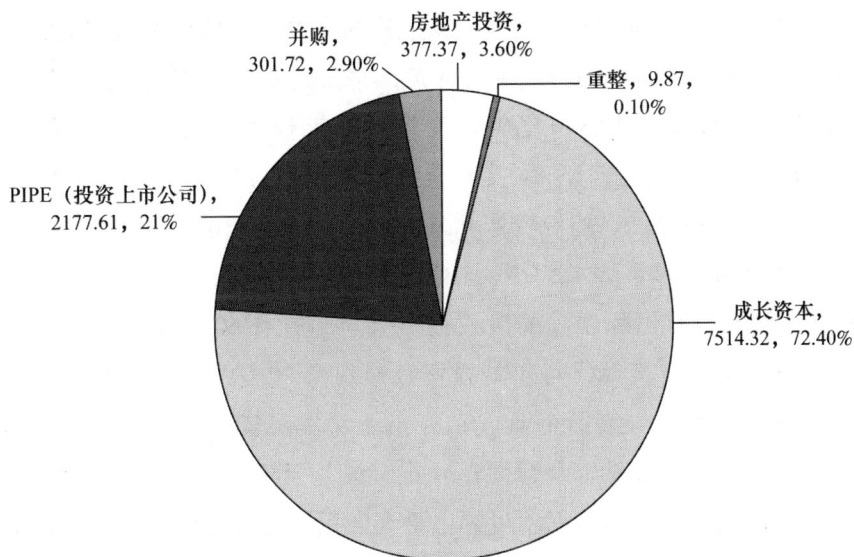

图1.1　2010年中国股权投资市场投资策略统计（投资金额：百万美元）

资料来源：清科研究中心2011.01。

二、按基金运作主体分类

众多的股权投资机构在经过了20世纪90年代的高速发展时期和21世纪初的发展挫折期后，重新迎来了繁荣发展。经过数十年的发展，伴随着全球经济发展的起起伏伏和股权投资领域不断增长的巨额利润空间，股权投资基金的规模不断壮大，投资领域不断扩展，资金来源也越来越广泛，参与机构日趋多样化。股权投资基金按基金运作主体可分为以下几类。

1. 独立的股权投资机构

独立的股权投资机构是指商业性的投资机构，一般没有政府、大金融机构及大型企业的背景支持，独立化运营，通常采取有限合伙制的组织形式，由创始合伙人共同创建。该类机构一般都会经历从初创到走向成熟，最终成长为巨型投资集团的过程。

独立的股权投资机构一直是股权投资领域主要的运作主体，包括了美国凯雷投资集团（The Carlyle Group）、英国 3i 集团（3i Group plc）、KKR 集团等世界上最著名的几家股权投资机构。

凯雷投资集团是一家成立于 1987 年的私人全球性投资机构，在管理层主导并购、策略性少数股权投资、私人股权配售、公司整合、建设以及增长资本的融资中，都是在发起和构建交易上扮演主导地位的股本投资者。自成立以来，凯雷已参与超过 1035 项投资案，共投资 687 亿美元，凯雷旗下投资的公司总共创造营业额 840 亿美元。至 2010 年 12 月 31 日止，管理的资本超过 1067 亿美元，通过旗下 84 支基金投资于三大投资领域——私人股权、实物资产（包括房地产、能源资产和基础设施）及全球战略型金融资产[①]。

3i 集团（3i Group plc，LON：III）是伦敦证券交易所上市公司，FT-SE100 强公司，也是国际领先的股权投资公司，有着 60 年的投资历史，管理的资产达到 140 亿美元。每年的投资数额约为 20 亿美元，其中，50% 左右用于管理层收购，从集团企业或私人企业那里买股权；35% 为增长型投资，为成长期的公司提供资金帮助；另外 15% 是风险投资[②]。

独立的股权投资机构占据了世界上最大的投资并购份额，历史上最大的几宗经典投资并购案例皆出自独立股权投资机构之手。比如，KKR 集团在 1988～1989 年以 310 亿美元，杠杆收购了当时美国的巨型烟草和食品公司 RJR. Nabisco，是世界金融史上重大的收购之一。

2. 大型的多元化金融机构下设的投资部门

独立的专业性投资银行、证券公司、大型商业银行等大型多元化金融机构旗下的股权投资部门是活跃在股权投资领域的另一股重要力量。享誉全球的"华尔街三巨头"——高盛（Goldman Sachs）、美林（Merrill Lynch）、摩根士丹利（Morgan Stanley）是其中的重要代表。

不同于商业银行作为货币市场核心的市场定位，投资银行是资本市场的核心中介，主要有一级市场证券承销发行业务、二级市场的自营与经济业务、证券私募等传统投行业务，以及公司并购与资产重组、公司理财、资产

---

① 凯雷投资集团 http：//www. carlyle. cn/sc/Company/index. html。

② 百度百科 http：//baike. baidu. com/view/1248583. htm。

证券化、投资咨询、风险资本、直接股权投资等新型投行业务。

公司兼并重组及破产清算是投资银行最重要的业务之一，美国在线收购时代华纳、大通曼哈顿兼并 JP 摩根并购案等人们耳熟能详的经典案例皆出资投资银行之手。近些年来，直接股权投资已经发展成为投资银行最重要的利润来源部门。国际上著名的投资银行的主要利润来源中，承销费仅占一小部分比例，大部分的收入来自于股权的投资收益，高盛和美林的非传统投行业务在 2005 年已占其总收入的 70% 以上，特别是美林的直投业务比 2004 年底增长 59%。摩根士丹利直接投资部管理着 100 多亿美元的资金，对经营性企业做长期的投资业务，自 20 世纪 80 年代中期至今在全世界范围内已完成了对 100 多家公司的投资。

2007 年 9 月份，中国证券监督管理委员会批准了中信证券股份有限公司和中国国际金融有限公司开展直接投资业务试点。中信证券出资 8.31 亿元人民币设立全资子公司——金石投资有限公司，开展直接投资业务试点，业务范围限定为股权投资，以自有资金开展直接投资业务。自此，中国证券公司开始进入到开展直接投资业务的新时代。

在中国，大型商业银行的投资银行部门开始成为备受瞩目的力量。自 2002 年工商银行率先成立投资银行部，成为国内第一家开办投行业务部门的商业银行之后，建行、光大、民生、中信、中行等商业银行也纷纷成立了投资银行部。工行投资银行 2008 年的收入为 80.28 亿元，相当于当年国内前 20 大券商的投行收入的总和。

国外商业银行进行股权投资的现象非常普遍，通常分直接投资和间接投资两种投资方式。直接投资即银行作为有限合伙人直接投资，多为资金雄厚、投资能力强的银行所采用；间接投资则是通过 FOF 投资，多为投资实力较弱的中小银行所采用。在中国，大型商业银行也开始涉足股权投资领域，一般采取迂回直投及间接参与的方式。由于银行不具备直投资格，现阶段国有商业银行均采取了迂回直投的运作模式，即在海外设立下属直接投资机构，再由该机构在国内设立分支机构，进行股权投资，如工银国际、农银国际等。一些股份制银行采取间接方式，为股权投资机构提供投融资服务等业务，甚至以理财产品的方式参与到股权投资中。据不完全统计，截至 2010 年上半年，银行系股权投资基金募集资金总额已超 1000 亿元人民币。

大型的多元化金融机构下设的投资部门具有以下两个优势。

第一，大型的多元化金融机构拥有雄厚的资金实力、丰厚稳定的客户资源以及较高的社会声誉。

第二，大型的多元化金融机构的多元化业务使其在项目运作过程中拥有协同能力。大型金融机构旗下全面的业务部门、完整的业务链可以为企业提供全面的投融资服务，机构对企业直接投资，可以深层次地挖掘提升企业价值，进而推动企业上市承销发行业务、融资业务和并购业务，以及企业经营中的财务决策顾问业务等。

3. 大型企业旗下的投资基金

大型企业旗下的投资基金，可以称为企业风险投资（corporate venture capital）。大公司借助风险投资这种新的投资模式，发挥自身较高的管理水平、多元化的产业链和深入的销售渠道网络等优势，培育业务和利润增长点，迅速促进技术进步，提高企业核心竞争力。国际大型生产企业在生产经营过程中利用多样化的金融手段，有效实现了产融结合，利用产业资本和金融资本在集团内部结合产生的协同效应和范围经济，积极推动了企业的集团化多样化发展，提高了集团企业的竞争能力。许多企业都在推出和重启自己的风险投资基金，以服务集团的发展战略和投资组合。风险资本是公司促进创新的重要工具（沃顿商学院管理学教授 Gary Dushnitsky）。美国风险投资协会的统计数字显示，在企业风险资本投资处于高峰的 2000 年，300 多家大公司共向小型创业公司投入了 160 多亿美元风险资本。

通用资本服务公司（GE Capital Serivce）是其中的佼佼者，其作为通用电气公司的下属金融机构，专门负责公司的投融资和资金运作业务，通过兼并收购等手段将历史悠久的通用电气公司打造成涵盖多个行业的巨型产业集团。

思科系统公司（Cisco Systems, Inc.）。Venture Source 提供的数据显示，思科在 2000 ~ 2009 年间共收购了 48 家风险投资支持的创业企业，成为过去10 年间收购创业企业最多的公司（IBM 和微软分别位居第 2 和第 3 位，收购的创业企业分别为 35 家和 30 家）。

2001 年 2 月，思科与日本软银集团合作建立赛富基金（Softbank Asia Infrastructure Fund，SAIF），共同投资中国市场。此后，思科已先后投资了包

括盛大、中通服、风网、铭万、安博等近 40 家企业。此外，除了赛富基金
的投资外，思科还单独投资了 8 家企业。在过去 10 年中，为取得在中国市
场领域内的发展，思科系统公司已经在中国市场区域内投资数 10 亿美元，
并且在中国有独立的团队在负责投资业务，并计划进一步加快其在中国市场
区域内的扩张步伐。截至 2011 年 5 月，思科已经对中国多个行业 8 家公司
进行了投资，见图 1.2。

（个）

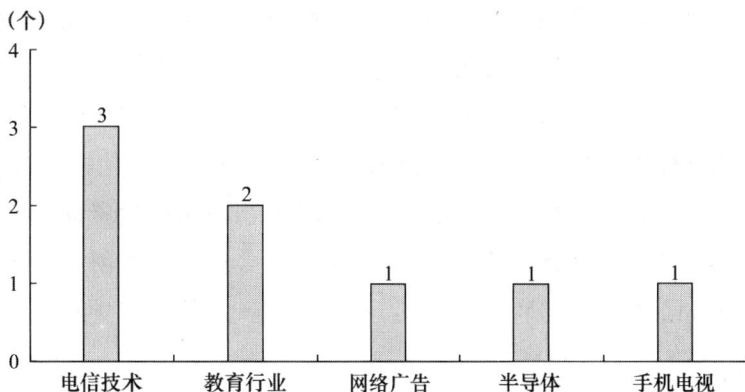

图 1.2　思科在中国投资的行业分布（案例数，个）

数据来源：CVSource, www. ChinaVenture. com. cn。

注：时间范围截至 2011 年 5 月 14 日。

IBM 风险投资集团（IBM Venture Capital Group，VCG）。传统的风险投
资模式一般直接注入资金获得新创建公司的股份，一段时间后把在新创建公
司持有的股份转让或 IPO 攫取利润，获得投资回报。由于这种传统的集中于
资金投资的企业风险投资模式风险很大，波音、戴尔、应用材料和惠普等公
司都因缺乏回报而关闭了他们的风险投资部门。IBM 风险投资集团的运作模
式则完全不同于传统的风险投资模式。

IBM 风险投资部副总裁 Claudia Fan Munce 把 IBM 的模式称为"技术创
新生态系统"。IBM 公司风险投资（CVC）的运作模式为[1]：VCG 投资资金
作为独立风险投资（Independent Venture Capital，IVC）的有限合伙人
（LP），而 IVC 给予利润回报，同时把投资项目推荐给 VCG。VCG 通过长达

---

[1]　朱武祥、魏炜：《重构商业模式》，机械工业出版社 2010 年版。

6~12 个月时间的接触以进一步了解团队、历史和业内评价，做出投资决策。一旦做出投资决策，VCG 就把项目介绍给业务单位确立合作关系，同时，也会把一些相应的资源与 IVC 共享，并通过技术指导、市场引导、渠道等手段支持外部 IVC 所投资的创新公司。VCG 通过产品、技术、资金等对创新公司进行投资；如果业务单位认为符合其战略需要，由 VCG 对创新公司进行收购。因此，创新公司的成长一方面为 IBM 带来了新的技术和方案，另一方面也将带动 IBM 现有业务的发展，给 IBM 带来更多的销售和利润。获得风险投资支持的创新公司更容易成为 IBM 的合作伙伴，而一旦形成伙伴关系，就可以进入到 IBM 的协作创新体系，可以利用 IBM 的技术、专家资源来促进创新技术的研发，并获得 IBM 销售渠道的支持。IBM 的 CVC 模式为其带来了丰硕的成果：IBM 已与超过 120 家顶级风险投资商合作，通过 LP 作为间接资本力量渗透进全球 1000 多家创新公司。这些创新公司带来的商业合作业务已经占据 IBM 总收入的 1/3，而这一比例在中国更高。IBM 公司通过引入外部风险投资参与的创新公司到合作伙伴项目，与 450 多万名开发人员建立了最大的商务伙伴生态体系。在纳斯达克上市的企业中，有 45% 企业后面有 IBM 投资的影子。与此同时，CVC 模式也大大促进了 IBM 的技术创新能力与速度。据美国专利商标局发布的相关数据，截至 2007 年，IBM 已连续 15 年居美国年获专利数量之冠。它在全球共拥有 5 万项专利，在美国也有 3.5 万项专利，是名副其实的专利大户。

4. 政府所有的国家主权财富基金

主权财富基金（Sovereign Wealth Funds，SWFs）是指一国政府通过特定税收与预算分配、可再生自然资源收入和国际收支盈余等方式积累形成的，由政府控制与支配的，通常以外币形式持有的公共财富基金。传统上，主权财富基金管理方式非常被动保守，对本国与国际金融市场的影响也非常有限。近年来主权财富得利于国际油价飙升和国际贸易扩张而急剧增加，其管理成为一个日趋重要的议题。国际上最新的发展趋势是成立主权财富基金，并设立通常独立于央行和财政部的专业投资机构管理这些基金。

主权财富基金的数量和规模增长迅速，已逐渐成为国际金融市场和跨国直接投资的重要力量。全球已有近 30 个国家或地区设立了主权财富基金，其中近半数成立于 2000 年之后，大多数主权财富基金分布于中东、亚洲等地。据国际货币基金组织估计，至 2010 年底，全球主权财富基金所管理的资产规模接近 4 万亿美元。另类资产投资研究企业 Preqin3 月 9 日表示，2011 年初，全球主权财富基金管理资产总额增加 11%，至 3.98 万亿美元，并已开始加大在私募股权、基础设施和房地产领域的投资。

随着主权财富基金数量与规模迅速增加，主权财富的投资管理风格也更趋主动活跃，其资产分布不再集中于 7 国集团（G7）的定息债券类工具，而是着眼于包括股票和其他风险性资产在内的全球性多元化资产组合，甚至扩展到了外国房地产、私人股权投资、商品期货、对冲基金等非传统类投资类别。主权财富基金已成为国际金融市场一个日益活跃且重要的参与者。见表1.4。

表 1.4　　　　　　　　　政府投资工具分类

	官方贮备中央银行	主权基金			国有企业
		养老基金	国内主权基金	主权财富基金	
特点	应对国际收支的不平衡外部直接融资性资产流动性好的资产（如 OECD 国家的债券）	为满足政府未来养老金义务的投资工具，以当地货币融资和计价	鼓励境内经济发展的投资工具，以当地货币融资和计价	由国外可交换资产提供融资的投资工具，与官方储备分开管理，通常对风险有较高的承受力	政府有显著控制力的企业，可投资于国外资产
举例	美联储 英格兰银行 SAMA（沙特阿拉伯）	政府养老基金（挪威）政府投资公司（新加坡）	Khazanah Nasional（马来西亚）	ADIA MUBADELA（阿联酋）淡马锡（新加坡）Istithmar DIFC（阿联酋）中投公司（中国）SAMA（沙特阿拉伯）	中国石油（中国）Gazprom（俄罗斯）SABIC（沙特阿拉伯）

资料来源：Robert M. Kimmitt. Public Footprints in Private Markets. Foreign Affairs. 2008 年 1~2。

阿联酋阿布扎比投资局。阿布扎比投资局（Abu Dhabi Investment Authority，ADIA）是一家全球性投资机构，其将国有资产进行谨慎投资，创造长期价值，维护和保持阿布扎比酋长国当前和未来的繁荣。ADIA 由财政部成立，资金来源主要是阿布扎比的石油收益。阿联酋总统哈利法·本·扎耶德·阿勒纳哈扬任 ADIA 董事会主席。ADIA 管理的投资组合跨行业、跨地区，涉及多种资产等级，包括公开上市的股票、固定收益工具、房地产和私募股权。截至 2010 年 6 月，阿拉伯联合酋长国阿布扎比投资局被美国一家机构列为世界上最大的主权财富基金，由其管理的资产总额达到 6270 亿美元（挪威政府退休基金、沙特阿拉伯萨玛控股公司分别以 4430 亿及 4320 亿元排名 2、3 名）①。

中国投资有限责任公司（以下简称"中投公司"）成立于 2007 年 9 月 29 日，是依照《中华人民共和国公司法》（以下简称《公司法》）设立的从事外汇资金投资管理业务的国有独资公司。中国财政部通过发行特别国债的方式筹集 15500 亿元人民币，购买了相当于 2000 亿美元的外汇储备作为中投公司的注册资本金。中投公司独立经营，自主决策，基于经济和财务目的，在全球范围内对股权、固定收益以及多种形式的另类资产进行投资②。

5. 个人投资者

个人股权投资者又称天使资本，在前文有详细阐述，在此不再叙述。

第三节　股权投资基金的组织形式及比较

股权投资基金通常采取三种组织形式：公司制、信托制和有限合伙制。受各国政治、经济、法律制度等各方面的具体影响，不同的国家，其股权投资基金的组织形式各不相同。欧美国家主要采用合伙制；德国、澳大利亚等对公司与合伙实行公平税负的国家则多采取公司制；英国、日本等国家则主要采用信托制。

一、公司制股权投资基金

公司制股权投资基金是指以公司法为基础设立、通过发行基金单位筹集

① http：//www.adia–abudhabi.com/。
② http：//www.china–inv.cn/about_cic/aboutcic_overview.html。

资金并进行权益类产品投资、以公司形式存在的股权投资基金。公司制股权投资基金由发起人设立，主要发起人通常为实体公司、商业银行、保险公司、基金管理公司等。发起人主要负责基金公司的设立及资金募集。

公司制股权投资基金通过股东、董事会、基金管理层之间的双重委托代理机制形成有效的公司治理结构。基金的认购人及持有人作为公司的股东，享有股东所有的权利及义务，同时也是损失的最终承担者，股东大会为基金公司的最高决策机构。董事会是基金公司的常设管理机构，负责基金公司的日常管理，如基金公司的投资决策、管理层的聘用等，一般由发起人及投资者充当董事会成员。发起人可以自己担任管理层进行基金管理工作，也可以从公司外部聘请专业的基金管理公司及基金经理进行基金的投资管理工作。

股东以其出资额为限对公司承担有限责任，公司以其全部资产为限对公司债务承担责任。图 1.3 为公司制股权投资基金组织结构图。

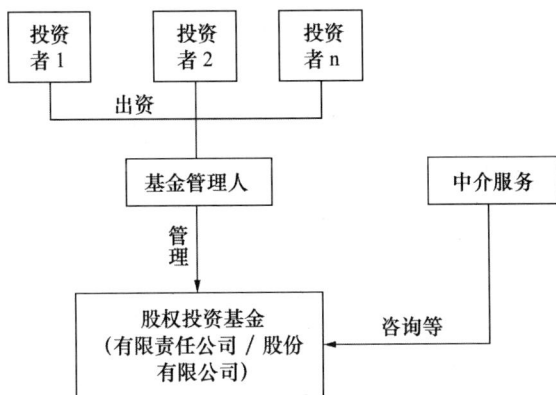

图 1.3　公司制股权投资基金组织结构图

二、信托制股权投资基金

信托制股权投资基金是以信托法为基础，由发起人根据各方当事人订立的信托契约发起设立，公开发行基金单位进行资金募集的股权投资基金。信托契约是信托制股权投资基金设立和运行的核心，基金参与各方的义务和权利，基金的日常管理运行，都由契约进行有效规定。信托制基金的当事人有基金管理人、基金托管人和基金受益人。

基金受益人是基金的投资人、收益受益人及损失承担人，对基金资产享有一切权益。基金受益人通过在基金单位持有人大会上行使表决权来实现自己的权利。基金单位持有人大会是基金的最高权力机构，一般每年召开三次，由基金管理人主持。特殊情况下可以由基金持有份额超过 1/3 的基金受益人要求下召开。持有人大会可以对以下事项做出决议：基金投资计划、收益分配方案、基金章程修改、基金经营期限延长等。大会决议必须获得出席大会的全部基金受益人 2/3 以上赞成票数才能通过。对撤销基金管理人、托管人及终止基金运行等决议，需要国家监管部门进行批准。

基金管理人是指负责基金运行、资产投资管理的常设组织。其主要职责包括：基金的筹建、获得审批、信托产品的发行；信托契约的签订与执行；基金日常经营管理制度的设计与执行；基金股权投资的管理是基金管理人最重要的职责，必须确定基金投资风格、制定详细的投资策略及计划，组织管理优秀的投资人才，实施审慎的投资决策，进行有效的风险控制，最终实现投资收益；详细的信息披露，包括定期的基金财务报告和业绩报告、基金净值及价格；基金增值收益的合理分配，基金赎回的管理。基金管理人一般收取一部分管理费作为收入来源。

基金托管人是指根据法律法规的要求在投资基金运作过程中承担保管基金资产与账簿、执行基金管理人的投资指令、监督基金管理人投资行为、披露信息、进行资金清算与会计核算等职责的当事人。基金托管人是基金持有人权益的代表，他对投资者的资金进行有效保管，防止了资金被基金管理人挪用，充分保障了投资者利益。图 1.4 为信托制股权投资基金组织结构图。

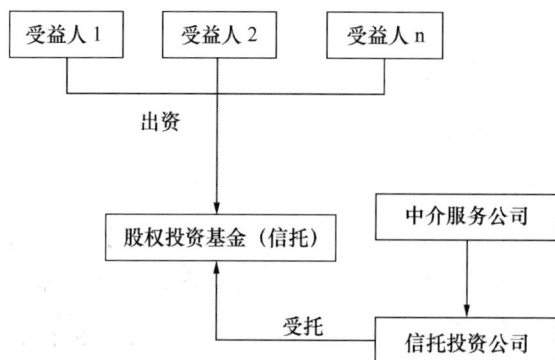

图 1.4　信托制股权投资基金组织结构图

基金托管人与基金管理人签订托管协议，规定各自的责任，在托管协议规定的范围内履行各自的职责并收取一定的报酬。我国《证券投资基金法》规定，基金托管人由依法设立并取得基金托管资格的商业银行担任。申请取得基金托管资格，应当具备一定条件，并经国务院证券监督管理机构和国务院银行业监督管理机构核准。

三、有限合伙制股权投资基金

有限合伙制是股权投资基金最普遍的组织形式。有限合伙制企业由有限合伙人和普通合伙人组成，普通合伙人负责参与基金的日常管理，对合伙制基金的债务承担无限连带责任；有限合伙人不参与基金的管理，以其认缴的出资额为限对合伙制基金的债务承担责任。基金人数为 2 人以上 50 人以下，而且至少应当有一个普通合伙人。有限合伙制基金有限合伙人和普通合伙人的权利义务关系在双方的合伙协议中进行规定。2007 年 6 月 1 日，我国《合伙企业法》正式施行，一批有限合伙制股权投资基金开始成立并发展壮大。

普通合伙人作为基金的经营者由专业的投资机构及个人担任，一般需要投入募集资本总额 1% 的自有资金，这在一定程度上减轻了委托代理问题对投资者利益的损害，由于对债务承担无限连带责任，控制了一部分投资风险。普通合伙人的收入包括管理费及利润提成两部分。管理费属于固定收入，与普通合伙人的专业化程度及声誉有关，与基金后期的投资业绩无关，一般收取 1.5% ~ 3%，以确保基金的日常运营管理，普通合伙人在此基础上还可以获得总利润 15% ~ 30% 不等的浮动收入，这是有限合伙人大部分收入构成，提供了一种有效的激励机制，将普通合伙人和有限合伙人的利益进行捆绑，促进基金业绩提升及基金的健康发展。

有限合伙人是基金资本的主要提供者，不参与基金的日常运营管理及投资决策，对普通合伙人起到监督作用。

图 1.5 以绵阳产业基金为例，描述了有限合伙制的组织结构。

四、组织形式的比较

表 1.5 对公司制、信托制和有限合伙制的各方面进行了比较。

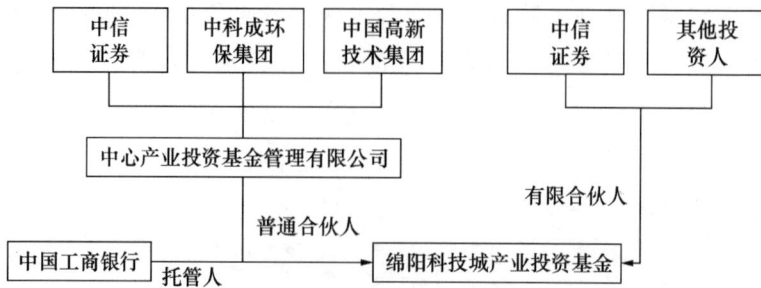

图 1.5　有限责任制股权投资基金组织结构图

表 1.5　　　　　　　　　不同组织形式的股权投资基金比较

	公司制	信托制	有限合伙制
设立的法律依据	《中华人民共和国公司法》	《中华人民共和国信托法》、《信托公司管理办法》、《集合资金信托计划管理办法》等	《中华人民共和国合伙企业法》
法人资格	有	无	无
发行凭证	股份	基金单位	基金单位
管理架构	股东大会、董事会、管理层等	受托人为基金管理人，投资者不参与管理	普通合伙人为管理人，有限合伙人不参与管理
运作依据	公司章程	契约	契约
运营方式	具有永久性（如不破产）	依据契约有一定的存续期	依据契约有一定的存续期
激励机制	由股东大会决定，一般为固定薪酬加奖金	取决于信托的运营模式及契约规定	由合同规定，一般为 1.5%～3% 的管理费 +15%～25% 投资收益中分成
成本	设立成本较高，管理成本不能得到有效控制	设立成本较低，通过契约确定日常管理费用，成本较容易控制	设立成本较低，通过契约确定日常管理费用，成本较容易控制

　　有限合伙制的组织制度能够自其创建以来得到快速发展，并占据了美国股权投资基金 86% 左右的份额，很大一部分要归结于其税收优势，即不存

在双重赋税制。现阶段，我国股权投资基金以公司制和合伙制两种组织形式为主，由于我国税收政策的不同，这两种组织形式负担的税收也不同。表1.6对我国各种组织形式下的税收进行了比较。

表 1.6　　　　　　　　　不同组织形式股权投资基金税收比较

	基金层面			投资者层面	
	纳税项目	税率	税收政策	企业投资者	自然人投资者
公司制	管理费	5%			
公司制	股权投资所得（股息性质）	0	投资企业所得税税率高于被投资企业所得税税率，则补缴该部分企业所得税	符合条件的投资所得可按投资额的70%抵扣应纳税所得额	免税	20%税率计算缴纳个人所得税。实际税率为40%
公司制	股权转让所得	25%	无		
公司制	其他收入所得	25%	无		
合伙制	股权投资所得（股息性质）	0	无	缴纳企业所得税25%	有限合伙人：按出资比例，对于适用5%～35%的五级超额累进税率，征收个人所得税　无限合伙人：5%营业税，按出资比例，5%～35%的五级超额累进税率，征收个人所得税
合伙制	股权转让所得	0	无		
合伙制	其他收入所得	0	无		

公司制股权投资基金对于个人投资者存在双重征税的缺点。一般公司制股权投资基金通过以下方法克服这种缺点。

（1）将股权投资基金注册在离岸避税天堂，如开曼、百慕大等地；

（2）将公司制股权投资基金注册为高科技企业（可享受诸多优惠），并将注册地选在税收比较优惠的地方；

（3）在基金的设立运作中联合或收购一家享受税收优惠政策的非上市

企业，并把其作为载体成立基金。

第四节　股权投资基金的运作

一、股权投资市场的参与者

股权投资市场是资本市场重要的组成部分，由五类重要的参与主体组成，分别是：股权投资市场的监管机构、股权投资基金管理者、资金提供方（投资者）、资金受让方（融资企业）、股权投资服务机构。图 1.6 描述了股权投资市场参与者之间的相互关系。

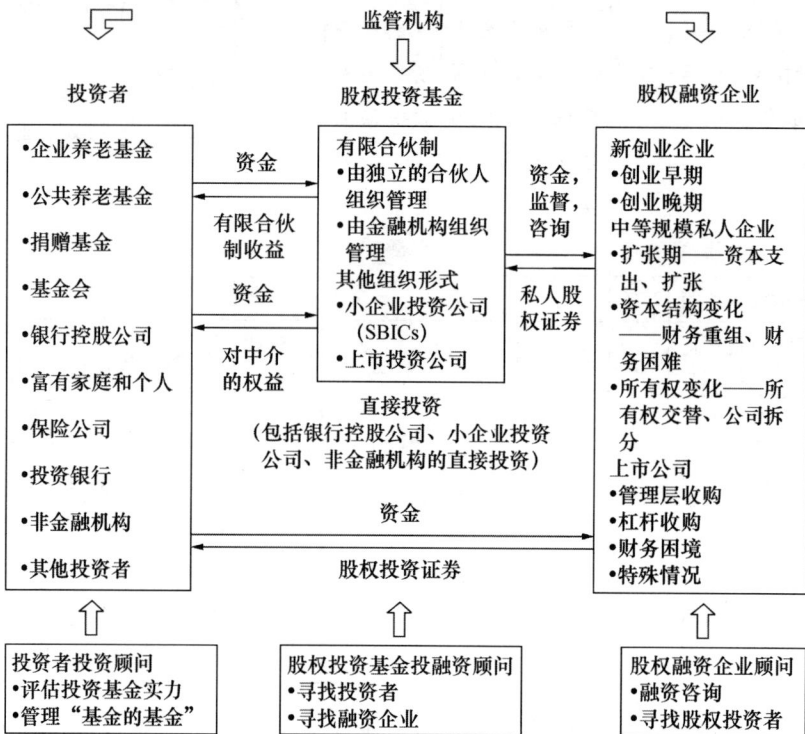

图 1.6　股权投资市场参与者关系图

数据来源：W. Fenn, George, Nellie Liang&Stephan Prowse, The Economics of Private Equity Market, 1995.

1. 监管机构

金融监管机构是根据法律法规对金融体系进行监督管理的机构。其职责主要有：发布有关金融监督的命令和规章；按照法律法规监督管理金融市场正常运行；监督管理金融机构的合法合规运作等。由于股权投资市场有组织形式多样化、资金来源多元化、风险大等特点，监管部门如何基于法律和法规对股权投资市场发展过程中出现的违法违规行为进行防范和矫正，对股权投资市场的健康发展非常重要。

美国在2008年金融危机爆发前采用的是"伞形金融监管体制"，这种监管体制的实质是"双元多头"监管。"双元"指联邦和各州各自具有金融监管权力，分别实施监管措施；"多头"是指有多个部门，如美国联邦储备委员会（FRB）、财政部（OCC）、证券交易委员会（SEC）、储蓄管理局（OTS）、存款保险公司（FDIC）等多个机构都具有监管职责。

中国主要的监管机构有：国家与地方发展和改革委员会，国家发展和改革委员会的监管职能主要体现在股权投资基金设立时的备案管理，地方发展和改革委员会则协调各个政府部门对基金设立运行等加以指导；工商管理部门，保证市场准入制度的有效实施；金融监管部门，包括中国人民银行、中国证券监督管理委员会、中国银行业监督管理委员会、保险监督管理委员会、地方金融服务（工作）办公室等都对股权投资市场的运行进行不同程度的监管；行业自律协会在监管过程中也起到重要作用。

2. 股权投资管理机构

股权投资管理机构是指股权投资基金管理人负责基金日常经营及投资决策。管理机构一般由基金发起人担任，如有限合伙制中的普通合伙人。股权投资管理机构是股权投资市场有效运行的核心机构，作为专业化的投资机构，一方面向投资者融资，另一面寻找需要资金的企业进行投资，有效地发挥了市场资金调节功能，促进经济体系发展和金融体系的完善。

3. 股权投资基金投资者

股权投资基金的资金来源非常广泛，涵盖了不同类型的投资者，主要有银行、养老基金、政府机构、保险公司、捐赠基金、私人投资者等。图1.7为2009年欧洲股权投资基金按投资者分类的资金募集情况，它清楚显示了银行以18.4%占据最大投资份额，其次为占投资额14.4%的养老基金。欧美发达国家股权投资市场中个人投资者只占其中很小的一部分，与中国等新兴市场有很大不同，主要原因是发展中国家政策法规限制及资本市场发展不完善。现阶段我国商业银行已经开始通过各种渠道进入到股权投资市场中逐取利润，随着金融市场的发展及政策法规的完善，可以预见，我国股权投资市场在未来也将呈现出资金来源多样化、机构投资者占较大份额、投资额不断扩大的趋势。

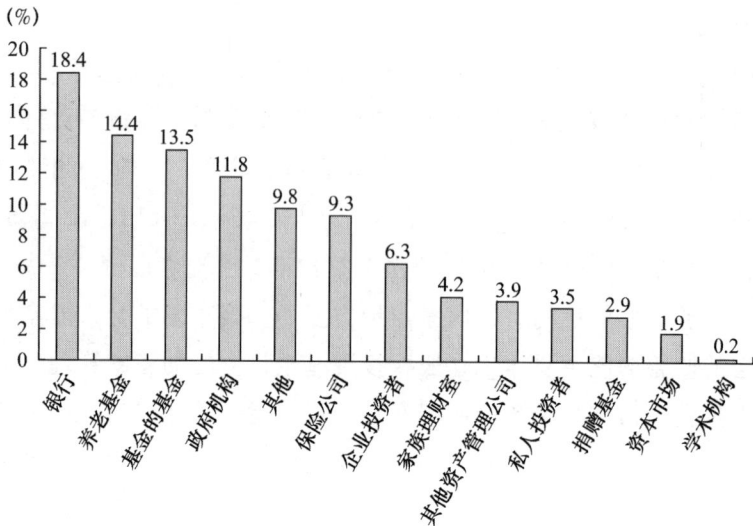

(%)

图 1.7　2009 年欧洲股权投资基金募集来源（不同投资主体占比，%）

4. 融资企业

充沛的资金是企业健康快速发展的重要保障，但受制于多方面因素的影响，一些企业无法在银行等传统金融机构及公开的股票债券市场进行有效融资，或者企业出于特殊目的需要引进风险投资或战略投资者，此时，股权投资市场为其提供了融资渠道，满足了企业的融资需求及特殊要求。

创业型企业在早期需要募集资金来进行新产品新技术的研发、新技术的推广、新商业计划的实现。由于企业正处于萌芽阶段，企业规模非常小，所需要的资金也很少。创业型企业后期，当企业经营开始步入正轨，商业计划被证明是成功的，企业需要募集资金构建整个生产、经营以及销售流程，并进一步扩大企业规模。此时，企业处于快速增长期，未来还有较大的不确定性，融资规模较早期要大很多。

中等规模的私人企业是对股权投资资金需要较多的一类企业。与创业期企业不同，这些企业经过较长一段时间的发展正处于一个相对的稳定期，有稳定的现金流、平稳低速的利润增长，拥有一定的银行贷款额度。其对股权投资资本的需求主要来自于企业自身的扩张和对其他企业的并购，以及为冲刺 IPO 调整企业资本结构，融资规模较创业企业要大。

财务困境企业由于日常生产经营出现问题，无法在公开市场及银行等基础信贷部门筹措资金，需要引入股权投资基金，对企业进行债务清偿，资产重组，改善企业经营，实现企业扭亏为盈及进一步发展。表 1.7 对各融资企业特点加以总结①。

表 1.7　　　　　　　　　　各融资企业特点总结

	早期阶段创业企业	后期阶段创业企业	中等规模私人企业	财务困境中的公众或私人企业	公开并购企业	其他上市公司
企业规模	年收入在 0～1500 万美元	年收入在 1500 万～5000 万美元	有稳定现金流，年收入在 2500 万～5 亿美元	任何规模	任何规模	任何规模
财务状况	高增长潜力	高增长潜力	增长前景有很大差别	财务杠杆过高或存在经营问题	表现不佳、很高的自由现金流	由于各种原因寻求股权投资
股权融资动机	开始企业经营	·生产经营扩张 ·早期投资者套现退出	·所有权及资本结构调整 ·并购及购置新工厂	实现企业重整	实现管理或管理层激励制度的改变	·确保机密 ·小规模发行 ·融资便利 ·公开市场发行困难
主要融资来源	·天使资本 ·早期创业投资基金	·后期风险投资基金	·后期风险投资基金 ·发展资本	重组基金	·杠杆资本 ·夹层资本	非创业股权投资基金

① W. Fenn, George, Nellie Liang&Stephan Prowse, The Economics of Private Equity Market, 1995.

	早期阶段创业企业	后期阶段创业企业	中等规模私人企业	财务困境中的公众或私人企业	公开并购企业	其他上市公司
其他金融市场融资	相对成熟的企业可获得银行抵押贷款	可获得银行贷款支持日常运营	·可获得银行贷款 ·规模较大相对成熟的企业可进行私募融资	无	可在公开及非公开市场进行融资	可在公开及非公开市场进行融资

5. 股权投资服务机构

随着股权投资市场的发展，新的投资者、基金管理机构及融资企业大量涌现，由于彼此之间信息流不通畅，各个市场参与者无法形成有效的联系，增加了市场成本，严重影响了市场效率。基于市场的需求，各类市场中介服务机构相继涌现，极大地促进了股权投资市场的发展。

作为股权投资市场的重要参与者，中介服务机构主要包括以下几类：第一类是为投资者服务的中介机构。由于股权投资基金运作具有的隐蔽性、信息披露不充分等特点，投资者很难了解到基金管理机构的管理水平、日常投资策略、收益水平等具体情况，中介服务机构主要为投资者及市场提供各类型股权投资基金实力评估报告，为投资者提供投资建议及各种咨询服务。基金的基金（fund of fund）作为一种中介性质的基金，专门投资于其他投资基金，在信息不对称的大环境下，为投资者提供了有效的股权投资渠道，其通过对各个股权投资基金进行详细分析，选择不同行业、不同投资期限的项目进行分散化投资，满足了投资者的不同投资需求，降低了投资者的投资风险。第二类是为股权投资基金管理机构提供服务的中介机构。具体包括：在基金设立过程中提供服务的中介机构，为基金管理机构寻找投资者的中介机构，以及为基金管理机构寻找有融资需求目标企业的中介机构。第三类是为融资方企业提供服务的中介机构。其为企业提供证券发行、投资并购等业务的咨询和实施服务，为企业进行股权融资寻找合适的投资人。

股权投资市场中的中介服务机构主要涉及投资银行、会计、法律、评估、咨询等领域。

（1）投资银行。投资银行是股权投资市场中不可或缺的中介服务机构。首先，投资银行往往担任股权投资基金的发起人、管理者和投资人；其次，投资银行为股权投资基金提供代理募集资金，为企业提供收购顾问、上市承销、过桥融资等完善的服务。

（2）会计师事务所。会计师事务所负责对各发起人的出资及实际到位情况进行检验，出具验资报告；负责协助公司进行有关账目调整，使公司的财务处理符合规定；协助公司建立股份公司的财务会计制度、财务管理制度；对公司前三年经营业绩进行审计，以及审核公司的盈利预测。对公司的内部控制制度进行检查，出具内部控制制度评价报告。对各发起人投入的资产评估，出具资产评估报告[①]。

（3）律师事务所。律师事务所协助基金发起人或管理人编制编写公司章程、发起人协议及各种重要合同，保管《有限合伙协议》等各项法律文件；代理各类主要参与人的其他法律事务，如负责对企业股票发行及上市的各项文件进行审查，为股票发行上市提供法律咨询服务，起草法律意见书、律师工作报告等。

（4）商业银行。商业银行主要是为基金管理人或融资企业提供融资贷款服务，在大型杠杆收购中安排银团贷款。

（5）投资顾问公司。市场上的投资顾问公司为机构及个人投资者提供股权投资方面的服务，包括选择基金、与基金管理人谈判协议条款、管理所投基金组合和机构的流动性等。天津股权投资基金中心是中国国内第一家成立的专业从事股权投资基金服务的平台，服务涵盖了从基金设立咨询、基金设立、备案推动、资金募集、商务办公、项目对接和转让退出等整个过程。截至2011年底已入驻基金366家；认缴资金450多亿元；管理资金1600多亿元；40余家基金成功募集，涉及总金额120多亿元；累计投资项目152多个，涉及总金额230多亿元，现已成为中国最大的股权投资基金聚集和服务平台[②]。

（6）行业协会。行业协会是专门的行业自律性组织，主要目标是促进

---

① 北京股权投资协会（http：//www.bpea.net.cn/article//pebk/200807/20080700002897.shtml）。

② 天津股权投资基金中心（http：//www.tianjinfund.com/aboutus.asp）。

行业环境建设、建立自律监管机制、维护会员合法权益、研究行业发展动向、培养相关专业人员、组织内外交流合作等。主要职能包括：为会员及相关从业人士提供专业咨询、辅导，基金注册、备案，培训等服务①。

二、股权投资基金的运作流程

股权投资基金的价值创造是通过整个运作流程实现的。基金的运作流程分为融资、投资、管理、退出四个阶段。

1. 融资

（1）资金来源。从国外发达国家股权投资市场的发展历程来看，股权投资投资期限长的特点决定了中小投资者很难成为其主要的资金来源，其资金主要来源于社保基金、私人资本、银行、保险等大型金融机构。在美国，公共与公司养老基金是股权投资基金最大的投资者，它们的投资约占投资总额的40%，并且为合伙制企业提供近50%的新增资金。公共养老基金是增长最为迅速的投资者，其投资额已经超过了私人养老基金。排在养老基金之后的是捐赠基金和基金会、银行控股公司、富裕的家族和个人，它们的投资额分别约占10%。其他的投资者包括保险公司、投资银行和非金融企业等。一般来说，股权投资基金的资金大多来自于其主要投资地域的机构投资者。以欧洲为例，欧洲股权投资市场70%以上的资金来自于欧洲本土，其中银行、保险和养老基金资金所占比重已超过一半以上。

据清科研究中心数据表明，在我国股权投资基金资金来源构成中，除一部分由海外资金构成外，政府和企业占比最多，分别占比25.2%和39.7%，两者之和占内地PE资金来源总量的2/3左右；诸如信托、证券等金融机构保持近几年的比例，变化不大，约为10%；而来自个人的投资比例近年来虽有所提高，但总体增幅不大，仍然有上升空间②。

（2）资金募集方式。股权投资基金根据资金来源的不同，可以分为利用自有资金进行直接投资和募集资金成立基金进行投资。而募集资金的具体方式也有两大类，即可以向社会不特定公众募集，也可以采取非公开发行方式，向有风险辨别和承受能力的机构投资者或个人募集资金。此处所提机构投资者主要包括银行、保险公司、证券公司和信托公司、养老基金和捐助基金等，它们把一定比例的资金投入到基金管理机构所管理的不同规模和不同目标的各种 PE 中。这些机构投资者可以自己寻找和选择合适的基金管理公司来把资金投资到不同的基金上，或者委托机构外面的投资顾问①。

股权投资基金资金的募集方式不同于普通基金，通常采用资金承诺方式。基金管理公司在设立时并不一定要求所有合伙人投入预定的资本额，而是要求投资者给予承诺。当管理者发现合适的投资机会时，他们需要提前一定的时间通知投资者。如果投资者未能及时投入资金，按照协议他们将会被处以一定的罚金。因此，基金宣称的筹集资本额只是承诺资本额，并非实际投资额或者持有的资金数额。

在实际的筹资活动中，基金有一定的筹集期限。当期限届满时，基金会宣布认购截止日。同一个基金可能会有多次认购截止日，但一般不会超过三次。实践中，基金可能会雇佣代理机构来进行筹资活动②。

（3）融资流程。股权投资基金的融资流程可以分为四个阶段，依次为：融资准备阶段、基金营销阶段、完成交易和后续管理。相对于后期达成交易、签订合伙协议以及后续的投资人关系维护来说，前期的准备和营销是基金募集工作的难点。

融资准备阶段包括了募集的大部分工作，主要为确定融资意向、选择律师及融资代理、组建基金募集团队、准备私募融资备忘录等材料、制定销售策略等。

正式的营销活动开始于向投资者提供融资备忘录和其他所有合同文本。最能体现出营销目的的环节是准备演讲材料和进行演讲，如果投资者感兴趣，会进一步对基金展开尽职调查。投资者在完成调查并确定投资意向后，便进入协议商定阶段，这实际上是一个讨价还价的过程，具体协商的结果取决于市场的整体情况以及双方的力量对比。此轮募集结束后，很快又进入下

---

① 吴江：《拓宽私募股权投资基金资金来源渠道》，《现代物业》，2010 年第 9 卷第 3 期（总第 145 期），第 87 页。

② 郭恩才：《解密私募股权基金》，中国金融出版社 2008 年版，第 92 页。

一轮的募集准备。同时要妥善处理好与投资人以及监管部门的关系①。

2010 年中国 PE 市场募资活跃度显著回升，共有 82 只可投资于中国大陆市场的私募股权投资基金成功募集到位 276. 21 亿美元，基金数量与募集规模分别为 2009 年水平的 2. 73 倍与 2. 13 倍。清科研究中心注意到，2010 年新募基金小型化趋势明显，继 2009 年规模不足 2. 00 亿美元的基金占比达到基金总数的 66. 7% 后，2010 年这一比例扩大至 74. 4% 。见图 1. 8。

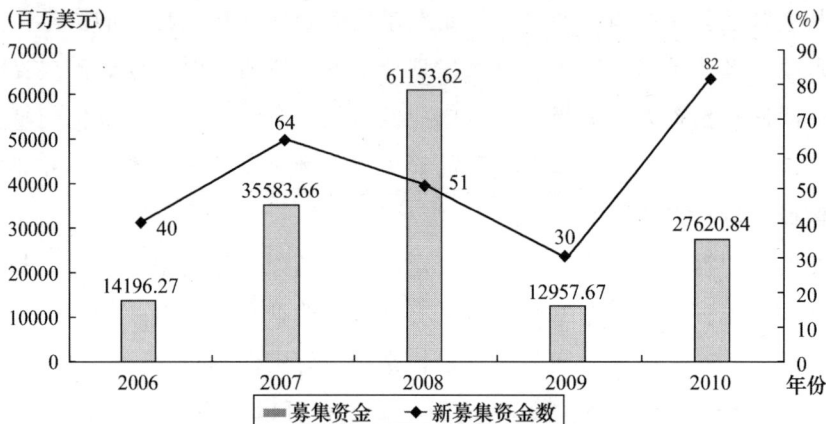

图 1. 8　2006 ~ 2010 年私募股权投资基金募集总量同比比较

资料来源：清科研究中心，2011 年 1 月（www.zdbchina.com）。

2. 投资

在成功募集到资金后，股权投资基金开始进入投资阶段。在此阶段，基金首先通过亲自调研考察或从咨询公司、投资顾问、会计师事务所等各种中介渠道获得投资信息，通过尽职调查对这些信息进行筛选，根据行业发展状况及前景、企业财务状况、公司治理结构等各方面进行判断，选出目标企业，进一步确定投资规模及策略，最终与目标企业达成投资协议。

截至 2009 年底，我国中小企业已经超过 1000 万，有融资需求的企业众多，股权投资基金如何大海捞针般找到适合投资的企业，是基金最终取得超额的投资回报的重要基础。股权投资基金主要有三类投资目标：成长性企业、成熟的上市企业、财务困境企业。成长性企业包括创业前期及创业后期

---

① 　高正平：《全视角观 PE——探索 PE 中国化之路》，中国金融出版社 2009 年版，第 44 ~ 46 页。

企业，创业前期企业的投资风险大、投资周期长、投资回报丰厚；创业后期企业主要为 Pre - IPO 企业，投资期限短，投资回报相对丰厚，股权投资基金尤其要求成长性企业所投资的项目要表现出优秀的财务状况。成熟的上市企业拥有相对成熟的业务和大量资产、具有一定的清偿债务的能力以及稳定的现金流，被收购后对资产进行重组会使公司的内在价值产生质的提升，能为投资者带来高额的投资收益。股权投资基金为财务困境企业带来急需的资金，对资产进行剥离重组，帮助企业走出经营困境，使企业免于破产清算，基金可以在这一过程中获得高额投资收益。

股权投资基金的投资目标不同，选择项目的方法会有一定的差异。如果基金的目标是收购公开上市企业，其主要的信息来源将是大量的上市公司财务报表数据和各种其他公开信息。通过对这些海量数据进行筛选，将投资目标限定在一个较小的范围内，便于进一步细致分析。如果股权投资基金的投资目标是财务困境企业，除了研究上市公司发布的报告来判断哪家上市公司可能会进行资产重组外，还要通过各种渠道与有潜在业务的公司进行更进一步的沟通。如果股权投资基金的投资目标是未上市成长性企业，只能通过私下的渠道获得相关企业的信息，并进行调查。对于股权投资基金管理者，与各公司的高层人员保持业务联系是日常的重要工作，行业协会、咨询机构、会计师事务所及律师事务所等中介服务机构也是项目信息的主要来源。

股权投资基金首先要对项目进行初步评估和筛选，对包括企业所处的行业状况、企业的经营和资产状况、企业的财务状况在内的基本资料进行初步了解，综合考虑形成投资意见。

股权投资基金在选定了潜在的投资目标后，会正式与目标企业的董事会或管理层深入了解企业情况并讨论投资事宜。如能达成初步投资意向，基金投资进入尽职调查阶段。股权投资基金将组建一支专业化的项目团队，团队既包括基金内部的专业人员，也包括外部聘用的包括财务顾问、律师、会计师、资产评估师等的专业机构团队。调查团队将客观、详尽、准确、全面地对目标企业的历史经营资料、管理人员背景、公司的资产和负债情况、经营和财务情况、法律关系以及目标企业未来发展机会以及面对的各种潜在风险进行一系列调查。常规尽职调查包括以下方面：①企业实地考察；②管理层及员工访谈；③创业者前业务伙伴和前投资者走访；④当前和潜在客户走访；⑤技术专家、行业专家意见；⑥银行、律师、证券商咨询；⑦独立会计师审计；⑧经营计划与实施方案论证；⑨同类公司市场价值调查；⑩竞争对手经营情况调查；⑪其他风险投资公司意见；⑫相关创业企业管理层意见；⑬市场前景、管理团队、盈利模式和经营风险分析研究①。

在最后的沟通谈判阶段，股权投资基金与企业最终达成共识后，完成各种协议条款文件的签订。

股权投资基金筹资来源不同，基金管理机构所熟悉所专注的行业不同，基金管理机构投资水平及投资风格不同……这些都会导致股权投资基金的投资策略差异化。图1.9对我国股权投资市场投资分布情况进行了统计。

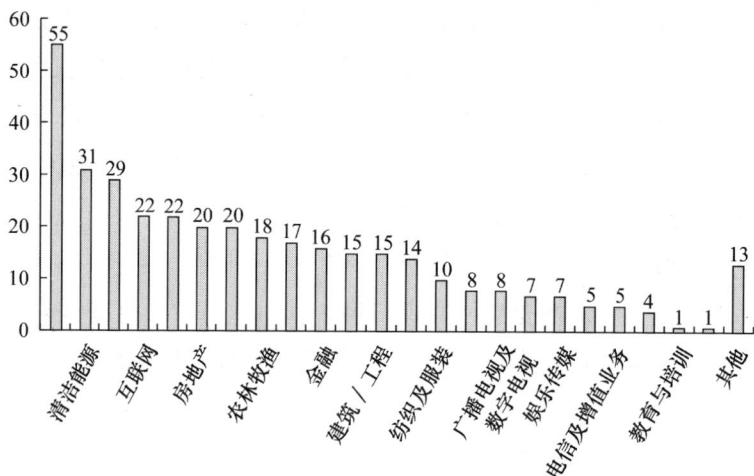

图1.9　2010年私募股权投资市场以及行业投资分布（案例数，个）

资料来源：清科研究中心，2011年1月（www.zdbchina.com）。

我国2010年机构投资策略呈多元化发展，363笔投资中包括成长资本类投资325笔，PIPE（投资上市公司）19笔，并购投资5笔，房地产投资12笔以及重整投资2笔。除并购类投资数量较2009年水平小幅回落外，其他几类投资策略均有所提升。

股权投资市场受宏观经济政策导向影响明显。由于2010年国家先后颁布多项产业振兴文件，多个行业受惠，受惠行业的投资数量大幅提高。当年完成的363笔投资案例共涉及一级行业23个，其中生物技术/医疗健康行业

---

① 伍慧春、楼启葵：《风险投资中的尽职调查与情报研究》，《现代情报》，2003年9月，第25页。

以 55 起位列第一，而投资机构对于清洁技术、机械制造、食品 & 饮料、连锁及零售、农、林、牧、渔等行业关注度与投资积极性比 2009 年有所提高。

3. 管理

股权投资基金投资目标企业为了使企业价值增值，退出获得超额收益。基金对被投资企业及项目的管理主要有三种模式：紧密参与型、适度参与型、放任自流型①。

（1）紧密参与型管理模式。紧密参与型的管理模式中，股权投资基金管理者一般担任目标企业的董事，控制董事会和管理层，基金管理者将花费大量时间和精力积极地参与到企业的日常生产经营活动当中。这种模式对企业的发展具有重大影响，优秀的基金管理者对企业发展有着深刻的理解，同时掌握着丰富的社会资源，在中介服务机构的协助下对企业进行积极的改造，帮助企业制定新的经营战略；帮助企业完善公司治理结构；帮助企业引进新技术、新生产线，改善企业经营效率；帮助企业完善市场销售渠道。

（2）适度参与型管理模式。适度参与型是介于紧密参与型及放任自流型之间的管理模式。在这种模式下，股权投资基金的角色定位在支持者上，并不取得被投资企业的经营管理权，只为企业一部分业务提供专业服务，最终的决策权还在企业经营者手里。

（3）放任自流型管理模式。在这种模式中，股权投资基金管理机构很少参与到企业的日常管理当中，只要求企业定期披露财务报告及企业经营情况。这种管理模式适合于对成熟企业的短期投资。

4. 退出

股权投资的目的是为了从投资中获取收益，而投资收益必须在投入资金退出投资企业时才能实现。股权投资基金的退出方式包括首次公开发行、股权转让、分拆出售、破产清算。

（1）公开发行。公开发行（initial public offerings）指企业通过证券交易所首次公开向投资者增发股票，以期募集同于企业发展资金的过程。它是投资者最熟悉、投资基金最青睐的退出方式。投资回报率通常是各种退出方式

———————————

① 北京科技风险投资股份公司：《风险投资与新经济》，经济管理出版社 2001 年版。

中最高的。

公开发行，按上市地点一般分为境内资本市场上市发行和境外资本市场上市发行；按上市类型分为首次公开上市发行和借壳上市发行；按上市资本市场类型分主板市场上市和二板市场（中小企业板、创业板）上市。表1.8为以公开发行方式退出单笔投资回报倍数前10名的案例。

表1.8　　中国企业IPO退出单笔投资回报倍数前10名（截止2010年10月）

投资机构	被投企业	融资时间	上市地点	回报倍数
高盛	海普瑞	2007 - 9 - 3	深圳创业板	180.25
江苏高科投	洋河股份	2002 - 12 - 1	深圳中小板	177.01
启迪创投（清华科技园）	数码视讯	2001 - 10 - 22	深圳创业板	152.62
力合创投	和而泰	2000 - 1 - 12 2002 - 12 - 9	深圳中小板	88.92
广州科投	阳普医疗	2007 - 5 - 1	深圳创业板	67.31
启迪创业	数码视讯	2001 - 4 - 9 2006 - 3 - 12	深圳创业板	50.16
长园盈佳	和而泰	2005 - 10 - 9	深圳中小板	49.00
达晨创投	和而泰	2004 - 4 - 15	深圳中小板	42.70
联想投资	联信永益	2002 - 12 - 20	深圳创业板	33.46
中科远东	数码视讯	2007 - 6 - 6	深圳创业板	33.54

资料来源：清科研究中心2010.09（www. zdbchina. com）。

（2）股权转让。股权转让是指股权投资基金通过非公开上市的方式向其他投资者转让自己的股权，股权转让有不同的转让对象：其他产业资本、其他金融资本。

由于非上市企业发展面临一定的不确定性，上市需要的时间周期较长，股权投资基金希望通过股权转让的方式提早收回资金，减少风险，提前实现收益。产业资本为调整自身产业结构，完善产业链，实现全球化战略布局，会选择收购其他上市及非上市企业，加速自身产业发展。金融资本则是看好企业的未来发展潜力，在有一定的风险承受能力，能接收较大的时间成本等待企业上市的情况下，或希望通过对企业的改良再次出售股权获利时，会通过股权转让受让股权。

现阶段在我国，股权投资基金一方面可以通过私下协议的方式转让股权，另一方面也可以通过国内各城市陆续成立的股权交易平台公开挂牌转让。2010 年 11 月 13 日，北京金融资产交易所正式启动了国内首个股权投资基金一级市场交易平台，为我国的股权投资基金提供了一个电子化的非上市退出平台。

（3）股份回购。在股权投资基金约定的投资期满或企业暂时无法上市时，股权投资基金与企业可依据投资时签订的回购协议，要求企业原股东或管理层（MBO）对股权进行回购；或者企业股东和管理者对企业未来发展有信心，希望增加股份继续持有或经营企业，主动进行股权转让受让股权投资。

（4）破产清算。在被投资企业经营不善或受市场政策环境不利影响产生亏损时，股权投资基金会选择破产清算，避免损失进一步扩大。以这种方式退出，投资基金会遭受投资损失，但可以及时收回所投资本，进行其他投资，减小机会成本。

三、中国市场退出方式探讨

在成熟的欧美股权投资市场，并购市场占比达 70% 以上，并购重组是股权投资资本实现退出的最主要方式。我国股权投资的发展同国外发达国家相比，从速度到规模都还很落后，究其原因，制约其发展的因素有很多，其中，退出机制不健全是尤其关键的一个因素。完善的退出机制是股权投资的变现器、加速器和稳定器，是投资成功的必要条件。我国现阶段股权投资的退出机制不健全，投入的资金不能顺利有效退出，资金的沉淀和固化影响了投资的循环流动及股权投资激励作用的发挥，从而影响了股权投资的长期发展。

随着中国境内深圳中小板、创业板的健康良好发展以及"新三板"的呼之欲出，从中央到地方各级融资扶持政策的出台，多层次资本市场构建不断完善，2010 年中国股权投资市场退出案例数量持续稳步增长。但我国近年来并购重组市场严重失衡，使得股权投资资本退出过于集中在首次公开发行，同时海外市场成为企业上市退出的首要选择。在 2010 年股权投资退出的 167 起案例当中，通过公开上市形式退出的高达 160 起，通过股权转让方式退出的只有5起，通过并购方式退出的只有2起。据中国风险投资研究院统计，只有在受资本市场低迷影响的2008年，股权转让才成为股权投资退出的主渠道。2008年上市退出占项目数量的23.28%，股权转让的达75.32%，清算的仅占1.30%，上市交易的项目数比例与2007年相比大幅降低，而股权转让方式退出的项目数比例与2007年的53.85%相比增长近22个百分点。图1.10和图1.11显示了我国企业上市数量趋势及退出市场分布。

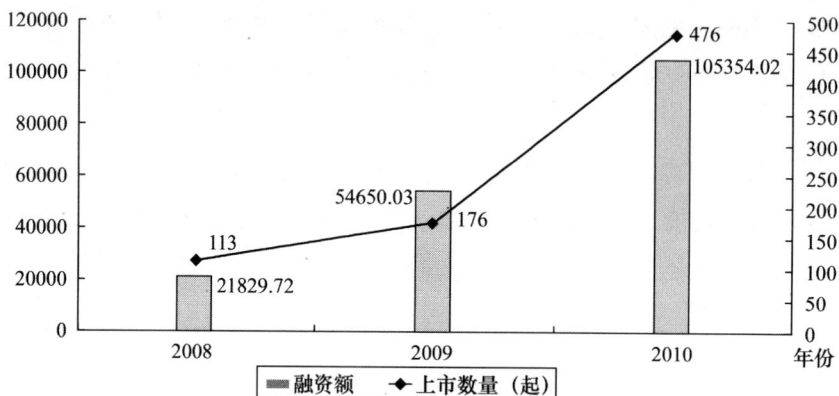

图1.10　2010年中国企业境内外IPO同比统计（投资金额，百万美元）

资料来源：清科研究中心，2011年1月（www.zdbchina.com）。

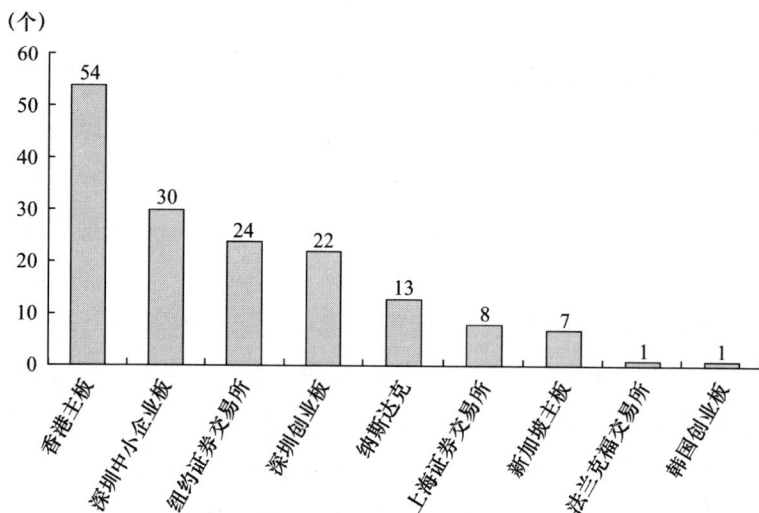

图1.11　2010年中国企业境内外IPO退出市场分布（案例数，个）

过分依赖 IPO 的退出路径，使股权投资的退出机制存在很大的不确定性，并且也导致了我国股权投资退出渠道过于单一。场外交易市场的建立可以在一定程度上满足一些不能到主板或二板上市的中小企业的融资需求，对减轻主板和二板市场的过度竞争压力有着重要作用。虽然我国的场外产权交易市场已经有所发展，但制度还很不健全，仍存在以下问题：第一，我国产权市场的交易成本远远高于股票市场的成本，且我国目前的产权交易大多通过谈判方式完成，通常花费时间较长，很可能导致企业发展的最好时机被延误。较高的税费成本和机会成本使资本在投资不理想或失败的情况下，退出困难，增加了投资风险。第二，尽管产权交易形式呈多样化发展，但非证券化的实物型产权交易仍占据主导地位，并且不允许非上市公司进行股权转让交易，这相当于堵住了一部分股权投资资本的退出渠道。第三，目前我国深圳、上海、武汉、西安等地都先后建立了技术产权交易市场，但普遍规模较小，并且各产权交易所彼此孤立，由于缺乏内在分工联系与规范的运作机制，形不成全国性的交易平台，造成我国跨行业跨地区的产权交易出现效率低、成本高等问题，同时也为跨地区重组并购带来很大的障碍。第四，缺乏完整的产权交易法规体系，政府对产权市场的形成和运作没有实施统一监管，造成产权交易的监管滞后。因此，完善产权交易市场的法律法规、充分发挥政府的监管职能、建立全国统一的产权交易市场，是增加股权投资资本退出渠道，激活股权投资行业发展的关键因素。

虽然 IPO 被普遍认为是私募股权投资的最佳退出方式，但在成熟的资本市场里却不是被采用最多的退出方式。其原因不仅由于公开上市退出自身存在种种缺陷，市场容量的有限性也是一个重要因素。尤其在美国市场，其多数私募股权投资都是通过并购方式退出的。2007 年以来，金融危机引发了流动性的大逆转，导致众多上市公司市值大幅下跌，在众多投资者愁眉不展之际，一些手持充足现金的潜在收购者却迎来了他们难得的整合良机，并购重组将会大量出现。中国作为一个发展中国家，处于社会的转型阶段，所有制的结构也在进行着调整，这必然会带来很多股权买卖的机会，因此中国的并购市场正是方兴未艾之时，并购手段会在未来得到更多的应用。股权投资者也会越来越多的采用并购手段来实现退出以获得投资回报和规避风险。

第二章　股权投资基金的经济学分析

第一节　股权投资基金的信息经济学分析

一、信息经济学和委托代理关系概述

信息经济学的发展起始于 20 世纪 70 年代，在此之前，经济学界占主导地位的是新古典经济学。新古典经济学的分析是基于很多假设前提的，其中一条假设前提便是完全信息（complete information）假设。所谓完全信息假设，简单来说是指市场上有关进行生产、交易、消费所需的全部信息，对所有市场参与者来说，都是可以无成本取得并且完全掌握的。完全信息假设是新古典经济学中一条很重要的假设，它是一种对现实市场的抽象，它的存在极大地简化了经济分析的过程，但是完全信息假设毕竟与现实市场有所背离，基于完全信息假设进行的经济分析所得到的结论也与现实市场的实际运行有所不符，但是它可以作为我们进行经济分析的一个基准（benchmark）。我们可以将不完全信息（incomplete information）看做现实市场的一个瑕疵，这个瑕疵降低了市场的运行效率，把这个瑕疵去掉之后，就可以看到完全信息市场的运行效率，将二者进行对比，我们可以得到对如何改进市场效率的一些启示。

信息经济学正是以批判新古典经济学的完全信息假设而起家的。在 20 世纪 70 年代之前，基本上所有的经济学分析均是以完全信息假设为前提的。阿克洛夫在 1970 年发表于《经济学季刊》上的一篇论文《"柠檬"市场：质量，不确定性与市场机制》，真正意义上开创了信息经济学的先河，他在

文中抛弃了完全信息假设，引入了不对称信息，并论证了不对称信息会严重影响市场效率和均衡并导致市场失灵。在此之后，信息经济学进入了一个高速发展的时期，先后有多位经济学家凭借对信息经济学理论做出的突出贡献而获得诺贝尔经济学奖。

博弈论从 20 世纪 50 年代开始经历了快速的发展，博弈论（尤其是不完全信息博弈论）的发展为信息经济学的产生发展奠定了重要的理论基础，信息经济学可以看做是利用不完全信息博弈论对新古典经济学进行的拓展，信息经济学侧重于研究在不完全信息情况下如何达成最优化的交易契约，又称为契约理论（contract theory）。这里需要注意的一点是，在本章中，信息不对称表示不同的博弈参与者所掌握的信息是不同的，我们在使用博弈论的方法进行信息经济学分析时，将不再区分信息不完全与信息不对称。

信息经济学不是对新古典经济学的颠覆和摒弃，而是继承和发展，信息经济学继承了新古典经济学的经济思想和分析方法，放松了新古典经济学的完全信息假设，从而能够更加准确地描述现实市场。

信息不对称分为事前不对称与事后不对称，"事前"与"事后"的划分标志是契约的达成，在契约达成之前的信息不对称是事前不对称，契约达成之后的信息不对称是事后不对称。而信息不对称既可以是因为某些参与人隐藏了自己所掌握的知识（隐藏知识，hidden knowledge），也可以是因为某些参与人隐藏了自己的实际行动（隐藏行动，hidden action）。在信息经济学意义上，对委托人和代理人是这样定义的：可以隐藏自己的知识或行动的一方叫做代理人（agent），代理人拥有信息优势；而不能隐藏自己的知识或行动的一方叫做委托人（principal），委托人不具有信息优势。

事前不对称会产生逆向选择（adverse selection），一般情况是代理人可以隐藏自己的知识，而委托人则由于不具备充足的信息而对代理人做出错误的判断，进而做出错误的决策。严格来说，逆向选择不属于委托代理问题的内容，因为它出现在委托代理关系建立之前，但是由于在委托代理关系建立之前（即契约达成之前）契约双方必须要经过一个互相搜寻、互相接触了解的过程，在这个过程中出现逆向选择是不可避免的。

事后不对称则会产生道德风险（moral hazard），由于代理人可以隐藏知识或者隐藏行动，因而会摆脱委托人的控制监督，从而做出不利于委托人的事情，损害到委托人的利益。因而委托人的主要努力就是要设计一个激励契约，使得在这个契约下，代理人能够按照委托人的利益最大化规则行事。道德风险模型构成了委托代理理论（agent - principal theory）的主要内容。逆向选择模型和道德风险模型则构成了信息经济学的主要内容。

詹森（Jensen）和梅克林（Meckling）在他们的研究中[①]，对委托代理关系做了这样的定义，"一个人或一些人（委托人）委托其他人（代理人）根据委托人的利益从事某些活动，并且相应的授予代理人某些决策权的契约关系（contractual relationship）"。詹森和梅克林认为，委托代理关系不一定是非常正式的，只要有一方的利益受到另一方的行为的影响，他们二者就存在委托代理关系。同时，这一定义从经济学和法学角度阐述了委托代理关系的内容，委托代理关系是基于法律上的授权而产生的契约关系，而这一契约关系又产生了一系列的经济问题。

委托代理关系为什么会产生一系列经济问题呢？这是因为信息不对称和契约的不完全。在理论上，如果信息完全的话，委托人和代理人之间就不会有信息不对称，从而委托人可以完全获知代理人的隐藏知识和行动，委托人就可以对代理人进行完全的监督，委托代理问题就不会存在了。但是现实情况是，在委托人和代理人之间存在着严重的信息不对称；进一步，在信息不对称条件下，如果可以达成完备的契约，则委托代理问题也不会产生，但是由于在契约缔结过程中存在着居高不下的缔约成本，使得契约无法以零成本或低成本达成，甚至根本无法达成，这样，委托代理问题的产生也就很自然了。哈特（Hart）1995 年在他的研究中[②]界定了三种缔约成本：A. 世界是复杂的并且无法准确预测的，人们很难对未来的事情做好周密的计划。B. 即使人们可以做到 A，由于缔结契约的各方没有办法找到一种共同话语来描述将来可能发生的各种情况，因而也很难达成契约。C. 即使人们做到了 A 和 B，在发生纠纷的时候，契约各方也很难请求外部权威来对契约做出准确无误的理解并强制执行契约。

由此可以看出，在委托代理关系中，委托代理问题是不可避免的，由此

① 詹森、梅克林著：《企业理论：经理行为、代理成本和所有权结构》，上海三联书店、上海人民出版社 1995 年版。

② Hart O. Firm, contracts, and financial structure. Oxford press, 1995。

导致的代理成本（agency cost）也是不可忽视的。按照詹森和梅克林在1976年提出的代理成本理论中的定义，委托人为防止代理人损害自己的利益，而花费成本建立缜密的契约并对代理人进行激励约束来监控代理人的行为，由此产生的成本称为代理成本。代理成本可划分为三部分：A. 委托人的监督成本，即委托人激励约束代理人，以使代理人为了委托人的利益而努力工作的成本；B. 代理人的担保成本，即代理人承诺不损害委托人利益而付出的成本，以及如果损害到了委托人的利益，将给予赔偿的成本；C. 差异损失，它指委托人委托代理人代为进行决策而产生的一种价值损失，它在量上等于代理人决策所达到的效用与委托人在具有与代理人相同信息和能力情况下自行决策所达到效用之间的差异。

委托代理理论就是致力于解决委托代理问题并最小化代理成本的。而解决委托代理问题的关键就是设计一份契约，使得在这份契约之下，委托人可以最大化自己的期望效用，而这份契约必须服从以下两个约束条件：第一，参与约束（participation constraint）或者个人理性约束（individual rationality constraint），即在该契约下，代理人的效用至少不小于他拒绝该份契约时可以达到的效用，即代理人有参与该契约的动力。第二，激励相容约束（incentive compatibility constraint），该约束是建立在"理性人"假定之上的，即委托人和代理人都是理性人，他们的行事规则都是最大化自己的收益或期望效用。因此，代理人会在契约的约束之下最大化自身的收益或期望效用，我们要做的就是使用合适的契约把委托人的利益和代理人的利益统一起来，使得代理人的利益最大化、行动最大化于委托人的利益，使得代理人自发地为委托人的利益而努力工作。

二、股权投资基金的双重逆向选择和双重道德风险

股权投资基金的运作主要涉及三个行为主体。即投资者、基金管理人和创业企业。投资者是经济体中的资金盈余单位，他们是股权投资基金初始资金的提供者；创业企业是经济体中的资金赤字单位，他们拥有创业理念和一整套的创业方案，但是缺乏资金的支持，从而无法进行必要的研究开发和市场推广；基金管理人发起并创立股权投资基金，他们属于金融中介机构，从资金盈余单位那里募集资金，并将资金投入到资金赤字单位，帮助创业企业

取得商业成功，最后通过 IPO 或者股权转让实现退出，取得现金收益，并返还给投资者。

由此我们可以得知，在股权投资基金的运作当中，存在着双重的逆向选择和道德风险，分别存在于募资阶段和投资阶段。在募资阶段，基金管理人从投资者处募集资金，并与投资者签订投资契约，在该阶段投资者是委托人，基金管理人是代理人。在投资阶段，基金管理人将募集得来的资金投入到创业企业中，并与创业企业签订投资契约，在该阶段基金管理人是委托人，创业企业是代理人。

在一般意义上的投资中，资金盈余单位直接将资金投入到资金赤字单位，从这个角度看，与一般意义上的投资相比，股权投资基金就是多余出来的一个环节，增加这个环节会增加一重逆向选择和道德风险，代理成本肯定会加大。那么市场中为什么还会出现股权投资基金这种金融中介呢？投资者为什么还会愿意将资金交给基金管理人呢？

从新古典经济学出发，我们无法回答这个问题，在新古典经济学的市场完全竞争假设和完全信息假设的条件下，通过价格机制，资金盈余单位就应该直接将资金投入到资金赤字单位，而不必通过任何中介，增加任何中间环节都会增加交易成本，从而增大市场摩擦。

我们可以从制度经济学的角度来理解股权投资基金存在的必要性[①]，制度经济学认为，市场在演化过程中有一个不可违背的趋势，就是不断寻找可以实现最低交易成本（transaction cost）的市场组织形式。具体到我们的问题中，股权投资基金就是一个可以最小化交易成本的市场组织形式。在现实世界里，市场完全竞争假设和完全信息假设都是不成立的，新制度经济学接受了市场不完全竞争和信息不对称这两个前提条件，提出了交易成本理论。罗纳德·科斯在《企业的性质》一文中对交易成本做了如下定义："通过价格机制组织生产的，最明显的成本，就是所有发现相对价格的成本"、"市场上发生的每一笔交易的谈判和签约的费用"及"利用价格机制存在的其他方面的成本"。假如市场上不存在股权投资基金，则每一个投资者都必须亲自去寻找合适的投资机会，而每一个创业企业也必须亲自去寻找合适的资

---

① 张东生、刘健钧：《创业投资基金运作机制的制度经济学分析》，《经济研究》，2000 年第 4 期。

金来源，在市场不完全竞争和信息不对称的条件下（实际上，由于创业企业分布于不同的行业领域，且创业理念和方案较为新颖前卫，信息不对称状况会更严重），搜寻筛选交易对手，确定交易价格，达成交易契约并监督契约的执行需要花费巨大的时间、精力，由于专业知识的缺乏，这样做的机会成本是巨大的。200 年前亚当·斯密在《国富论》中就提出，分工会提高专业化程度，并进而提高劳动效率和经济效率。从这个逻辑出发，股权投资基金的存在就不难理解了，基金管理人作为一种新的分工，专业从事于资金募集和投资，他们具备专业的经济金融学知识，会降低搜寻筛选信息的成本，有效地改善信息不对称状况，并最终降低交易成本（当然，这是建立在双重代理成本可以实现有效的最小化的基础之上的）。因此，股权投资基金是一种有效率的市场组织形式。除此之外，股权投资基金的存在会在部分程度上实现投资者的投资组合分散化，且分散化的成本会相对较低，这也是股权投资基金对改善经济效率的一个贡献。

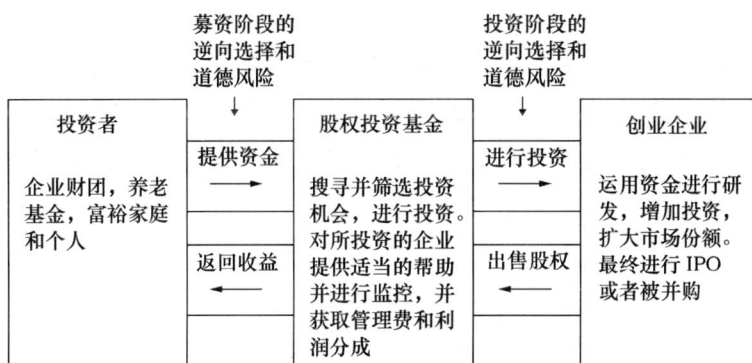

图 2.1　募资阶段和投资阶段的逆向选择与道德风险示意

从图 2.1 可以看出，股权投资基金既是资金盈余单位的代理人，又是资金赤字单位的委托人，它是投资者和创业企业的中间桥梁，发挥着至关重要的资金融通作用，处在资金运转链条的核心位置，对资金顺利高效地流转起着决定性的影响。

在美国，有限合伙制（limited partnership）是最主流的股权投资基金（在美国称为风险投资 VC 或者私募股权基金 PE）组织形式，这主要有两个原因：一是有限合伙企业并不作为独立的所得税纳税主体，股权投资基金取得的投资收益要全部分配给投资者和基金管理者，由投资者和基金管理人负责缴纳个人所得税，因而可以避免双重征税；二是以有限合伙制组织的股权投资基金中，投资者作为有限合伙人（Limited Partner，LP），不负责执行合伙事务，而仅仅以其认缴的出资额为限对合伙企业债务承担有限责任，并且只按合伙协议按比例获取投资收益分配。而基金管理人作为普通合伙人（General Partner，GP），负责执行合伙事务，承担基金的经营管理和投资活动，同样按合伙协议按比例获取投资收益分配，并对企业债务承担无限连带责任。由此可以看出，有限合伙制可以将有限合伙人的资本和普通合伙人的才能高效地结合在一起，非常适合于集中投资于高风险企业的股权投资基金，有助于股权投资基金在承担高风险的同时博取高额收益。

中国在 2007 年 6 月 1 日开始实施修订后的《合伙企业法》，新的《合伙企业法》对有限合伙做了明确的定义，为国内股权投资基金的发展扫清了一大法律障碍。本章接下来的分析都是基于有限合伙制进行的。

三、募资阶段的逆向选择和道德风险及其治理

在美国，股权投资基金的投资者多以机构投资者为主，如养老基金、保险公司、投资银行、企业财团，还有部分的富裕家庭和个人。基金多以私募的形式募集资金，投资者人数较为有限，单个投资者的出资额比较大，投资期限较长，风险承受能力较高，投资者的金融专业知识完备，专业能力较强，他们有能力也有动力去寻找优秀的基金管理人并把资金交给他们打理。因此，这些投资者应对募资阶段的逆向选择和道德风险的努力和能力是不容忽视的。股权投资基金的管理人也多为机构投资者。

1. 逆向选择

在募资阶段，基金管理人作为代理人，与投资者相比，对自身的专业知识水平、经营管理能力、投资实践经验等内部信息掌握得更多、更准确，因而他们有动机去谎报自身的信息，夸大自身的能力。而投资者处于信息劣势，因而就只愿意按市场上众多基金管理人中的平均水平支付薪酬。因此，市场上能力高的基金管理人由于得不到与其能力相称的薪酬而离开市场，久而久之，市场上就会到处充斥着能力差的基金管理人，出现类似"劣币驱逐良币"的现象，最终投资者也会离开市场，出现市场失灵。

一个简单的逆向选择模型如下：

假设市场上有 N（N→∞）个基金管理人，每一个基金管理人管理一只股权投资基金，基金管理人的能力用 T 表示，T 是一个连续型随机变量，且 $T \in (0, 10)$，并且在（0，10）内服从均匀分布，T 值越大表示能力越高。投资者支付给基金管理人的薪酬是 S。各个基金管理人了解自己的能力有多高，他们对自己的评价等于自身的能力 T，因此我们设定基金管理人的效用函数是 $V = S - T$。但是投资者仅仅了解 T 的分布，但是不知道具体每个基金管理人的 T 值是多少，投资者对基金管理人的评价也等于基金管理人的能力 T，我们设定投资者的效用函数为 $U = T - S$。在无法达成交易的时候，我们设定投资者和基金管理人的效用都是零。

由于市场上存在信息不对称，投资者不清楚具体每个基金管理人的 T 值是多少，因此投资者按照市场上基金管理人的平均能力出价 $S = 5$。此时，对于那些 T 值大于 5 的基金管理人来说，如果他们接受这个薪酬，他们的效用就会为负，小于不接受 $S = 5$ 时的零效用，因此理性的他们会拒绝这个薪酬，并退出市场。

接下来，市场上剩下的基金管理人的 T 值在（0，5）内服从均匀分布，此时，虽然投资者仍然不清晰地了解每个基金管理人的 T 值是多少，但是他仍然会按照市场上现存的基金管理人的平均能力出价，即 $S = 2.5$。此时，对于那些 T 值大于 2.5 的基金管理人来说，如果他们接受这个薪酬，他们的效用就会为负，小于不接受 $S = 2.5$ 时的零效用，因此理性的他们会拒绝这个薪酬，并退出市场。

接下来，上述过程会不断循环下去，投资者的出价会不断降低 $S = 1.25$，$S = 0.625$，$S = 0.3125$……直至 $S = 0$，而市场上能力较高的基金管理人会依次离开，最后只剩下 $T = 0$ 的基金管理人。由于我们假设 T 是一个连续型随机变量，因此 $T = 0$ 的基金管理人的个数也是 0，市场上任何一个交易都无法达成，出现市场失灵（market failure）。

而市场失灵的根源就在于信息不对称。投资者无法区分能力高的基金管理人和能力低的基金管理人。我们的努力就是设计一种识别筛选机制，来对众多基金管理人的能力进行识别。吉本斯（Gibbons）和凯文（Kevin）在 1992 的研究中认为，薪酬契约是一种最有效的识别筛选方式，因为在典型的有限责任制的股权投资基金中，基金管理人的薪酬是由两部分组成的，即基金管理费和投资收益分成（又称附带权益）。基金管理费按照基金规模的一定比例收取，一般是 2%～3%，这是一种固定薪酬，与基金的投资业绩无关。投资收益分成是按一个比例得到基金的投资收益，投资者一般得到基金投资总收益 70%～80%，余下的 20%～30% 归基金管理人所得，但是如果基金亏损或者达不到一个临界的收益率（如 10%），则基金管理人得不到投资收益分成。吉本斯和凯文认为，能力差的基金管理人倾向于在薪酬契约中增大基金管理费的比例，减少投资收益分成的比例，以便在投资业绩较差的年月仍能得到较为可观的薪酬；而能力高的基金管理人则正好相反，他们倾向于在薪酬契约中减少基金管理费的比例，增加投资收益分成的比例，这样他们可以更努力地发挥他们的才能来获取更高的薪酬。因此，投资者可以通过观察不同基金管理人提供的薪酬契约来推测基金管理人的能力高低。

我们就按照这个思路来建立模型，探讨一下薪酬契约对不同基金管理人的识别筛选能力，下边的模型参考了霍斯特罗姆（Holstrom）和米尔格罗姆（Milgrom）在 1987 年的论文 *Aggregation and Linearity in the Provision of Intertemporal Incentives*, *econometrica* 55：303～328。

我们先对模型的几个变量和假设做以下说明：

基金管理人的类型，用基金管理人的能力 T 表示，T 为连续型随机变量，并且 $T \in (T_{min}, T_{miax})$。

基金管理人的工作努力水平为 E，我们假设 E 为常量，在对逆向选择问题的讨论中，这个假设是没有问题的，因为逆向选择发生在契约达成之前，我们的模型主要是为了寻找一种可以应对逆向选择的机制，即帮助投资者识别基金管理人的真实类型（即能力 T），洞察基金管理人的真实信息，而非监督基金管理人努力工作，因此将基金管理人的努力程度 E 设置为常量是没有问题的。我们用 C 来代表基金管理人在既定的能力 T 之下，付出努力水平 E 所引致的努力成本，由于 E 是既定的，因而 C 也是一个常量。

R 为股权投资基金的投资收益，即可以用来在再投资者和基金管理人之间按协议比例分配的投资收益，我们假设 $R = T + E + \varepsilon$，其中 ε 是随机项，代表市场上一些不可控的因素对基金收益的影响，且 ε 服从均值为零，标准差为 σ 的正态分布，即 $\varepsilon : N(0, \sigma^2)$。则 $E(R) = T + E$。

　　由上边我们知道，基金管理人的薪酬是由两部分组成的——基金管理费和投资收益分成。我们将基金管理费假设为一份固定收入 M，M 与基金管理人的业绩无关，并且设定基金管理人对投资收益的索取比例为 α，因为我们的这个模型意在说明薪酬制度对不同能力的基金管理人进行区别，因此我们将 α 和 M 设定为关于 T 的函数 $\alpha(T)$ 和 $M(T)$，则 $S = M(T) + \alpha(T)R$。

　　假定投资者是风险中性的，为了简便，我们进一步假定投资者的期望效用等于投资者的实际货币收入的期望值，即 $EU_I = E[(1-\alpha)R - M] = [1-\alpha(T)](T+E) - M(T)$。这个假定并不会对这个模型的解释能力产生影响。

　　我们假定基金管理人是风险规避的，并且赋予他一个负指数效用函数，$U_M = -e^{-\rho w}$，这个效用函数是金融经济学中很常见的一个效用函数，负指数效用函数的一个特征是，它具有不变的绝对风险厌恶系数 ρ，并且我们设定 $\rho > 0$，这意味着 U_M 对 w 的一阶导数大于零（$U_M' = \rho e^{-\rho w} > 0$），二阶导数小于零（$U_M'' = -\rho^2 e^{-\rho w} < 0$）。$w$ 为基金管理人的实际货币收入，这意味着提高实际货币收入可以提高基金管理人的效用，但是边际效用递减，这是符合现实状况的。并且 $w = S - C = M(T) + \alpha(T)R - C$，由于 $R = T + E + \varepsilon$ 是一个随机变量，因而 w 也是一个随机变量。

　　在负指数效用函数 $U = -e^{-\rho w}$ 之下，经过简单计算可以得出，基金管理人的确定性等价收入 I_{CE}（certainty equivalent income）为 $I_{CE} = E(w) - 0.5\rho\alpha^2\sigma^2 = M(T) + \alpha(T)(T+E) - C - 0.5\rho\alpha^2(T)\sigma^2$，这样的话，最大化基金管理人的期望效用就等价于最大化他的确定性等价收入 I_{CE}。

　　现在进入正式的模型，我们的目标是最大化投资者的期望效用，同时满足两个约束条件——参与约束（participation constraint）或者个人理性约束（individual rationality constraint，IR）和激励相容约束（incentive compatibility constraint，IC）。

　　目标函数：

$$\max_{\alpha,T} EU_I = [1-\alpha(T)](T+E) - M(T) \tag{1}$$

s. t.

$$I_{CE} = M(T) + \alpha(T)(T+E) - C - 0.5\rho\alpha^2(T)\sigma^2 \geq w_0 \qquad \text{IR} \quad (2)$$

其中，w_0 代表与基金管理人的保留效用相对应的确定性等价收入。

$$\max_{\alpha,T} I_{CE} = M(T) + \alpha(T)(T+E) - C - 0.5\rho\alpha^2(T)\sigma^2 \qquad \text{IC} \quad (3)$$

我们把（1）式对 T 求导并令其等于 0 可得：

$$-\alpha'(T)(T+E) + 1 - \alpha(T) - M'(T) = 0 \qquad (4)$$

把（3）式对 T 求导并令其等于 0 可得：

$$M'(T) + \alpha'(T)(T+E) + \alpha(T) - \rho\sigma^2\alpha(T)\alpha'(T) = 0 \qquad (5)$$

综合（4）式和（5）式可得：

$$\rho\sigma^2\alpha(T)\alpha'(T) = 1 > 0 \qquad (6)$$

观察（6）式，前边我们假定绝对风险厌恶系数 $\rho>0$，并且分析了 $\rho>0$ 的合理性，$\sigma^2>0$ 是显然的；在实行有限合伙制的股权投资基金中，基金管理人的收益分成比例 $\alpha(T)>0$ 也是成立的。这样的话，$\alpha'(T)>0$ 也必然是成立的。

$\alpha'(T)>0$ 说明了，基金管理人的能力与他的收益分成比例呈正相关关系，高能力的基金管理人偏爱高收益分成比例、低固定管理费的薪酬契约，因为他们愿意使用他们的才能，付出他们的努力来获取高额的回报；而低能力的基金管理人偏爱低收益分成比例、高固定管理费的薪酬契约，因为低能力的基金管理人意图借此解除业绩与自身收入的联系，使得在业绩差的时候也能维持自身较高的收入。而有些人可能会说，低能力的基金管理人可能会选择含有高收益分成比例的薪酬契约来模仿高能力的基金管理人，的确有这种可能，不过在实践中，也有对付这种行为的制度设计。在国外很多股权投资基金中，对基金管理人都设定有制约性和惩罚性条款，投资者在基金契约中要求基金管理人将一定比例的自有资金投入基金，一般占到基金总额的 $1\% \sim 2\%$，如果基金管理人没有达到投资者要求的最低业绩（门槛业绩），则基金管理人不仅不会得到投资收益分成，而且投入基金的自有资金也会被无偿转让给投资者作为补偿，这样就吓阻了那些低能力的基金管理人来冒充高能力的基金管理人。

我们对模型做一下修改：假设 $C(E)=kE^2$，在基金管理人的努力水平 E 不可观测的条件下，如果我们假定固定的基金管理费 M 和基金管理人的收益分成比例 α 都已经给定，我们由基金管理人的激励相容约束可以推出 $E = \dfrac{\alpha}{2k}$，我们上边的问题就转变成如下最优化问题：

目标函数

$$\max_{\alpha} EU_I = [1 - \alpha(T)](T + E) - M(T) \qquad (7)$$

s. t.

$$I_{CE} = M(T) + \alpha(T)(T + E) - C - 0.5\rho\alpha^2(T)\sigma^2 \geq w_0 \qquad \text{IR} \qquad (8)$$

其中，w_0 代表与基金管理人的保留效用相对应的确定性等价收入。

$$E = \frac{\alpha}{2k} \qquad \text{IC} \qquad (9)$$

我们将参与约束 IR 和激励相容约束 IC 带入目标函数，并对 α 求一阶导数并令其等零，我们得到：

$$\frac{1}{2k} - \rho\alpha\sigma^2 - \frac{\alpha}{2k} = 0 \qquad (10)$$

$$\Rightarrow \alpha = \frac{1}{1 + 2k\rho\sigma^2} \qquad (11)$$

这个是 α 的理论解。

综上可以得出，在信息不对称的情况下，合理的薪酬契约设计确实可以起到识别筛选不同能力的基金管理人的作用。并且，我们由 $\alpha = \frac{1}{1 + 2k\rho\sigma^2}$ 可以看出，$\frac{\partial \alpha}{\partial k} < 0$，$\frac{\partial \alpha}{\partial \rho} < 0$，$\frac{\partial \alpha}{\partial \sigma^2} < 0$。也就是说，基金管理人努力的成本系数越大，最优的收益分成比例就会越小；基金管理人的绝对风险厌恶系数越大，最优的收益分成比例就会越小；市场上不确定因素的波动越大，最优的收益分成比例就会越小。

在实践中，信息不对称的程度并没有严重到投资者一点都不了解基金管理人的能力状况，能力高的基金管理人会试图向投资者传达一些有用的信息，表明自己的真实状况并将自己和能力差的投资者区分开来，这就是信号传递（signaling）机制。需要注意的是，高能力的基金管理人发送的这些信号应该是低能力的基金管理人所无法模仿的，或者至少是模仿成本很高以至于是得不偿失的，而投资者就可以获取这些有用信息，改善信息状况，一些常见的方法如下。

（1）股权投资基金采用有限合伙制，在有限合伙制下，有限合伙人即基金管理人对基金债务承担无限连带责任，这就有效地表明了基金管理人对自身能力有相当的信心。而低能力的基金管理人则倾向于采用公司制，这样他们就不必在基金破产时为基金债务承担无限连带责任，而只以出资额为限承担有限责任了。

（2）基金管理人接受制约性和惩罚性条款，以一定的自有资金投入到基金中，并作为基金业绩的担保，在达不到门槛业绩时将其无偿转让给投资者以作为补偿。而低能力的基金管理人则倾向于不接受惩罚性条款，因为一旦业绩不达标，代价将是相当高昂的。

（3）高能力的基金管理人所雇用的员工的专业水平较高，从业经验丰富。根据斯宾塞（Spence）的劳动力市场信号传递模型，在劳动力市场上存在着关于雇员能力的信息不对称时，受教育程度传递着关于雇员能力的重要信息，无论教育能否提高雇员能力，由于能力较高的雇员接受教育的成本较低，能力较低的雇员接受教育的成本较高，因此高能力的雇员的最优受教育水平要高于低能力的雇员的最优受教育水平。并且，低能力的雇员是不会去模仿高能力的雇员接受较高水平的教育，因为那对他来说不是最优的，因而受教育水平是一个可靠的信号。

（4）高能力的基金管理人的过往业绩较好，因而市场声誉也较好。但是投资者需要注意对基金管理人所宣称的业绩多加注意，因为业绩指标五花八门，计算基准、计算方法各不相同，所得出的结果也不尽相同。投资者应该清楚地认识到公开业绩背后基金的真实状况。

除此之外，近些年来，投资咨询也在金融行业发展起来，他们被称为"看门人"（gatekeepers），投资者可以从他们那里得到很多有用的信息，但是也要谨防看门人和基金管理人相互串通。

2. 道德风险

在投资者经过一番努力选定了合适的基金管理人之后，双方签订投资契约，投资者成为有限合伙人，基金管理人成为一般合伙人，双方分享投资收益。基金管理人全权负责基金的日常运营和投资活动，拥有基金资产的实际控制权，此时，由于种种原因，道德风险问题会出现，作为代理人的基金管理人并不会完全按照委托人的利益行事，他们会架空投资者，为自身牟利，并损害到投资者的利益。

（1）道德风险产生的原因。道德风险产生的原因有很多，首当其冲的就是信息不对称和契约的不完全性。契约的不完全性使得基金管理人可以利用契约的漏洞，合法地侵害投资者利益；而信息不对称就会抬高监督成本，使得投资者对基金管理人的监督难以进行。

另一个重要原因就是，投资者和基金管理人的目标效用函数不同。在上一小节中，我们分别设定了投资者和基金管理人的效用函数，但那只是侧重于分析他们风险态度的效用函数。实际上，对一个人来说，效用函数中所包含的自变量绝不仅仅只有收入或者财富，学者在对劳动力市场上的劳动力供给进行分析时，一般会将收入和闲暇（leisure）同时纳入个人的效用函数，对闲暇（或劳动）的收入效应和替代效应进行分析。下面我们使用这种方法来对基金管理人的努力水平（即劳动力供给）进行简单分析。

我们设定投资者的效用函数为 $U_I(\beta R, L_I)$，其中 β 是投资者的收益分成比例，R 是基金投资总收益，L_I 是投资者消费的闲暇，且 $\frac{\partial U_I}{\partial R} > 0$，$\frac{\partial U_I}{\partial L_I} > 0$。

设定基金管理人的效用函数为 $U_M(\alpha R, L_M)$，其中 α 是基金管理人的收益分成比例，L_M 是基金管理人消费的闲暇，$\frac{\partial U_M}{\partial R} > 0$，$\frac{\partial U_M}{\partial L_M} > 0$。

并且我们假定 α 与 β 是常量，且 α 与 β 之和等于 1。

在 $U_I(\beta R, L_I)$ 中，L_I 与 R 无关，因为由上一小节可知 $R = T + E + \varepsilon$，R 由基金管理人的能力和努力水平决定，在基金管理人能力既定的条件下，我们记 $R = R(E)$。

在 $U_M(\alpha R, L_M)$ 中，L_M 是关于基金管理人努力水平的函数 $L_M(E)$，并且 $\frac{\partial L_M}{\partial E} < 0$，这是显而易见的。

基金管理人是理性的，他会最大化自身的效用 $U_M[\alpha R(E), L_M(E)]$，最优化的努力水平 E 满足效用最大化一阶条件。

$$\frac{\partial U_M}{\partial E} = \frac{\partial U_M}{\partial R} \cdot \frac{\partial R}{\partial E} + \frac{\partial U_M}{\partial L_M} \cdot \frac{\partial L_M}{\partial E} = 0 \tag{12}$$

其中 $\frac{\partial U_M}{\partial R} > 0$，　$\frac{\partial R}{\partial E} = 1$，　$\frac{\partial U_M}{\partial L_M} > 0$，　$\frac{\partial L_M}{\partial E} < 0$

$$\Rightarrow \frac{\partial U_M}{\partial R} = -\frac{\partial U_M}{\partial L_M} \cdot \frac{\partial L_M}{\partial E} \tag{13}$$

当增加一单位努力的收入效应和替代效应之和为零时，达到了最优化的努力水平 E^*。由于 $L_M(E)$ 和 R 之间此消彼长的关系，基金管理人最优化的努力水平 E^* 并不会使得 $L_M(E) = 0$，即基金管理人不会投入全部的努力到工作中去，因而，基金管理人最优化的努力水平 E^* 不会使得投资者的效用同时实现最大化，出现了道德风险。

问题的关键在于，投资者希望 R 尽可能地大，这就要求基金管理人投入全部的努力，但是基金管理人的最优化一阶条件却要求基金管理人不把全部努力投入到工作中，这样，二者利益就出现了冲突。

道德风险出现的另一个原因是，薪酬结构不合理，管理费过高，收益分成比例过低。管理费是用于基金日常运营开支的，如果管理费过高，基金管理人手头可支配现金较多，会给他们铺张浪费创造条件；而收益分成比例过低，则会缺乏足够激励，使他们怠于工作。

在实践中，通过在薪酬契约中压低管理费，使管理费保持在刚好维持基金日常运行的水平上，并设定适当的收益分成比例，我们可以比较有效地将投资者和基金管理人的利益捆绑在一起，督促基金管理人努力工作，并制约基金管理人的铺张浪费行为。

从以上的论述我们可以看出，道德风险的出现是不可避免的，我们所要做的就是设计一些激励机制，来尽量防范并减少道德风险的发生。

（2）激励机制的设计。激励机制有两种：显性激励机制和隐性激励机制。在信息不对称的情况下，投资者无法准确地观测到基金管理人的努力程度，因此投资者只能通过观察其他一些可见的指标来推测基金管理人的努力程度，并依此来对基金管理人进行奖惩，以诱导基金管理人努力工作，这样的激励机制叫做显性激励机制。我们在博弈论中看到，在重复博弈中，参与者的行为可能会显著异于在一次性博弈中的行为，比如囚徒困境，如果博弈仅仅进行一次，则博弈的纳什均衡是双方都不合作，双方都采用背叛策略，但是如果博弈进行多次，在理论上，合作的均衡是可以出现的，时间可以解决某些问题。在委托代理关系中也是这样的，如果投资者和基金管理人的合作要进行多次，基金管理人自身处于一个竞争激烈的代理人市场之中，那么他们基于自身的市场声誉的考虑，也会主动提高努力程度，这就是隐性激励机制。

　　①对显性激励机制的分析。在显性激励机制中，投资者需要找到一个可靠的并且可见的指标，并依据这个指标来对基金管理人实施奖惩，最合适的指标当属基金业绩。

　　我们假设将一个基金的寿命分为两期，t_1 期和 t_2 期，两期时间跨度相等，假设折现率为零，基金管理人努力工作的成本函数为 $C = kE^2$，k 为常系数。假设基金管理人有两种选择：努力工作（$E = E_0$，且 $E_0 > 0$）和偷懒（$E = 0$）。并且，我们假设市场上的不确定因素对基金业绩的影响较小，即 ε 不仅期望为零，而且方差较小，为了简便，我们把基金收益的期望值当做基金收益的实际值。我们来对比一下存在显性激励机制时和不存在显性激励机制时基金管理人的努力程度。

　　当不存在显性激励机制时，投资者不根据基金业绩来对基金管理人实施奖惩，博弈是一次性的，博弈双方在两期中的行为是不变的，时期划分没有实际意义。

　　当基金管理人选择努力工作时，在每一期中，基金收益为 $R = E_0 + T + \varepsilon$，基金管理人薪酬 $S = M + \alpha R = M + \alpha(E_0 + T + \varepsilon)$，努力成本 $C = kE_0^2$，基金管理人期望货币收入 $E(W_M) = E(S - C) = M + \alpha(E_0 + T) - kE_0^2$，投资者的期望货币收入 $E(W_I) = E[(1 - \alpha)R] = (1 - \alpha)(E_0 + T)$。

　　当基金管理人选择偷懒时，在每一期中，基金收益为 $R = T + \varepsilon$，基金管理人薪酬 $S = M + \alpha R = M + \alpha(T + \varepsilon)$，努力成本 $C = 0$，基金管理人期望货币收入 $E(W_M) = E(S - C) = M + \alpha T$，投资者的期望货币收入 $E(W_I) = E[(1 - \alpha)R] = (1 - \alpha)T$。

　　如果基金管理人选择了努力工作，那就意味着努力工作时基金管理人的期望货币收入更高，即 $M + \alpha(E_0 + T) - kE_0^2 > M + \alpha T$。

　　$\Rightarrow \alpha > kE_0$，这个条件意味着，当努力成本系数 k 一定时，若要求基金管理人达到的努力水平越高，则要求基金管理人得到的收益分成 α 越大，这个要求的代价是相当高的。因为 α 的大小是有限度的，α 如果太大，会损害到投资者的利益。在实际中，α 一般是 0.2 左右。因此，在 α 较小的情况下，基金管理人的努力水平 E_0 也是比较小的。因此，我们在模型中假定 $\alpha > kE_0$ 不成立，即如果不存在显性激励机制时，基金管理人会选择偷懒。

　　当存在显性激励机制时，投资者会在 t_1 期结束时对基金业绩进行考察，如果发现基金业绩较差就会解除契约，合作就会终止。

在这种情况下，基金管理人有两种方案可以选择：A. 在 t_1 期努力工作（$E = E_0$），顺利通过在 t_1 期期末的业绩考察，并获得在 t_2 期合作的机会；B. 在 t_1 期偷懒（$E = 0$），放弃在 t_2 期合作的机会。

当基金管理人选择 A 方案，在 t_1 期努力工作（$E = E_0$）时，在 t_1 期中，基金收益为 $R = E_0 + T + \varepsilon$，基金管理人薪酬 $S = M + \alpha R = M + \alpha(E_0 + T + \varepsilon)$，努力成本 $C = \dfrac{kE_0}{T}$，基金管理人期望货币收入 $E(W_M) = E(S - C) = M + \alpha(E_0 + T) - \dfrac{kE_0}{T}$，投资者的期望货币收入 $E(W_I) = E[(1-\alpha)R] = (1-\alpha)(E_0 + T)$。

但是在 t_2 期，由于这是最后一次合作，理性的基金管理人会选择偷懒（$E = 0$），如此，在 t_2 期中，基金收益为 $R = T + \varepsilon$，基金管理人薪酬 $S = M + \alpha R = M + \alpha(T + \varepsilon)$，努力成本 $C = 0$，基金管理人期望货币收入 $E(W_M) = E(S - C) = M + \alpha T$，投资者的期望货币收入 $E(W_I) = E[(1-\alpha)R] = (1-\alpha)T$。

当基金管理人选择 B 方案，在 t_1 期偷懒（$E = 0$），放弃在 t_2 期合作的机会时，基金管理人的期望货币收入为 $E(W_M) = E(S - C) = M + \alpha T$，仅仅等于 A 方案在 t_2 期的收入，因此理性的基金管理人会选择 A 方案，以获取尽可能多的合作机会。

当存在显性激励机制时，理性的基金管理人会选择在 t_1 期努力工作，在 t_2 期偷懒，投资者总的期望货币收入为 $(1-\alpha)(E_0 + 2T)$，要高于不存在显性激励机制时的总期望货币收入 $2T(1-\alpha)$。由此可以看出，以可观测的基金业绩为考察指标的显性激励机制，可以有效地促进基金管理人提高努力程度。

以上的模型将基金寿命分为了两个阶段，我们可以用同样的方法将上边的模型推广到多个阶段，此处不再赘述。

②对隐性激励机制的分析。在前文中，我们对股权投资基金募资阶段的逆向选择问题进行了探讨，由于市场上存在着比较严重的信息不对称，因而投资者会想方设法了解基金管理人的能力水平，而他们参考的一个重要指标就是基金管理人的过往业绩和市场声誉。

由于一个股权投资基金的存续期一般是 4 ~ 6 年，在存续期接近结束的时候，基金管理人要再一次进行募资，因此一个基金管理人在他自身的生命周期内需要进行多次募资，这样就会产生过往业绩记录并形成市场声誉，较好的过往业绩和市场声誉对基金管理人来说是一种巨大的竞争优势，也是一大笔无形的财富，因为它可以作为基金管理人能力和诚信的佐证吸引到很多投资者的资金投入，很多基金管理人会为了给自己创造这种优势而努力工作，而在得到这种优势之后也会好好保持，因为如果一旦受损或丧失，就意味着损失了未来的现金流入，从这个角度看，在长期内，基金管理人必须为自己的行为负全部责任，投资者也正是因为认识到了这一点，才将过往业绩和市场声誉列为重要的考察指标。因此，市场声誉是一种极为重要的隐性激励机制，它不依赖于显性契约而自发地起作用。

下边的模型主要参考了 Meyer 和 Vickers 在 1994 年《业绩比较与动态激励》一文中的描述。

假设在基金管理人的生命周期内需要进行两次资金募集，即在 t_1 期和 t_2 期各进行一次，假设折现率为零，基金管理人努力工作的成本函数为 $C = kE^2$，k 为常系数。基金投资收益 $R = E + T + \varepsilon$，其中 $T \sim N(0, \sigma_T^2)$，$\varepsilon : N(0, \sigma^2)$，且 T 与 ε 相互独立。基金管理人的努力水平 E 是基金管理人的私人信息。

假设基金管理人是风险中性的，他的期望效用等于期望货币收入，则基金管理人在每一期的期望效用是 $U_t = w_t - C_t$，总的效用 $U = U_1 + U_2 = w_1 - C_1 + w_2 - C_2$。

在前边对显性激励机制的分析中，我们假定，如果不存在显性激励机制时，基金管理人会选择偷懒（$E = 0$），并且我们分析了这一假定的合理性。

我们接下来的分析就是要说明，如果博弈是一次性的，基金管理人理所当然会选择偷懒，但是如果委托代理关系会维持两个阶段，则基金管理人出于自身市场声誉的考虑，会在 t_1 期提高努力程度，但是在 t_2 期仍会选择偷懒，因为博弈已经结束，基金管理人已经没有再维持市场声誉的需要了。基金管理人会在 t_1 期提高努力程度的关键原因在于，提高 E_1 会对 R_1 产生影响，而 R_1 的变动会影响到投资者对基金管理人能力水平 T 的预期，从而影响到基金管理人在 t_2 期的薪酬 w_2。接下来的分析我们忽略基金管理人薪酬的固定部分 M，只考虑收益分成部分。

在市场是完全竞争时，$w_1 = E(\alpha R_1) = \alpha E(T + E_1 + \varepsilon_1) = \alpha E(E_1) = \alpha \bar{E}_1$，其中 $\bar{E}_1$ 是投资者对基金管理人在 t_1 期的努力程度的预期，在市场具备理性预期时，$\bar{E}_1$ 也正好是基金管理人实际选择的努力程度。

而 $w_2 = E(\alpha R_2 / R_1) = \alpha E(T + E_2 + \varepsilon_2 / R_1) = \alpha E(T / R_1)$，因为 $E(E_2 / R_1) = 0$ 且 $E(\varepsilon_2 / R_1) = 0$。

由于 $T + \varepsilon_1 = R_1 - \bar{E}_1$，因此投资者在看到基金收益 R_1 并预期到 $\bar{E}_1$ 时，他是无法区分 T 和 ε_1 的，即在基金业绩的组成因素中，除去已经预期到的努力水平 $\bar{E}_1$，投资者无法确定 T 和 ε_1 各自对基金业绩做出了多大贡献，究竟是基金管理人能力高还是运气好，不得而知。因此投资者会根据 R_1 来对 T 作出修正。

我们取 $\eta = \dfrac{\sigma_T^2}{\sigma_T^2 + \sigma_\varepsilon^2}$，根据理性预期公式，我们得到：

$$E(T / R_1) = (1 - \eta) E(T) + \eta (R_1 - \bar{E}_1) = \eta (R_1 - \bar{E}_1) \qquad (14)$$

即给定 R_1 的条件下，投资者对 T 的预期等于 T 在没有 R_1 条件时的先验期望 $E(T)$ 和投资者观察到的 $(R_1 - \bar{E}_1)$ 两者的加权平均，而权重就是 T 与 ε_1 的方差比 η。其中，$(R_1 - \bar{E}_1)$ 就是投资者进行的修正，而 η 就是修正的权重，η 越大，投资者做出的修正越大。

从上边我们可以看出，若 $\sigma_T^2 = 0$，即 $T = 0$ 恒成立，基金管理人的能力水平不存在不确定性，则 $\eta = 0$，投资者将不会对 T 做出修正。若 $\sigma_T^2 \to \infty$（即基金管理人能力水平的不确定性很大）或者 $\sigma_\varepsilon^2 = 0$（即不存在市场上的不确定性）时，$\eta = 1$，则投资者会对 T 做出完全的修正。一般情况下，$\eta \in (0, 1)$，投资者会做出部分修正。

$w_2 = \alpha E(T / R_1) = \alpha \eta (R_1 - \bar{E}_1)$，我们可以看出，$t_1$ 期的基金业绩越好，基金管理人在 t_2 期的薪酬越高。

我们将 w_1 和 w_2 带入基金管理人的效用函数，得到：

$$U = U_1 + U_2 = w_1 - C_1 + w_2 - C_2 = \alpha \bar{E}_1 - C(E_1) + \alpha \eta (R_1 - \bar{E}_1) - C(E_2) \qquad (15)$$

对 E_1 求偏导并令其等于零，我们得到：

$$\frac{\partial U}{\partial E_1} = -C'(E_1) + \alpha \eta = 0 \qquad (16)$$

$$\Rightarrow C'(E_1) = 2k E_1 = \alpha \eta > 0 \qquad (17)$$

$$\Rightarrow E_1 = \frac{\alpha\eta}{2k} > 0 \qquad (18)$$

从上边的分析我们可以看出隐性激励机制的效果，在两募资阶段模型里，不考虑显性激励机制，基金管理人单从自身的市场声誉出发，就会把 t_1 期的努力程度从 0 提高到 $\frac{\alpha\eta}{2k}$，并且，修正系数 η 越大，努力程度提高得越多。

虽然上述的模型仅仅考虑了两阶段募资的情况，但是我们可以很容易地把它推广到多阶段的情形。如果是一个 N 阶段的模型，我们可以推出，基金管理人除了在第 N 阶段的努力程度是 0 以外，之前 $N-1$ 阶段的努力程度均大于零，并且，我们可以想象，在之前的 $N-1$ 个阶段中，努力程度是递减的，因为越接近最后阶段，现阶段的努力对以后阶段的影响越小，因为第 1 阶段的努力会影响到以后 $N-1$ 个阶段的现金流，而第 2 阶段的努力就只能影响到以后 $N-2$ 个阶段的现金流了。因此，在实践中我们可以看到，越是年轻的基金管理人，越是努力卖命工作，因为他们在为自己建立市场声誉，以便在未来得到更高的薪酬。

除了上边讨论的显性激励机制和隐性激励机制之外，在股权投资基金契约中，还有很多条款约束激励基金管理人，限制他们的道德风险行为。主要有以下几条：

（1）对单一企业的投资设定最高限额。当基金在某个企业中的投资出现亏损时，可能会出现行为金融学中的"处置效应"，基金管理人甚至有可能会通过追加投资来摊薄亏损成本或增加风险暴露以试图翻本。但是事实证明，这种努力往往只会带来更大的损失。并且，投资过于集中所导致的分散化不足以增加基金的整体风险，而额外承担的这部分风险通常是得不到回报的。投资者还需要注意的一点是，基金管理人可能会绕过这一限制性条款，通过他们旗下管理的另外一些基金来对同一企业进行集中投资，这同样会对投资者利益造成损害。

（2）对基金的财务杠杆比率设定最高限度。在股权投资基金的薪酬制度中，基金管理人只有在基金业绩超越了门槛收益之后，才能获得收益分成，这就相当于基金管理人持有了看涨期权的多头，期权的价值是随着标的资产的波动性增大而增大的，因而基金管理人会倾向于增大基金业绩的波动，要达到这个目的的一个手段便是增加基金的财务杠杆，而财务杠杆过高会损害到投资者的利益，因此，很多股权投资基金的投资者会在基金契约中对基金的财务杠杆设定上限。

（3）限制的投资收益的留存及再投资。在基金获得投资收益后，基金管理人会倾向于把投资收益留在基金内部用来扩大投资，因为这对他们是有利的，这样可以扩大基金规模，进而既可以增加管理费收入，又可以在基金盈利时增加投资收益分成收入。但是大部分投资者的想法正好相反，他们希望能尽快收回投资，以减少将来的不确定性。因此，在基金契约中通常规定，若要将投资收益进行留存及扩大投资，需要得到投资者的同意。

（4）限制基金管理人出售其在基金中以自有资金进行的投资。大部分股权投资基金要求基金管理人以自有资金投资基金1%的份额，这部分投资既可以激励基金管理人努力工作以取得投资收益，又可以作为担保以便在基金业绩较差时补偿投资者，因此这部分投资在防范基金管理人的道德风险中起着重要作用。因此基金契约会对这部分投资的转手做出相应的限制。

（5）分阶段注资。基金契约中通常会规定授权资本原则，实行资金投入的"承诺制"，即投资者不必在基金成立时就缴纳全部出资，而只需缴纳一部分出资，在基金需要扩大投资时再缴纳其他部分，由于投资者会在每一次追加投资之前都会对基金运作进行审查和评估，以决定是否追加投资，这就对基金管理人构成了有效的约束和激励。

（6）要求基金管理人经常性的披露基金的状况。这包括基金已有投资项目的运作状况，正在策划的投资项目的状况，基金的资产负债状况，基金的现金流状况。

（7）托管人制度。投资者投入的资金并不直接交给基金管理人，而是交由商业银行之类的第三方金融机构进行托管，托管人可以审核资金的使用，监控资金的流入流出，有效地防止基金管理人滥用资金。

四、投资阶段的逆向选择和道德风险及其治理

转入投资阶段，股权投资基金的运作出现了一些变化，基金管理人从募资阶段的代理人转变为投资阶段的委托人。我们在前文阐述了募资阶段的逆

向选择问题和道德风险问题及其对应的治理措施，下面的讨论建立在这样的一个假设之上，即前述募资阶段的逆向选择问题和道德风险问题得到了很好的应对和处理，投资者挑选出了一个高能力的基金管理人，并通过签订合适的契约对基金管理人进行了有效地约束和激励，在投资阶段的基金管理人是代表了投资者利益的，并且会为了投资者利益而努力工作。

在创业企业得到股权投资基金注资之后，创业企业家失去了对企业的部分剩余索取权，但仍然掌握了大部分控制权，因此创业企业家就有动力去牺牲股权投资基金的利益来为自己谋利，并且有可能产生"内部人控制"现象，架空基金管理人的监督控制，于是道德风险就出现了。投资阶段的道德风险是比较严重的，因为监控道德风险比较困难，创业企业的创立初期是需要很多资金投入的，而新产品不能立竿见影的带来现金流入，因而现金流常常是负的，而且技术和市场品牌等无形资产的价值也是很难衡量的，因而创业企业的运行和发展状况是很难从会计报告中准确了解到的，从而也就缺乏判断创业企业家工作的努力程度，也就无法实施相应的奖惩来约束激励创业企业家。

1. 逆向选择

在投资阶段的委托代理问题相对于募资阶段是比较严重的。因为在募资阶段，代理人和大部分委托人都是机构投资者，信息相对而言比较充分，委托代理问题相对不是那么严重。而在投资阶段，代理人都是创业企业家，而他们的专业领域五花八门，以吸引到很多股权投资基金投资的高新技术创业企业为例，它们分布于生物技术、新能源、信息技术、航空航天、教育等领域。创业企业主要是以高新技术开发或崭新的经营模式和未开发的业务领域为创业基础的，他们的业务运作多是外人所不太了解的。而创业企业家对自己团队的技术开发能力、技术的市场应用前景、新产品的竞争优势所在及类似产品的竞争能力等具备很强的信息优势，相比于作为委托人的基金管理人，他们对创业企业的发展前景把握得更准确。而对于创业企业家的个人能力等信息，信息不对称可能更为严重，因为很多创业企业家都是很年轻的，大部分都是初次创业，他们没有自己的过往业绩和市场信誉，基金管理人对他们的了解可能是相当匮乏的，并且只能通过一些简单的接触来做一个大概的判断。

　　由于股权投资基金的投资项目的风险相对较高，因而投资项目的成功率相对而言是比较低的，一般介于 10% ~ 20%，因此如果能把成功率稍微提高一点，基金的总体投资收益就会高很多。从这个角度来看，挑选出一个高能力的创业企业家和一家高质量的、具有发展潜力的创业企业，对股权投资基金来说至关重要。

　　由于市场上存在信息不对称，所以基金管理人只能根据市场上投资项目的平均质量和创业企业家的平均能力来决定投资额并开出投资条件，这样，市场上高于平均能力的创业企业家和高于平均质量的投资项目会离开市场，寻找其他的融资渠道。接着，基金管理人预料到了这样的结果，他们会根据市场上剩下的投资项目的平均质量和创业企业家的平均能力，来调低投资额并开出更为苛刻的投资条件，接下来又会有一批投资项目和创业企业家离开市场。这个过程持续下去，最终市场上只剩下最差的投资项目和创业企业家，股权投资基金也会离开市场，导致市场失灵。

　　根据企业优序融资理论，在信息不对称的假设下，考虑到资本市场上的交易成本，企业在进行融资时会优先选择内部融资，其次是债务融资，最后才是权益融资。内部融资来源于企业内部的利润留存，内部融资成本最低，是企业优先考虑的融资方式；其次企业会选择债务融资，发行债券或申请贷款，债务人有时会对企业的经营设置一些限制，企业也要承担还本付息的压力；最后企业才会选择权益融资，在企业股价被高估时，由于企业管理者处于信息优势地位，他们会增发股票，市场会马上认识到企业价值被高估了，随即调低企业股价，市场价值降低，会对企业现有股东的利益造成损害，因而也会受到现有股东的反对。权益融资另一个重要的问题是，它会让市场对企业的经营状况产生怀疑，市场会认为企业的盈利能力不足，因而无法进行内部融资，企业的资信评级也比较差，因而也无法进行债务融资，这会对企业进行权益融资构成很大的障碍。

　　对于创业企业也是如此，如果内部融资可以解决问题，创业企业家不会选择外部融资，何况外部融资会使创业企业家失去企业的部分剩余索取权，控制权也会受到影响。这会加剧投资阶段的逆向选择，因为基金管理人想把资金以股权投资的方式投入到最有发展前景、质量最高的创业企业中，而质量最高的创业企业却不会优先选择股权融资，会选择股权融资的创业企业十之八九不是最好的。加之由创业企业家和基金管理人之间信息不对称导致的逆向选择，投资阶段的逆向选择会更加严重，最终导致好的创业企业都会拒绝股权投资基金的投资，市场上到处充斥着坏的创业企业。

要缓解投资阶段的逆向选择，我们需要一个行之有效的信息传递机制，把好的创业企业和坏的创业企业区分开来。

由于创业企业的特殊性，它很难申请到银行贷款，也很难通过发行普通债券获得债务融资，因为创业企业风险太大，资信水平较低，并且拿不出像样的抵押品（创业企业的无形资产的比重很高，并且变现价值很低），因此创业企业会通过一些特殊的金融工具进行融资，例如可转换债券和可转换优先股，这种投资方式在美国等发达国家是广泛使用的。这种投资方式有一个优点是，它通过一个信号传递博弈，传递关于创业企业质量和创业企业家能力的信息，帮助基金管理人甄别出投资项目的好坏，缓解投资阶段的道德风险。

以下模型主要参考了王春峰、李吉栋所著的《可转换证券与风险投资——可转换证券的信号传递机制》（载于《系统工程理论方法应用》，第12卷第4期，2003年12月）。

我们可以将可转换证券进行分解：

可转换债券 = 普通债券 + 普通股的看涨期权

可转换优先股 = 普通优先股 + 普通股的看涨期权

两者都包含了普通股的看涨期权，这就是问题的关键，这使得基金处于一个比较有利的地位，如果创业企业发展顺利并最终成功进行 IPO 或者股权转让，则基金可以行使转换期权，成为创业企业的股东，获得高额投资收益；如果创业企业表现平平甚至面临破产，则基金可以放弃转换期权，可以保住投入的本金，或者在企业清算时得到优先求偿权。

接下来对可转换证券在投资阶段的信号传递筛选功能进行具体的分析，由于可转换债券和可转换优先股除了在企业破产时的求偿权不同外，其他特征基本相同，因此，我们只对可转换债券进行分析。

在信号传递博弈里，有两个参与者，一个信号发送者（a 方）和一个信号接收者（b 方）。在我们的讨论中，创业企业家（a 方）处于信息优势地位，他们掌握了关于项目质量的内部信息，创业企业家需要向基金管理人

（b方）发出关于项目质量的信号，在我们的模型中，创业企业家发出的信号是可转换债券的转化价格，基金管理人根据这个信号来对投资项目的质量进行判断，以决定是否进行投资。

在基金管理人决定进行投资之后，创业企业的未来价值是由以下三个因素决定的。

（1）创业企业本身的质量和创业企业家的能力，我们将这两种因素合二为一，看做一种因素，即投资项目的质量。假设这个因素在基金与创业企业达成投资契约之前就已经确定，并且在整个项目持续期是保持不变的。投资项目的质量用 q_i 来表示，$i = 1, 2, \cdots, n$，共有 n 个备选的投资项目。

（2）项目持续期中的不确定因素，如技术和市场上的不确定性。这些因素在投资契约达成时是无法确定的，我们假设一个质量是 q_i 的投资项目在未来项目结束时所能实现的价值是 V_i，并且 V_i 是一个服从负指数分布的随机变量，它的概率密度函数是 $f(V_i) = \mu_i e^{-\mu_i v_i}$，$V_i \in (0, +\infty)$，其中 $E(V_i) = \dfrac{1}{\mu_i}$，因为各个项目的未来实现价值 V_i 的分布是一样的，因此 V_i 的期望值 $E(V_i)$ 越大表示该项目的质量越好。

（3）基金对创业企业在企业管理、市场推广等方面给予的帮助和支持。股权投资基金不仅可以为创业企业提供资金支持，而且可以在自身的专业领域为创业企业提供帮助，如公司战略的制定和执行、产品市场推广、为创业企业提供咨询服务和法律服务等，这些支持性活动可以提高创业企业的未来实现价值 V_i。我们假设基金提供的支持性活动有两种水平，H_h 和 H_l，并且 $H_h > H_l$。当基金选择 H_h 时，创业企业的未来实现价值 V_i 的期望值是 $E(V_i) = \dfrac{1}{\mu_{ih}}$；当基金选择 H_l 时，创业企业的未来实现价值 V_i 的期望值是 $E(V_i) = \dfrac{1}{\mu_{il}}$。投资者选择两种支持性活动的水平时，面临的成本分别是 C_h 和 C_l。

股权投资基金通过可转换债券投资创业企业要经过以下几个阶段：

（1）双方签订投资契约，协定创业企业的总股数为 S，其中创业企业家持有 S_a，基金持有 S_b（基金持有的 S_b 是在基金执行转换期权之后所得到的股份数量），其中 $S = S_a + S_b$，同时决定可转换债券的价值 B_0 和转换价格 p。在协定契约阶段，双方存在着信息不对称，基金管理人并不知道投资项目的

质量 q_i，而创业企业家是清楚的。

（2）达成契约之后，基金向创业企业投入资金，并介入企业的日常经营管理活动，这些活动可以逐渐消除双方之间的信息不对称，使得基金管理人认识到创业企业真实的质量状况 q_i，并据此决定他们所提供的支持性活动的水平 H（H_h 或 H_l）。在该阶段，基金管理人可以初步决定最优的转股数量 S^* 和执行转股期权后剩余的债券价值 B_1，并且 $B_0 = B_1 + pS^*$。需要注意的是，S^* 只是在现阶段基金管理人预想的最优转股数量，而非实际的转股数量，因为转股行为并不是在该阶段实施的。

（3）创业企业完成使命，实现最终价值 V_i，基金管理人据此决定是否实施转股和转股数量，基金和创业企业家得到各自的收益。

下边的模型是建立在博弈论中的序贯理性原则之上的，即先行动的一方假定对方会对他的行动做出理性的反应，因此，先行动的一方会根据预测到的对方的理性反应做出自己最优行动决策。创业企业家在与基金管理人协商决定转换价格 p 时，会利用自身掌握的投资项目质量 q_i 等私人信息，预期在不同的转换价格下，基金管理人的最优转股数量 S^*，使得创业企业家的期望收益最大化的 S^* 所对应的转换价格 p，就是创业企业家所希望写入契约的转化价格。

在转换价格 p 既定的条件下，基金管理人的期望收益为：

$$E_{b_i} = \int_0^B V_i \mu_i e^{-u_i v_i} dV_i + \int_{B_1}^{+\infty} \left[B_1 + (V_i - B_1) \frac{S_b + S^*}{S + S^*} \right] \mu_i e^{-\mu_i V_i} dV_i$$

$$= \frac{1}{\mu_i} \left[1 - \frac{S_a}{S + S^*} e^{-\mu_i (B_0 - pS^*)} \right] \tag{19}$$

而创业企业家的期望收益为：

$$E_{ai} = \int_{B_1}^{+\infty} (V_i - B_1) \frac{S_a}{S + S^*} \mu_i e^{-\mu_i V_i} dV_i$$

$$= \frac{1}{\mu_i} \cdot \frac{S_a}{S + S^*} e^{-\mu_i (B_0 - pS^*)} \tag{20}$$

将（19）式对 S^* 求一阶和二阶偏导，我们得到：

$$\frac{\partial E_{b_i}}{\partial S^*} = \frac{1}{\mu} \cdot \frac{S_a}{S + S^*} \cdot \left(\frac{1}{S + S^*} - p\mu_i \right) \cdot e^{-\mu_i (B_0 - pS^*)}$$

$$\frac{\partial^2 E_{b_i}}{\partial\ (S^*)^2} = \frac{1}{\mu_i} \cdot \frac{S_a}{S+S^*} \cdot \left[\ (\frac{1}{S+S^*})^2 + (\frac{1}{S+S^*} - p\mu_i)^2\ \right] \cdot e^{-\mu_i(B_0 - pS^*)}$$

很明显，我们可以看出 $\dfrac{\partial^2 E_{b_i}}{\partial\ (S^*)^2} < 0$，因此 E_{bi} 是凸函数。

当满足 $\dfrac{1}{\mu_i} - B_0 \leqslant pS \leqslant \dfrac{1}{\mu_i}$ 时，必定存在一个 S^{**}，满足：

$$(S + S^{**})\ p = \frac{1}{\mu_i} \tag{21}$$

并且使得 $E_{b_i}(S^{**}) > E_{b_i}\ (S^*)$，$S^* \neq S^{**}$，其中 S^{**} 就是在转换价格 p 给定的条件下，基金管理人会选择的最优转股数量。

将（21）式代入（19）式和（20）式，我们得到：

$$E_{b_i} = \frac{1}{\mu_i} - S_a p \cdot e^{1 + \mu_i pS - \mu_i B_0} \tag{22}$$

$$E_{a_i} = S_a p \cdot e^{1 + \mu_i pS - \mu_i B_0} \tag{23}$$

（22）式和（23）式分别是基金管理人和创业企业家在给定转换价格时 p 的期望收益。

假设在双方协商投资契约时，创业企业家在已知投资项目的质量 q_i 时，有三种可以选择的转换价格 p，分别为 p_h、p_m、p_l，并且 $p_h > p_m > p_l$。如果创业企业家选择转换价格 p_h，那么基金管理人会觉得这个转换价格已经很高了，高到没有必要再为创业企业提供高水平的支持，因此基金管理人会选择 H_l；如果创业企业家选择转换价格 p_m，基金管理人会觉得这个转换价格不高不低，因而他可能会选择 H_h，也可能会选择 H_l；如果创业企业家选择转换价格 p_l，基金管理人可能会选择 H_h，也可能会选择 H_l。

我们假设，当基金管理人选择 H_l 时，$\dfrac{1}{\mu_i} = \dfrac{1}{\mu_{il}} = p_m S$；当基金管理人选择 H_h 时，$\dfrac{1}{\mu_i} = \dfrac{1}{\mu_{il}}$，并且 $\dfrac{1}{\mu_{il}} < \dfrac{1}{\mu_{ih}} \leqslant \dfrac{1}{\mu_{il}} + B_0$。基金管理人可以从以往投资项目的统计数据中估算出 $\dfrac{1}{\mu_{il}}$ 的值，进而求出 p_m 的估计值，根据 p_m 的估计值可以判断创业企业家所提出的转换价格 p 的高低，并进一步决定提供的支持性活动的水平。

在上述不同转换价格和相应的不同支持水平下，创业企业家和基金管理人的期望收益可以用下表来清晰地表示。

基金管理人（b 方）	创业企业家（a 方）		
	p_h	p_m	p_l
H_h		$E_{b_i}(3)$，$E_{a_i}(3)$	$E_{b_i}(1)$，$E_{a_i}(1)$
H_l	$E_{b_i}(5)$，$E_{a_i}(5)$	$E_{b_i}(4)$，$E_{a_i}(4)$	$E_{b_i}(2)$，$E_{a_i}(2)$

我们可以证明得到，$E_{a_i}(3) > E_{a_i}(4)$，$E_{a_i}(3) > E_{a_i}(1)$，$E_{a_i}(4) > E_{a_i}(2)$，$E_{b_i}(1) > E_{b_i}(2)$，$E_{b_i}(3) > E_{b_i}(4)$（证明过程从略）。

当创业企业家提出的转换价格为 p_l 时，如果满足 $E_{b_i}(1) - E_{b_i}(2) \geqslant C_h - C_l$，基金管理人会选择 H_h；如果不满足 $E_{b_i}(1) - E_{b_i}(2) \geqslant C_h - C_l$，基金管理人会选择 H_l。当创业企业家提出的转换价格为时 p_m，如果满足 $E_{b_i}(3) - E_{b_i}(4) \geqslant C_h - C_l$，基金管理人会选择 H_h；如果不满足 $E_{b_i}(3) - E_{b_i}(4) \geqslant C_h - C_l$，基金管理人会选择 H_l。在双方协商投资契约时，虽然创业企业家不能确定在他给出转换价格后，基金管理人到底会选择何种支持性活动的水平（H_h 或 H_l），但是选择 $p = p_m$ 是创业企业家的占优策略。这是因为，由于 $E_{a_i}(3) > E_{a_i}(1)$，$E_{a_i}(4) > E_{a_i}(2)$，因此无论在何种情况下创业企业家选择 p_m，都会优于选择 p_l。当创业企业家选择 p_m 时，如果基金管理人选择 H_h，$E_{a_i}(3) > E_{a_i}(1) = E_{a_i}(5)$，因此创业企业家选择 p_m 要优于选择 p_l，当基金管理人选择 H_l 时，$E_{a_i}(5) = E_{a_i}(4)$。综上可知，在创业企业家不确定基金管理人会选择 H_h 还是 H_l 时，选择 $p = p_m$ 是创业企业家的占优策略。

根据前文的假设条件 $\frac{1}{\mu_i} = \frac{1}{\mu_{il}} = p_m S$ 及 $\frac{1}{\mu_{il}} < \frac{1}{\mu_{ih}} \leqslant \frac{1}{\mu_{il}} + B_0$，当创业企业家选择 p_m 时，无论 $\frac{1}{\mu_i} = \frac{1}{\mu_{il}}$ 或者 $\frac{1}{\mu_i} = \frac{1}{\mu_{ih}}$，$\frac{1}{\mu_i} - B_0 \leqslant pS \leqslant \frac{1}{\mu_i}$ 都成立，这意味着（21）式是成立的。

由此我们可以看出，在创业企业家与基金管理人的信号传递博弈中存在一个分离均衡，基金管理人可以根据创业企业家提出的转换价格 p 来判断出 μ_i 的值，而创业企业的未来实现价值 V_i 的期望值是 $E(V_i) = \frac{1}{\mu_i}$，$\frac{1}{\mu_i}$ 的大小代表了投资项目的质量的好坏，因此基金管理人可以根据转换价格 p 来推测投资项目质量的好坏，我们得到基金管理人的后验概率 $P(q=q_i/p=p_m)=1$，$P(q=q_i/p\neq p_m)=1$。

综上我们可以得出，如果投资项目的质量是比较高的，在双方协定投资契约时，创业企业家会提出一个比较高的转换价格 p；反之，如果投资项目的质量是比较低的，在双方协定投资契约时，创业企业家会提出一个比较低的转换价格 p。并且，高质量投资项目的创业企业家不必担心自己被冒充。因为即使低质量投资项目的创业企业家模仿高质量投资项目的创业企业家，向投资者提出较高的转换价格并达成投资契约，但在以后投资项目的运作中，基金管理人也会逐渐发现自己创业企业的真实状况，基金管理人会选择较低的支持性活动的水平，放弃转股并选择持有债券来最大化自身的收益，创业企业家的期望收益会因此受损。同样，高质量投资项目的创业企业家也不会提出一个较低的转换价格，因为那样会使他的股权受到很大的稀释，降低他的期望收益。由此可见，可转换债券投资契约会促使创业企业家"说真话"的，"说假话"会受到惩罚，降低自身的期望收益。因此，可转换债券转换价格的信号传递机制可以有效地帮助基金管理人识别投资项目的真实质量，缓解股权投资基金投资阶段的逆向选择。

在实践当中，还有许多契约安排和投资方法来缓解投资阶段的逆向选择问题，这些措施无不从两个思路出发——增强基金管理人的识别筛选能力，创业企业家有效的信号发送。这些措施的目的是减轻市场上的信息不对称，我们接下来对这些措施做以下介绍。

（1）联合投资。基金管理人作为一个机构投资者，他们在关系错综复杂的金融行业中有着广泛的人脉和关系，联合投资可以使参与到同一投资项目的多个股权投资基金做到一定程度上的信息共享，可以更准确地把握投资项目的质量状况。并且，联合投资中会有一个处于主导地位的基金和基金管理人，主导基金的出资额最大，由它来负责投资项目的各项具体事务，其他基金管理人负责提供一些信息等方面的协助，从而不致出现群龙无首、各自为政的局面，又可以加强信息共享，减轻信息不对称。

（2）做好尽职调查和投资评估。重点需要调查评估的事实是，创业企业家的个人品质，如正直、诚信、责任感、事业心，还有企业技术开发的前景，企业核心竞争力的形成路径展望。

（3）惩罚虚假重要陈述的措施。基金在决定对创业期企业投资之前，都会要求创业企业提供自身的一些重要信息，并保证这些重要信息真实、准确。在投资契约达成的时候，双方会在契约中写明，如果在投资之后发现创业企业家有虚假的重要陈述，则创业企业必须对基金做出赔偿。

2. 道德风险

在双方达成投资契约之后，基金向创业企业注入资金，并在一定程度上参与创业企业的经营管理，但是创业企业家还是直接负责创业企业的各项具体事务，因为创业企业家掌控了创业企业的绝大部分控制权，并且对创业企业的运作状况掌握得更为清楚。因此，创业企业家可能会利用这种信息不对称来为自身谋取私利并侵害股权投资基金的利益。我们用下边的一个模型来对投资阶段的道德风险进行分析。

下边的模型主要参考了徐玖平、陈书建所著的《不对称信息下风险投资的委托代理模型研究》（载于《系统工程理论与实践》，2004 年 1 月）。

我们首先对模型的几个假设和变量做一下说明，T 代表创业企业家的个人能力；E 代表创业企业家选择的努力水平；Q 代表创业企业本身的质量或发展前景，我们假设 Q 是一个常数，因为在契约达成之前创业企业本身的质量或发展前景已经是既定了的；H 代表基金对创业企业提供的支持性活动或帮助，我们假设这个也是一个常量。则创业企业的利润 R 可以表示为：

$$R = TE + M + H + \varepsilon$$

其中，ε 代表了技术或市场上的不确定性，且 $\varepsilon : N(0, \sigma^2)$，$\sigma \geq 0$。

我们假设双方达成的显性委托契约是这样的：创业企业利润 R 在基金和创业企业家之间是按比例分配的，其中创业企业家（a 方）占 β，基金（b 方）占 $1 - \beta$，并且创业企业家作为主要的企业管理者，得到一份固定收入 α，但是付出的努力 E 的成本为 $C(E) = kE^2$，k 为成本系数，且 $k > 0$。因此，创业企业家的实际收入为 $w_a = \alpha + \beta R - kE^2 = \alpha + \beta(TE + M + H + \varepsilon) - kE^2$，基金的实际收入为 $w_b = (1 - \beta)R - \alpha = (1 - \beta)(TE + M + H + \varepsilon) - \alpha$。这样的契约是符合现实情况的。

我们设定创业企业家的效用函数如下：

$$U_a = -e^{-\rho_a w_a}$$

这是一个负指数效用函数，具有常绝对风险厌恶系数 ρ_a，并且 $\rho_a > 0$，因而创业企业家是风险厌恶的。在这个效用函数下，创业企业家的确定性等价收入为：

$$w_{aCE} = E(w_a) - \frac{1}{2}\rho_a Var(w_a) = \alpha + \beta(TE + M + H) - kE^2 - \frac{\rho_a \beta^2 \sigma^2}{2}$$

设定基金的效用函数如下（这里我们把基金人格化了）：

$$U_b = -e^{-\rho_b w_b}$$

这也是一个负指数效用函数，具有常绝对风险厌恶系数 ρ_b，并且 $\rho_b > 0$，因而创业企业家也是风险厌恶的。在这个效用函数下，基金的确定性等价收入为：

$$w_{bCE} = E(w_b) - \frac{1}{2}\rho_b Var(w_b) = (1-\beta)(TE + M + H) - \alpha - \frac{\rho_b(1-\beta)^2\sigma^2}{2}$$

最大化双方效用的努力就可以转化为最大化双方的确定性等价收入，我们的分析就可以大大简化。

我们接下来用标准的道德风险分析方法来进行讨论。

我们的目标是最大化作为委托人的股权投资基金的效用，目标函数为：

$$\max_{\alpha,\beta,E} w_{bCE} = (1-\beta)(TE + M + H) - \alpha - \frac{\rho_b(1-\beta)^2\sigma^2}{2}$$

参与约束 IR 为：

$$w_{aCE} = \alpha + \beta(TE + M + H) - kE^2 - \frac{\rho_a \beta^2 \sigma^2}{2} \geq \bar{w}$$

其中 $\bar{w}$，是与创业企业家保留效用所对应的确定性等价收入。

而激励相容约束 IC 为：

$$\max_E w_{aCE} = \alpha + \beta(TE + M + H) - kE^2 - \frac{\rho_a \beta^2 \sigma^2}{2}$$

（1）信息对称的情况。在信息对称的条件下，基金管理人可以明确地观察到创业企业家的努力水平，因而不必通过激励相容约束 IC 来激励创业企业家提高努力水平，在满足参与约束的条件下，创业企业家必须无条件选择基金管理人所要求的努力水平，否则就属于违约。因此，我们的模型如下：

$$\max_{\alpha,\beta,E} w_{bCE} = (1-\beta)(TE + M + H) - \alpha - \frac{\rho_b(1-\beta)^2\sigma^2}{2}$$

$$s.t.\quad w_{aCE} = \alpha + \beta(TE + M + H) - kE^2 - \frac{\rho_a \beta^2 \sigma^2}{2} \geq \bar{w} \qquad \text{IR}$$

在最大化基金的效用的前提下，基金支付给创业企业家的薪酬不会比他的保留收入更多，因此参与约束的等式成立，即：

$$w_{aCE} = \alpha + \beta(TE + M + H) - kE^2 - \frac{\rho_a \beta^2 \sigma^2}{2} \geq \bar{w}$$

将其带入目标函数，并取一阶条件（FOC），我们得到最优化结果：

$$E^* = \frac{T}{2k}$$

$$\beta^* = \frac{\rho_b}{\rho_a + \rho_b}$$

$$\alpha^* = \bar{w} - \beta^*\left(\frac{T^2}{2k} + Q + H\right) + \frac{T^2}{4k} + \frac{\rho_a \sigma^2 (\beta^*)^2}{2}$$

基金的确定性等价收入为：

$$w_{bCE} = \frac{T^2}{4k} + Q + H - \bar{w} - \frac{\rho_a \sigma^2 (\beta^*)^2 + \rho_b \sigma^2 (1 - \beta^*)^2}{2}$$

创业企业家的确定性等价收入为：

$$w_{aCE} = \bar{w}$$

（2）信息不对称的情况。在信息不对称的条件下，基金管理人无法明确地观察到创业企业家的努力水平 E，因而必须通过激励相容约束 IC 来激励创业企业家提高努力水平。模型如下：

$$\max_{\alpha, \beta, E} w_{bCE} = (1 - \beta)(TE + M + H) - \alpha - \frac{\rho_b (1 - \beta)^2 \sigma^2}{2}$$

$$s.t.\quad w_{aCE} = \alpha + \beta(TE + M + H) - kE^2 - \frac{\rho_a \beta^2 \sigma^2}{2} \geq \bar{w} \qquad \text{IR}$$

$$\max_{E} w_{aCE} = \alpha + \beta(TE + M + H) - kE^2 - \frac{\rho_a \beta^2 \sigma^2}{2} \qquad \text{IC}$$

对激励相容约束 IC 取一阶条件并令其为零，得到 $E = \frac{\beta T}{2k}$，并且参与约束的等式依然是成立的，进一步我们得到最优化结果：

$$\beta^* = \frac{T^2 + 2k\rho_b \sigma^2}{T^2 + 2k(\rho_a + \rho_b)\sigma^2}$$

$$E^* = \frac{\beta^* T}{2k}$$

$$\alpha^* = \bar{w} - \beta^*(TE + Q + H) + k(E^*)^2 + \frac{\rho_a(\beta^*)^2\sigma^2}{2}$$

创业企业家的确定性等价收入为：

$$w_{aCE} = \bar{w}$$

基金的确定性等价收入为：

$$w_{bCE} = \frac{T^2\beta^*}{2k} + Q + H - \bar{w} - \frac{(T^2 + 2k\rho_a\sigma^2)(\beta^*)^2}{4k} - \frac{\rho_b\sigma^2(1-\beta^*)^2}{2}$$

我们把信息对称情况的结果和信息不对称情况的结果对比一下，可以得出以下结论：

①由于信息不对称情况下 $\beta^* = \dfrac{T^2 + 2k\rho_b\sigma^2}{T^2 + 2k(\rho_a + \rho_b)\sigma^2} < 1$，对比两种情况下创业企业家的最优化努力水平，我们可以看出：

$$\frac{\beta^* T}{2k} < \frac{T}{2k}$$

即，与信息对称情况下相比，信息不对称情况下创业企业家的最优化努力水平降低了，这是由信息不对称所导致的。

②创业企业利润下降，而创业企业家的确定性等价收入保持在 $w_{aCE} = \bar{w}$ 不变，这是因为创业企业家的利润分成比例 β 上升了，因为很明显我们可以看出 $\dfrac{T^2 + 2k\rho_b\sigma^2}{T^2 + 2k(\rho_a + \rho_b)\sigma^2} > \dfrac{\rho_b}{\rho_a + \rho_b}$。与此相对应，基金的利润分成比例 $1 - \beta$ 下降了。

③直接从结果看，我们无法明确地判断基金的确定性等价收入 w_{aCE} 的变化，但是我们可以从另外一个角度分析一下，由于在信息不对称的情况下，创业企业家降低了最优化努力水平 E，因此可供双方分配的创业企业利润 R 会下降，并且基金的利润分成比例 $1 - \beta$ 下降了，因此基金的确定性等价收入 w_{bCE} 必然会下降，这是由道德风险所导致的。

从信息不对称情况的结论 $w_{bCE} = \dfrac{T^2\beta^*}{2k} + Q + H - \bar{w} - \dfrac{(T^2 + 2k\rho_a\sigma^2)(\beta^*)^2}{4k} - \dfrac{\rho_b\sigma^2(1-\beta^*)^2}{2}$，我们可以看出，创业企业家的能力水平 T，创业企业本身

的质量水平和发展前景 Q，以及基金对创业企业提供的支持性活动或帮助 H，这些变量都对基金的效用水平有着重要的影响，努力提高这些变量的值，对提高基金的确定性等价收入有着显著的作用。

另外 $\dfrac{\partial w_{bCE}}{\partial \rho_b} = -\dfrac{\sigma^2(1-\beta^*)^2}{2} \leq 0, \dfrac{\partial w_{bCE}}{\partial \rho_a} = -\dfrac{(\sigma\beta^*)^2}{2} \leq 0$，我们可以看出，如果股权投资基金想提高自身的确定性等价收入，它需要基金管理人和创业企业家都具备较低的风险厌恶系数和较强的冒险精神。

（3）其他某个变量可测的情况。信息不对称的情况中，我们假设创业企业家的努力水平 E 是不可测的，在这儿的讨论中，我们延续了创业企业家的努力水平 E 是不可测的这一假定，但是加入了另外一个可测的变量 ψ，它与创业企业的利润有关，即 $Cov(\psi, R) \neq 0$。ψ 是可以影响创业企业家的收入的，并且 $\psi \sim N(0, \sigma_\psi^2)$，我们将 ψ 加入创业企业家的实际收入函数：

$$w_a = \alpha + \beta(R + \lambda\psi) - kE^2 = \alpha + \beta(TE + M + H + \varepsilon + \lambda\psi) - kE^2$$

其中，λ 是系数。

在这种情况下，我们的模型变为：

$$\max_{\alpha,\beta,\lambda,E} w_{bCE} = (1-\beta)(TE + M + H) - \alpha - \frac{\rho_b(1-\beta)^2\sigma^2}{2}$$

$$\text{s. t.} \quad w_{aCE} = \alpha + \beta(TE + M + H) - kE^2$$

$$-\frac{\rho_a\beta^2[\sigma^2 + \lambda^2\sigma_\psi^2 + 2\lambda Cov(R, \psi)]}{2} \geq \bar{w} \qquad \text{IR}$$

$$\max_E w_{aCE} = \alpha + \beta(TE + M + H) - kE^2$$

$$-\frac{\rho_a\beta[\sigma^2 + \lambda^2\sigma_\psi^2 + 2\lambda Cov(R, \psi)]}{2} \qquad \text{IC}$$

解这个最优化问题，我们得到如下结果：

$$\beta^* = \frac{2k\rho_b\sigma^2}{T^2 + 2k\rho_a[\sigma^2 + \lambda^2\sigma_\psi^2 + 2\lambda Cov(R,\psi)] + 2k\rho_b\sigma^2}$$

$$E^* = \frac{T\beta^*}{2k}$$

$$\lambda = -\frac{Cov(R, \psi)}{\sigma_\psi^2}$$

这种情况下的 $\beta^* = \dfrac{2k\rho_b\sigma^2}{T^2 + 2k\rho_a\left[\sigma^2 + \lambda^2\sigma_\psi^2 + 2\lambda Cov\ (R,\ \psi)\right] + 2k\rho_b\sigma^2}$

要从小于信息不对称情况下中得到的 $\beta^* = \dfrac{T^2 + 2k\rho_b\sigma^2}{T^2 + 2k(\rho_a + \rho_b)\sigma^2}$（因为分子变小，而分母变大了）。出现这种现象的原因是，基金管理人非常依赖于使用利润分成 βR 来激励创业企业家，因为创业企业家的努力水平是观察不到的；而在其他某个变量可测的情况下，由于可观测变量 ψ 的出现，并且 $Cov(\psi, R)\neq 0$，基金管理人降低了依赖收益分成 βR 的程度，因此，β 出现了一定程度的下降。

由此我们可以看出，当与创业企业利润和创业企业家收入都相关的可观测变量 ψ 出现时，基金管理人就会使用 ψ 来对创业企业家进行激励，降低对收益分成 βR 的依赖程度，从而降低激励成本，因为 βR 毕竟是一部分很可观的利润。

要找到与企业利润和创业企业家收入都相关的可观测变量，就需要基金管理人深入创业企业的日常管理运作之中，加强与创业企业家的合作，促成高质量人力资本更好的结合。

从上边的分析我们可以看出，在信息不对称的情况下，道德风险总是不可避免的，因此我们的努力就需要集中于如何尽量减少创业企业家的道德风险行为，下边的一些措施在实践当中被证明是比较有效的。

（1）分阶段注资。与募资阶段类似，分阶段注资可以有效地防止投资阶段的道德风险问题。由于基金在每一个阶段开始前都会对创业企业进行审查和评估，并且有权力决定是否进行下一阶段的投资，因此会对创业企业家形成很强的激励。Gompers 在 1995 年的实证研究表明，国外的股权投资基金对创业企业的投资平均会分成 2.7 个阶段进行。一旦基金决定终止投资，创业企业将很难再从其他渠道取得融资，这种威胁对创业企业来说是致命的。分阶段注资条款使得基金处于一个比较有利的地位，一方面可以激励创业企业家努力工作，另一方面可以在创业企业经营不善时实现止损，一举两得。

（2）可转换证券。前面我们讨论了可转换证券在解决逆向选择问题中的作用，实际上可转换证券在缓解道德风险问题上也非常有效。如果创业企业取得成功，基金选择执行转换期权，基金和创业企业家都会得到高额回报；但是如果创业企业经营不善，基金可以选择不执行转换期权，并在企业破产时行使优先求偿权，保护自身的投资，这种情况下创业企业家作为普通股股东很有可能一分钱都得不到。因此只有在创业企业取得成功时，创业企业家才会得到回报，这对创业企业家也是一种有效的激励。

（3）投资契约中的限制性条款和反摊薄条款。这是一种防止道德风险的很直接的方式，直接将这些对创业企业家的约束条款写入投资契约，形成法律约束力。限制性条款一般包括禁止创业企业过度举债，禁止创业企业家私自转让个人股权，禁止创业家在离开创业企业后的一段时间内加入同一行业的另外一家企业（即非竞争条款）等；反摊薄条款会限制创业企业引进新的投资者，以保护基金的股权不被稀释。

（4）对赌协议。在股权投资基金投资创业企业时，对赌协议通常是这样的：双方约定某个目标（通常是创业企业在一段时间内的收入增长目标或者利润增长目标），如果创业企业家实现了既定的目标，则基金给予创业企业家某种奖励（通常是股权奖励），如果创业企业家没有实现既定目标，则创业企业家必须接受惩罚（通常是把自己的部分股权无偿转让给基金）。对赌协议在国外的应用是非常广泛的，并且取得了非常好的效果。

在近些年的研究中，部分学者把注意力转移到了基金管理人的道德风险的产生及控制上，我们前边的论述中忽略了基金管理人的道德风险，因为按照传统理论我们认为基金管理人是委托人，创业企业家是代理人。但是在实践中，基金管理人也会出现道德风险行为，比如，不给创业企业提供充分及时的资金支持，不关心创业企业的发展，不给创业企业提供力所能及的支持性活动，或者提供的支持性活动水平过低。我们从股权投资基金的发展历史中可以看出，一个成功的投资项目背后必然存在着基金管理人和创业企业家的精诚合作，基金管理人掌握着充足的资金和金融财务知识，创业企业家掌握着独特的创业理念和技术，只有双方通力合作，实现金融资本、人力资本和知识资本的高效结合，才能取得成功。

因此，基金管理人与创业企业家的博弈可以看做是一种囚徒困境博弈，在这个博弈中，双方选择合作策略所得到的收益要大于双方选择背叛策略所得的收益。这就需要我们不仅要关注创业企业家，也要通过某些机制设计，来促使基金管理人选择合作策略。

　　股权投资基金的有限存续期机制就是其中一种，有限的存续期使得基金管理人面临再次募资的压力。再次募资就要求基金管理人在本期拿出较好的业绩来，很明显，基金管理人如果选择合作策略，会对基金的本期业绩产生正面影响，进而有利于下一期募资的顺利进行。因此，选择合作策略符合基金管理人的利益。

　　加强双方的信息交流可以加深各自对对方的理解，清晰而明确的信息可以降低双方之间的不信任感，有利于塑造双方之间的良好关系，增强双方合作的意愿。经常性的交流可以防止由信息传递误差所导致的误解或误判，防止意外事件导致合作关系的破裂。

第二节　股权投资基金的产业经济学分析

一、产业结构优化理论

1. 产业结构的内涵及其演变规律

（1）产业结构的含义。"结构"一词最早运用于自然科学，是指某个整体的各个组成部分的搭配和排列状态。20世纪40年代，人们将"结构"运用于经济领域，并开始用"产业结构"这一概念来分析问题。广义的产业结构是指产业间的技术经济联系及联系方式。从狭义来看，产业结构是指国民经济各个产业之间以及产业内部的比例关系和结合状况。

（2）我国的产业结构划分。

第一产业：农业，包括种植业、林业、牧业和渔业。

第二产业：工业和建筑业。其中，工业包括采掘业、制造业、电力、煤气、水的生产和供应业。

第三产业：除第一、第二产业以外的其他产业。根据我国实际情况，第三产业可分为流通部门和服务部门，具体可分为四个层次：一是流通部门，包括交通运输、仓储及邮电通信业，批发和零售贸易、餐饮业。二是为生产和生活服务的部门，包括金融保险业、地质勘查业、水利管理业、房地产业、社会服务业、农林渔牧服务业、交通运输辅助业、综合技术服务业等。三是为提高科学文化水平和居民素质服务的部门，包括教育、文化艺术及广播影视业、卫生、体育和社会福利业、科学研究业等。四是为社会公共需要服务的部门，包括国家机关、政党机关和社会团体及军队、警察等。

（3）产业结构的演变规律。产业结构的演变是同经济发展和经济增长的演变相对应的，这种演变规律主要表现在两个方面，一是产业结构从低级向高级的高度化演变；二是产业结构横向的合理化演变。产业结构的高度化和合理化共同推动经济不断地向前发展。产业结构的演变方向是沿着第一产业为主导到第二产业为主导，再到第三产业为主导发展的。产业结构由低到高的发展阶段是不可逾越的，但是各阶段的发展历程可以通过各种促进措施而缩小。从演进的角度来看，只有前一阶段产业充分发展，才能导致后一阶段产业的发展，即后一阶段的产业发展是以前一阶段的产业充分发展为基础的。

（4）产业结构演变中的市场机制和政府调控。市场机制对于产业结构的调整，主要是通过价格机制来实现的。在完善的市场机制条件下，价格体系趋于合理，竞争表现为某些产业迅速发展，某些产业发展迟缓甚至衰退，进而形成优化的产业结构体系。同时，在完善的市场机制下，完全的竞争机制促使各产业尽可能地采用最先进的生产技术和管理方法，最充分地发挥资源的作用，推动产业结构的升级。

产业结构演进过程中的政府调控，是中央政府从整个国民经济发展目标出发，为从总体上及时有效地协调产业结构所运用的一切宏观经济杠杆、产业政策的总称。政府对于产业结构的调整，主要是通过产业结构政策来实现的。中央政府通过运用财政、税收、信贷、补贴、价格等经济杠杆，甚至采取经济立法措施保护和扶持新兴产业的发展，缩小和遏制某些特定产业的发展，从而引导产业结构向着国家规划的目标演进。

然而，单纯地依靠市场机制或政府调控对产业结构的调整都有其局限性。一方面需要中央政府对产业结构进行调控，以克服和弥补市场机制调整作用的缺陷；另一方面需要市场机制从微观上对产业结构进行调整，以克服政府调控的不足。只有市场机制和政府调控紧密相连、互相配合，才能实现产业结构的合理化。

2. 产业结构优化理论

（1）产业结构优化的内涵。产业结构优化是指通过产业结构调整，使各产业协调发展，并满足社会不断增长的需求的过程。产业结构优化包括了产业结构的高度化和产业结构的合理化两个方面的内容。产业结构高度化是指产业结构系统根据产业结构演进规律，不断从低级向高级演进的过程；而产业结构合理化，则是从本质上反映了一个产业结构系统的聚合质量，具体表现为系统的产出与市场需求的关系、各产业之间的协调、对资源的转换效率等方面。合理化是高度化的基础，没有合理化，产业结构高度化就失去了基本条件，不但达不到优化的目的，还有可能出现逆转。而高度化是合理化的进一步发展目标，合理化本身就是为了使产业结构向更高层次转化。产业结构优化是一个动态的发展过程，其优化的方向和各国的经济发展阶段相适应。

（2）产业结构优化调整的方式。产业结构优化调整的方式主要有两种：增量调整和存量调整。

产业结构增量调整是指基于原有的产业结构存量系统，通过注入新的生产要素实现整个产业结构的优化升级。产业结构增量调整主要有两种方式：一是通过注入新的生产要素兴建和发展新兴产业，从而促进产业结构优化升级，实现产业结构的高度化；二是通过注入新的生产要素以加快发展短线产业和瓶颈产业，促进整个产业结构的合理调整。

产业结构的存量调整是指在既定的资产存量条件下，通过资产存量在部门、产业之间的转移，改变各个部门、产业之间的生产能力构成，通过使一些部门、产业的生产能力扩张，而另一些部门、产业的生产能力收缩，最终实现产业结构的优化调整。

（3）产业结构优化中的几个重要关系。

第一，发展制造业与经济服务化的关系。随着信息技术的发展并逐渐向其他产业的渗透，信息产业在经济中的地位也在日益上升。尽管在新的经济社会中，制造业仍具有不可替代性，但以信息技术为代表的高技术产业的发展，必然对包括制造业在内的传统产业进行着渗透，使传统的制造业发生革命性的改造。我国的工业化的任务尚未完成，因此，经济建设的重要任务仍是加快工业化的进程并兼顾现代化的目标。而制造业是实现工业化和现代化的原动力，是国家实力的重要支柱。我国制造业的发展还将持续相当长的一段时期，并发挥其在产业结构优化过程中主要资源供应方的作用。尽管随着产业结构升级，第三产业在我国经济中的比重会越来越大，但是制造业在我国经济中仍然占据重要的地位。即使人类进入知识经济时代，制造业作为满足人类一种特定需求的手段仍是必要的。工业化向服务化转移是因为制造业为社会提供了大量的物质财富。继续重视制造业的发展仍然是我国产业结构优化的重要任务，并为进一步的经济服务化打下坚实的基础。

第二，传统产业与高技术产业的关系。经济的全球化，一方面给我们带来了新的发展机遇，另一方面也可能会拉大我国与工业发达国家之间的距离。因此，必须积极发展高新技术产业，努力形成一批具有我国自主知识产权和市场竞争力的产品，促进经济持续高速发展。但同时应当清楚地认识到，传统产业仍是我国今后经济发展的支柱，这是因为我国经济要快速持续发展，必须发挥我国的比较优势和后发优势。发展高新技术产业，并不意味着传统产业已经过时，或者其重要性已经下降。我国与发达国家在传统产业方面的差距还相当大，而我国的最大的市场潜力也在于传统产业，如住房、汽车、家电、城市基础设施等，存在着广阔的市场需求与融资需求。根据清科研究中心的数据，从股权投资基金 2009 年投资的行业来看，一大部分仍然投资于传统行业，这与我国当前的经济发展水平是相符合的。

我们要鼓励发展高科技，尽快缩短和世界先进水平的距离。但是高新技术产业的发展需要一定的条件，如发达的资本市场、完善的风险投资机制以及相关的配套措施。高技术产业要为传统产业服务，不仅是改造和发展传统产业的需要，也是高技术产业自身发展的需要。高技术产业一般都是在传统产业发展成熟的基础上才能比较顺利地形成和发展，离开了传统产业，就会缺乏发展的技术基础和广阔的市场空间。在当前经济条件下，我国更加需要充分发挥自己的优势，重视高技术为传统产业服务，运用高技术和先进适用技术改造传统产业，加快传统产业优化升级。从经济增长结果来看，高技术产业的崛起有可能成为新的经济增长点，传统产业的改造升级仍是推动经济发展的主要源泉。高技术产业与传统产业不是替代与被替代的关系，而是互为市场、共同发展的关系。产业结构演变中的市场机制和政府调控市场机制对于产业结构的调整，主要是通过价格机制来实现的。在完善的市场机制条件下，价格体系趋于合理，竞争表现为某些产业迅速发展，某些产业发展迟缓甚至衰退，进而形成优化的产业结构体系。同时，在完善的市场机制下，完全的竞争机制促使各产业尽可能地采用最先进的生产技术和管理方法，最充分地发挥资源的作用，推动产业结构的升级。

3. 产业整合理论

（1）产业整合的含义。产业整合是指按一定的标准对产业进行划分的前提下，对产业内部或产业间存在缺陷的部分进行重新拆分组合与流程再造。通过对国外相关的产业整合理论的分析，大多是针对微观企业或企业集团的操作性、技术性的研究，在某种程度上来说等同于联盟与并购的概念。在我国社会主义市场经济体制背景下，我国的产业整合就是通过借鉴西方发达市场经济国家的经验，探索出一条具有中国特色的产业整合之路，达到宏观、中观、微观三个层面相协调，实现资源配置最优化的目的。

广义上讲，产业整合是指为了谋求长远的竞争优势，以企业为整合的对象，按产业发展规律，跨空间、地域、行业和所有制重新配置生产要素，调整和构建新的资本组织，从而形成以大企业和企业集团为核心的优势主导产业的过程。狭义上讲，产业整合是指产业内的优势企业在判断产业未来发展趋势的基础上，合理配置自身资源，有效组织产业内的生产要素，以期获得长期竞争优势的行为。

（2）产业整合的分类。产业整合是产业结构优化和资源重新配置的过程。其实质就是以企业为主体，以产业为框架的市场整合，产业整合的层次可以分为企业、部门产业、区域层次的分工与协作。产业整合有两种基本形式，一种是横向整合，是指行业性的收购或合并，表现为大吃小、强吃弱的企业兼并或强强联合式的合并。另一种是纵向整合，是企业基于产业价值链的要求，通过收购、兼并、战略联盟等方式，把价值链中上游和下游企业的资源进行整合，延伸产业链。横向产业整合特征是合并同类项，重在做大规模和调整布局；而纵向产业整合特征是形成产业链，在更大范围内提高资源配置效率。现实中的整合往往并不是单一的横向或者纵向整合，而是两者以不同方式的互相结合。

二、股权投资基金对产业结构优化的作用

一般而言，投资是企业扩大再生产和产业扩张的重要条件之一。资金向不同产业方向投入所形成的投资配置量的比例就是投资结构。不同方向的投资是改变已有产业结构的直接原因。比如，若为了创造新的需求而进行投

资，将形成新的产业从而改变原有的产业结构；若对部分产业投资，将推动这些产业比没有投资的那部分产业以更快的速度扩张，从而影响原来的产业结构；若对全部产业进行投资，但投资比例不同，则也会导致产业结构的相应变化，最终影响到整体产业结构的变迁。股权投资基金作为一种新型的投资工具，不仅有着投资对产业结构调整的普遍意义，也有其特别之处。

1. 股权投资基金改善企业的资产结构

在快速发展现代经济中，一些企业的初始资本金往往存在缺口，却有着良好产品和市场；而另一方面，商业银行只提供短期商业贷款的债务融资方式，使企业不断地处于一种融资还贷的困境中以求得长远的生存，这些企业因此缺少积极且有长期发展目标的战略投资者。股权投资基金取代部分企业的银行贷款，以股权的形式介入企业的经营发展当中，大大改善了企业的资产结构，并且使企业在从事中期和长期发展项目时获得有力支持，非常有助于企业经营业绩的提高和长远的发展。股权投资基金为这些企业提供弥补资金缺口和资产重组的机会，作为战略投资者帮助有潜力的企业实现规模化发展，从而引领产业的发展，推动产业结构的优化。

2. 股权投资基金优化资本资源配置

股权投资基金是市场化配置资本资源的方式之一，股权投资基金的真正优势在于它是真正市场化的。由于股权投资基金的内在动力是追求高额投资回报，基金管理人必须选择前景广阔、质地优良、效益高的企业进行投资，基金管理者完全以企业未来的成长潜力和效率作为投资选择的原则。无论是小企业还是民营企业，只要产品有市场、发展有潜力，投资者会用自己的资金作为选票，将社会稀缺生产资源使用权投给社会最需要发展的产业，投给这个行业中最有效率的企业，这就使资本有选择地流入到优质企业，客观上起到优胜劣汰、优化资源配置的作用。这样，整个社会的稀缺生产资源的配置效率可以大幅度提高。为了确保投资回报，股权投资基金拥有一套评判公司经营战略、财务状况、核心竞争力及投资项目优势的指标，其目标就是将资本投向优秀的企业和项目，从优秀企业和项目的经营中获利。

3. 股权投资基金有利于我国第三产业的发展

以上两点都是通过分析股权投资基金本身的内在机制而得出的对产业结构优化的促进作用。我国产业结构优化水平远远低于发达国家，我国第三产业的发展严重滞后，这对我国经济发展方式的转变和产业结构的优化升级都有巨大的制约作用。一方面相比较亟须发展的第三产业如现代服务业、高科技产业、消费服务业等大多以中小企业和民营企业为主，然而现有的金融体系却没有向它们提供足够的融资渠道，使其普遍面临着严重的融资难题。而另一方面我国的传统重化工业亟待优化升级，其中存在着广阔的市场需求与融资需求。值得注意的是，高科技产业的发展可以为传统重化工业服务，可以运用高技术和先进适用技术改造传统重化工业，加快重化工业产业优化升级。广义的股权投资基金包括了主要投资于新兴高科技企业的创业投资，即众所周知的风投，而风险投资的主要对象正是部分具备高成长性和发展潜力的高科技中小企业。这些都是股权投资基金未来大有作为的领域。因此，股权投资基金可以通过对我国第三产业的融资支持，实现对产业结构优化的作用。

三、股权投资基金对我国产业整合的作用

股权投资基金主要包括风险投资和收购基金两大部分。收购基金尽管不是股权投资基金行业的起源，比另一重要分支风险投资要晚 10 多年，但收购基金是当前股权投资基金的主流，基金额占整个股权投资基金总额的一半以上。未来几年，随着我国产业结构转型的要求加大，政府并购贷款鼓励政策出台，股权投资基金纷纷关注中国产业并购市场，收购基金将发挥越来越重要的作用。一个产业的健康发展离不开产业整合，产业整合的实施条件首先是充足的资金支持，其次是进行整合所需要的企业管理经验。因为一旦缺乏资金，产业整合则不能持续进行，只能原地停滞；企业的管理经营能力也是需要通过结合自身的实际情况不断学习，并进行消化吸收获得的。而股权投资基金对产业整合的促进作用同时体现于以下两个方面。

1. 股权投资基金为产业整合提供资金支持

从理论上讲，当产业不断扩张发展到一定阶段时，由于对资本需求的不断扩大，金融资本就会开始对其产生强大的吸引力，而金融资本发展到一定阶段时，也必须要寻找产业发展的支持。因此，产业的发展离不开充足的资本支持，资金的充足与否直接关系到产业整合可否持续的关键问题。产业发展应充分利用资本市场，通过资本市场获得产业整合所需的资金，并通过资本运营进行兼并收购，取得产业整合的控制权，推动实施产业整合的战略，

从而实现产业整合的目的。

对于以产业整合为战略目标的企业来说，资本市场是其扩充资本金、进行产业整合的有效工具，如何整合好资本与产业两根链条，使二者相辅相成、互相推动发展，将是企业面临的核心问题之一。而股权投资基金作为产业整合的有效工具，可以将资本和产业联结起来。解决当前困扰我国产业整合的资金渠道的不畅问题和寻求产业发展的融资需求与金融资本投资之间的平衡，是中国企业做大做强所要考虑的最迫切，也是最基本的战略问题。产业整合需要的资金是非常巨大的，依靠整合主体的自有资金远远不够。我国股权投资基金发展将为我国产业整合提供源源不断的资金，直击我国产业整合问题的产生根源。随着产业整合资金渠道的逐步完善，必将迎来我国产业整合和产业结构优化的快速发展的时期。

2. 股权投资基金为产业整合提供管理经验

中国经济正在迅速发展，但是作为经济转轨型国家，许多企业在内部管理、长期稳定经营和持续增长等方面缺乏经验。同时，股权投资基金以股权资本的形式介入，改善了中国企业的治理结构，诸多有发展潜力的企业通过并购重组进行主营业务调整，实现企业的战略转移，加快了企业的发展，同时也通过并购重组实现产业整合，达到产业结构优化的目的。

从国际竞争的角度上看，中国的传统产业规模过小，不利于我国传统产业竞争优势的发挥。而股权投资基金是促进产业整合的一个非常有效的方式。中国竞争性行业需要通过产业整合，让最优秀的企业通过兼并收购的方式来获取规模效应，并购重组是优秀企业集团做大做强的主要途径。可见，股权投资基金对中国产业的整合具有极为重要的战略意义。

四、股权投资基金对我国产业结构优化的案例分析

我国的产业结构优化包含了提升第一产业、做强第二产业、做大第三产业三层含义，股权投资基金对服务业和制造业的融资支持均对其产业结构调整起到了一定的促进作用。下面将主要通过股权投资基金投资我国牧业的案例，来探讨股权投资基金对我国乳业产业结构调整的作用。

2008 年以来，从股权投资基金未来热点投资行业角度分析，医疗健康、连锁经营行业、现代农业等将成为市场投资热点。这些热点均由我国当前的实

际国情所决定。随着医疗改革的深入，医疗健康市场仍将保持高速成长；金融危机过后，我国经济增长由投资拉动向消费拉动转变，因而医疗健康和连锁经营行业将成为股权投资关注的热点。而现代农业更是我国政策倾斜的主要方向。在我国财政对农业投资不足的情况下，股权投资基金增加对现代农业的投资，对促进农业产业结构的调整和优化，无疑具有重要的现实意义。

1. 股权投资基金投资现代农业

近年来，国务院对现代农业的扶持力度逐年加大，随着农业产业结构调整和生产经营方式转变，农业资金需求逐年高涨，单纯依靠政府资金已不能满足现代农业发展的需要。吸引更多的民间资本投身于现代农业成为发展趋势。因此，现代农业企业在政策和资金的双重推动下，将迎来巨大的发展机遇。继前些年 ADM、邦基等全球农业巨头大举收购国内豆油压榨厂及豆类流通加工企业后，农业领域的资本盛宴再度随着农产品牛市行情而开启。德意志银行注资 6000 万美元，获取上海宏博集团公司养猪场 30% 股份；高盛耗资 2 亿多美元，在湖南、福建省份连续全资收购 10 余家专业养猪场。这些大手笔，只是境外知名投行深挖国内农业领域淘金机会的"开幕式"。目前，沪深两市上市的农业企业有 70 多家，其中获得创投和股权投资机构支持的有 3 家，市场容量还很大。更多的股权投资机构将目光转向现代农业企业；赛富、KKR 等多家机构均看好中国现代农业，正加大对现代农业领域的投资力度。见图 2.2。

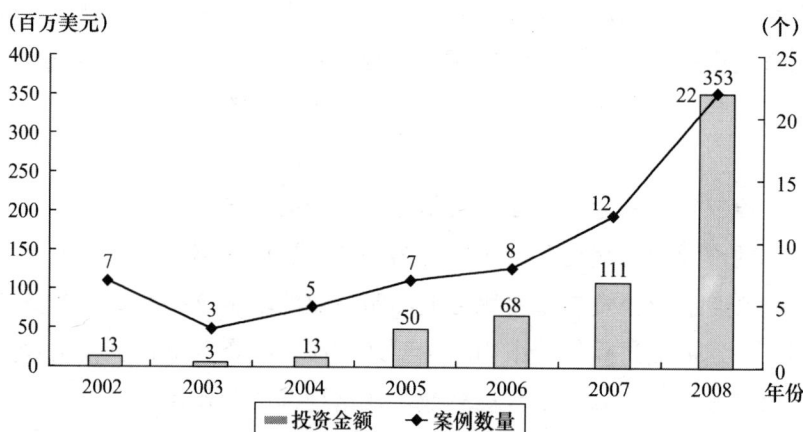

图 2.2　2002～2008 年现代农业领域私募股权投资统计数据

2. 股权投资基金投资蒙牛牧业

乳业是高效的畜牧业，加快乳业发展，是新时期我国农业和农村经济发展的一项重要任务，对于带动现代农业发展和农村经济结构战略性调整，发展第二、三产业，促进国民经济发展，提高国民素质，都具有重要的现实意义。

（1）我国乳业奶源产业化经营。2008 年 9 月，中国国产乳品中非法掺有化工原料三聚氰胺，使中国乳业遭受重创。它不仅打击了我国快速成长的乳业，带来了严重的经济损失，也造成巨大的社会危害。中国的乳制品生产企业从众多不规范的小型奶牛养殖场收购奶源，奶贩子在兑了水的奶源中添加三聚氰胺，以虚增这些被稀释牛奶的蛋白质含量，蒙混通过乳品公司的质量检测获取超额利润。

过去 10 年，中国的乳制品市场发展迅猛，年平均增速达到 10% 以上。一些龙头生产企业年增速甚至超过 30%，如图 2.3 所示。

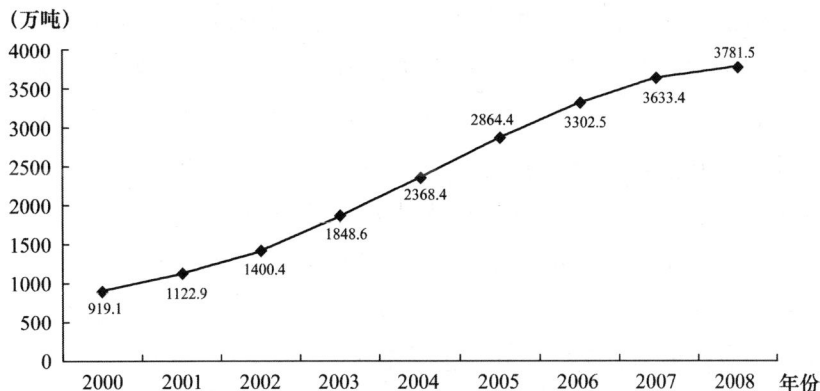

图 2.3　2000～2008 年我国奶类产量统计

但在快速发展的背后，中国乳业的上游奶源环节却相当滞后与薄弱。中国有 130 万人从事养牛业，平均每人饲养奶牛 5～10 头，企业原料奶供应主要依靠分散的奶农，原料奶的安全标准和产量都难以让人满意。

因此，为了从根本上治理这种奶源管理混乱的局面，中国乳制品行业急需进行以奶源专业化、规模化管理为主的上游奶业整合。三聚氰胺事件的问题出在奶源质量上，而要解决这个问题，必须从奶业纵向产业整合上入手，将产业链上游的奶源进行规模化管理。2008 年 11 月 19 日，国务院办公厅发布奶业整顿和振兴规划纲要，要求在 2011 年 10 月底前，100 头以上规模化养殖场奶牛比重需达到30%左右；乳制品生产企业基地自产生鲜乳与加工能力比例需达到70%以上。政策化的规定引导了我国奶源建设的发展方向，必须对奶源进行整合以实现规模化养殖。以行业巨头蒙牛为例，企业只有6家牧场，这些牧场只能提供10%的奶源，另90%的奶源还是靠分散的奶农提供。在乳制品行业中，最科学的发展模式应是先建牧场后建市场的战略模式。但在激烈的市场竞争中，乳制品企业完全忽视了这种战略发展模式，却信奉以市场为主导，以营销为重的经营理念。大部分企业忽视产业链上游的奶源建设，不断挤压奶源收购价；却在产业链终端开展价格战，以各种强势营销手段刺激市场需求，带动产能迅速膨胀，再以低成本的横向扩张来占取市场份额，提高销售额，致使我国乳业横向与纵向产业整合严重失衡。因此，具体措施就是将大量的小型奶牛养殖场进行兼并收购，实行统一的标准化管理。

（2）蒙牛牧业与奶源产业化经营。美国股权投资基金公司 KKR 已经完成了对中国蒙牛现代牧业（集团）有限公司约1.5亿美元的股权投资。这是 KKR 对上游奶源市场的规模最大的一笔注资。KKR 是世界最大股权投资基金之一，在2008年下半年完成了对现代牧业第一笔约1亿美元的注资，2009年出于公司收购的需要又追加了约5000万美元投资，且采取完全现金交易方式。目前，KKR 共持有蒙牛现代牧业约20%～40%的股权，在非控股股东中占有重要地位。外资入股中国乳业上游产业链，是外资在中国农业领域进行的战略布局，表明国内奶源产业化良好的发展前景，国家出台的一系列扶持奶业发展的政策效应开始逐步显现。

①蒙牛现代牧业旨在实现奶源产业化经营。蒙牛现代牧业公司成立于2005年9月，是由蒙牛集团高中层管理人员出资200万元成立的股份有限公司，是在马鞍山市成立的一家大型现代化奶牛养殖企业。目前它希望通过自己宏大的扩张计划，以规模化的奶牛养殖场来取代为中国提供了大部分奶源的个体养牛户，实现奶源产业化经营。蒙牛现代牧业在全国范围内已建成4个现代化牧场，有3个牧场正在建设中，奶牛总数已有2.6万头。

公司规划在1～2年内，在全国各地兴建25～30个现代化牧场，现代牧业公司通过大量并购散养奶源来快速扩张。自2007年初，现代牧业加快在全国各地跑马圈地的步伐，寻找多方合作以实现增资重组的目的，其中多数都有蒙牛乳业参与，如表2.1所示。

表 2.1 蒙牛乳业的扩张

年 月	合作方	投资金额（亿元）	预期目标
2007.2	河北张家口市政府与蒙牛乳业	7.5	两年半内建设 3 个拥有万头规模的现代牧场
		1.02	建设与牧场相配套的沼气发电设施
		2.94	建设日处理鲜奶能力 500 吨的高端液态奶加工厂
2007.5	四川眉山市与蒙牛乳业	6	建设 18 万吨液态奶加工基地项目和占地 1000 亩的万头奶牛示范牧场项目。液态奶加工基地建成后，销售收入 8 亿元
2008.9	蒙牛现代牧业在宝鸡投资	4.8	宝鸡市则无偿提供使用期 50 年、2000 亩土地，协助蒙牛现代牧业做好奶牛场建设

蒙牛现代牧业的目标是成为世界上规模最大、奶牛养殖技术最先进的奶牛养殖企业。同时，现代牧业可能成为蒙牛乳业的战略性上游合作公司，打造一个奶源分布于全国的大型基地，实现乳业奶源产业化经营，能够为蒙牛乳业提供充足且有质量保证的原料奶。

②股权投资基金投资蒙牛现代牧业的原因。根据股权投资基金投资对待融资企业的评估标准，一般来说，大多数股权投资基金尽量避免进入产业发展的早期和后期阶段，而将大部分注意力集中在产业曲线的中间部分。因为在早期阶段，技术是不确定的，市场需求和发展前景是未知的；而在后期阶段，产业的增长率趋缓，通过被投资企业的高速成长获得超额回报的机会较小。股权投资基金看中蒙牛现代牧业所处的乳品行业是不难理解的：乳业在中国是朝阳产业，15 年来保持持续增长，近几年在液态奶崛起的带动下更是呈现出爆发性增长趋势。中国乳业已越过了早期的市场未知状态，进入了高速成长期，境内市场需求巨大，是一个具有高速发展潜力的项目。2003～2008 年，乳品销售额的年平均增长率达到 10% 以上，液体奶的销售增长率达到 20%。目前，国内乳品消费的人口约有 2 亿，经常性购买人口不到 1 亿，中国年人均乳制品消费量很小，只有 8 公斤左右，大大低于世界平均消费量 100 公斤的水平。然而和中国人有相似饮食习惯的日本、韩国的年乳制品消费量也超过了 60 公斤。在未来 5～10 年内乳品需求将保持 10% 的增长，

现在控制奶源并大量并购小规模养殖的奶牛将大有前景。国内奶牛养殖的规模化牧场长期发展不足，已成为制约我国奶业高速发展的瓶颈。所以，中国的乳品消费仍处于低水平阶段。按照中国社会的发展目标，2020 年全面实现小康社会，因而中国乳品消费量将随着人均收入的增加而持续高速增长，增长潜力非常可观。因此，中国的乳品行业和市场正处于产业高速发展期。所以，股权投资基金介入奶源整合，建设规模化的养殖牧场，为我国乳制品奶源产业化发展提供资本支持。

③股权投资基金与我国乳业产业整合。根据以上的分析我们可以看到，股权投资基金投资蒙牛牧业，对牧业进行规模化、集约化管理，实现了奶源产业化经营，将处于乳制品行业上游的奶源进行统一规范化管理，延伸了乳业纵向产业链，促进了乳业的产业整合乃至产业结构的优化。目前，我国乳制品行业正处在由数量扩张型向质量效益型转变的关键时期，在迅猛发展的同时也出现了较多问题，诸如养殖水平低，生鲜乳供应不稳定，企业与奶农关系不协调，重复建设严重，加工能力过剩，产业布局不合理等等。2009年 6 月 2 日在杭州落幕的第七届中国奶业高层论坛上，中国奶业协会将三聚氰胺事件的深层原因总结为养殖欠规模化、产业欠一体化、行业欠标准。针对这些问题，国内的乳制品企业亟须通过兼并收购、资产重组、强强联合等方式，整合加工资源，加快集团化进程，提升产业水平。股权投资基金通过投资奶源建设，建立统一规范化的牧场，对乳制品行业进行上游的奶源整合，从饲料、养殖、收奶、加工等各个方面将产业链条彻底捋顺，逐步解决奶源分散化所带来的不安全因素，进行纵向的产业整合，加速乳制品行业产业一体化进程，形成稳定的产业发展态势，实现畜牧业产业结构的优化，对我国乳业的产业整合和产业结构优化具有重要的促进作用。

同时，乳制品行业是我国改革开放以来增长最快的重要产业之一，也是推动第一、二、三产业协调发展的战略产业。乳制行品业横跨畜牧业、工业、流通服务业三大产业，对于优化畜牧业产业结构，带动食品机械、包装、现代物流等相关产业发展也具有重要意义。

第三章　股权投资基金的投资
风险分析与评价模型

第一节　股权投资基金投资风险指标体系的建立

　　股权投资基金投资的风险识别就是发现项目潜在风险的过程。这是进行项目投资前首先要进行的环节。项目风险识别的主要任务包括：判断哪些风险事件可能会对项目的总目标造成影响，分析这些风险的来源、风险产生的条件，并且描述风险的特征。影响股权投资基金投资的风险因素很多，如何把影响决定项目选择的风险因素全部找出来并不是一件容易的事。而系统工程的思想方法是解决复杂问题的一种有效工具，在进行股权投资基金风险识别时，可以应用系统的思想来帮助投资机构全面地识别风险。

　　根据系统的思想，可以将股权投资基金的风险分为内在风险和外在风险。内在风险是股权投资基金机构能加以控制和影响的风险，如项目投入资金量、资金运作方式等。外在风险是超出投资机构可控制范围和影响力之外的风险，如政治环境变化、市场转向等。股权投资基金风险识别首先要全面分析影响各个项目选择的各种影响因素，从影响因素中找出风险因子，汇总成项目风险的清单；其次，识别风险的主要来源，即分析主要的风险因子；最后，要有效地预测各种风险可能引起的后果极其严重程度，这部分内容属于定性分析。

　　在进行股权投资基金项目识别时，现有的可以采用的主要方法有：头脑风暴法、德尔菲法、情景分析法、WBS法、财务报表分析法等。头脑风暴法是寻找一群专家，利用专家的创造性思维来索取未来信息的一种直观风险预测和识别方法。德尔菲法是进行专家调查，它首先由股权投资基金机构的风险小组选定项目相关领域的专家，并取得与这些专家联系，通过函询收集专家意见，并对专家意见进行整理后反馈给各位专家，而后进行匿名的反馈，再次征询专家意见。情景分析法是根据项目未来发展趋势的多样性，通过对项目系统内外相关问题的系统分析，规划设计出多种可能的未来前景，而后对系统发展的态势做一个自始至终的情景和画面描述，通过这种方式来分析和识别风险。WBS 法，又称为流程图法，对所要进行的项目或工作进行工作分解，建立一个投资项目的总流程图与分流程图，这方面要展示投资项目的全部活动，通过活动分析来进行股权投资基金项目的风险识别，这种识别方法可以为实际的运行过程中的风险控制提供依据，股权投资基金项目选择流程即是一个工作分解图。财务报表法，则是通过分析资产负债和财务记录，来分析和识别未来项目中可能存在的风险。风险识别的方法很多，也各有优缺点，本章在进行股权投资基金项目选择过程中，所得到的项目风险因子是在综合各种风险识别方法的基础上得出来的。

一、风险评价指标体系建立的原则

在基于风险传递的股权投资基金项目选择过程中，必须要克服传统的项目选择评价中较为主观、片面的缺点，因此，为使所选风险因子指标能够全面的、本质的反映投资项目的投资价值及风险，在建立基于风险传递的股权项目选择评价体系时应该遵循以下原则。

1. 全面性原则

在选择风险因子指标的过程中，要全面反映所投资项目的综合情况。不仅反映出项目的经济性、投入资金的直接利用效率，同时要考虑到项目所涉及的风险及各种风险可能带来的后果。因此，在选择指标时要具有综合评价的全面性。

2. 可行性和可操作性原则

在设计基于风险传递的项目评价指标体系时，所选取的指标要具有可采集性和可衡量的特点，能够具有有效的测度和统计风险，即使没有能够直接反映风险因子大小的指标，也要尽量找到与之相关的能够反应其因素状况的其他数据来评价指标。

3. 可比性原则

可比性原则是指在评价不同的可供选择的股权投资基金项目时，项目所处的行业、地点等不同，可能带来的风险也不同，因此，要选择具有可比性的评价指标，要对每一个评价对象都是公平的，在评价指标体系中不能包括一些具有明显的倾向某项目的指标。

4. 综合性和简洁性原则

所选择的风险因素分析要适用于不同的行业、不同的地区，综合地反映项目的总体情况。所选择的风险因素指标包含的内容不能出现重复，而且功能上要相互配合，在选取指标时，要尽量分析反映出项目本质价值的评价指标，以便使整个评价过程计算简便。

5. 定量和定性相结合原则

股权投资基金项目选择是一个复杂的决策问题，投资者在进行决策的过程中，要考虑众多因素，这些因素有的是定性的，有的是定量的，定性与定量的因素间相互影响。为了提高决策的科学性，就有必要运用系统的分析方法，结合定性与定量因素，综合运用定性与定量因素的描述方法，建立评价的系统模型。

6. 前瞻性原则

在考虑风险后的评价指标因素时，既要立足于目前项目状况，又要保持一定的超前性与预测性。风险具有持续性和变化性，因此，指标的选取要具有前瞻性。

二、评价指标体系建立的方法

股权投资基金项目选择评价指标体系建立主要有两个步骤。

第一步，建立评价指标体系。这个环节的主要工作是要进行要素分解和要素收敛。要素分解是指将整个项目选择的目的进行要素分解，分析可供选择的影响项目总目标实现的风险指标因素。在整个股权投资基金的过程中，目标的实现涉及投资主体、投资客体和投资环境。投资主体是股权投资基金机构，投资客体是投资企业或项目，而整个投资的过程在国家宏观经济状况这个大的投资环境下完成。因此，进行要素分解就要从分析股权投资基金、投资企业和投资环境可能产生的风险入手，分析影响项目选择的因素。要素分解后就要进行要素收敛的工作，要素收敛是指根据确定的因素和特定的项目领域，收集归纳指标。简单来说，就是对分析出来的影响因素进行归纳总结。在要素分解的过程中，可能会列出很多影响项目总目标的风险因素，将这些要素进行归类，组成一个指标体系，这样有利于整个评价过程的进行，简化计算过程。

第二步，建立评价的方法和统计方法。这一环节的主要工作是对所选取指标进行权重确定和赋值。本章将采用三角模糊数网络层次分析法对项目进行评价。整个过程分为四个步骤：①选择评价方法：三角模糊数网络层次分析法；②确定总目标、准则层和指标层；③通过计算导出各个项目的评价值；④通过实例验证方法的可行性。

三、风险因子层次结构的确定

股权投资基金项目在选择过程中的影响因素较多，而各个因素在考虑风险时，可以将影响投资选择的各个因素看做是项目的风险因子。本章在分析总结各个学者关于项目选择影响因素分析的基础上，结合自己对股权投资基金项目选择所应考虑因素的看法，提出了股权投资基金项目选择风险因子层次结构，如表3.1所示。

表3.1   股权投资基金项目选择风险因子层次结构

项目效益好、风险低	股权投资基金风险因子 A_1	管理团队风险因子 A_{11}
		退出风险因子 A_{12}
		投资方式风险因子 A_{13}
		出资人风险因子 A_{14}
	投资企业风险因子 A_2	创业团队风险因子 A_{21}
		市场风险因子 A_{22}
		技术风险因子 A_{23}
		财务风险因子 A_{24}
		企业环境风险因子 A_{25}
	投资环境风险因子 A_3	经济环境风险因子 A_{31}
		政策环境风险因子 A_{32}
		金融环境风险因子 A_{33}

在这个层次结构层中，目标层表示的是所选择的项目效益好、风险低，即整个项目评价体系的最高层。因素层表示项目进行股权投资基金项目评价的指标层（风险因子）。进行项目风险评价时存在的风险因子较多，因此，本章将因素层分为两层，第一层由股权投资基金风险因子、投资企业风险因子和投资环境风险因子组成。第二层是第一层风险因子的进一步细分，股权投资基金风险因子包括退出方式风险因子、管理团队风险因子、投资方式风险因子和出资人风险因子；投资企业风险因子又分为创业团队风险因子、技术风险因子、市场风险因子、企业环境风险因子和财务风险因子；投资环境风险因子又分为经济环境风险因子、政策环境风险因子和金融环境风险因子。

在股权投资基金的风险因子中，管理团队风险因子是指股权投资基金管理队伍的投资经验、风险偏好和人脉关系等都对投资项目的选择存在风险影响的因素。如果管理团队有投资项目领域的专业人才，并且投资经验丰富，那么他们对于项目选择的科学性就很高，项目成功的概率就高。退出方式风险因子是指股权投资基金机构所能选择的不同类型的退出方式。退出是股权投资基金价值实现的一个重要环节，股权投资基金退出的方式主要有IPO、股权转让和清算退出等。每个项目可供选择的退出方式存在的风险各不相同。除了退出方式的选择外，退出时机的选择也很重要，出于资金具有时间价值，投资机构应该选择合适的退出时机。综合上述分析，退出方式与退出时机的选择对项目目标具有很大影响。投资方式风险因子是指股权投资基金机构投入到投资企业内资源的方式。股权机构的投资根据投资性质可以分为直接投资购买企业股权、投入人力帮助投资企业提升管理水平和两者结合的方式；按照其投资时间可以分为一次性投入和分阶段投入资金的方式。不同的投资方式，其风险不同，影响着项目的选择。出资人风险因子是笔者加入的新的考虑因素，一般情况下，在国外，股权基金实行融管分离的政策，而在我国，基本很难办到，每个合伙人都很关心自己的投资，都想及时参与自己投资的项目，因此出现了融管不分离的现象，即基金管理公司在运用每一笔资金时都要考虑甚至询问投资合伙人的意见，同时由于投资合伙人自己知识水平的瓶颈，导致资金的管理方面存在很多问题。因此，出资人的风险因子也是项目选择必须考虑的。

在投资企业风险因子细分中，创业团队风险因子是指经营管理者的道德素质、管理经验、个人魅力、管理能力、是否尽职等影响项目选择的因素。在股权投资基金的投资圈中分为两个流派："投人派"和"投事派"。投人派看重所投企业领导的素质，他们选择项目的标准是宁可投"一流团队、二流的商业计划书"，而不投"二流的团队、一流的商业计划书"。可见，创业团队的素质是影响项目选择的重要因素。市场风险因子是指产品的市场需求风险、产品出现替代品和互补品的风险、产品是否具有季节性销售的风险，还包括市场竞争者风险、原材料供应的风险、成本费用风险等风险因素。技术风险因子是指产品在研发的过程中，由于技术失败而产生的风险，它存在于企业发展的各个阶段。技术风险因子包括技术的可行性风险、技术是否能申请专利的风险、技术使用风险等。财务风险因子是指企业本身的盈利能力风险、资产管理风险等。财务风险因子是股权投资基金在项目选择过程所必须关注的因素。投资企业的市盈率、市净率、市售率等都是 PE 在项目选择时经常要考虑的风险。企业环境风险因子包括投资企业所处行业的生命周期阶段不同带来的风险、企业本身发展阶段所具有的风险、企业自身成长性风险、企业所处地理位置所可能带来的风险等。

投资环境风险因子对股权投资基金项目运作至关重要。经济环境风险因子是指经济景气情况可能影响到一个地区的投资规模和投资需求量，如果某一地区的经济环境发生变化，那么会导致该地区发展规划和投资计划发生消减，加大投资风险。在选择项目时，该地区的投资增长风险、物价风险、就业风险和经济增长速度风险都是股权投资基金机构应该考虑的风险因子。政策环境风险因子是指国家对于股权投资基金所选项目所处产业的政策风险。国家在一定时期内为了特定的目标，会针对不同的产业制定不同的财政税收政策、货币政策和产业政策等，国家政策的变化也是一种风险。金融环境风险因子是指金融市场的变化对股权投资基金的影响，利率的高低直接影响到股权投资基金的筹资能力，因此，金融环境也是项目选择应该考虑的风险。

第二节　项目选择风险评价元素集关系分析

在进行股权投资基金项目评价时，其体系中的同层次之间的指标不是相互独立的，上下层指标间具有相互反馈的关系，对于这种关系的项目评价，应该运用网络层次分析法来对整个模型进行分析。从上节的分析可以看出，股权投资基金项目评价的控制层没有准则，只有目标，网络层中有 3 个元素集，3 个元素集下又分 12 个小指标。元素集之间存在着相互关系，每一个元素集都存在一个反馈环。本小节着重分析元素集之间的关系和元素集内部各元素之间的关系。

一、同一元素集内的细分指标关系分析

1. 股权投资基金元素集内各元素关系分析

在股权投资基金风险因子指标中有 4 个元素：管理团队风险因子、投资方式风险因子、退出方式风险因子和出资人风险因子。其中，管理团队风险因子在整个指标体系内起主导作用。投资方式和退出方式的选择都和管理团队的经验和能力有着很大的联系。投资方式和退出方式有很多种，每一种方式给股权投资基金带来的收益和风险也各不相同。而投资方式和退出方式的选择由管理团队决定，管理团队风险因子决定着投资方式和退出方式风险因子。另外，出资人风险因子也对项目的投资方式和退出方式有影响，出资人关注自己投入的资金，会监督和管理自己资金的使用方式，因此，出资人的意见对管理团队运用其资金有很大影响。管理团队风险因子和出资人风险因子之间是相互影响的关系，管理团队经验丰富、管理能力强的话，其言语会影响出资人想法。出资人投入资金量的多少也决定了其对管理团队影响力的大小。

2. 投资企业元素集内各元素关系分析

在投资企业风险因子指标体系中经过细分分为 5 个元素：创业团队风险因子、技术风险因子、市场风险因子、财务风险因子和企业环境风险因子。企业环境在整个指标体系中占据着主导地位，企业环境包括企业的发展阶段、企业产品所处行业等。这些因素都在一定程度上影响着企业技术、市场和财务状况。比如，一个企业处在一个新兴行业内，那么在这个行业内，产品的市场发展空间更大，竞争对手也相对较少，有利于产品市场的开发。技术因素影响着产品的市场，企业技术越先进，生产的产品在质量和数量上都将超过竞争对手，这对于产品占领市场有着至关重要的影响。各因素之间具

有影响和反馈的关系。创业团队的素质决定着企业的发展状况、产品在市场上的竞争力、技术引进程度和财务状况的好坏。企业财务状况的好坏直接受其他四个元素的影响。

3. 投资环境元素集内各元素关系分析

投资环境风险因子细分为经济环境风险因子、政策环境风险因子和金融环境风险因子。经济环境与政策环境相互影响，政策的制定为经济的发展提供良好的环境，而政策的制定是以经济的发展形势为参考，两者相辅相成。另外政策与经济环境的发展影响着金融环境的变化，金融环境的发展由经济环境发展程度决定，反过来金融环境的发展也促进经济环境的发展。另外，政策环境的保护是金融市场发展的必要前提，同时，金融环境的变化又会影响到国家政策的制定。

二、不同元素集之间各元素的关系分析

1. 股权投资基金风险因子元素集与投资企业风险因子元素集关系分析

股权投资基金不仅为所投资企业带来资金，同时还帮助所投资企业进行管理和改革。在投资过程中，不同的投资方式对所投资企业产品的开发、市场的占取、财务状况的改观和企业环境的优化都有影响。而投资企业在获得资金和管理帮助后，其产品开发情况，产品需求度和市场占有度、产品竞争力和企业成长性的发展，又反过来影响着股权投资基金机构项目退出机制和收益的大小，两个元素集相互影响。

2. 投资企业风险因子元素集与投资环境风险因子元素集关系分析

投资环境的好坏决定着投资企业能否有效及时的从股权投资基金获得自己想要的资金。投资环境元素集中的经济环境、政治环境和金融环境同时影响着投资企业产品市场的发展、财务状况的好坏、技术开发与引进等因素。可以说，投资环境为投资企业获取投资创造条件，同时，投资企业的发展又反过来促进投资环境的改变。

3. 股权投资基金风险因子元素集与投资环境风险因子元素集关系分析

在投资环境中，经济环境、政策环境和金融环境都影响到股权投资基金向所投资企业提供资金的能力。经济环境越好，市场的资金规模越大，股权投资基金的融资规模就会相应的扩大。另外，政策与金融环境对股权投资基

金越是支持，融资环境改变了，潜在的资金支付能力也就增加了。金融环境的发展还影响着股权投资基金项目退出方式的选择，例如我国金融市场发展相对滞后，创业板和中小板市场的不发达直接制约了股权投资基金的退出。股权投资基金风险因子与投资环境风险因子之间也是相互影响、相互作用的关系。

第三节　三角模糊数网络层次分析法

从上节分析可以看出，评价指标体系内各个指标之间交叉作用、相互影响。而层次分析法只能够分析相互独立的指标，为此，本章采取网络分析法，同时为了避免对评价指标量化判断时的不确定性与模糊性，将三角模糊数引入到网络分析法中，形成三角模糊数网络层次分析法，对股权投资项目选择过程中的风险因子传递进行建模。

一、三角模糊数基本概念

三角模糊数的评价理论基础是模糊理论，这种评价方式比较符合人们的思维模式，其思想是用程度语言来描述对象，得到量化的结果。这种方法比较适合于多指标且具有主观性的评判决策问题。

定义 1　若 $I = (l, m, h)$，其中 $0 < l < m < h$，则称 I 为三角模糊数，其隶属函数表示为：

$$f(x) = \begin{cases} 0 & x \leq l \text{ 或 } x > h \\ \dfrac{x-l}{m-l} & l < x \leq m \\ \dfrac{h-x}{h-m} & m < x \leq h \end{cases}$$

设 $I_1 = (l_1, m_1, h_1)$，$I_2 = (l_2, m_2, h_2)$ 为三角模糊数，则其基本运算法则：

$$I_1 \oplus I_2 = (l_1 + l_2, m_1 + m_2, h_1 + h_2) \tag{1}$$

$$\forall \alpha > 0, \ \alpha I_1 = (\alpha l_1, \alpha m_1, \alpha h_1) \tag{2}$$

$$I_1 \otimes I_2 = (l_1 l_2, m_1 m_2, h_1 h_2) \tag{3}$$

$$I_1^{-1} = (l_1, m_1, h_1)^{-1} = (\frac{1}{l_1}, \frac{1}{m_1}, \frac{1}{h_1}) \tag{4}$$

定义 2 设 $I_1 = (l_1, m_1, h_1)$, $I_2 = (l_2, m_2, h_2)$ 为两个三角模糊数，则 $I_1 \geqslant I_2$ 的可能性程度为：

$$V(I_1, I_2) = \begin{cases} 1 & m_1 \geqslant m_2 \\ \dfrac{l_2 - h_1}{(m_1 - h_1) - (m_2 - h_2)} & m_1 < m_2, \ h_1 \geqslant l_2 \\ 其他 \end{cases} \tag{5}$$

定义 3 三角模糊数 I 大于 K 个三角模糊数 I_i ($i = 1, 2, 3, \cdots, k$)

$$V(I \geqslant I_1, I_2, \cdots, I_k) = \min V(I \geqslant I_1) \tag{6}$$

定义 4 设 $X = \{X_1, X_2, X_3, \cdots, X_n\}$ 是一个对象集，$U = \{U_1, U_2, U_3, \cdots, U_n\}$ 是一个目标集合，则第 i 个对象满足 m 个目标要求的程度值为 $I_{gi}^1, I_{gi}^2, \cdots, I_{gi}^m$, 那么，其权重和的综合程度值为：

$$S_i = \sum_{j=1}^{m} I_{g_i}^j \otimes [\sum_{i=1}^{n} \sum_{j=1}^{m} I_{g_i}^j]^{-1} \tag{7}$$

其中，$\sum_{i=1}^{n} \sum_{j=1}^{m} I_{g_i}^j = (\sum_{j=1}^{m} l_i, \sum_{j=1}^{m} m_j, \sum_{j=1}^{m} h_j)$

$[\sum_{i=1}^{n} \sum_{j=1}^{m} I_{g_i}^j]^{-1} = (\sum_{j=1}^{m} h_j, \sum_{j=1}^{m} m_j, \sum_{j=1}^{m} l_j)$

在利用三角模糊数来定量化风险因子时，可以将风险因子 X_i 用 $[\min(X_i), P(X_i), \max(X_i)]$ 的三角模糊数形式表示，其中 $\min(X_i)$, 表示的是隶属于所属论域的最小可能值，$P(X_i)$ 表示隶属论域的最可能值，$\max(X_i)$ 表示其隶属于论域的最大可能值。

二、三角模糊数网络层次分析法

网络层次分析法是由 Thomas L. Saaty 在层次分析法的基础上提出的一种更科学、更完善的决策理论和方法，它与层次分析法相比最大的优点就是克服了在相同层次和不同层次下各个评价指标相互独立、互不影响的束缚。网络层次分析法可以更为有效地解决网络层结构和多元素分析问题。网络层次分析法在使用的过程中有两个阶段：一个是要构造各个指标间的网络关系构造，另一个是要计算元素间权重。虽然，网络层次分析法与层次分析法相比有很大的突破，但是，它仍然没有摆脱人们对定性问题判断的不确定性。人们在对元素重要性比较时，其评估总是带有主观性和不连续的特点，即其在使用语言对定性问题的分析或者判断是模糊的。为了处理这一问题，本章将网络层次分析法、层次分析法和三角模糊数分析法结合起来形成一种新的系统分析方法：三角模糊数网络层次分析法。这种方法将模糊综合评价和网络分析法结合起来应用，科学性和实用性更高。

三角模糊数网络层次分析法的基本思想是：第一，将参加问题评判的各个专家给出的两两判断矩阵以三角模糊数的形式加以合成，形成一个模糊判断矩阵；第二，以三角模糊数的性质和算法为基础，结合网络层次分析法超矩阵的计算，确定模糊判断矩阵的权重向量，对确定的权重向量根据决策的思想进行处理，从而形成一个交互式的权重向量决策的过程。

三角模糊数网络层次分析法的基本步骤如下。

1. 确定评价指标

在运用三角模糊数网络层次分析法进行项目评价或分析时，首先要确定项目评价的指标，也就是要确定整个项目评价的指标体系，包括项目评价的目标层和因素层。如某评价项目有评价指标集 $A = (A_1, A_2, A_3, \cdots, A_n)$，而在 A_1 下又有评价指标 $(A_{11}, A_{12}, A_{13}, \cdots, A_{1n})$。

2. 建立评判集

在评价指标体系确定后要进行项目评价者对评价指标可能做出的各种评价结果的集合。如专家给一个项目可能的评价结果用 U 表示。其中到表示可能的得分。

3. 得出模糊关系矩阵

对评价指标进行单因素的评判，也就是建立评价指标和评判集之间的关系。如上面的 $A \sim U$ 的对应。根据各个专家对各评价指标通过随机调查的方式获取对各个指标的模糊评判，然后在此基础上得到模糊评估矩阵。

4. 运用三角模糊数网络层次分析法确定指标权重

（1）建立三角模糊数的指标比较标度。在进行权重计算前，首先要建立一个指标比较的标度。本章采用的是基于模糊关系的指标比较标度方法，如表 3.2 所示。

表 3.2 评价指标比较标度方法

标 度	含 义
0.9	两个指标相比，一个比另一个极端重要
0.8	两个指标相比，一个比另一个强烈重要
0.7	两个指标相比，一个比另一个明显重要
0.6	两个指标相比，一个比另一个稍微重要
0.5	两个指标相比，同样重要
0.4，0.3，0.2，0.1	如果指标 A_i 和 A_j 比较的重要度为 $\tilde{A}_{ij}$，那么相反 A_j 与 A_i 比较的重要度为 $\tilde{A}_{ji} = 1 - \tilde{A}_{ij}$

（2）构造判断矩阵，进行一致性检验。在建立的评价指标网络层次模型中有控制层，设控制层中有评价准则 S_1，S_2，…，S_m 控制层中又有网络层的评价指标 A_1，A_2，A_3，…，A_m，每个 A_n 下又有 n 个小指标。此时，以控制层元素 S 为准则，在网络层指标 A_j 中，以元素 A_{ji} 为次准则，网络层指标 A_j 中的元素按其对 A_{ji} 的影响力大小进行比较，并建立判断矩阵。这一步主要工作是以各个评价准则内部为评估层面，进行单个准则间评价指标的模糊成对比较。判断矩阵格式如下所示。

$$
\begin{array}{c|c}
A_{ji} & A_{j1}, A_{j2}, \cdots, A_{jn} \\
\hline
A_{j1} & \\
A_{j2} & \\
\vdots & \\
A_{jn} &
\end{array}
$$

在这个矩阵中，每一个元素都是三角模糊数 $I = (l, m, h)$，其中 l、m 和 h 的含义是在准则 A_{ji} 某一指标与另一指标相比重要度的最小可能值、最可能值和最大可能值。建立判断矩阵后，根据定义进行一致性检验，满足相容性条件后进入下一步。

（3）计算各个准则综合评价值。根据公式 7 计算每个准则同其他准则相比较的综合重要程度值。

$$
S_i = \sum_{j=1}^{m} I_{g_i}^j \otimes \left[\sum_{i=1}^{n} \sum_{j=1}^{m} I_{g_i}^j \right]^{-1}
$$

得出其综合评价值 S_i，其中得到的每一个 S_i 是三角模糊数。

（4）判断准则间某个三角模糊数大于其他模糊数的可能性程度。运用公式3-5对各个元素的综合评价值进行比较，计算出每一个指标大于其他指标的可能性程度。

（5）计算各准则与其他准则相比重要的可能性程度。根据公式6计算各个准则重要度与其他准则的可能性程度。比较完毕后，将其结果以 $W_{A1} = [d'(A_1), d'(A_2), \cdots, d'(A_n),]^T$ 的方式表示出来，然后进行归一化处理，对每一个准则都以同样的方式求出，最后整合成评价准则间的影响权重矩阵 W。

（6）构建不同准则下指标之间和同准则指标之间的三角模糊数成对比较矩阵。构建不同准则下指标之间和同准则指标之间的成对比较矩阵与上面构建准则间的模糊成对比较矩阵类似。在进行比较矩阵的构造过程中，要注意由于指标间相互影响，因此，不能采用直接优势度比较，要进行间接优势度比较，即在给定准则下，两个评判指标相对于第三个评判指标的影响程度的比较。通过计算得出所有的权重矩阵 W_{ij}（$i, j = 1, 2, 3, \cdots, n$）。

（7）构建超矩阵和加权矩阵的计算。根据运算规则计算出所有的 W_{ij} 后，将各个评价指标模糊成对比较矩阵的权重向量整合在一起便组成了超矩阵。

$$W = \begin{bmatrix} W_{11} & W_{12} & \cdots & W_{1n} \\ W_{21} & W_{22} & \cdots & W_{2n} \\ \vdots & \cdots & \ddots & \vdots \\ W_{n1} & W_{n2} & \cdots & W_{nn} \end{bmatrix}$$

超矩阵表示的是决策者对于各个评价指标之间相互元素的直观判断或者偏好。由于各个评价指标和元素之间存在着反馈关系。因此，要想确定某一因素对总目标或者其他因素的影响，需要对超矩阵进行处理，形成最终的综合影响权重。这就要对超矩阵进行运算，使之变为加权超矩阵。在对超矩阵进行处理时，最终目的要求超矩阵具有随机性。只有当矩阵的列向量相加之和等于1时，此时的超矩阵才具有随机性。没有随机化的超矩阵成为未加权超矩阵，而将超矩阵乘以各群组的权重后，超矩阵则正规化。

计算公式如下：

$$\bar{W} = \begin{bmatrix} r_{11}W_{11} & r_{12}W_{12} & \cdots & r_{1n}W_{1n} \\ r_{21}W_{21} & r_{21}W_{22} & \cdots & r_{2n}W_{2n} \\ \vdots & \cdots & \ddots & \vdots \\ r_{n1}W_{n1} & r_{n2}W_{n2} & \cdots & r_{nn}W_{nn} \end{bmatrix} \qquad (8)$$

其中，R 是为在总目标的准则下对各组元素对于准则 A_j 的重要性进行比较建立的矩阵。在矩阵中与 A 无关的元素对应的向量组为零。

5. 确定评价结果

根据通过三角模糊数网络层次分析法确定的指标权重，确定评估项目的向量元素集，然后对各个项目进行综合评分，从中选取得分最高的项目。

第四节 项目选择三角模糊数网络层次分析模型的建立

一、确定项目评价风险因子集

在表 3.1 的基础上建立评价风险因子集。

总目标风险因子集：

$A = \{A_1, A_2, A_3\}$ = {股权投资基金风险因子，投资企业风险因子，投资环境风险因子}

子目标风险因子集：

$A_1 = \{A_{11}, A_{12}, A_{13}, A_{14}\}$ = {股权投资基金管理团队风险因子，退出风险因子，投资方式风险因子，出资人风险因子}

$A_2 = \{A_{21}, A_{22}, A_{23}, A_{24}, A_{25}\}$ = {创业团队风险因子，市场风险因子，计算风险因子，财务风险因子，企业环境风险因子}

$A_3 = \{A_{31}, A_{32}, A_{33}\}$ = {经济环境风险因子，政策环境风险因子，金融环境风险因子}

二、构建对比矩阵和判断矩阵

通过有关专家对风险因子进行两两重要程度的比较，构造出三角模糊的对比矩阵。构建对比矩阵时，根据表 3.2 进行风险因子两两比较。对比矩阵本质上是下层指标对上层指标相对重要性的比较。然后以对比矩阵为基础，建立判断矩阵。判断矩阵是相对于网络层次结构型中的一个要素，由隶属度要素两两的比较结果构成的矩阵。

股权投资基金项目选择的风险因子评价没有准则，只有目标，所以以股权投资基金项目风险最小即是目的判断的准则。本章首先构建总目标下各个元素集比较矩阵。

以股权投资基金项目选择的风险因子决策准则为评估构面，建立比较矩阵，如表 3.3 所示，其中比较标度的方法参考表 3.2。

表 3.3

股权投资基金风险因子评估构面	股权投资基金风险因子 A_1	投资企业风险因子 A_2	投资环境风险因子 A_3
股权投资基金风险因子 A_1	(0.5, 0.5, 0.5)	(0.1, 0.3, 0.5)	(0.2, 0.4, 0.5)
投资企业风险因子 A_2	(0.5, 0.7, 0.9)	(0.5, 0.5, 0.5)	(0.4, 0.6, 0.8)
投资环境风险因子 A_3	(0.5, 0.6, 0.8)	(0.2, 0.4, 0.5)	(0.5, 0.5, 0.5)

根据公式（7），计算各个元素集与其他元素集的综合重要程度值。

$$S_{A_1 A_1} = \sum_{j=1}^{3} A_{E_i}^j \otimes \left[\sum_{i=1}^{3} \sum_{j=1}^{3} A_{El}^j \right]^{-1} = (0.8, 1.2, 1.5) \otimes \left(\frac{1}{5.6}, \frac{1}{4.5}, \frac{1}{3.4} \right)$$

$$= (0.1429, 0.2667, 0.4412)$$

$$S_{A_1 A_2} = (1.4, 1.8, 2.2) \otimes \left(\frac{1}{5.6}, \frac{1}{4.5}, \frac{1}{3.4} \right)$$

$$= (0.2500, 0.4000, 0.6471)$$

$$S_{A_1 A_3} = (1.2, 1.5, 1.9) \otimes \left(\frac{1}{5.6}, \frac{1}{4.5}, \frac{1}{3.4} \right)$$

$$= (0.2143, 0.3333, 0.5588)$$

然后，根据公式（5）计算某个三角模糊数大于其他模糊数的可能性。

$\vee (S_{A_1 A_1} \geqslant S_{A_1 A_2}) = 0.5892$，　$\vee (S_{A_1 A_1} \geqslant S_{A_1 A_3}) = 0.7731 \vee (S_{A_1 A_2} \geqslant S_{A_1 A_1}) = 1$

$\vee (S_{A_1 A_2} \geqslant S_{A_1 A_3}) = 1$，　$\vee (S_{A_1 A_3} \geqslant S_{A_1 A_1}) = 1$，　$\vee (S_{A_1 A_3} \geqslant S_{A_1 A_2}) = 0.8824$

由上面计算的结果，得出在股权投资基金的风险因子评估构面下各个元素集重要于其他元素的可能性程度。

$$d'(S_{A_1 A_1}) = \min (S_{A_1 A_1} \geqslant S_{A_1 A_2}, S_{A_1 A_3}) = 0.5892$$

$$d'(S_{A_1 A_2}) = \min (S_{A_1 A_2} \geqslant S_{A_1 A_1}, S_{A_1 A_3}) = 1$$

$$d'(S_{A_1 A_3}) = \min (S_{A_1 A_3} \geqslant S_{A_1 A_1}, S_{A_1 A_2}) = 0.8824$$

由此得出，$W'_{A_1} = [d'(S_{A_1A_1}),\ d'(S_{A_1A_2}),\ d'(S_{A_1A_3})] = (0.5892,\ 1,\ 0.8824)^T$，对其进行归一化后可得到：$W_{A_1} = (0.2384,\ 0.4046,\ 0.3570)^T$。

同理，可以得到以投资企业风险因子和投资环境风险因子为评估构面的各准则相对重要度。表3.4、表3.5分别以投资企业风险因子和投资环境风险因子为评估构面的对比矩阵。

表3.4　　　　投资企业风险因子评估构面下各元素集对比矩阵

投资企业风险因子 评估构面	股权投资基金 风险因子 A_1	投资企业 风险因子 A_2	投资环境 风险因子 A_3
股权投资基金风险因子 A_1	(0.5, 0.5, 0.5)	(0.3, 0.5, 0.7)	(0.4, 0.6, 0.8)
投资企业风险因子 A_2	(0.3, 0.5, 0.7)	(0.5, 0.5, 0.5)	(0.4, 0.6, 0.8)
投资环境风险因子 A_3	(0.2, 0.4, 0.6)	(0.2, 0.4, 0.6)	(0.5, 0.5, 0.5)

表3.5　　　　投资环境风险因子评估构面下各元素集对比矩阵

投资企业风险因子 评估构面	股权投资基金 风险因子 A_1	投资企业 风险因子 A_2	投资环境 风险因子 A_3
股权投资基金风险因子 A_1	(0.5, 0.5, 0.5)	(0.4, 0.6, 0.8)	(0.4, 0.5, 0.7)
投资企业风险因子 A_2	(0.2, 0.4, 0.6)	(0.5, 0.5, 0.5)	(0.5, 0.7, 0.8)
投资环境风险因子 A_3	(0.3, 0.5, 0.7)	(0.2, 0.3, 0.5)	(0.5, 0.5, 0.5)

根据对比矩阵得出另外两个准则相对重要程度为：

$d'(S_{A_2A_1}) = \min\ (S_{A_2A_1} \geqslant S_{A_2A_2},\ S_{A_2A_3}) = 1$

$d'(S_{A_2A_2}) = \min\ (S_{A_2A_2} \geqslant S_{A_2A_1},\ S_{A_2A_3}) = 1$

$d'(S_{A_2A_3}) = \min\ (S_{A_2A_3} \geqslant S_{A_2A_1},\ S_{A_2A_2}) = 0.8431$

所以，$W'_{A_3} = [d'(S_{A_2A_1}),\ d'(S_{A_2A_2}),\ d'(S_{A_2A_3})] = (1,\ 1,\ 0.8431)$，对其进行归一化处理后得到：$W_{A_2} = (0.3517,\ 0.3517,\ 0.2966)^T$。同理可得到：

$W_{A_3} = (0.3793,\ 0.3793,\ 0.2414)^T$

将其整合为评价元素之间影响权重的矩阵，可以得到：

$$W = \begin{array}{c} \\ A_1 \\ A_2 \\ A_3 \end{array} \begin{array}{ccc} A_1 & A_2 & A_3 \\ \left(\begin{array}{ccc} 0.2384 & 0.3517 & 0.3793 \\ 0.4046 & 0.3517 & 0.3793 \\ 0.3570 & 0.2966 & 0.2414 \end{array} \right) \end{array}$$

每行每列分别为 A_1，A_2，A_3 元素集之间的影响。

在评价元素集之间的影响权重后，要建立评价元素集之间元素成对比较的矩阵。构建评价指标元素集的模糊成对比较矩阵和构建三个元素集的对比矩阵类似。

以股权投资基金中的管理团队风险因子 A_{11} 为例，构建它与股权投资基金风险因子元素集内其他元素的成对模糊对比矩阵。见表3.6。

表3.6 管理团队风险因子与股权投资基金风险因子内元素的成对比较矩阵

管理团队风险因子 A_{11}	管理团队风险因子 A_{11}	退出风险因子 A_{12}	投资方式风险因子 A_{13}	出资人风险因子 A_{14}
管理团队风险因子 A_{11}	(0.5, 0.5, 0.5)	(0.5, 0.7, 0.8)	(0.7, 0.8, 0.9)	(0.6, 0.7, 0.8)
退出风险因子 A_{12}	(0.2, 0.3, 0.5)	(0.5, 0.5, 0.5)	(0.5, 0.7, 0.8)	(0.5, 0.7, 0.8)
投资方式风险因子 A_{13}	(0.1, 0.2, 0.3)	(0.2, 0.3, 0.5)	(0.5, 0.5, 0.5)	(0.3, 0.4, 0.6)
出资人风险因子 A_{14}	(0.2, 0.3, 0.4)	(0.2, 0.3, 0.5)	(0.4, 0.6, 0.7)	(0.5, 0.5, 0.5)

根据表3.6对比矩阵，可以计算得到：

$$d'(S_{A_{11}A_{11}}) = 1，\ d'(S_{A_{11}A_{12}}) = 0.7274，\ d'(S_{A_{11}A_{13}})$$
$$= 0.2610，\ d'(S_{A_{11}A_{14}}) = 0.4148$$

对其进行归一化处理后可以得到：

$$W_{A_{11}} = (0.4161, 0.3027, 0.1086, 0.1726)^T$$

根据以上计算，得出了在股权投资基金风险因子 A_1、管理团队风险因子 A_{11} 准则下，A_1 元素集内的元素管理团队风险因子 A_{11}、退出风险因子 A_{12}、投资方式风险因子 A_{13} 和出资人风险因子 A_{14} 按照其对管理团队风险因子 A_{11} 的影响大小进行间接优势度比较，计算出的权重向量后得出的排列向量。

同理可以得到以退出风险因子 A_{12}，投资方式风险因子 A_{13} 和出资人风险因子 A_{14} 为准则的 A_1 元素集中各元素对它们进行间接优势度比较后的权重向量和排列向量，如表3.7、表3.8所示。

表 3.7　　退出风险因子与股权投资基金风险因子内元素的成对比较矩阵及权重

退出风险 因子 A_{12}	管理团队 风险因子 A_{11}	退出风险 因子 A_{12}	投资方式 风险因子 A_{13}	出资人风 险因子 A_{14}	权重 向量
管理团队风 险因子 A_{11}	(0.5,0.5,0.5)	(0.2,0.3,0.5)	(0.7,0.8,0.9)	(0.6,0.7,0.8)	0.2036
退出风险 因子 A_{12}	(0.5,0.6,0.8)	(0.5,0.5,0.5)	(0.7,0.8,0.9)	(0.6,0.8,0.9)	0.4123
投资方式风 险因子 A_{13}	(0.1,0.2,0.3)	(0.1,0.2,0.3)	(0.5,0.5,0.5)	(0.3,0.4,0.5)	0.1872
出资人风 险因子 A_{13}	(0.2,0.3,0.4)	(0.1,0.2,0.4)	(0.5,0.6,0.7)	(0.5,0.5,0.5)	0.1969

表 3.8　　投资方式风险因子与股权投资基金风险因子内元素的成对比较矩阵及权重

投资方式风 险因子 A_{13}	管理团队 风险因子 A_{11}	退出风险 因子 A_{12}	投资方式 风险因子 A_{13}	出资人风险 因子 A_{14}	权重 向量
管理团队风 险因子 A_{11}	(0.5,0.5,0.5)	(0.5,0.7,0.8)	(0.4,0.5,0.6)	(0.6,0.7,0.8)	0.3521
退出风险 因子 A_{12}	(0.2,0.3,0.5)	(0.5,0.5,0.5)	(0.3,0.4,0.5)	(0.5,0.6,0.7)	0.2320
投资方式风 险因子 A_{13}	(0.4,0.5,0.6)	(0.5,0.6,0.7)	(0.5,0.5,0.5)	(0.5,0.7,0.8)	0.3986
出资人风险 因子 A_{14}	(0.2,0.3,0.4)	(0.3,0.4,0.5)	(0.2,0.3,0.5)	(0.5,0.5,0.5)	0.2494

通过上述股权投资基金风险因子 A_1 元素集内各个元素的比较，得到股权投资基金风险因子元素集内的模糊判断矩阵：

$$W_{A_1 A_1} = \begin{pmatrix} 0.4161 & 0.2036 & 0.3521 & 0.3127 \\ 0.3027 & 0.4123 & 0.2320 & 0.1684 \\ 0.1086 & 0.1872 & 0.3986 & 0.1626 \\ 0.1726 & 0.1969 & 0.2494 & 0.3563 \end{pmatrix}$$

同理，重复上述计算可以得到：

$$W_{A_2A_2} = \begin{pmatrix} 0.4016 & 0.1524 & 0.0942 & 0.0577 & 0.1524 \\ 0.2720 & 0.3623 & 0.3123 & 0.3341 & 0.2813 \\ 0.1531 & 0.3311 & 0.4021 & 0.1478 & 0.1136 \\ 0.0891 & 0.1011 & 0.1203 & 0.3623 & 0.0622 \\ 0.0842 & 0.0531 & 0.0711 & 0.0991 & 0.3855 \end{pmatrix}$$

$$W_{A_3A_3} = \begin{pmatrix} 0.5341 & 0.2659 & 0.3546 \\ 0.1332 & 0.4979 & 0.1811 \\ 0.3327 & 0.2362 & 0.4643 \end{pmatrix}$$

$$W_{A_1A_2} = \begin{pmatrix} 0.3535 & 0.3615 & 0.3382 & 0.2375 & 0.2500 \\ 0.0573 & 0.1024 & 0.0530 & 0.2375 & 0.2500 \\ 0.1515 & 0.0615 & 0.1635 & 0.2125 & 0.2500 \\ 0.4377 & 0.4747 & 0.4453 & 0.3125 & 0.2500 \end{pmatrix}$$

$$W_{A_1A_3} = \begin{pmatrix} 0.0772 & 0.0681 & 0.0865 \\ 0.2911 & 0.5223 & 0.2768 \\ 0.1352 & 0.2423 & 0.5132 \end{pmatrix}$$

$$W_{A_2A_1} = \begin{pmatrix} 0.2000 & 0.1523 & 0.1213 & 0.2000 \\ 0.2000 & 0.4233 & 0.4115 & 0.2000 \\ 0.2000 & 0.2615 & 0.2625 & 0.2000 \\ 0.2000 & 0.0988 & 0.1165 & 0.2000 \\ 0.2000 & 0.0631 & 0.0882 & 0.2000 \end{pmatrix}$$

$$W_{A_2A_3} = \begin{pmatrix} 0.0685 & 0.0721 & 0.0434 \\ 0.5412 & 0.5293 & 0.4783 \\ 0.2231 & 0.2528 & 0.1698 \\ 0.1121 & 0.0921 & 0.1387 \\ 0.0551 & 0.0537 & 0.1698 \end{pmatrix}$$

$$W_{A_3A_1} = \begin{pmatrix} 0.3333 & 0.1683 & 0.4625 & 0.4436 \\ 0.3333 & 0.2686 & 0.2382 & 0.2013 \\ 0.3333 & 0.5631 & 0.2993 & 0.3551 \end{pmatrix}$$

$$W_{A_3A_2} = \begin{pmatrix} 0.4639 & 0.4376 & 0.4639 & 0.4823 & 0.4783 \\ 0.1821 & 0.1726 & 0.1821 & 0.1983 & 0.1923 \\ 0.3541 & 0.3898 & 0.3540 & 0.3194 & 0.3204 \end{pmatrix}$$

1. 未加权超矩阵的建立

将以上各个评价指标的模糊成对比较矩阵的权重向量结合在一起，便构成了未加权的超矩阵。

$$W_{ij} = \begin{pmatrix} W_{A_1A_1} & W_{A_1A_2} & W_{A_1A_3} \\ W_{A_2A_1} & W_{A_2A_2} & W_{A_2A_3} \\ W_{A_3A_1} & W_{A_3A_2} & W_{A_3A_3} \end{pmatrix}$$

得出的未加权超矩阵如表3.9所示。

表3.9　　　　　　　　　　未加权超矩阵 （×10⁻⁴）

风险因子		A_1				A_2					A_3		
		A_{11}	A_{12}	A_{13}	A_{14}	A_{21}	A_{22}	A_{23}	A_{24}	A_{25}	A_{31}	A_{32}	A_{33}
A_1	A_{11}	4161	2036	3521	3127	3535	3615	3382	2375	2500	772	681	865
	A_{12}	3027	4123	2320	1684	573	1024	530	2375	2500	2911	5223	2768
	A_{13}	1086	1872	3986	1626	1515	615	1635	2125	2500	1352	2423	5132
	A_{14}	1726	1969	2494	3563	4377	4747	4453	3125	2500	4965	1673	1235
A_2	A_{21}	2000	1523	1213	2000	4016	1524	942	577	1524	685	721	434
	A_{22}	2000	4233	4115	2000	2720	3623	3123	3341	2823	5412	5293	4783
	A_{23}	2000	2615	2625	2000	1531	3311	4021	1478	1136	2231	2528	1698
	A_{24}	2000	988	1165	2000	891	1011	1203	3623	622	1121	921	1387
	A_{25}	2000	631	882	2000	842	531	711	991	3855	551	537	1698
A_3	A_{31}	3333	1683	4625	4436	4639	4376	4639	4823	4783	5341	2659	3546
	A_{32}	3333	2686	2382	2013	1821	1726	182l	1983	1923	1332	4979	1811
	A_{33}	3333	5631	2993	3551	3540	3898	3540	3194	3204	3327	2362	4643

2. 加权超矩阵的建立

在建立未加权超矩阵的基础上，根据公式（8），对基于三角模糊数网络层次分析法得出的未加权矩阵进行加权，得出的 $\overline{W}$ 就是加权超矩阵，其列和为1，成为随机矩阵。如表3.10所示。

表 3.10　　　　　　　　　未加权超矩阵 （×10⁻⁴）

风险因子		A_1				A_2					A_3		
		A_{11}	A_{12}	A_{13}	A_{14}	A_{21}	A_{22}	A_{23}	A_{24}	A_{25}	A_{31}	A_{32}	A_{33}
A_1	A_{11}	992	485	839	745	1243	1271	1189	835	879	293	258	328
	A_{12}	723	983	553	401	201	360	186	835	879	1104	198l	1050
	A_{13}	260	446	950	388	532	216	575	747	879	513	919	1947
	A_{14}	411	469	595	849	1539	1669	1556	1099	879	1883	1673	1235
A_2	A_{21}	809	616	491	809	1412	536	331	203	536	260	273	165
	A_{22}	809	1713	1665	809	957	1274	1098	1175	993	2053	2008	1814
	A_{23}	809	1058	1062	809	538	1164	1414	520	400	846	959	644
	A_{24}	809	400	471	809	313	356	423	1284	219	425	349	526
	A_{25}	809	255	357	809	296	187	250	349	1356	209	204	644
A_3	A_{31}	1189	601	1651	1584	1376	1298	1376	143l	1419	1289	642	856
	A_{32}	1189	959	850	719	540	512	540	588	570	322	1202	437
	A_{33}	1191	2015	516	1269	1053	1157	1062	934	99l	803	571	1121

3. 极限超矩阵的建立

在得出加权超矩阵后，还要进一步计算在加权超矩阵中各个元素之间的优势度比较，这里称之为二步优势度。即为 $\bar{W}^2$ 的元素，$\bar{W}^\infty$ 仍然是归一化的。当 $\bar{W}^\infty = \lim \bar{W}^k$ 存在时，在三角模糊数网络层次下 $\bar{W}^\infty$ 的每一列都趋于一个固定的数，此时所得到的向量就是极限相对向量。下面对于加权超矩阵极限矩阵的存在性进行讨论。

（1）假设 A 为 n 阶非负矩阵，λ_{max} 为其最大特征值，那么可以得到：

$$\min \sum_{j=1}^{n} a_{ij} \leqslant \lambda_{max} \leqslant \max \sum_{j=1}^{n} a_{ij}$$

同时，列随即矩阵的模最大特征根为 1。

（2）假设非负列随机矩阵 A 的最大特征值为 1，是单根，其他特征向量的模都小于 1 的话，那么 A^∞ 存在，且矩阵 A^∞ 的每一列元素都相同，都是属 A 的归一化向量。

根据以上分析，只要求出加权矩阵的最大特征根为 1 的特征向量，就可以得出各个元素间的比较优势度。对于加权矩阵求特征根的方法，本章利用

MATLAB 进行求解。

得出的结果特征值为 1 的特征向量为 （0.2521，0.2452，0.2222，0.3496，0.1657，0.4583，0.2941，0.1710，0.1446，0.4001，0.2185，0.3511）^{T} 对其进行归一化处理后可以得到 （0.0770，0.0749，0.0679，0.1068，0.0506，0.1400，0.0899，0.0523，0.0442，0.1226，0.0668，0.1070）^{T}。由此可以得出极限超矩阵，如表 3.11。

表 3.11　　　　　　　　　　极限超矩阵（ ×10^{-4} ）

风险因子		A_1				A_2					A_3		
		A_{11}	A_{12}	A_{13}	A_{14}	A_{21}	A_{22}	A_{23}	A_{24}	A_{25}	A_{31}	A_{32}	A_{33}
A_1	A_{11}	770	770	770	770	770	770	770	770	770	770	770	770
	A_{12}	749	749	749	749	749	749	749	749	749	749	749	749
	A_{13}	679	680	680	680	680	680	680	680	680	680	680	680
	A_{14}	1068	1068	1068	1068	1068	1068	1068	1068	1068	1068	1068	1068
A_2	A_{21}	1068	1068	1068	1068	1068	1068	1068	1068	1068	1068	1068	1068
	A_{22}	1400	1400	1400	1400	1400	1400	1400	1400	1400	1400	1400	1400
	A_{23}	899	899	899	899	899	899	899	899	899	899	899	899
	A_{24}	523	523	523	523	523	523	523	523	523	523	523	523
	A_{25}	442	442	442	442	442	442	442	442	442	442	442	442
A_3	A_{31}	1226	1226	1226	1226	1226	1226	1226	1226	1226	1226	1226	1226
	A_{32}	668	668	668	668	668	668	668	668	668	668	668	668
	A_{33}	1070	1070	1070	1070	1070	1070	1070	1070	1070	1070	1070	1070

第五节　股权投资基金项目风险因子实证分析

一、股权投资基金项目选择风险指标权重的确定

根据表 3.11 可以得出各个风险因子对项目选择的影响程度，将其按照从大到小的顺序进行排序，可以得到表 3.12。

从表 3.12 可以看出运算结果，市场风险因子和经济环境风险因子的权重系数最高，这是进行项目评价与选择风险因子的关键性影响因素。金融环

表 3.12 各风险因子权重排列表

排 名	风险因子	权 重
1	市场风险因子	0.1400
2	经济环境风险因子	0.1226
3	金融环境风险因子	0.1070
4	出资人风险因子	0.1068
5	技术风险因子	0.0899
6	管理团队风险因子	0.0770
7	退出风险因子	0.0749
8	投资风险因子	0.0680
9	政策环境风险因子	0.0668
10	财务风险因子	0.0523
11	创业团队风险因子	0.0506
12	企业环境风险因子	0.0442

境风险因子和出资人风险因子紧随其后，而企业环境风险因子则位列最后。对运算结果进行分析，在股权投资基金选择一个项目时，该项目市场风险因子是最重要的风险因子，市场是最容易出现风险的因素。在选择项目时，要充分评估一个项目或产品的市场，判断投入项目所处的行业、潜在的市场需求、总体市场的大小等，这些市场风险因子的变动对项目总体目标的实现影响最大。因此，如果项目现有市场和潜在市场越大，潜在的竞争对手越少，替代产品或项目越少，那么这个项目的风险越小，投资价值越大；反之，则相反。在投资企业风险因子中，技术风险因子的权重排在了第五位，占到了 0.0899。这要求在进行项目评估时，考虑投资企业技术可实施的风险、专利保护的风险、技术含量风险等，对技术风险因子进行整体评估，以确定其投资价值和风险程度。另外，创业团队风险因子和企业环境风险因子所占权重相对较小，分列第 11 位和 12 位。

除了考虑投资企业本身的风险因子因素外，投资环境中的经济环境风险因子 A_{31} 和金融环境风险因子 A_{33} 也是项目经济目标实现的重要因素，经济环境的变动和金融环境的变动将直接影响项目的退出和投资方式的选择，因此，要充分考虑股权投资基金和项目所处的经济环境和金融环境可能带来的风险因素。在投资合同中，要注明出现经济环境和金融环境变动时，项目采取何种应对方式。在行业政策比较稳定的情况下，政策环境风险因子对投资的影响则不能充分表现出来，但是，在经济全球化的大背景下，行业政策的变动很普遍，国家对某个行业或领域有优惠政策倾向或压制，那么这个政策就会对某一产业或领域产生很大的影响。因此，在进行项目投资前，要充分考虑政策风险给项目目标的实现带来的影响。

在股权投资基金风险因子中，出资人风险因子和管理团队风险因子是排在前面的风险因子，在进行项目评价时，首先，要评估股权投资基金本身管理团队的能力和出资人的意愿和能力。在管理队伍风险因子中，管理队伍的经验、管理队伍中的某行业的专业投资人才等对项目目标的实现来说都是潜在风险。股权投资基金的管理队伍在实际项目投资中的作用主要有以下三个方面：第一，股权管理团队不仅要筹集资金和管理资金，同时还要参与所投资企业的经营与管理，其能力的大小对项目目标的实现有影响；第二，管理团队与投资企业之间的博弈过程中，管理团队要运用自己掌握资金和股份的优势对投资企业进行影响，让其按照投资机构的意愿进行改变；第三，管理团队要对投资企业进行财务咨询服务，使其走向正规化，为企业的上市做好准备。从管理队伍的作用可以看出，管理团队如果产生风险，那么对整个项目来说是巨大的打击。因此，要评估管理团队可能产生的风险，然后对股权机构和投资企业之间进行匹配度的调查，看看股权投资基金到底适不适合做某一领域的项目。

另外，出资人对项目的影响体现在以下两个方面：第一，出资人向股权投资基金投入资金，投入资金量的多少会影响项目目标的实现，如果投入的资金量大，项目的运作空间就会随之变大；如果资金量小，会使项目因缺少资金而产生很多风险。第二，出资人的意愿对项目有影响，如果出资人对项目满意，那么他们对项目的主动性就很高，会做很多有利于项目创利的行动，如帮助股权投资基金主动寻找关系，筹集更多的资金拉更多的出资人投入项目等，这样可以减少项目运行的风险。反之，如果出资人在不情愿的情况下向项目投入资金，那么项目一旦出现一点危机，出资人会选择撤出资金的行动，这对项目来说则是毁灭性的打击。因此，结合中国现有股权投资基金的特点，要充分考虑出资人的意愿，分析出资人可能出现的风险并加以控制。

二、股权投资基金机构现有项目分析

S公司是上海市一家股权投资基金，成立于2005年，由多个风险投资人共同出资建立，管理的股权投资基金为2亿元人民币，融资能力一般。公司拥有自己的专业管理团队，管理团队成员拥有丰富的能源类和医药类行业股权投资基金的经验，公司资金运作能力与管理能力都很强。公司现有两个投资项目可供选择：W公司和J公司。两个公司都向S股权投资基金递交了商业计划书，同时通过了S投资机构的初步选择，而由于S投资机构自身能力的约束，其只能在两个投资机构中选择一个项目进行投资。W公司和J公司的项目基本情况如下：

W公司是一家电气股份有限公司，总部位于上海。公司总资产达到2500万元，公司的创业团队由4人组成，创业团队能力较强、管理经验丰富，公司现有员工134人，其中生产人员65人，销售人员20人，技术人员17人，行政人员19人，财务人员13人。公司主要经营电力自动化保护设备、电气设备、电力监测设备、电力自动化试验装置、光电设备、仪器、仪表，软件的研究、开发、生产和销售，以及电力自动化和电力监测领域的"四技"服务。该行业的政府主管部门是国家发展与改革委员会，负责研究拟定电力工业的行业规划、行业法规和经济技术政策，组织制订行业规章、规范和技术标准，实施行业管理和监督；提出有关电、热价格政策方面的意见；指导农村电气化和电网建设规划的工作。国家和各有关方面对电力工业的投资逐年稳步增长，该行业的市场逐渐扩大。根据国家发改委《中华人民共和国国民经济和社会发展第十一个五年规划纲要》，"十一五"期间国家电网公司和中国南方电网有限责任公司计划投资规模达到12000亿～13000亿元。而公司目前的产品电力自动化保护设备、高压开关、高压互感器、电容器等，在电网投资中所占的比例为3%～4%，即360亿～520亿元。公司在技术和产品的研究方面起步早，技术处于国内领先水平，并申请了技术专利。W公司面临的最大风险是市场开发和产品技术的更新换代，公司财务状况一般。W公司资金需求量是2000万元，投资方式是一次性投

入，股权投资基金获得 40% 股权，退出方式灵活，可采用股权转让或者 IPO 的方式进行。

　　J 公司是一家激光科技公司，总部位于重庆。公司注册资产为 1200 万元，成立于 2006 年，公司的创业团队，学历高、管理能力强，经验丰富。公司主要经营高新科技产品的技术开发、激光加工设备支架和激光器头等。激光加工设备全球的市场总额为 36.43 亿美元，而在国内激光加工总产值为 16 亿元，激光音像设备制造业生产值达到了 100 多亿元，市场空间较大。国内目前全年的激光设备销售量大约 2000 台，进口设备占 5% 左右，在中高端市场，公司在国内设备的市场占有率逐年提高。目前从事激光业的有 5 个国家级激光技术研究中心，十几个研究机构，有 21 个省（市）生产和销售激光产品，形成规模的企业有 200 多家。而近来金融危机的爆发对激光业的影响非常大，但是，总的来说激光业还是朝阳产业，其盈利高于一般传统企业，因此，激光加工行业仍有巨大的市场发展空间。同时，国家对激光业有很多有利政策。J 公司的技术有专利保护，在同行业内处于中等偏上水平。公司的资金需求量是 1200 万元，要求股权投资基金机构以分段投资的形式投入资金，退出方式可采取股权交易或者创业板上市。

　　通过上述项目的简单介绍，两个项目在不同的评价标准下各有优缺点，很难直观地做出项目的选择。因此，必须根据前文建立的基于风险因子传递的股权项目选择层次结构的各个风险因子进行比对分析，打分并按照权重进行每个方案得分的计算，通过量化的方式做出最后的选择。在进行打分前，要先建立客观的打分机制。具体评分标准见表 3.13 ~ 表 3.24。

表 3.13　　　　　　股权投资基金管理团队风险因子评价标准

评分标准	得分
拥有大量投资管理人才，具有较多相关行业项目运营经验，同时与企业和出资人沟通能力强	8 ~ 10
有少量的投资管理人才，具有较多相关行业项目运营经验	6 ~ 8
有专业的投资管理人才，但相关行业项目运营经验较少	4 ~ 6
无专业的投资管理人才，相关项目运营经验少	2 ~ 4
不具备任何条件	0 ~ 2

表3.14　　　　　　　　　股权投资基金退出风险因子评分标准

评分标准	得　分
项目拥有多种退出方式，且在此之前有大量的成功退出案例	8～10
项目退出方式可通过IPO和股权转让方式，成功退出案例较多	6～8
项目退出方式单一，只能IPO或股权转让，成功案例较少	4～6
项目退出方式单一，无案例可循	2～4
无项目相关的经验	0～2

表3.15　　　　　　　　　股权投资基金投资方式风险因子评分标准

评分标准	得　分
投资方式采用与其他风险机构联合投资的方式，并获得较多的公司的股份	8～10
投资方式采用与其他风险机构联合投资的方式，但获得的股份较少	6～8
投资机构采用单独投资，分阶段投入的方式，获得股份较多	4～6
投资机构采用单独投资，采用一次性投入的方式获得公司的股份	2～4
以担保的方式向公司投资，获得股份较少	0～2

表3.16　　　　　　　　　股权投资基金出资人风险因子评分标准

评分标准	得　分
出资人对项目非常满意，主动帮助经营项目提供较多的风险资金，且融资能力强	8～10
出资人对项目满意，融资能力强，提供资金多	6～8
出资人对项目态度一般，融资能力和提供资金能力一般	4～6
出资人对项目不太满意，资金提供能力一般	2～4
出资人对项目非常不满意，不进行一次性入资	0～2

表3.17　　　　　　　　　投资企业创业团队风险因子评分标准

评分标准	得　分
创业团队经验丰富，管理能力强，诚信度高，道德素质好	8～10
创业团队经验丰富，管理能力一般，诚信度一般，道德素质好	6～8
创业团队无经验，诚信度一般，道德素质好	4～6
无经验，管理能力强，有不良记录的创业团队	2～4
不具备任何条件	0～2

表 3.18　　　　　　　　投资企业市场风险因子评分标准

评分标准	得　分
市场需求与潜在需求较多，竞争者少，无相关替代品，企业在市场上占有一定的市场份额	8 ~ 10
市场需求大，有少量其他企业生产此类产品，企业实力一般	6 ~ 8
市场需求大，有大量的其他生产此类产品的企业，各个企业实力平均	4 ~ 6
市场需求一般，有替代品，有大量的其他生产者且实力较强	2 ~ 4
市场已达到饱和，产品竞争激烈	0 ~ 2

表 3.19　　　　　　　　投资企业技术风险因子评分标准

评分标准	得　分
企业具有配套的设备及专业人才，技术获得专利保护	8 ~ 10
技术要求高，企业具备技术可实施性，但是不具备专利保护	6 ~ 8
技术含量高，但是不具备配套设备，实施风险大	4 ~ 6
技术含量低，进入门槛低，有专利保护	2 ~ 4
技术含量低，且无专利保护	0 ~ 2

表 3.20　　　　　　　　投资企业财务风险因子评分标准

评分标准	得　分
企业财务状况良好，盈利能力高，运营能力强，偿债能力强	8 ~ 10
企业财务状况一般，盈利能力普通，运营能力普通	6 ~ 8
企业财务状况差，盈利能力强，运营能力一般，偿债能力差	4 ~ 6
财务状况差，盈利能力一般，运营能力弱，偿债能力差	2 ~ 4
财务状况差，盈利差，运营能力差，偿债能力差	0 ~ 2

表 3.21　　　　　　　　投资企业环境风险因子评分标准

评分标准	得　分
企业处在朝阳行业，企业在同行业中发展迅速，处在成长期，企业地理位置好	8 ~ 10
企业处在朝阳行业，企业处于初创期，经营表现突出，企业地理位置一般	6 ~ 8
企业处在传统行业，企业处于成熟期，业绩突出，地理位置一般	4 ~ 6
企业处在传统行业，处于初创期，没有企业特色，地理位置差	2 ~ 4
企业处在夕阳行业，地理位置差，处于成熟期，业绩差	0 ~ 2

表 3.22 经济环境风险因子评分标准

评分标准	得　分
国家整体形势发展良好，企业所在地域经济发展良好，企业所在行业景气	8 ~ 10
国家整体经济形势良好，企业所在地域经济发展一般，所在行业发展状况一般	6 ~ 8
国家经济状况一般，企业所在中等发达地区，所在行业发展状况一般	4 ~ 6
国家经济状况不好，所投资地点发展环境良好，行业有发展潜力	2 ~ 4
国家经济状况差，行业和所投资地域经济状况也差	0 ~ 2

表 3.23 政策环境风险因子评分标准

评分标准	得　分
国家对投资法律法规完善，对 PE 投资大力支持，支持 PE 机构所投行业，有行业政策优惠，并对所投企业当地有政策优惠	8 ~ 10
国家法律法规完善，对股权投资基金机构投资企业所在地区和行业无特殊政策	6 ~ 8
对股权投资基金者和所投行业都无特殊政策	4 ~ 6
国家在投资行业领域法律欠缺	2 ~ 4
国家法律法规急需完善，而投资项目又受到政策的限制	0 ~ 2

表 3.24 金融环境风险因子评分标准

评分标准	得　分
社会货币化、信用化程度高，资本市场多层次稳定发展，证券市场繁荣，金融机构对企业大力支持	8 ~ 10
社会信用化程度不高，金融机构对企业发展存在惜贷现象	6 ~ 8
中小板市场不完善，影响企业的退出方式	4 ~ 6
资本市场动荡	2 ~ 4
各个条件均不满足	0 ~ 2

以上述评分标准对项目进行评估，尽量减少主观性，有利于较为准确地反映出项目的真实风险水平和投资价值。

以 W 公司和 J 公司为基础，结合评分标准对两个公司的情况进行打分。

W 公司分析：

股权投资基金管理团队风险因子：在股权投资基金当中，管理团队中有过能源类领域的项目投资经验，也具有相关领域的专业人才，因此，得8分。

退出方式风险因子：在当前情况下，适合我国股权投资基金机构的退出方式有IPO、创业板上市、管理层收购、企业回购、股权转让和清算退出。对W公司而言，各种退出渠道都可以采用，且能源类行业的退出案例较多，因此，得9分。

投资方式风险因子：W公司要求S股权投资基金机构一次性投入所有资金，同时获得40%的股份，这会加大股权投资基金机构的风险，因此，根据评分标准，得7分。

出资人风险因子：出资人投入的资金量远远超过了W公司所需资金，同时，对于能源类行业的投资，风险较小，出资人愿意投入资金，得8分。

创业团队风险因子：对于W公司而言，创业团队能力强，学历高，同时拥有较好的信誉度，得9分。

技术风险因子：在W公司所在行业内，产品技术更新换代比较快，虽然公司具有专利保护，但是过快的技术更新换代会增加项目的风险，影响项目的投资价值，得6分。

市场风险因子：W公司处在朝阳行业，公司产品技术暂时处于领先状态，有大量同类竞争企业，综合各方面，得7分。

企业环境风险因子：企业处在成长期，企业在上海，地理位置好，在同行业中发展迅速，得9分。

财务风险因子：公司的财务状况一般，得6分。

经济环境风险因子：当期，国家总的经济环境形势良好，上海地区的经济形势发展突出，所在行业发展景气，得7分。

政策环境风险因子：通过对W公司的描述，可以看出，与能源类行业相关，同时由国家发改委主管，其得到了很好的发展政策支持，得8分。

金融环境风险因子：在上海地区，金融发展迅速，创业板的推出、货币化和信用化的提高，都给其带来了良好的金融环境，较少金融风险，得8分。

J公司分析：

股权投资基金管理团队风险因子：在股权投资基金当中，管理团队中没有与激光业相关的投资经验，也不具备激光业相关的人才，因此，得 6 分。

退出方式风险因子：J 公司项目可供选择的退出方式较多，拥有大量的退出案例，因此，得 10 分。

投资方式风险因子：J 公司要求 S 股权投资基金分阶段投入所需资金，同时给予股权投资基金的股份为 50%，这在一定程度上减少了股权投资基金所承担的风险，因此，根据评分标准，得 9 分。

出资人风险因子：出资人投入的资金量远远超过了 J 公司所需资金，但是对于激光类行业，由于缺乏相关经验，可能出资人的意愿不是那么强烈，因此，综合各方面分析，得 7 分。

创业团队风险因子：对于 J 公司而言，创业团队能力强，学历高，同时拥有较好的信誉度，得 9 分。

技术风险因子：在 J 公司具有专利保护，且技术进入壁垒较高，公司在整个行业内技术领先，得 7 分。

市场风险因子：J 公司同样处在朝阳行业，公司产品技术暂时处于中等偏上水平，但是有大量的同类竞争行业，同时，市场受到了金融危机的影响。综合各个方面，得 6 分。

企业环境风险因子：企业处在成长期，企业在重庆，地理位置一般，在同行业中发展迅速，得 8 分。

财务风险因子：公司的财务状况一般，得 6 分。

经济环境风险因子：当前，国家总的经济环境形势一般，重庆地区的经济形势发展一般，所在行业发展受到暂时限制，得 7 分。

政策环境风险因子：J 公司在重庆，在国家进行西部大开发的大背景下，国家对于重庆具有政策性偏向，同时，其所处行业也有一定的特殊政策，因此，得 9 分。

金融环境风险因子：在重庆地区，金融业虽然发展比较迅速，但是由于其地域限制，与上海相比较，金融环境还是差一些，得 7 分。

综合上述分析，通过公式（9）

$$T = \sum_{i=1}^{12} S_i \times W_i$$

来计算两个项目的综合得分：

$$T_W = 0.0770 \times 8 + 0.0749 \times 9 + 0.0679 \times 7 + 0.1068 \times 8 + 0.0506$$
$$\times 9 + 0.14 \times 7 + 0.0899 \times 6 + 0.0523 \times 6 + 0.0442 \times 9 + 0.1226$$
$$\times 7 + 0.0668 \times 8 + 0.107 \times 8 = 7.5548$$

$$T_J = 0.0770 \times 6 + 0.0749 \times 10 + 0.0679 \times 9 + 0.1068 \times 7 + 0.0506$$
$$\times 9 + 0.14 \times 7 + 0.0899 \times 6 + 0.0523 \times 6 + 0.0442 \times 8 + 0.121$$
$$\times 7 + 0.0668 \times 9 + 0.107 \times 7 = 7.4203$$

从计算结果可以看出，W 公司的得分高于 J 公司的得分，W 公司的投资风险小于 J 公司，而投资价值比 J 公司高。因此，S 股权投资基金应该选择 W 公司投资。

第四章　国外股权投资基金的发展现状

第一节　美国股权投资基金分析

一、美国股权投资基金的发展现状

1. 美国股权投资基金近 30 年的发展情况

最近 10 年来，美国股权投资基金行业一直处于后互联网泡沫破灭的阴霾之中，使得美国私募投资基金行业陷入了低迷期。总体而言，股权投资基金的数目在不断的减少，然而市场集中度正在不断的加强。按照股权投资机构的分类，风险投资基金是股权投资机构种类中的最主要部分，然而根据最新的美国风险资本协会的报告，美国的风险投资基金的数目已经从 2007 年的 1000 家左右缩减到 2010 年的 400 多家，并且有相当一部分风险投资公司处于空壳的状态。

美国股权投资基金行业中另外一个重要的变化就是行业市场集中度越来越高，整个股权投资基金行业的投资额的 2/3 都来自于美国前十位的股权投资机构。在 1995～2001 年的互联网泡沫期间，整个资本市场都陷入了疯狂，而当时的股权投资基金也是幕后推手之一。在此期间，股权投资基金行业的规模变得过于庞大，以至于泡沫破灭后整个美国股权投资基金行业进入了规模收缩阶段，而在这场互联网泡沫期间生存下来的股权机构的规模变得越来越大。

（1）股权投资基金管理额的发展趋势。股权投资基金管理额是由股权投资机构下的运作基金所募集的资金，资金管理者与投资者之间一般会建立一个 8 年的契约，也就是说投资者自投入资金以后要至少 8 年才能收回这笔投资。从图 4.1 中可以看出，近 30 年来美国股权投资基金管理额的走势分为 3 个阶段：1980～1991 年的减速增长期；1991～2000 年的加速成长期；2001～2006 年的稳定发展期；2007～2009 年的衰落期。

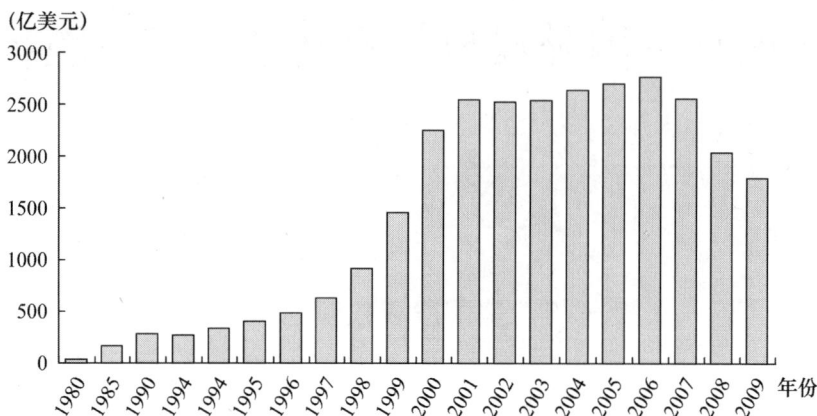

图 4.1　股权投资基金资金管理额
数据来源：2010 年 NVCA 年报。

　　1980～1991 年，美国股权投资基金的资金管理额一直处于减速增长期。20 世纪 70 年代，二战后美国经济的恢复性稳定增长被打破，出现了经济停滞和通货膨胀的局面，在这种背景下美国政府在老布什的带领下开始实行"经济复兴计划"，取得了较好的刺激经济效果，也使得资本市场出现了短暂的繁荣。但是，这一套刺激计划并没有为美国经济发展提供持续的动力，由于财政赤字问题，美国的经济引擎并没有实现腾飞。而以美国经济为实际载体的股权投资基金在这个时期的走势与美国当时的经济不谋而合，呈减速增长态势。

　　1991～2000 年，美国股权投资基金资金管理额的发展态势开始扭转，进入加速成长期，这是因为这段时间美国经济处于克林顿政府的"新经济"时期。新经济是在经济全球化程度越来越高的条件下，依靠发达工业、信息产业、高新技术，以服务经济的理念发展经济。在这个时期，包括信息技术、生物工程、新材料、宇航技术等高技术行业对美国 GDP 的贡献达到空前的高水平，这些行业的股票也都出现高增长，整个国家都处在由高科技行业所带来的新一轮经济繁荣的兴奋之中。作为资本市场最具敏感嗅觉的股权投资基金，是这一波信息革命、技术革命的先行者，他们在这段时期疯狂持有这些高成长性概念的公司，并通过上市获得了丰厚的报酬。因此使得大量资金不断地涌入股权投资基金，从而实现了1991~2000年期间股权投资基金管理额的加速发展，成就了股权投资行业最辉煌的时期。其中，1999年和2000年美国股权投资基金资金管理额的增长速度达到57.6%和54.4%。

2001~2006年，美国股权投资基金管理额开始进入稳定时期。美国在经历了1991~2000年由新经济带来的高速增长后，2001年出现了互联网泡沫破灭、股票市场崩溃的局面，阻碍了美国经济高速增长的步伐，并使得资本市场对高新技术产业的投资观念有了一个调整，即不再为了短期上市获利而盲目投资于高新技术产业，而是着眼于高新技术产业的长期发展。因此这段时期，股权投资基金进入了发展相对缓慢的成长期。

2007~2010年，美国股权投资基金的资金管理额处于衰退期。这主要是由两方面原因造成的。首先是经济因素，2007年美国本市场的问题开始显现，投资者对于美国的经济发展持观望的态度，直至2008年10月份爆发次贷危机，使得美国民众对美国经济产生悲观的预期，从而在2008年出现了股权投资行业最大的滑落，资金管理额的降幅达到20%；其次是内部因素，即上文提到过的股权投资基金管理资金的8年契约期，1999年募集的股权投资基金在2007年到期，投资者从股权投资基金赎回大量资金，导致了股权投资基金的资金管理额出现了明显的滑落。

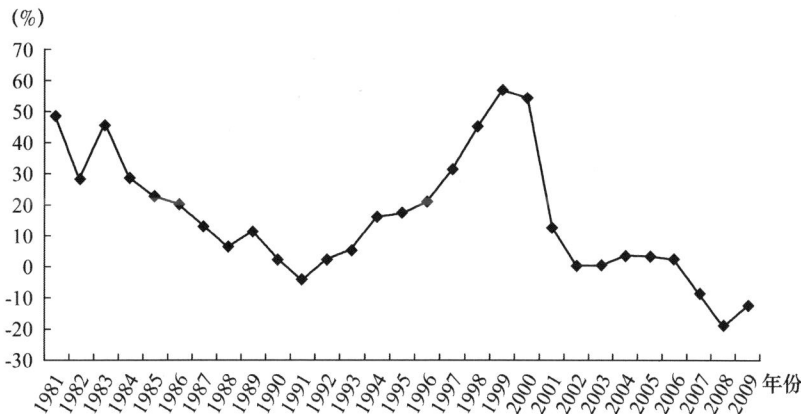

图4.2　股权投资基金资金管理额的增长速度

（2）互联网危机前后的股权投资基金投资额趋于一致。由于数据方面的缺陷，笔者运用风险投资额来代替股权基金投资额。从表4.1可以看出，美国风险投资水平是股权投资行业的主要部分，因此运用风险投资额来替代股权投资行业并不会影响最终的结果。从图4.3和图4.4所示的美国年风险投资额和投资比数中，笔者发现剔除1999年和2000年互联网泡沫所带来的投资热潮，美国的风险投资额和比数的走势基本维持在一条水平的发展态势上。并且从美国GDP增长图也可以看出，美国1999年和2000年的GPD增长率也处于一个较高的水平，而1999年之前的几年与2000年之后的几年GDP增长率也基本维持在一个水平。

表4.1　　　　　　股权投资基金资本承担额和基金数目　　　　单位：百万美元

年　份	风险投资资本承担额	基金数目	收购和夹层资本承担额	基金数目	股权资本承担额	基金数目
1980	2025.6	52	183.5	4	2209.1	56
1981	1486.5	75	126.8	4	1613.3	79
1982	1705.4	87	611.3	13	2316.7	100
1983	3966.8	144	1351.3	15	5318.1	159
1984	2964.3	116	3482.5	22	6446.8	138
1985	3981.0	120	3024.5	22	7005.5	142
1986	3788.4	103	5001.9	31	8790.3	134
1987	4339.7	114	17426.0	44	21765.7	158
1988	4435.3	104	11326.4	50	15761.7	154
1989	4902.6	105	12034.6	78	16937.2	183
1990	3229.0	87	7861.1	62	11090.1	149
1991	2002.8	42	5886.6	27	7889.4	69
1992	5277.8	81	10962.3	57	16240.1	138
1993	3967.1	90	16145.1	81	20112.2	171
1994	8958.3	141	20417.7	99	29376.0	240
1995	9859.6	172	26918.3	103	36777.9	275
1996	11849.3	168	29672.3	100	41521.6	268
1997	19774.5	247	41057.5	130	60832.0	377
1998	30037.9	295	62268.7	161	92306.6	456

续表

年　份	风险投资资本承担额	基金数目	收购和夹层资本承担额	基金数目	股权资本承担额	基金数目
1999	55662.0	454	53681.5	156	109343.5	610
2000	104520.6	663	76598.3	160	181118.9	823
2001	38917.4	326	51053.1	123	89970.5	449
2002	9400.4	208	27065.7	92	36466.1	300
2003	11612.0	164	31319.7	105	42931.7	269
2004	19843.6	218	52123.2	141	71966.8	359
2005	28962.7	242	108299.9	182	137262.6	424
2006	31965.9	242	149450.3	183	181416.2	425
2007	36131.4	250	205547.5	212	241678.9	462
2008	28544.2	224	185392.0	190	213936.2	414
2009	15374.6	127	43086.1	109	58460.7	236

数据来源：NVCA 各年年报。

（亿美元）

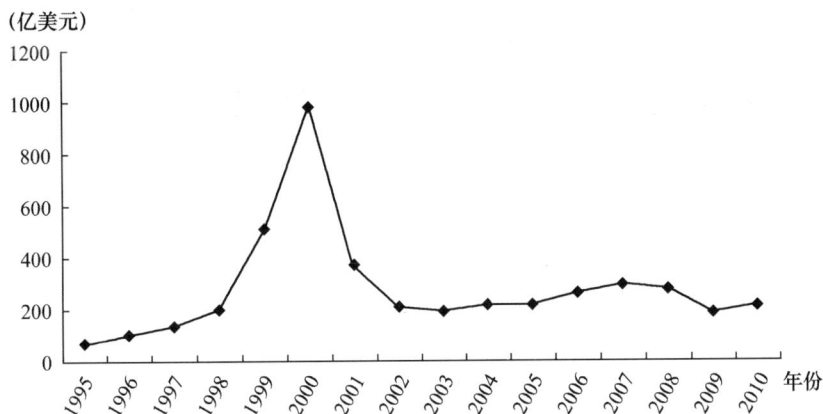

图 4.3　美国年风险投资额变化图

资料来源：2010 年 NVCA MoneyTree。

　　（3）股权投资基金的类型。美国股权投资基金的资本类型不是按传统的股权投资行业的分型进行分类，而是把股权投资基金的资本性质主要分为两种，即风险投资资本以及收购和夹层资本（以下简称收夹资本）。笔者从资本承担额这项重要的指标出发，结合近 30 年来资本市场的发展情况，对

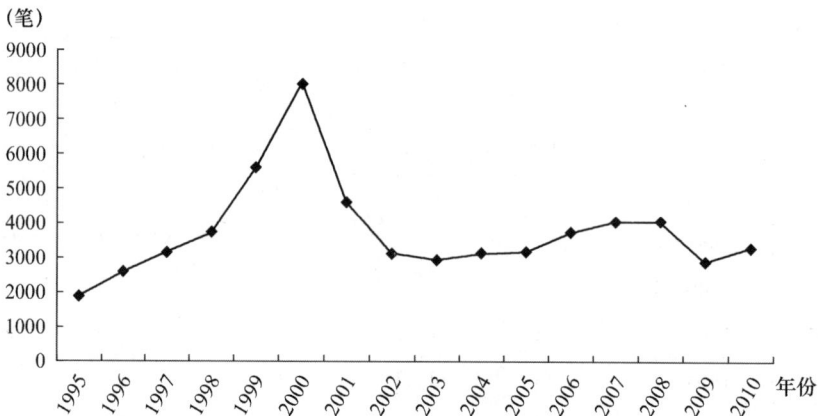

图 4.4   美国年风险投资交易比数变化图

数据来源：2010 年 NVCA MoneyTree。

风险投资资本和收夹资本的不同发展趋势进行系统的分析。

资本承担额即股权投资基金管理者与投资者签订的契约，投资者承诺在特定的时间以约定的条件向基金注入一定资金。资本承担额的规模可以反映出投资者对于当前经济形势、资本市场状况、区域产业经济发展的整体看法。近 30 年来，由于各个时期的经济形势、资本市场状况不同，股权投资行业的两大主要资本的表现各有不同。总体来说，近 30 年中收夹资本在大部分时间内要比风险投资资本的规模要大，而在 20 世纪 80 年代早期风险投资资本的规模要比收夹资本的规模要大。

从 20 世纪 80 年代开始，全世界一共有 3 次并购重组风潮，这直接影响了风险投资资本和收夹资本之间的规模差异。这三次并购潮的特点和原因都有所不同，因此也在一定程度上决定了收夹资本的规模。20 世纪 80 年代中后期，由于杠杆收购的出现，收夹资本和风险投资资本之间的实力对比发生改变。1983 年，收夹资本的资本承诺额是风险投资资本承诺额的 1/3，而到了 1987 年，收夹资本的资本承诺额就变成了风险投资资本额的 4 倍；到 20 世纪 90 年代，由于并购市场逐渐放弃杠杆收购行为，企业之间并购更多的是为了在全球背景下提升规模效应以提高竞争力，因此这个阶段收夹资本的承诺额与风险投资资本承诺额之间的实力对比也相对稳定，这段时期收夹资本的资本承诺额一直是风险投资资本承诺额的两倍左右；到了 21 世纪初，大型的金融、制造企业纷纷进行强强联合，再度创造收夹资本的鼎盛时期。

见表4.2。

表 4.2　　　　　　　　　　美国兼并重组潮流

时　　期	特　　点	原　　因
20世纪80年代开始的并购潮	开始出现杠杆收购和垃圾债券收购	公司经营不善
20世纪90年代开始的并购潮	规模创历史，恶意并购减少	扩大公司规模并利用协同效应提升公司竞争力
21世纪初开始的并购潮	强强联合	大型企业继续保持竞争力

（4）股权投资机构的存在形式。在很长的一段时间内，股权投资行业都得不到很好的发展，其原因就是股权投资机构的组织形式不能有效地解决股权投资过程中的信息不对称问题，这其中包括基金投资者和基金管理者之间的信息不对称，基金管理者与被投资公司管理者之间的信息不对称。有限合伙制的出现有效地缓解了这个问题，使得股权投资行业得到了迅速的发展。在2009年，作为私人独立类的股权有限合伙公司的资金管理额占所有美国股权投资机构管理额的91%，是股权投资机构的主要存在形式。见表4.3。

表 4.3　　　　　　　　　　股权投资基金的存在类型

年　份	1980	1985	1990	1995	2000	2002	2004	2005	2006	2007	2008	2009
私人独力类	21	112	22	338	1857	2109	2225	2302	2389	2238	1855	1632
金融机构依托型	12	41	36	45	240	251	239	230	217	183	113	106
公司形式	5	18	23	16	129	141	135	143	143	113	60	48
其　他	3	8	7	5	21	22	23	20	19	15	10	8
总　共	41	179	290	404	2248	2526	2622	2695	2767	2549	2037	1794

数据来源：NVCA各年年报。

作为金融机构依托型的股权投资机构的发展也比较迅速。金融机构依托型的股权投资机构有着丰富的客户资源，易于扩大股权投资基金的规模；金融机构依托型的股权投资机构与许多目标企业都有交易往来，掌握一些目标企业的信息，因此作为金融机构依托型的股权投资机构能够更快更深入地了解目标企业并进行投资。以单独公司存在的股权投资机构的比例越来越少，其原因还是不对称信息因素。2009 年以公司存在的股权投资机构的资金管理额不到行业的 1%。

（5）美国最大的 5 只股权投资基金。全世界有数以千计的股权投资机构，根据约翰·吉利根和迈克·赖特编写的《股权揭秘》一书中的全球股权投资机构排名情况，世界上最大的 20 家股权投资机构中有 13 家来自于美国，并且世界上最大的 5 家股权投资机构都来自美国，他们分别是凯雷集团、KKR、高盛资本合伙人、黑石集团、TPG。由此可见，美国的股权行业的兴旺程度可见一斑。下面将对美国最大的也是最具代表性的 5 家股权投资机构进行介绍。

◆凯雷投资集团

凯雷投资集团成立于 1987 年，其初始资本只有 500 万美元，经过 30 多年的发展，已经发展成为一个全球性的资产管理公司。截至 2009 年底，凯雷集团的资产管理规模高达 886 亿美元，可投资的资金达 335 亿美元。股权行业是它们最大的投资领域，它们所涉及的行业主要包含航空航天、机械制造、零售行业、金融服务业、房地产、高薪科技等。

凯雷投资集团拥有其他任何一个股权投资机构都无法比拟的优势——凯雷的政治资源网络和投资行业巨擘，虽然有这样得天独厚的优势，但是由于前期资本金的欠缺，凯雷的发展并不是那么的突兀，大多数交易都是小额的。直到 1990 年从美国陆军获得了高达 200 亿美元的大单以及后来索罗斯的加盟，才使得凯雷集团真正开启了其辉煌之门。

每一个成功的公司都有其独特的公司文化，凯雷投资集团一直信奉他们"同一个凯雷"的合作理念。Moncler 集团案例就是体现"同一个凯雷"的协同合作理念的最典型案例。凯雷来自中国香港、东京及美国的专家共同提出商业发展建议，协助驻扎在世界各地的分支机构进行本土人才招募，建立合资企业，并加入 Moncler 董事会。

为加快基金的筹集和退出，凯雷正在全球积极地进行多元化投资。其中，在中国的三项投资反映了凯雷亚洲增长基金的投资侧重点，即专注于具有成熟的业务模式、稳健的领导团队，寻求在国内和国际长期发展的公司。在经历了经济危机的考验之后，凯雷加快了投资步伐。凯雷在 27 个国家投资或投资承诺超过 52 亿美元。在 2009 年前 3 个季度，投资的大部分集中在不良资产、新兴市场或能源领域。在不断变化的世界经济体系中，凯雷从未停止过向成为强大的、全球性的投资性公司的目标奋斗，并且更多的是专注于投资者的利益需求。凯雷集团在原来雄厚的基础上，积蓄力量，继承和发扬公司的核心价值观，展望未来，扎扎实实、不遗余力地继续保持领先优势，并且一步一步地成为股权投资基金行业的领头羊。

◆黑石集团

黑石集团是由彼得·彼得森和斯蒂芬·施瓦茨曼在 1985 年建立的，两人共同出资 40 万美元组成了当时只有 4 名员工的黑石，现在已发展成全球领先的另类投资经理、财务顾问及全球金融品牌。

黑石集团的成功至少有一半应该归功于彼得森和斯瓦茨曼这两个黄金搭档。《财富》杂志发文指出，"黑石"每一个胜利果实的背后都是彼得森和斯瓦茨曼并肩战斗的结果。这两个黄金搭档相差 20 岁，从一开始的君臣关系到两个人并肩开创事业，斯瓦茨曼主内，彼得森主外，把黑石打理得井井有条。彼得森多年混迹商界、政界的经验，使得他在处理外部关系网上游刃有余；斯瓦茨曼正值职业黄金期，以他坚忍不拔的意志和年轻力壮的体魄为黑石集团注入了涌动的活力，他们共同把黑石集团打造成美国乃至全球最赚钱的"机器"。自从 1985 年到现在，黑石的私人股权基金封闭的净回报率一般在排名前 1/4 或者更高。自 1985 年成立到 2010 年，黑石集团的资金共计投入到 146 个交易，拥有超过 2900 亿美元的总交易价值。2010 年 9 月 30 日，在累计管理费收入这一重要的收入项上，黑石私募基金的收入已经达到了 243 亿美元。这些数据都彰显了黑石集团在整个股权投资行业的地位和能力。

黑石集团在整个股权行业有着一个值得所有股权投资基金学习的一点，这就是自成立以来黑石就确立了一个非同寻常的规则——友好收购。而这个规则也一直被他们保持到现在，这也在一定程度上帮助黑石成了全球最大的资产管理者之一。基于自身出色的经营水平以及在投资者心目中良好的形象，在 2007 年 6 月 22 日，黑石首次公开发行 1.333 亿普通股并在纽约交易所正式交易，黑石集团成为全世界第一家上市的股权投资机构，这是股权行业一个划时代意义的壮举。黑石集团的上市直接挑战了股权投资机构的传统运营思路：首先，在纽交所上市的黑石集团可以在公开的资本市场上获取资金及后续融资，直接冲击传统的股权投资基金的资金私募融资的形式；其次，它突破了私募投资机构的所有人结构，成为一家公开型的私募机构，开启了一种新的投资银行路径，以前大型的投资银行如摩根斯坦利、高盛集团、美林等都是由投资银行业务转入私募投资业务，而黑石集团是从私募投资业务转入到投资银行业务。

◆ KKR 集团

1976 年，克拉维斯和罗伯茨以及科尔博格一起组建了 KKR 集团。KKR集团的创立者克拉维斯和罗伯茨两个表兄弟在贝尔斯登遇上了他们职业生涯的业务导师——科尔博格，继而他们退出了贝尔斯登，在华尔街建立了如今世界上兼并收购的王者——KKR 集团。

KKR 集团最擅长的业务操作就是杠杆收购，在 20 世纪 70 年代，他们首次利用杠杆收购的模式赚得了他们的第一桶金。他们杠杆收购的成名作是从红极一时的巨型投资银行手中把雷诺兹·纳贝斯克公司抢了过来。当时他们仅仅动用了不到 30 亿美元资本金就完成了 313 亿美元的收购。虽然这次收购直接提升了 KKR 在业界的地位，但是他们遭受到了一片片质疑声，他们被业界冠以"恶意收购者"甚至是"门口的野蛮人"这种称号。但这次收购却使得双方两败俱伤，雷诺兹·纳贝斯克公司在被 KKR 集团收购之后业绩一蹶不振，而 KKR 集团则花了十多年的时间才从这次收购中脱离出来。

在一系列大型的收购之后，KKR 集团并未获得理想的收益，KKR 集团决定完善其业务操作范围，因此制定了相应的改革措施：①成立一个资产组合董事会，使得所有决策不再都依赖克拉维斯和罗伯茨；②在内部建立相应的产业计划小组；③设置收购计划表，对收购的公司进行大刀阔斧的改革；④重新建立一个内部咨询机制，对内部的资源进行整合。这些措施进一步加深了 KKR 集团收购业务的深度，从而使得其最终成为兼并收购的巨头。截至到 2010 年 12 月 31 日，KKR 集团所管理的资产总额已经达到了 522 亿美元，2010 年全年的手续费收入达到 3.1 亿美元，分别比 2009 年同期上升了16.8% 和 28.7% 。

◆高盛资本合伙人

高盛资本合伙人成立于 1986 年，总部位于美国纽约，是高盛集团面向全球进行股权投资的私人股本部门。众所周知，高盛集团是世界顶尖的金融集团，在全世界有着庞大的客户群体，当其想从传统的兼并收购的投资银行业务转向长期股权投资融资业务时，相对其他独立股权机构有着得天独厚的条件。因此，高盛资本合伙人不仅从自己的员工、独立客户那里获得资金，并且还从许多其他的第三方机构获得了资金，这些第三方机构包括大型保险机构、养老基金、国际财团、基金的基金等。截至 2008 年底，高盛资本合伙人已经完成将近 400 亿美元的筹款，管理着超过 170 亿美元的股权投资组合。高盛资本合伙人已经完成的大型杠杆收购项目包括汉堡王、SunGard 公司、Alltel 的无线、巴奥米特、TXU 等。

表 4.4　　　　　　　　　高盛资本合伙人的股权投资基金产品　　　　　　单位：亿美元

基金产品	合伙人基金 1 号	合伙人基金 2 号	合伙人基金 3 号	合伙人基金 2000 号	合伙人基金 5 号	合伙人基金 6 号
规模	10.4	17.5	27.8	52.5	85	203
成立时间	1992 年	1995 年	1998 年	2000 年	2005 年	2007 年

资料来源：http：//www.goldmansachs.com/。

◆德克萨斯太平洋集团

德克萨斯太平洋集团可谓是股权投资基金行业的一只新贵。在 1992 年，3 位富有冒险精神的投资者大卫·鲍德曼、詹姆斯·考特和威廉姆斯·普林斯三世在福特华斯市建立了德克萨斯太平洋集团。3 位创立者的性格直接决定了德克萨斯太平洋集团的投资文化，在德克萨斯太平洋集团的投资历史上，他们专注于投资公司的重组、转型、资本结构调整、分拆、合资的阶段，给人们的印象就是喜欢投资于高风险、处于困境的公司。

2. 美国股权投资的发展特点

（1）地域集中化。股权投资基金有一个与生俱来的投资偏好，就是偏好于经济发达、富有创新力的区域。因此，随着美国股权投资基金的发展，美国股权投资基金的投资渐渐集中在了几个特定的区域，这就是股权投资基金的投资地域集中化。

美国经济最发达，也是各大企业总部所在地的两个地区——硅谷、新英格兰地区，在近 20 年中，美国风险投资在这两个地区的风险投资占全美风险投资的四成水平以上。到 2010 年，这两个地区的风险投资资金更是达到50.6%。众所周知，硅谷是美国享誉全球的创新圣地，自然也是股权投资基金所热衷的投资区域。近年来，投资于硅谷地区的风险投资基金的比例仍在不断攀升，由 1995 年 23.7%的美国总风险投资占比到 2010 的 39%的占比水平。见图 4.5。

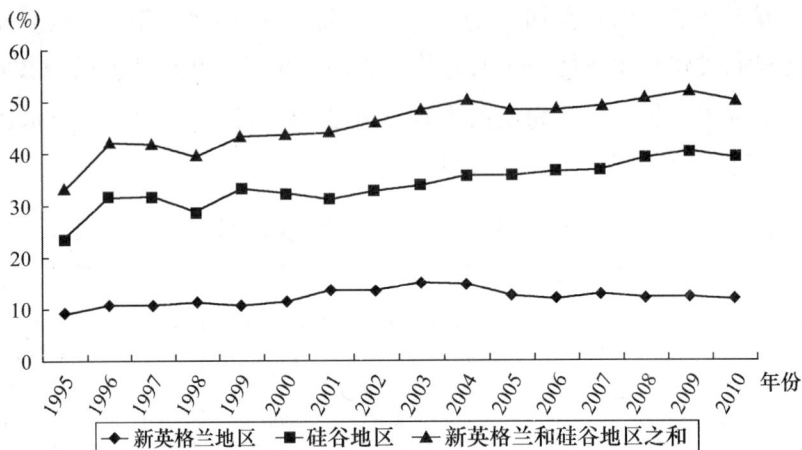

图 4.5 硅谷和新英格兰地区的风投资金比例

数据来源：NVCA 各年年报。

仔细比较这两个地区，发现它们有两个共同点：一是拥有高科技产业；二是拥有世界著名的学府。高科技产业向来是股权投资者青睐的产业，因此投资偏向这些地区也在情理之中。而这些地区的知名学府也为当地的高科技产业提供了大量的人才，形成了一个良性循环。因此，这两个地区将来还是美国股权投资基金投资的重点区域。

（2）投资行业分布集中化。2010 年，美国风险投资额达到 218 亿美元，比 2009 年增加了 36 亿美元。2009 年，风险投资比重最大的是生物科学，达到 20%。而 2010 年，风险投资比重最大的是软件行业，占比为 18%，与2009 年基本持平。作为高科技产业的生物科学、电脑及周边设备、电子/仪器仪表、IT 服务、网络和设备、半导体、软件行业，其 2010 年的风险投资占比为 54%，与 2009 年持平。这直接证明了高科技产业是美国股权投资基金偏爱的产业。见图4.6。

表4.5　　　　　　　　　　硅谷与新英格兰地区区域状况对比

区　　域	所在地	经济情况	知名学府
硅谷	位于加利福尼亚州北部，旧金山湾区南部	高科技公司的云集圣地，有包括像 Adobe、AMD、苹果公司、eBay、惠普、Facebook、Google、英特尔等世界500强的总部在这个地区	斯坦福大学、卡内基梅隆大学西海岸校区、圣塔克拉拉大学、圣何塞州立大学
新英格兰地区	包括马萨诸塞州、康涅狄格州、缅因州、新罕布什尔州、佛蒙特州、罗德岛州	整个地区的经济状况并不是特别出色，但是在马萨诸塞州有很多新兴的高科技产业兴起	耶鲁大学、布朗大学、哈佛大学、达特茅斯学院、布朗大学、威廉姆斯学院、阿莫斯特学院、韦尔斯利大学

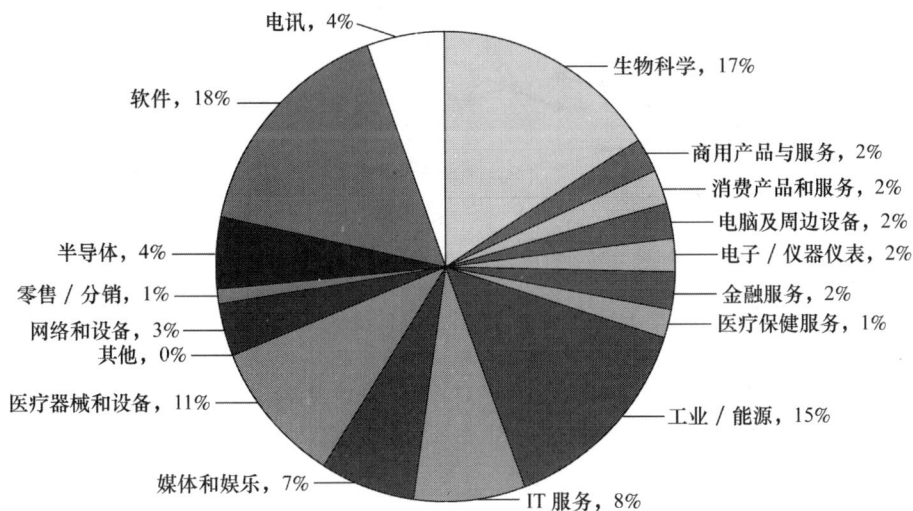

图4.6　各行业风险投资额占比

数据来源：NVCA2010年报。

（3）投资于企业的四个时期的股权投资比例。按照企业生命周期理论，可以将企业的发展分为种子期、成长期、扩张期和扩张后期。从股权投资基金的投资角度来看，投资于企业不同发展期间的考虑是完全不同的，进而影响股权投资基金管理者的投资决策。

当股权投资基金投资于一个处于种子期的企业时，股权投资基金的管理者首先需要对这个行业有一定的了解。然而，现实情况往往是股权投资基金的管理者并没有足够的动力去投资处于种子期的企业，因为处于种子期的企业都是伴随着高风险的，并且需要耗费大量的时间去管理这类投资，因此以优化资产投资组合的方式来达到利润最大化的股权投资基金不愿意去投资这样的企业。从图4.7可以看出，最近15年股权投资基金投资于种子期比例的平均水平为6.17%，在2000～2004年投资于种子期的股权投资比例都在2%的水平。可见，股权投资基金的管理者对于处在种子期的企业的实际投资倾向与前文的假设基本一致。

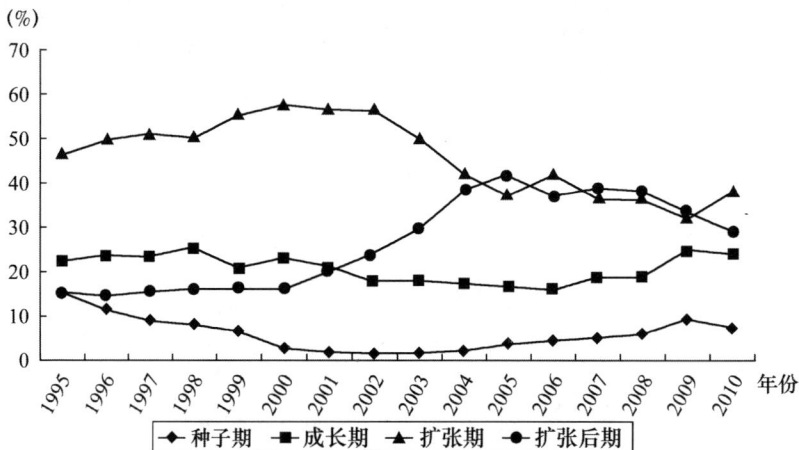

图4.7　企业发展各个阶段的股权投资比例

资料来源：NVCA 各年年报。

注：文中企业发展的种子期对应图中所标的种子期；文中企业发展的成长期对应图中的成长期；文中企业发展的成熟期对应图中的扩张期以及成熟发展期一部分；文中企业发展的衰退期对应图中的扩张后期的另一部分。

当股权投资基金投资于一个处于成长期的企业时，股权投资基金的管理者对这项投资的回报率能够有一个大概的把握，其风险和预期收益都要比投资于种子期的企业要小。处于成长期的企业，一方面渴望改进产品和服务的质量，另一方面也力求规范企业的各项业务流程，这个过程需要大量的资金。这两个方面的实施都比较有预见性，并且风险相对较小，因此股权投资基金的管理者比较喜欢投资于此类型的企业。据 NVCA 的数据表明，投资于企业成长期的股权投资比例的平均水平为20.9%。可见，股权投资基金的管理者确实比较喜欢投资于处于成长期的企业。

当股权投资基金投资于一个处于扩张期的企业时，股权投资基金的管理者热衷于参与企业的扩张过程，因为这样的企业往往可以通过地域性或者行业上横纵向的扩张获得丰厚的利润回报。处于扩张期的企业，其各项业务以及管理都比较成熟，并且有了自己的核心竞争力，企业出于扩大品牌效应、分摊或降低成本、控制原材料市场等原因进行扩张。在这个过程中，企业需要大量的资金，股权投资基金正好可以满足这类企业的需求，并且可以为企业提供财务上和行业咨询上的帮助。事实证明，股权投资基金投资于扩张期的资金比例也是最高的，在最近15年股权投资基金投资处于扩张期的企业比例的平均水平为46.2%，超过投资于扩张后期的股权投资将近20个百分点。不过近5年投资于扩张期的股权投资基金处于一个下降的趋势，2008年和2009年的比例分别为36.7%和31.6%，笔者认为2008年10月开始的金融危机是这个比例下降的"罪魁祸首"，因为金融危机使得许多大型企业因为资金流断裂而走向亏损之路，因此也相应地减少了有扩张欲望的企业的绝对数量。

当股权投资基金投资于一个处于扩张后期的企业时，股权投资基金的管理者的投资考虑是最复杂的。处于扩张后期的企业在经历了一个繁荣期之后现金流一般比较稳定，并且有一定的衰退迹象。股权投资基金投资于扩张后期的企业，最普遍的手段是利用杠杆收购或者联合收购的方式直接购买企业的股权，从而获得企业的管理权，并且通过改善被收购企业的经营方式，以达到公司价值最大化而实现退出获利。最近15年，股权投资基金投资于处于扩张后期的企业的投资比例的平均值为26.7%，并且最近5年投资于扩张后期的股权投资平均值明显比前10年的平均值要高，这也是21世纪初开始的新一轮并购潮所带来的结果。

二、美国股权投资基金发展面临的总体环境

美国的股权投资行业在近30年来飞速的发展，为美国经济的发展做出了重要贡献。对于一个行业而言，要想得到质的飞跃，当然离不开各种条件的支持。根据英国股权投资风险协会对来自全世界的会员进行的调查分析，发现强大的科研实力、日渐改善的创业环境、完善的知识产权制度以及逐渐

扩大的本国市场是美国近 30 年来创造股权投资行业繁荣历史的四个驱动器；并且发现资本退出的困境和不稳定的监管环境是美国金融危机以后股权投资行业持续低迷的两大"催眠剂"。

1. 繁荣喧嚣的美国 PE 行业的"四轮驱动"

（1）强大的科研实力。科学技术对于人类文明的积极影响是有目共睹的，在 300 多年的世界工业史发展进程中，人类都在不断探索科技的发展。同时，科技发展水平领先的国家中都是近几世纪的经济发达国家，由此可见科学技术对于一国经济发展的重要性。许多国内外的学者都曾提出这样一种观点：科技发展水平是体现国家各项竞争力的基础。

第二次世界大战之后，美国逐渐成为世界经济的霸主，科学技术就是其中的主要推动力量。在第二次世界大战前，美国只有 14 名科学家获得了诺贝尔奖，无法与当时西欧的发达国家相提并论，而如今美国人获得诺贝尔奖的总共次数已经比英、法、德三国的总数还多。

美国之所以能够在二战之后成为世界上首屈一指的科研强国，正是源于美国联邦政府的支持和外国人才的不断流入。在政府支持方面，据不完全统计，美国联邦投入在科学技术研究的资金已经达到了全世界科研资金的一半水平，并且通过税收政策鼓励企业科研，使得美国从事科研的技术人员以及学者都能有相对优越的物质条件；在人才流入方面，许多世界上著名的科学家都移居到了美国，这些科学家中包括阿尔贝特·爱因斯坦、尼尔斯·玻尔等，并且在当今美国各行各业的研究团队中都活跃着亚裔的身影。正是由于这两个因素的影响下，美国各行各业才会有如此兴盛的景象。

表 4.6　　　　　　　　　　　美国各行各业的领军企业

航空航天领域	信息技术	装备制造	医学与生命科学	化学工程	国家实验室
NASA，波音，洛克希德马丁	微软，谷歌，英特尔，思科，甲骨文，德州仪器，苹果	艾默生电机，通用电气，IBM，通用汽车，福特	辉瑞，强生，默克，通用电气，美国热电	西格玛，陶氏	费米，橡树岭，阿拉莫斯，劳伦斯

（2）日渐改善的创业环境。在 20 世纪中后期，相对世界上其他国家，美国一直有着全世界最优越的创业环境，但是这一个局面在新世纪逐渐被打

破。随着整个世界都越来越重视创业环境的改善，许多小型发达国家纷纷出台优越的政策来鼓励国内外人才进行创业。由此，在21世纪初期，包括美国在内的世界各大经济体的创业环境优势在逐渐丧失。但是，在美国政府的政策支持下，美国的创业环境得到了一定的改善。在2010年美国小企业管理局出具的创业环境排名中，美国位列第3位，而作为第2大经济体和第3大经济体的中国和日本都在40名开外。

表4.7 全球创业环境前五位国家

排名	国　家	创业环境指数	排名	国　家	创业环境指数
1	丹　麦	0.76	4	瑞　典	0.69
2	加拿大	0.74	5	新西兰	0.68
3	美　国	0.72			

资料来源：美国小企业管理局。

（3）完善的知识产权制度。知识产权问题关系到科学技术发展的命脉。一个国家没有一套完善的知识产权制度，就像一只鸟没有翱翔的双翼。美国很早就建立了自己的知识产权保护制度，并且把它写进了宪法。美国国会1790年就曾制定了第一部专利法案，于1952年颁布了现行的《专利法》，其后陆续颁布了《商标法》、《著作权法》、《版权法》、《不正当竞争法》，更难能可贵的是美国这套法律体系完善和更新的速度。以《著作权法》为例，美国早在1790年就制定了这部法律，到如今已经大大小小修改了26次。

（4）逐渐扩大的本国市场。随着美国经济的发展，美国的市场容量也越来越大。2010年美国的国内生产总值为13万亿美元，相比1980年增加了近2倍。虽然比起新兴市场国家而言增长速度较慢，但是对于美国这个世界第一经济体而言，能有这种增长速度很不容易。而美国的国内生产总值占比中，消费支出占最大的比例，约占美国国内生产总值的70%。因此，可以看出美国的国内市场是一块巨大的蛋糕，这促使美国股权投资机构纷纷想要在这块越来越大的蛋糕上多分一块。图4.8是美国近30年来的GDP走势图。

2. 近年美国股权投资基金低迷的"催眠剂"

美国股权投资基金经历了20世纪后期的繁荣发展之后，在21世纪初期

（亿美元）

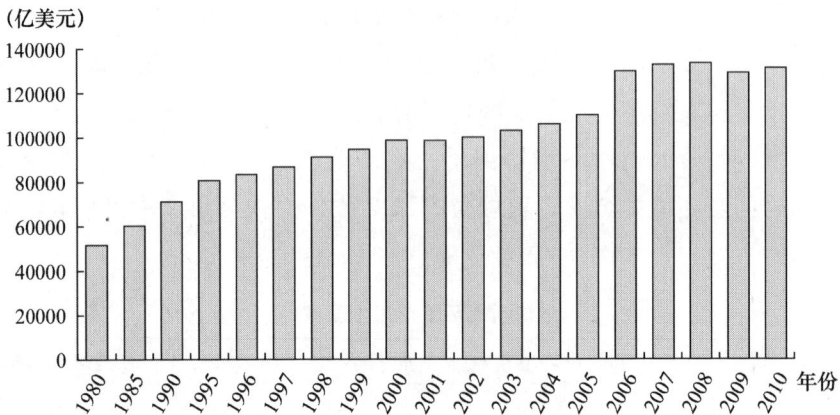

图 4.8　美国近 30 年 GDP 走势图

数据来源：美国劳工统计局。

陷入了低迷的不稳定发展局面，其直接原因是互联网泡沫的破裂和金融危机，而直接原因是美国股权投资基金的发展脱离了实体经济的发展速度。在这种情况下，美国的股权投资基金的发展速度应该适当放缓，市场环境的改变也促使已经过热的美国股权投资基金思考未来的发展策略。互联网泡沫的破裂和金融危机给美国股权投资基金的发展当头一棒，虽然危机带来的后果是惨痛的，但是危机仅仅让发展过热的股权投资基金适当冷却，并不是组碍这一行业发展的根本原因。从英国股权投资风险协会的调查发现，近几年抑制美国股权投资基金发展的两大"催眠剂"是资本退出的困境和不稳定的监管环境。

如何实现股权投资基金的资本退出一直是该行业的一个热点问题，这是股权投资基金是否能够实现可持续发展的关键。股权投资行业在经历了互联网泡沫和金融危机的冲击之后，金融市场各个参与方都持有谨慎态度，其中美联储出台严格的美国金融监管法案后，投资者更加谨慎地面对投资机会，金融中介的业务范围受到限制，使得原本可以通过 IPO 方式退出的股权投资项目大量流产。再加上经济陷入低迷的美国资本市场正在面临流动性不足的问题，致使股权投资基金无法实现资本的有效退出，以及正常的获得利润。

不稳定的监管环境主要指的是以金融危机为中点，在金融危机前后的金融监管理念、监管方式和监管法案的区别。众所周知，金融危机的出现使得美国监管当局开始反思金融自由化的管理理念，决定对金融机构实行严格的监管。2010 年 7 月 15 日，美国国会通过了最终的金融监管改革方案，这被认为是自 20 世纪 30 年代以来美国最严厉的金融监管法案。虽然从稳定美国金融体系方面，金融危机之后美国出台的各项监管法案都是受到欢迎的。但是从股权投资基金的角度而言，从自由的经营环境到如此严格的监管，当然要付出很大的适应成本。因此，不稳定的监管环境被美国股权投资基金从业者认为是不利于股权投资基金发展的"催眠剂"，也是理所当然。

第二节 英国股权投资基金分析

英国是工业革命的发源地，最早的资本主义国家。英国是仅次于美国的股权投资大国，是绝对的欧洲第一。20 世纪 70 年代是英国 PE 行业的一个分水岭，政策的松动使得 PE 迅速发展。2007 年其占到股权投资基金行业市场份额的 57%。

一、英国股权投资基金的发展现状

1. 英国股权投资行业由高潮期步入低迷

从股权行业的投资情况来看，1998～2009 年这段时期，英国股权投资行业经历了三个阶段：1998～2003 年的平稳时期，2004～2007 年的高速增长时期，2008～2009 年的直线下滑时期。

1998～2003 年，英国股权投资行业一直处于一个相对平稳的时期，股权投资金额没有发生太大的变化，一直在 60 亿英镑的投资额左右徘徊。

2004～2007 年，英国股权投资行业进入了高潮期，由 2004 年 97 亿英镑的股权投资额蹿升到 2007 年的 316 亿英镑投资额。这段时间正值 2008 年金融危机前资产泡沫累积，世界经济形势一片大好。受此刺激，英国股权投资机构纷纷加大了投资力度，助推了这一波股权投资高潮。见图 4.9。

2008 年 10 月，美国次贷危机所引发的全球性的金融危机，是自 20 世纪 30 年代大衰退以来最大的危机。由于英国经济与美国经济联系十分紧密，使得英国的各个行业都遭受到了巨大的冲击，对于既受制于资本又受制于行业发展的股权投资行业而言，其损失更是惨痛。2008 年和 2009 年，英国股权投资行业都经历了大幅的下滑，2009 年的英国股权风险协会会员总投资额为 75 亿英镑，比 2008 年下降了 62.5%。据英国股权风险协会公布的数据，2009 年所有缴税的注册公司中只有 0.39‰是股权投资机构注资的公司，而在 2008 年这一比例是 0.63‰。

（亿英镑）

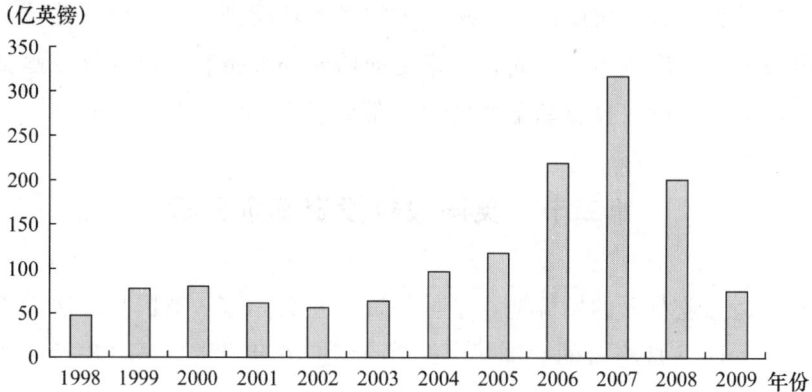

图 4.9　英国私募股权投资风险协会会员的全球投资
资料来源：BVCA 各年年报。

2. 英国股权投资基金的特点

（1）投资阶段的偏好情况。按照英国股权和风险投资协会最新的分类，它把股权投资资本分为了 5 个子类别，分别是风投资本、扩张资本、置换资本、杠杆收购资本和其他阶段资本。从表 4.7 可以看出，近 3 年英国投资于杠杆收购的股权资本的绝对数量以及相对比例都是高居第一。据英国股权和风险投资协会的统计，2007～2009 年可统计的杠杆收购案例数为 510 例，平均每年完成了 170 个杠杆收购投资案例，可见英国股权投资机构最近 3 年从事杠杆收购的热度。从融资阶段的投资金额占比来看，最近 3 年杠杆收购在走下坡路，2009 年杠杆收购的投资金额比例要略小于总扩张资本。

投资于各个阶段的资本的决定因素有两点：经济发展状况和商业文化氛围。英国的经济发展状况直接决定了杠杆收购资本的火热程度，在长达 250 年的工业革命中一直都是其他国家进行现代化工业进程的标杆，并且在很长的一段时间内都是世界经济、军事的霸主，继二战后美国成为新的全球霸主之后，英国的经济对世界经济的影响力开始逐步削弱，如今是欧盟、美国、中国、日本之后的全球第五大经济体。在过去 30 年中，英国实际国民生产总值的平均增长率为 2%，这些都说明英国经济已经进入一个十分成熟稳定的经济状况，在这种经济下各大行业的并购是最活跃的，因此杠杆收购成为最活跃的股权投资方式也是符合英国经济发展状况的；英国的商业环境相比美国，有着更加保守的态度，英国人在从事投资方面也给人一种十分谨慎的态度，因此相比投资于风险最大的风险投资，英国股权投资机构将更多的资本投入到兼并收购以及企业的股权变动的投资上也是符合英国人的从商风格的。

在英国股权投资的所有阶段中，风险投资资本的比例是最低的，这 3 年的平均值只有 3 亿英镑，占总投资金额的 4.64%，这个规模与美国的风险投资资本规模是无法相提并论的。在近 30 年，美国的风投比例一度与非风投比例的规模持平，在 2009 年风投资本资金承诺额占全部股权投资资金承诺额的 26.3%。可见，英国风投资本比例比起美国要低很多，具体分析详见本章第三节。然而，一项风险投资所涉及的金额都是比较小的，即使风险投资只有 5% 的占比金额，但是却投资了 36% 的涉及股权投资的公司总数，即 100 笔股权投资项目中就有 36 笔为风险投资，这个比例也是所有融资阶段中最高的。因此，英国风险投资的特点为总投资金额占比最小、所投公司数目占比最大。

表 4.7　　　英国股权投资基金投资于各个融资阶段的金额和数目比　　　单位:%

融资阶段	各融资阶段的投资金额占比				投资于各融资阶段的公司数目比			
	2007 年	2008 年	2009 年	三年平均值	2007 年	2008 年	2009 年	三年平均值
总风险投资	4	4	10	5	35	34	43	36
总扩张投资	9	24	36	18	33	38	37	36
总置换资本投资	22	13	9	17	8	7	3	6
总杠杆收购投资	63	37	36	50	18	13	8	14
其他阶段资本总投资	2	22	9	10	7	8	9	8
总　计	100	100	100	100	100	100	100	100

资料来源：BVCA 各年年报。

注：按照英国对股权投资的定义——总风投资本包括种子资本、启动资本、早期资本和中后期风投资本；总扩张资本包含传统意义的扩张资本和过桥资本；总置换资本包含传统的置换资本、二次买断资本、公开市场的私募投资和银行债务再融资；总杠杆收购资本包含管理层收购和管理层买进资本；其他资本包括所有不属于其他项的股权资本。三年平均值为三年来各类融资阶段的平均资本额和平均公司数目占各类融资阶段总资本额和总公司数目的比例。

（2）海外股权投资情况。英国是全世界最早一批进行海外投资的国家，在 19 世纪中后期至 20 世纪初期，英国的世界经济霸主地位与其海外投资的繁荣是相辅相成的，并且在那段时期，英国的资金是全世界最重要的外国资金供应来源。据肯伍德得到的数据，在 1870 年，英国对欧洲的投资占整个欧洲总额的 25%，占美国的 21%。由于英国经济自身的一些问题（比如自由的经济政策导致的英国经济出现了许多行业产能过剩），在 19 世纪初期之后英国的海外投资霸主地位被美国和德国超越。但不可否认的是，英国经济的繁荣与海外投资之间有着紧密的联系，也就塑造了英国海外投资这一传统。

海外投资既包括对国外上市公司的投资和绿地投资，也包括对国外非上市公司的投资。而后者正是本节进行分析的部分，据英国股权投资风险协会的最新数据，英国的股权投资机构对本国的股权投资占股权投资总额的 40% 左右，对海外的股权投资占了 60%，按照数学中 0.618 的黄金分割率，英国股权投资的国内外比例近似符合，这也许正是一个国家进行海外投资的最好比例。英国的海外股权投资主要集中在欧洲和美国，2009 年英国股权投资机构对欧洲的投资占其总股权投资总额的 34%，对美国的股权投资为 26%。由图 4.10 可以看出，英国在最近 3 年对欧洲其他区域的股权投资呈逐渐减少的态势，而对美国的股权投资却在逐渐增多，这其中英国与美国长

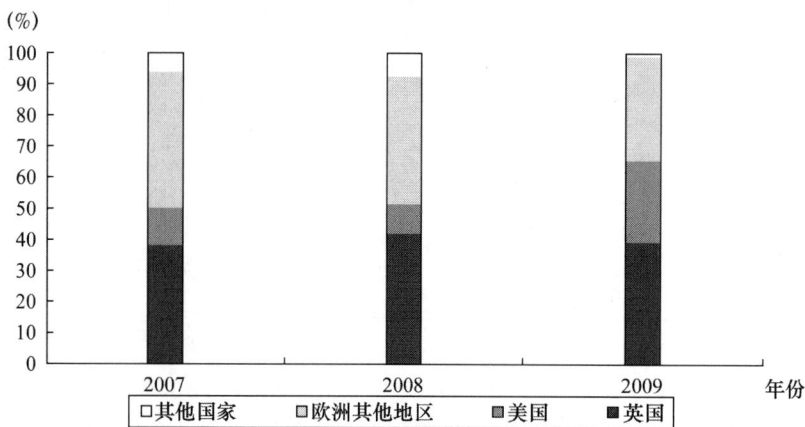

图 4.10　英国股权投资风险协会会员全球投资结构

资料来源：BVCA 各年年报。

期以来稳固的邦交关系以及英国对美国经济的长期看涨预期能很好地解释这一现象。因此在 2007~2009 年这段时期，美英在遭遇金融危机所带来的经济衰退时，英国减少对欧洲其他区域以及除美国以外的其他国家的海外股权投资，进而增加对美国的股权投资。

从图 4.11 可以看出，英国在海外的股权投资中，杠杆收购资本比例处于绝对的高位水平，其他阶段的股权投资与之有着很大的差距，而总风险投资资本比例排名最后，这与英国国内的情况一样。进一步对比英国国内和海外股权投资各阶段比例可以发现，海外杠杆收购资本 55% 左右的比例高于国内 50% 的比例，而海外总风险投资资本 2% 左右的比例高于国内 5% 的比例。海外杠杆收购资本比例比国内更高的主要原因是近几年频繁的跨国兼并收购活动，作为活跃在兼并收购业务一线的英国股权投资机构，国内的规模显然不足以满足他们的要求，因此在经济全球化的浪潮下，英国股权投资机构把业务更多地深入到全世界，参与到瓜分跨国兼并收购这块大蛋糕当中，并且越做越大。而海外风险投资资本比例要比国内低的主要原因则是不确定的海外投资环境，不确定的海外投资环境使得风险投资回报的不确定性进一步加大，进而使得风险投资者望而却步。并且，近 3 年海外股权投资各阶段公司占比也是如此：海外股权投资中杠杆收购所涉及的公司占比也比国内的占比更高，达到了 24%，也就是 100 笔海外股权投资中就有 24 笔为杠杆收

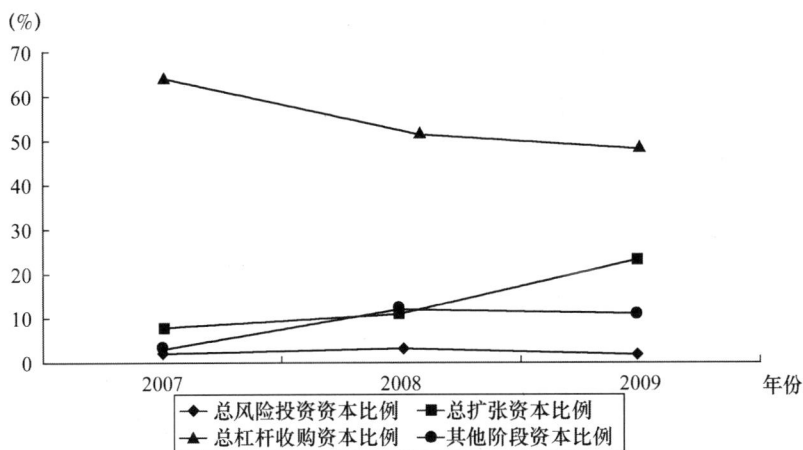

图 4.11　英国股权投资基金海外投资各阶段占比图

资料来源：BVCA 各年年报。

购，这个比例比国内的 14% 要高得多；而海外股权投资中风险投资所涉及的公司占比比国内的占比要低，为 27%，也就是 100 笔海外股权投资中仅有 27 笔为风险投资，这个比例比国内的 36% 要低得多。因此，我们很容易得出英国股权投资机构对海外股权进行投资时对杠杆收购的偏好比国内要大，而对风险投资时比国内要低。

（3）行业投资情况。英国的许多行业都处于世界领先水平，其中包括金融行业、工业制造、生物技术及制药业、信息通讯业和电子技术等。这些行业的兴盛，有些是得益于英国漫长的工业文明历史，例如工业制造；有些则是得益于技术进步和股权投资行业的兴起，例如生物技术和电子技术。在当代资本横流的世界背景下，一个行业的兴盛不仅需要技术的发展，资本的支持也是必不可少的，因此股权投资基金是行业兴盛的助推器，也是行业兴盛的风向标之一。

近年来，英国股权投资基金有三大行业投资偏好，包括消费品及服务、工业和金融业。众所周知，任何一个经济体的发展都是由"三驾马车"——消费、投资和对外贸易驱动的，这"三驾马车"之间的结构在一定程度上决定了一个国家的经济发展是否稳定。如果一个国家的消费是拉动经济发展的主要力量，那么这个国家的经济水平是比较发达的、经济增长也是相对稳定的。从 2007~2009 年股权投资基金投资于消费品及服务行业的资本占比中可以发现，消费品及服务业是英国股权投资基金最青睐的行业，这 3 年的投资金额占比分别为 53%、27% 和 38%，3 年平均的投资金额占比比任何一个其他行业的投资金额占比要多得多，不过消费品及服务行业相较 2007 年的巅峰水平在走下坡路，2008 年席卷全球的经济危机就是其中的"罪魁祸首"，金融危机给英国经济带来了严重的破坏，使得英国的失业率大幅上升。据英国国家统计局资料显示，直到 2011 年一季度英国的失业率为 8.0%，为 1996 年以来的新高，失业率的下降降低了英国人的消费信心，从而也降低了股权投资基金对消费品及服务业的投资信心；英国是老牌的工业强国，但随着第三产业的不断发展，英国的工业开始不断萎缩，2005 年英国最大的汽车制造商罗孚汽车公司破产就是最好的说明，但是支持服务与电气工业的兴起，撑起了这一老牌行业的股权投资热潮；伦敦是全球三大金融中心之一，金融业是英国的招牌行业，英国国内的股权投资基金对金融业的投资也比较稳定，2007～2009 年的投资金额占比分别为 14%、11% 和 11%，说明金融危机使得整个股权投资行业对金融业的投资缩水，但是并没有使金融行业的投资热度相较其他行业有明显的下降趋势。

近几年，英国股权投资基金对于石油与天然气行业波动性很大。金融危机爆发后的两年，股权投资基金对于石油与天然气行业的投资比重不断增强，危机爆发的 2008 年和 2009 年石油与天然气行业的股权投资金额占比为 12% 和 11%，比 2007 年 2% 的占比水平高出了一成的水平，然而根据 2009 年 12 月 Oil & Gas Journal 的数据发现，金融危机后的石油供需是呈下降趋势的，这说明 2008 年和 2009 年英国石油与天然气行业股权投资金额增加的原因并不是基于经济基本面的分析，而是来自于对未来能源行业的预期，作为世界上第八大石油产油国和第五大天然气生产国，能源丰富的英国在能源供给方面能在未来能源紧缺的时代显示自己的优势，加之英国本身旺盛的能源需求，能源行业在一段时期内将继续成为股权投资基金的看好对象。见表 4.8。

英国高科技行业的股权投资比例也比较可观，英国科学技术水平一直处于全球的领先水平，生物技术是其中之一，正是英国剑桥学者在 1956 年发现了 DNA 的双螺旋结构，随着近几十年的持续努力，英国的生物技术市场已经成了全球第二大的市场，仅次于美国，包含了生物技术的保健行业的股权投资金额在近 3 年的平均占比为 10.62%。而同样为高科技行业的计算机行业的股权投资金额在 2007～2009 年的平均占比也为 5.69%，且在 3 年中比例一直处于上升的水平。

表 4.8　　　　　　　　　英国股权投资基金各行业投资金额

行　业	投资金额（亿英镑）			各行业的投资金额占比（%）		
	2007 年	2008 年	2009 年	2007 年	2008 年	2009 年
石油与天然气	277	983	323	2	12	11
基本材料	67	76	53	1	2	2
工业	1980	2464	439	16	27	15
消费品及服务	6494	2192	1118	53	27	38
保健	899	1294	300	7	13	10

行　业	投资金额（亿英镑）			各行业的投资金额占比（％）		
	2007 年	2008 年	2009 年	2007 年	2008 年	2009 年
电讯	71	40	19	1	1	1
公用事业	63	77	32	1	1	1
金融	1596	913	340	14	11	11
计算机技术	525	517	292	5	6	10
其他行业	0	0	41	0	0	1
总计	11972	8556	2957	100	100	100

资料来源：BVCA 各年年报。

（4）地区投资情况。据英国股权投资风险协会统计，以伦敦为主的英格兰东南地区吸引的股权投资基金占英国股权投资基金的六成以上，是英国股权投资的核心地区，而其他地区如苏格兰、东米德兰、西米德兰等地区的股权投资水平都不高。

由于历史的原因，英国成了一个财富地区分布不均衡的国家。第二次世界大战之后，英格兰的东南部成了整个英国最发达的地区，作为最典型的英格兰东南部城市，伦敦是英国最大的商贸、金融中心和港口，在这个区域还包括朴次茅斯和南安普敦等大城市。由于英国股权投资行业在 2007～2009 年三年期间处于一个萎缩期，整个英格兰东南地区的股权投资的规模不断下滑，从 2007 年的 87.54 亿英镑减少到 2009 年的 18.75 亿英镑，但是股权投资基金投资于该区域的股权投资金额占比水平仍然是整个英国国内股权投资总金额的绝对领头羊。投资于这个地区的股权投资基金主要分布在金融、航空航天、电子、电器、汽车等行业。

除了英国东南地区之外，苏格兰地区、东西米德兰地区、约克夏与亨伯地区这 4 个区域的股权投资水平也比较活跃。苏格兰地区的股权投资水平的发展是最明显的，受制于经济环境的影响，英国股权投资行业近几年在不断萎缩，但是苏格兰地区的股权投资行业却表现得十分出色，不仅没有出现萎缩的情况，在 2008 年该地区的股权投资金额相较 2007 年增加了近两倍，2009 年的下滑程度也比其他地区轻微许多。苏格兰地区股权投资行业的出色表现要归功于苏格兰的新一轮经济结构调整，虽然苏格兰的国民生产总值的增长率一直在2%以下，但是在20世纪90年代以后苏格兰的传统工业开始出现衰败，政府出台了一系列刺激新兴产业的政策和措施，因此吸引了大批股权投资基金来苏格兰进行投资。东米德兰和西米德兰处于英格兰的中部地区，东米德兰最大的城市是诺丁汉，该区域以煤铁等资源闻名于英国，同样受制于整个经济环境的影响，东米德兰的股权投资行业出现了萎缩，2009年投资于该地区的股权投资金额只有1.32亿英镑，只有2007年该地区股权投资金额的1/6；西米德兰有着英国第二大的城市群，其中伯明翰为该城市群的中心地区，是英国最重要的工业地区，与东米德兰地区一样，2009年投资于该地区的股权投资金额只有2007年该地区股权投资金额的1/6左右。

表4.9　　　　英国股权投资基金投资于不同地区的股权投资情况

英国地区	投资金额（亿英镑）			投资金额占比（%）		
	2007年	2008年	2009年	2007年	2008年	2009年
英格兰东南地区	87.54	53.51	18.75	73	63	64
苏格兰	3.93	10.52	3.15	3	12	11
西米德兰	4.16	4.18	0.74	3	5	3
东米德兰	8.02	5.56	1.32	8	6	4
约克夏与亨伯地区	4.99	4.73	0.7	4	6	2
其他地区	11.08	7.06	4.91	9	8	16

资料来源：BVCA各年年报。

（5）英国股权投资基金撤资情况。股权投资基金对一家公司进行股权投资之后，不仅要对这家公司进行财务咨询、战略规划等帮助，而且无时无刻都在思考如何进行资金退出以达到利润的最大化。因此，资金如何实现退出是股权投资机构投资一家公司后的最大的问题。

通过公司上市来实现股权投资基金的资金退出是大多数股权投资机构的初衷以及愿景。在英国，伦敦证券交易所和创业板市场为这些股权投资基金所支持的公司提供了一个重要的资金退出渠道，据英国股权投资风险协会的统计，在1995~2006年期间，共有382笔、上市价值总额为189亿英镑的股权投资基金所支持的公司在伦敦证券交易所和创业板市场成功上市，其笔数占比以及金额占比都超过了两成的水平。前文所提的通过伦敦证券交易所和创业板市场实现股权投资基金的资金退出方式被称为浮动型撤资。从图

4.12 可看出，2008 年通过浮动型撤资实现股权投资基金的资金退出比例仅为 0.46%，由此可以映射出近几年股权投资基金的获利情况十分不理想，资金退出问题是困扰股权投资基金的重要问题。

在英国，近几年的股权投资基金撤资主要通过交易型销售、注销、偿还优先股或贷款、出售给其他股权投资基金、挂牌型销售以及出售给金融机构等方式实现资金退出。在 2008 年，通过交易型销售和注销实现资金退出的股权投资基金占了 55.39%，是主要的两种资金退出方式，且这两种退出方式各占的比例基本相同。交易型销售指的是纯粹的公司股权的买卖，以双方自愿原则为基础进行的销售，股权投资基金投资的公司都是未公开上市的公司，这种公司的股权的流动性很差，因此在进行交易型销售时会遇到许多困难，比如如何定价、如何交割等问题，能否通过这种资金退出方式实现利润最大化，主要看股权投资基金的营销方法，其次才是持有的公司股权的质量；股权注销是交易型销售的反面，股权投资基金无法通过交易型销售实现投资的利润最大化，只能通过在注销前进行资产清算来最大化弥补股权投资的损失，在 2008 年通过注销实现资金退出的英国股权投资基金占比为 27.72%，是最主要的资金退出方式，也直接说明了英国股权投资基金近些年的不景气。

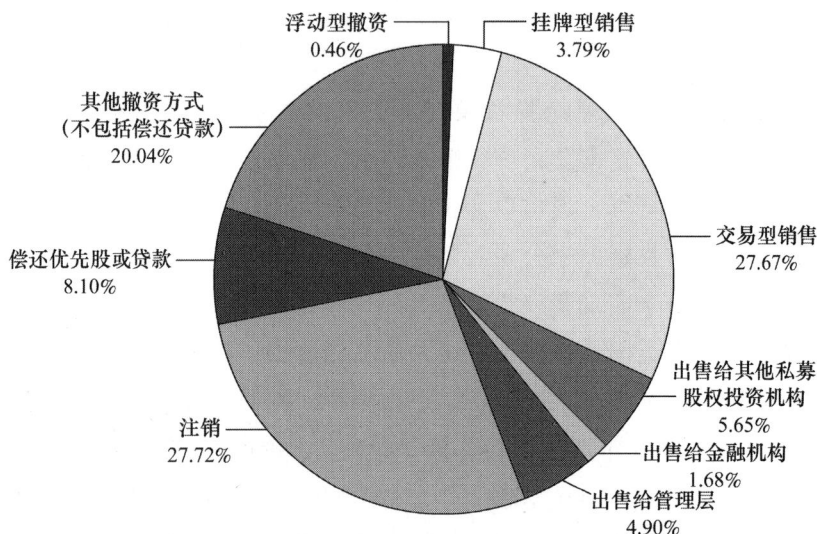

图 4.12　2008 年英国股权投资基金的撤资情况

二、英国股权投资基金发展面临的总体环境

近几十年来在与其他老牌欧洲经济强国的竞争下，英国一直稳坐全世界仅次于美国的第二大股权投资市场的位置，其中的原因可以归纳为英国股权投资行业兴旺发达的"三大利器"——强大的科研实力、良好的创业环境以及多层次的资本市场。而近几年英国股权投资行业萎靡的原因可以归结为资本退出的困境和不利的经济因素。

1. 英国股权投资行业的"三大利器"

（1）强大的科研实力。这一点与美国相同，英国也拥有十分强大的科研实力，对于一个人口不到全球人口 1% 的国家，其科学技术类论文的引用率竟然达到了 12%，足以看出英国科研实力的强劲。英国是一个拥有悠久科研历史的国家，其科研成果也是硕果累累，其中最著名的科研成果要属 1953 年剑桥的两位科学家弗朗西斯·克里克和詹姆斯·沃森发现了 DNA 的双螺旋结。科研实力的强大与否归结于大学的研究水平和政府支持的力度，英国拥有剑桥、牛津等世界上一流的大学，这些大学的研究实力在全世界首屈一指，再加上英国政府制定了合理的规章制度来规范科研方向并促进商研合作，从而使得英国的科研实力得到可持续的发展。

（2）良好的创业环境。英国能够拥有一个良好的创业环境，与其整个社会的制度是分不开的，从某种意义上来说，制度环境决定了创业环境。在英国这样拥有规范的制度体系、合理的认知程序以及完善的监管体制下的国度，制度的合理性使得英国的创业环境得到了充分的净化。

在英国，具体的创业优惠政策围绕着五个方面展开，这五个方面分别为：大学生创业计划、中小企业扶持计划、创业园孵化器模式、创业投资信托计划和破产者再创业投资优惠计划。这些具体的计划使得英国的创业环境深入到创业的各个模式以及不同的创业时期。

（3）独特的多层次资本市场。英国的资本市场与美国、日本一样，有着三级式的资本市场，但是英国与美国和日本不同的一点是，其主板市场、二板市场以及三板市场都是由伦敦证券交易所设立并进行监管的，这样的资本市场结构以及监管结构在一定程度上提升了资本市场的效率，避免不同监管机构之间的功能重复以及相互矛盾的问题。其中，伦敦证券交易所是英国的主板市场，有着 200 多年的历史；英国的二板市场也称为创业板市场，是由伦敦证券交易所开办的，属于伦敦证券交易所的一部分；英国的三板市场是由伦敦证券交易所的一家做市商所承办的。

2. 近几年英国股权投资行业萎靡的两大因素

（1）资本退出的困境。英国股权投资基金撤资情况可以得出，近几年英国股权投资基金面临着严峻的资金退出问题，在 2008 年通过 IPO 退出的比例不到 1%，而通过股权注销的方式实现资金退出的比例高达 27.72%，可见资本退出困境的程度。

根据 2010 年德勤会计事务所发布的全球风险投资趋势报告中的统计数据发现，有 80% 的受访者认为资本退出的困境是近几年股权投资行业萎靡的因素，这也与英国股权投资风险协会的调查数据相吻合。因此，缓解当前资本退出的困境是股权投资行业重新振作的关键所在。

（2）不利的经济因素。近几年的经济形势开始走下滑之路，全球的经济增速也开始放缓。其中，当代的危机经济以及成本问题成为最重要的不利经济因素。危机经济指的是从 2007 年的次贷危机到蔓延全球的金融危机，再到欧元区的主权债务危机乃至全球各个区域的灾害危机，危机经济使得全球经济无法稳定前行，始终在一根摇晃的危绳上摇摆不定；而成本问题主要指石油、铁矿等资源品价格的不稳定以及粮食价格不断上涨所带来的经济发展滞涨问题。

英国作为全球第五大经济体，面临来自全球的不利经济因素及寻找国内经济新增长点的问题，若想实现经济的新一轮快速增长，必须要依靠股权投资行业的重新振作。

第三节　股权投资基金发展的国际经验借鉴

一、股权投资基金的发展对经济的强大推动作用

资本市场的发展对于西方国家的经济发展起着至关重要的作用。17 世纪初的荷兰发明了最早的政权投资技术，以及 1653 年华尔街的形成，再到今天美国和西欧发达国家成为全世界的规则制定者和全球经济的风向标，西方发达国家资本市场的发展已经走过了三四百年的历史。在工业文明的兴起以及资本市场发展的带动下，这些资本主义国家在短时间内就成功完成了对

中国、印度等拥有漫长历史文明的国家的经济超越，这其实也间接地强调了资本市场对于经济发展的重要性。细数如今的发达国家，没有一个发达国家的崛起离得开资本市场的发展。

西方发达国家的股权投资基金的兴起刺激了中小企业的发展，弥补了传统资本市场的不足，为经济带来了新鲜的血液和活力。以美国为例，在 20 世纪 40 年代之前，资本市场存在的大多都是以兴修铁路、开发运河以及大型基础建设方面的大型公司证券的交易，而涉及较小规模的创新项目相关的公司证券交易少之又少。直至 20 世纪 40 年代，美国出现了股权投资市场。伴随着股权投资市场的发展，美国的中小企业开始日渐活跃，特别是风险投资基金和私募股权基金对于处在初创期的中小企业能够起到一个助推器的作用。虽然我们所了解到的都是美国大型的公司，但是美国中小企业数目占美国所有企业的数目的比例为 99%，并且中小企业是吸纳就业的主力军，在各行各业中，中小企业都能起到一个很好的"鲶鱼效应"，激发整个行业的活力。退一步来说，以微软、苹果以及可口可乐为代表的美国的巨型公司都是从中小企业一步一步发展起来的，而这些巨型公司都曾经得到过股权投资基金的支持。

股权投资基金的发展在推动经济发展的同时，自身也受益于经济的快速发展。从前述分析可以看出，美国股权投资基金和英国股权投资基金在有统计数据的几十年以来发展的速度相当之快，若不是 2007 年开始的次贷危机所引发的一系列的全球经济问题，股权投资基金行业的发展将与经济发展一并持续稳步前行。

二、股权投资基金的发展需要政府的动态管理

从英美两国的经验中可以得出，要使股权投资基金能够得到较好的发展，必然需要政府早期的引导过程。美国在 20 世纪 60 年代对股权投资基金提供了信贷方面的支持，为股权投资基金注入了宝贵的资金，从而加速了股权投资行业的腾飞；英国设立技术扶持机构，帮助中小企业进行技术研发，并且建立了一系列激励商业性的高校科研计划的措施，极大地优化了股权投资行业的发展环境。

在金融危机前，英美监管当局对股权投资基金都坚持以行业自律为主、政府监管为辅的管理模式，这在很大程度上带动了股权投资行业的繁荣发展，但是也放纵了股权投资行业的一些畸形发展，从而导致了高杠杆横行市场、风险蔓延以及行业的不公平竞争等问题。在金融危机之后，美英监管当局意识到股权投资基金这类非金融机构发展过度是加深此次金融危机的"凶手"，随即把对股权投资基金的监管提上了国会议程。2010 年，美国通过了《多德—弗兰克华尔街改革与消费者保护法案》，法案中明确要求加强对非银行金融机构的风险资本监管、杠杆限制、流动性要求以及信息披露方面的要求；而英国针对本国的股权投资基金问题，在例行检查、杠杆率以及股权投资市场信息滥用方面做出了严格的规定。这些都标志着股权投资基金"自由"发展的土壤的消失，全面监管的时代逐步开启。

　　然而，笔者认为被动的政府管理不适合股权投资行业，应该采取主动的动态管理模式。在股权投资基金刚刚起步之初，市场的力量可以把股权投资行业塑造成一个有活力的行业，但是由于股权投资行业是具有高风险高收益特点的行业，因此，在经济快速发展的时期会出现大量流动性注入股权投资行业，并且加大股权投资行业杠杆力度，此时政府如果继续实行引导性的政策，仍然由市场那只看不见的手来决定股权投资行业的走向，将会使得股权投资行业的风险越放越大，直至破灭，美国 21 世纪初的互联网风波引起的美国股权投资行业的崩塌就是一个很好的例子。因此，在由经济快速增长而导致股权投资行业不断扩大的情况下，政府一定要加大对股权投资行业的监管力度，由引导性的政策转向合理监管，控制整个行业的规模，以使股权投资行业的增长速度与经济发展步骤一致。在国际化程度不断加深的全球经济，对股权投资行业实行单纯的放任自由政策是完全不可取的，固定的政府监管模式也被证明是不合理的，而应该根据股权投资行业与经济发展情况进行动态监管调整，以达到股权投资行业对经济的促进作用，而又避免股权投资行业过度的发展。

三、股权投资基金的发展需要良好的外部环境支撑

　　从前文分析英美两国的私募股权投资基金发展与现状，笔者认为股权投资基金的发展需要良好的外部环境支撑，其中包括三个方面：一是较大的市场经济容量；二是强大的科技水平；三是多层次的资本市场。

　　较大的市场经济容量是股权投资基金发展的基础。它意味着两个方面：

一是市场经济环境；二是经济总量较大。美国和英国都是老牌的资本主义国家，强调以市场化的方式来发展经济，能够有效地调配经济资源，因此使得股权投资行业不受过多的非市场干预，导致无效率的经济活动。美国和英国作为世界上第一大和第五大经济体，有着庞大的经济总量，只有在一定的经济总量下，股权投资行业才能得到快速的发展。

强大的科技水平是股权投资行业发展的质量保证。股权投资行业偏爱于投资新兴产业，因为从事新兴产业的企业一般会受到政府的相关政策支持，并且符合股权投资基金对于高收益的要求。而新兴产业的发展主要依赖于一国的科技水平，因此科技水平的好坏直接决定股权投资行业的经营效益。美国和英国都是科技强国，他们每年在科研支出上的投入都非常大，并且有着一套完善的科研奖励评定制度，从而使得科研活动成了一项规范的工作流程。要想成为一个科技强国，还必须建立一个完善的知识产权制度。通过调查美国的股权投资基金从业者发现，完善的知识产权制度是美国股权投资基金快速发展的重要因素，完善的知识产权制度可以帮助建设一个公正、公平的有效市场，净化一国的经济环境。

多层次的资本市场是股权投资行业发展的可持续保证。多层次的资本市场丰富了股权投资基金的退出渠道，从而使得不同规模的股权投资都能有效地实现资本的退出，并且实现利润最大化。如果没有多层次的资本市场结构，股权投资基金所持有的股权的流动性将大幅下降，加大股权投资经济的风险。美国和英国都有着多层次的资本市场，促进股权投资行业的可持续发展。

第五章　股权投资基金在中国的发展

第一节　我国本土股权投资基金的发展历程及特点

一、我国本土股权投资基金的发展历程

股权基金行业起源于风险投资，在发展早期主要以中小企业的创业和扩张融资为主，因此在相当长的一段时间内成为股权投资的同义词。我国在 2005 年之前没有明晰的股权基金的概念，因此股权投资基金的发展主要表现为中国创业风险投资基金的发展；2005 年之后，伴随着股权分置改革工作的完成和资本市场的完善，我国股权投资基金逐步进入理性发展阶段。本章中以 VC 表示创业投资基金，以 PE 表示一般意义上的股权投资基金[①]。文章以 2005 年为界，2005 年之前主要分析创业投资基金（VC）的发展，2005年之后主要分析股权投资基金（PE）的发展。纵观股权投资基金的发展历程，本书将其分为起步阶段、第一次快速发展阶段、调整阶段、第二次高速发展阶段、后金融危机阶段。

1. 起步阶段（1985～1997 年）

股权基金在我国发展的早期形式，大多是创业类的投资基金，对于初创期的企业进行投资，实现股权的快速多倍增值。创业风险投资基金与我国科技制度改革进程是密切相关的。随着经济的发展，原有的科技发展体系已经不适合我国经济发展的要求，其科技与经济相互独立、缺乏科技成果转换机

---

① 朱奇峰：《中国私募股权基金理论、实践与前瞻》，清华大学出版社 2010 年版。

制和国家行政干预过多、科研机构缺乏主动性和积极性的弊端越来越明显。为了推进经济体制改革和促进科研成果的产业化，政府破冰发展本土股权投资基金。1985 年 3 月，中共中央发布《关于科学技术体制改革的决定》（简称《决定》），为我国风险投资基金的发展提供了依据和政策上的保证。《决定》为科技体制改革拉开了序幕。《决定》提出，科学技术要为经济建设服务，改革的指导思想是"科学技术面向经济建设，经济建设依靠科学技术"。1991 年，国务院在《国家高新技术产业开发区若干政策的暂行规定》（简称《规定》）中提出，"有关部门可以在高新技术开发区建立风险投资基金，由于风险较大的高新技术产业开发，条件成熟的高新技术开发区可以创办风险投资公司"。《规定》的出台，对鼓励更多社会力量参与到风险投资领域中来、促进科技成果的转化产生了积极作用。

在上述背景下，中国创业风险投资基金开始起步，其主要特征是政府高度重视并直接投资建立创业投资机构。1984 年，国家科委科技促进发展研究中心组织了"新的技术革命与我国的对策"的研究，提出了建立创业投资机制促进高新技术发展的建议。1985 年 3 月，中共中央发布《关于科学技术体制改革的决定》，指出"对于变化迅速、风险较大的高技术开发工作，可以设立创业投资给予支持"。1985 年 9 月，以国家科委（现科技部）和中国人民银行为依托，国务院正式批准成立了中国第一家风险投资机构——中国新技术创业投资公司，这家以支持高科技创业为主的创业风险投资公司，国家科委占 40% 的股份，财政部占 23% 的股份。1986 年，国家科委在《科学技术白皮书》中首次提出了发展中国创业风险投资实业的战略方针。此后，在政府的支持下，中国科招高新技术有限公司、广州技术创业公司、江苏高新技术风险投资公司等创业风险投资公司相继设立。

与此同时，以高新技术开发区为依托的创业风险投资机构也开始设立。1988 年 5 月，中国第一个国家级高新技术开发区——北京市新技术产业开发实验区成立，此后，各级地方政府相继成立了高新技术产业开发实验区，并在实验区内设立风险投资基金。

在这一阶段，除了创业风险投资基金在政府的支持下开始起步以外，其他形式的投资基金也开始萌芽，如 1987 年，中国银行和中国国家信托投资公司首先开展了基金投资业务；1989 年，香港新鸿基信托基金管理公司推出了新鸿基中华基金。

然而，政府的初步探索在 1994 年遭到了挫折。1992 年后，我国经济发展过热，股市、房市价格暴涨，投机盛行。随着通货膨胀的升温，1994 年下半年，中央暂停了一些不规范的交易事项，如外汇期货交易、国债期货交易，关闭了北京 STAQ、天津、武汉三个不规范的证券交易中心，资本市场陷入了低迷期。1994 年，创业投资公司总数增加到 26 家，但在 1995 年与 1996 年，全国范围内分别只有 1 家和 5 家创业投资公司设立。创业投资公司的发展开始变得缓慢。

同时，资本市场的过热促使政府的目光由扶持创业风险投资基金发展转移到改善创业风险投资的外部环境上来，政府开始尝试制定相应的政策和法规，以规范和引导资本市场的发展。1995 年，国务院批准颁布了《设立境外中国产业投资基金管理办法》，这是第一个关于中国产业投资基金的法律。1996 年，《中华人民共和国促进科技成果转化法》颁布实施，第一次把风险投资的政策写入法律。地方政府方面，北京市颁布了《北京市新技术产业开发区暂行条例》，明确了关于设立中外合资投资公司和银行建立贷款风险基金的有关规定。这些政策和法规的颁布，为风险投资的进一步发展提供了有利的政策和法律保障。

2. 第一次快速发展阶段（1998~2001 年上半年）

这一阶段股权投资快速发展的动力来自于国际和国内两个方面。从国际上看，20 世纪 90 年代末期，"第一门户网站"雅虎创造了一个全新的商业模式，轻易从股市套得大笔资金，从而引发了全球性的互联网投资热潮，美国大量高科技和互联网企业在创业风险投资基金的支持下，通过纳斯达克上市取得了巨大成功。天价回报极大地刺激了股权基金的发展，当时风险投资几乎成为股权基金的代名词。中国也不可避免地被卷入到这股浪潮之中，投资互联网的公司数量也不断上升，并构思推出创业板，以资本市场支撑科技创新的发展。从国内看，受 1997 年亚洲金融危机的影响，我国经济陷入了通缩的境地，国有企业亏损严重，国外需求减少，我国经济发展面临挑战。为了解决通货紧缩、刺激经济增长，政府开始重视资本市场财富效应对扩大消费需求的作用，拉开了长达两年的政府和资金推动型牛市。同时，政府为了促进科技成果转化、推动创新型国家建设，1998 年 3 月，在九届全国政协一次会议上，《关于尽快发展中国风险投资事业提案》被列为"一号提案"，引起高层机构的高度关注。

这样，在国际互联网投资热潮的带动下，在国内外牛市带来的财富效应的刺激下，在"一号提案"的鼓励下，我国股权投资基金进入了一个快速发展的阶段。1999 年 6 月，国务院为建立中小企业创新基金拨款 10 亿元人民币。1999 年 8 月，中共中央和国务院颁布《关于加强技术创新，发展高科技、实现产业化的决定》，强调要培育资本市场，逐步建立创业风险投资机制，发展创业风险投资公司和创业风险投资基金。1985 年全国只有 1 家创业风险投资公司——中国新技术创业投资公司；1992 年全国也只有 20 多家，管理的资本总额为 48.2 亿元人民币；1995 年有 27 家，管理的资本总额为 51.3 亿元人民币。受国内外因素的影响，创业风险投资机构自 1997 年开始快速增长。1997 年，创业风险投资公司达 51 家，管理资本总额为 101 亿元人民币；2000 年管理资本总额达到 512 亿元人民币，新募集资金 206 亿元人民币①。

虽然这个阶段的创业风险投资机构的数量和管理资本规模有了空前的增长，但是这种增长具有盲目性，隐含着巨大的系统风险。这个阶段成长起来的创业风险投资机构，很多是为了利用高科技的概念来上市圈钱。显然，这种没有产品市场作为基础，只求上市造富的行为是非理性的，结果是企业上市了，但也很快倒闭了。事后证明，美国纳斯达克的这轮上涨是"网络泡沫"，这种带有投机性的行为，不但没有促进科技成果转化，反而对高科技产业的发展产生了负面影响。另一方面，虽然我国的风险资本和风险投资机构增加，一些企业通过在纳斯达克上市获得了飞跃性的发展，如新浪、网易和 UT 斯达康，但是这些业绩的最大受益者却是外国的投资机构，因为当时本土的投资机构无论是在资本规模还是在投资技术上，都与国际资本相差甚远。

3. 调整阶段（2001 年下半年～2004 年）

2001 年下半年，美国互联网泡沫破灭，纳斯达克股票指数下跌 50% 以

---

① 王元、张晓原、梁桂：《中国创业风险投资发展报告 2010》，经济管理出版社 2010 年版。

上，一些没有盈利或者无法持续产生现金流的上市公司纷纷倒闭，并下市清算。我国香港和日本的创业板也几乎夭折。而我国主板市场也从 2001 年的 2100 多点开始迅速回落，最低时到了 1000 点。本土创业投资机构经历了一个优胜劣汰的过程，风险投资行业的投资理念和投资模式开始发生改变。我国政府意识到，在扩大资本市场规模和规范资本市场发展之间，首先应该规范资本市场。因此，政府放慢了推出创业板的步伐，转而解决国有股一股独大和国有股、法人股不能流通的问题。

在规范资本市场的过程中，资本市场陷入了长期低迷状态，中国风险投资业迅速降温，经历了第一个"寒冷的冬天"。这使得上一阶段利用高科技概念成立的、企图通过上市圈钱的许多创业风险投资机构陷入了困境。因为一些虽然有产品市场，但还未实现盈利或者还未具备盈利能力的中小创业企业，不能再通过资本市场获取资金以支持其发展，这使得大量风险投资机构无法收回投资，创业风险投资进入了痛苦的调整期。

表 5.1　中国创业风险投资机构的创业风险基金募集情况（2001~2010 年）

年份　　项目	2001	2002	2003	2004	2005	2006	2007	2008	2009	2010
投资项目数量	118	109	126	204	260	437	720	656	484	482
总投资金额（亿美元）	13.2	3.5	14.8	10.6	14.8	34.5	41.2	45.9	23	34.8
平均每项目投资金额（百万美元）	17.2	5.1	17.8	7.1	7.9	10.7	8.6	10.1	6.9	10.3

从表 5.1 可以看到，2002 年我国创业风险投资机构的项目数量、总投资金额以及平均每项目投资金额都出现了剧烈的负增长，其中，总投资额缩水了将近 3/4，平均每项目投资额也减少 2/3 还多。这一段时期，创业风险投资市场的特点是在震荡中发展，在试探性的调整中逐步恢复。经历了 2002 年的低迷，我国创业风险投资市场在 2003 年又急剧扩张，3 项指标均超过了 2001 年的水平。

到 2004 年，虽然总投资额和平均每项目投资金额比 2003 年有所下降，但是项目投资数量比 2003 年增加了 78 个，这说明创业风险投资机构开始活跃，但依然持谨慎的态度（投资总额和每项目平均金额较小），市场信心开始恢复。

4. 第二次快速发展阶段（2005～2007年）

在经过互联网泡沫破裂、股市震荡后，股权投资基金也进入了低迷期。经过了两年半的调整，一方面政府陆续出台了相关政策和法律，促进市场环境不断完善；另一方面，中国作为全球新兴市场的领跑者，经济的发展和活力与增长潜力对国际投资者的吸引力与日俱增，中国在全球股权投资市场的地位日益重要。这两方面的原因共同促使我国的资本市场走出低迷，迎来第2次快速发展。

中国证监会2005年4月29日发布了《关于上市公司股权分置改革试点有关问题的通知》，宣布启动股权分置改革试点工作。2005年11月21日，中小企业板50家公司全部完成股改，成为我国证券市场历史上第一个与国际市场接轨的全流通板块。随着股权分置改革工作的逐步完成，我国资本市场开始进入全流通的阶段，为新一轮牛市拉开了序幕。2005年10月27日第十届全国人大十八次会议通过、2006年1月1日开始实施的新修订的《公司法》和《中华人民共和国证券法》，为规范证券市场运行提供了基本的法律保障，是证券市场法制建设的里程碑。2007年6月1日，新修订的《中华人民共和国合伙企业法》正式实施，《合伙企业法》明确承认了股权投资的合伙人形式，对于规范股权投资的组织形式有总要意义。同时，它也解决了双重纳税的问题，使"两头在内"的人民币基金形式成为可能。2006年1月，党中央和国务院发布了《国家中国长期科学和技术发展规划发展纲要（2006－2020）》及其相关配套措施，对发展自主创新的创业风险投资和资本市场提出了明确的政策要求。我国政府已经意识到，中小型创新企业是技术创新的载体。在我国，中小企业提供了全国约66%的发明专利、74%以上的技术创新、82%以上的新产品开发，中小型创新企业成为技术创新的一支不可忽视的力量。但是，由于中小型创新企业面临较大的不确定性和信息不对称，对其直接投资的风险很大，社会资本不敢贸然对其进行自发投资；同时，商业银行业通常也把这类企业拒绝在贷款的门槛之外。为了提高我国的自主创新能力、实现创建创新型国家的战略目标，我国相应出台了多项政策，以解决这类企业的融资问题。2006年3月1日，由国家发展和改革委员会、科技部、财政部、商务部、税务总局、工商总局等十部委联合起草的

《创业投资企业管理暂行办法》（简称《办法》）推出实行，标志着中国风险投资制度的重大创新。《办法》规定，创业投资企业可以通过股权上市转让、股权协议转让、被投资企业回购等途径，实现投资退出。国家有关部门应当积极推进多层次资本市场体系建设，完善创业投资企业的投资退出机制。2007年2月，作为《办法》配套政策的《关于促进创业投资企业发展有关税收的通知》正式出台。根据规定，自2006年1月1日起，创业投资企业采取股权投资方式投资于未上市中小高新技术企业2年以上（含2年），符合条件者，可按其对中小高科技企业投资额的70%抵扣该创业投资企业的应纳税所得额。

在政府的引导、资本市场牛市推动和中国经济对国际投资者的吸引力不断增加的情况下，从2005年开始，我国股权投资市场新募集基金的数量和规模呈现出持续强劲增长的态势。2007年中国股权投资市场新募集基金58只，比2006年增长41.5%；新募集基金规模为84.31亿美元，比2006年增长89.8%。2007年新募集基金数量和规模大幅增长表明，中国股权市场日趋成熟，投资中国高成长企业的机会增多，创投基金和股权基金的投资者正在积极布局中国市场的投资战略。同期，中国股权投资机构的数量为298个，比2006年增加7.2%。自2005年开始，中国股权投资机构数量平均每年新增21个。2007年可投资于中国股权资本总量为280.23亿美元，比2006年增长39.8%。中国股权市场投资规模连续3年增长。2007年中国股权投资案例数量为415个，比2006年增长了14.6%；投资金额为35.89亿美元，比2006年增长64.5%。2007年中国股权市场平均单笔投资金额比2006年增长了43.4%，其主要原因有两个：一是在投资领域方面，连锁经营、传媒娱乐、能源和IT等行业平均单笔投资金额大幅增长，平均单笔投资金额均超过1000万美元。二是2007年全年的资本市场高涨，尤其是以科技概念、潜力概念的中小企业板的投资收益率大大提高：2007年中小企业板的平均市盈率为85.07倍，平均股价为31.35元，远高于沪市的59.24倍和深市的69.74倍。特别是中小企业板为境内创业风险投资的IPO提供了退出渠道。三是在投资阶段方面，PE和VC重点投资处于发展期和扩张期企业，其单笔投资金额远大于投资早期企业。

表 5.1　　　　　　　　中国股权基金的募集情况（2001～2010 年）

年 份 项 目	2001	2002	2003	2004	2005	2006	2007	2008	2009	2010
投资项目数量	17	19	25	40	55	116	233	229	212	286
总投资金额 （亿美元）	4.5	7.6	10.5	34.9	105.2	116.1	200.7	138.2	267.7	186.5
平均每项目资 金额（百万元）	32	34.2	55.3	116.5	223.3	120.9	101.4	74.2	151.3	88.6

虽然这一阶段的发展受到积极发展创业板的政策影响，一些机构和资金大规模介入创业风险投资业务。但是，在政府的引导和一系列法规的监督下，私募股权投资基金在这一阶段的大幅增长还是比较理性的。

5. 后金融危机阶段（2008 年至今）

由次贷危机引起的金融危机席卷全球，全球股市大幅缩水，我国也未能摆脱股市缩水的厄运，上证综指由 6000 多点一路狂跌到 1600 多点。但是从历史统计数据可以看出，尽管金融危机在 2008 年全面爆发，但股权投资基金市场并没有马上受到直接影响，而是在 2009 年上半年受到严重的冲击。我国的股权投资基金也遭受重创，遭遇了发展史上的第二个"严冬"。

为了稳定资本市场，政府在金融危机发生后采取了一系列支持性政策，来稳定和规范资本市场。2009 年 1 月，国务院办公厅发布《关于当前金融促进经济发展的若干意见》，要求出台股权投资基金管理办法，完善工商登记、机构投资者投资、证券登记和税收等相关政策，促进股权投资行业规范、健康发展。

2009 年中国经济形式明显趋好，中央及地方政府频出新政，创投环境日益改善，中国经济资本市场退出渠道重启。在中国经济高速发展、中国政府的政策性支持和深圳创业板的退出导致退出机制更加多元化的背景下，人民币基金发展势头良好。虽然与往年相比，2009 年新募集基金所需的时间普遍加长，并且有更多的基金遭弃，但是 2009 年我国仍成功募集 30 支可投资中国大陆的股权基金。尤其值得注意的是，长期处于弱势的本土人民币基金实现"华丽转身"，新募基金数和募资额双双超过美元基金首次主导市场。其中，鼎晖投资和中信产业投资基金旗下绵阳科技城产业投资基金的募资规模，都创下了人民币成长基金的历史新高①。

2009 年人民币基金在新募基金数量和募资金额上双双超过外币基金的原因主要来自三个方面：

第一，政府资金和国有企业的积极推动。2009 年大规模的政府资金和国有企业参与股权投资领域，例如张江生物医药产业基金、国投创新（北京）投资基金有限公司和国联昆吾九鼎（无锡）投资中心等大型规模的人民币基金的背后都有政府和国企的支持。

第二，国家逐步放开对券商、保险等金融和资产管理类机构在股权投资方面的政策限制，推动了境内人民币基金的募资热潮，使人民币基金无论在募资金额还是在基金规模方面都呈现爆炸式的增长。2009 年，券商直投试点准入门槛下调之后，券商直投的范围进一步扩大，已达 15 家，可投资于股权市场的资本总量已超过百亿元人民币。

第三，政府引导基金和产业投资基金的加速发展为人民币基金的募集起到了积极的促进作用，随着《科技型中小企业创业投资引导基金管理暂行办法》和《关于创业投资引导基金规范设立与运作的指导意见》等法律政策的出台，全国各地政府已纷纷设立引导基金和产业基金。可以预见，随着我国资本市场的发展和成熟，人民币基金的规模将不断发展壮大。

二、我国本土股权基金的特点

1. 募集基金数量、管理资本规模大幅增长

首先来看创业风险投资基金市场。2001 年，我国创业风险投资基金仅有 118 家，管理的资本额仅为 13.2 亿美元，但 2010 年我国创业风险投资基金已有 482 家，新增 364 家，增长率为 308%；资本管理金额增长了 21.6 万亿美元，增长率为 164%；与此相反的是平均每项目投资金额反而从 2001 年的 1720 万美元下降到 2010 年的 1030 万美元，出现这种局面，一方面是因为互联网泡沫破裂使投资者的行为更加理性，另一方面是由于 2008 年全球性的金融危机对我国资本市场的冲击。此外，国家的政策引导、法规约束也

---

① 王颖：《私募股权投资：现状、机遇与发展建议》，《理论探索》2010 年第 6 期。

起了不可替代的作用。

再看股权投资基金市场。2001 我国股权投资项目数量仅为 17 家，2010 年增长了 286 家，10 年期间新增 271 家，大约是 2001 年的 17 倍；总投资金额从 4.5 亿美元增长到 186.5 亿美元，增加了 182 亿美元，大约是 2001 年的 41 倍；平均每项目投资金额 2001 年是 3200 万美元，2010 年为 8860 万美元，是 2001 年的 2.8 倍。

综上所述，股权基金在调整中快速发展是我国股权基金在过去 10 年来的一个显著特点。

2. 本土基金发展迅速，但仍面临外资股权基金的残酷竞争

清科研究中心的有关数据显示，在 2001 年和 2002 年，中国的本土创投机构有 300 家左右，2005 年本土创投机构数量大约为 130 家。在此期间，外资创投的数量，每年都在 50 家左右，变化不大。但本土和外资创投机构掌管的资金额度差异却是很大，2005 年 130 家本土创投仅掌握 4.7 亿美元左右的资金，而 45 家外资创投机构却掌握了 114 亿美元的资金，是本土基金规模的 20 倍。

从投资额度看，中国每年的创投案例在 200 家左右。2005 年，本土创投投资了 83 家公司，外资投资了 126 家公司，投资家数倒了过来，外资投资的公司超过了本土创投公司。本土创投公司的投资额变化不大，仍为 1.6 亿美元，外资创投的投资额却已高达 7.3 亿美元，是本土创投投资额的近 5 倍。

2006 年以来，外资创投公司的绝对优势进一步得到加强。2006 年共有 40 只可投资中国大陆的股权基金设立，并募集了 142 亿美元的资金，2007 年第一季度，又有 17 只可投资于中国大陆地区的股权投资基金完成募集，募集资金 76 亿美元，第二季度有 15 只可投资于中国大陆地区的股权投资基金完成募集，募集资金 57.9 亿美元。

2010 年，创业投资方面，人民币为主要币种的中资基金投资案例数量为 507 起，投资总额为 21.37 亿美元，分别占比 63.1% 和 37.7%；股权投资方面，币种以人民币为主的中资基金投资案例为 237 起，投资总额为 80.51 亿美元，分别占比 63.3% 和 41.1%。可以看出，虽然中资基金投资案例数量超越外资基金，但在投资规模方面，外资投资仍占半数以上；虽

然本土基金投资案例在数量上占有较大优势，但单笔投资规模仍相对较小。我国的本土基金正在快速发展，但仍然面临着外资股权投资基金的残酷竞争。

3. 投资策略逐步合理化

（1）创业风险投资基金的投资策略特点。从投资行业来看，创业风险投资基金仍偏爱互联网行业。2010 年，创业风险投资基金共投资了互联网、制造业、医疗健康等 20 多个行业，其中互联网行业融资额最高，为 18.31 亿美元，占融资总额的 32%。从单笔投资额看，互联网行业的大额投资最多，出现了多起投资金额超过 5000 万美元的投资案例，并且以电子商务公司为主，如京东商城融资 5 亿美元、凡客诚品融资 1 亿美元等。

根据图 5.1 和图 5.2 可知，从投资阶段来看，2010 年我国创投市场仍以投资成长期的企业为主，达 512 起，占总投资项目的 63.7%，比 2009 年提高了 7 个百分点；投资早期阶段的企业也有了显著增加，比 2009 年增加了 1 倍，占总投资项目的 8.0%；投资扩张期企业、获利期企业的比重都有所下降，2010 年分别为 26.7% 和 1.6%。发展期及早期投资案例数量上升而扩张期、获利期投资占比相对下降，反映出创业投资市场的理性回归，投资者重新关注兼具高风险与高成长性的新兴企业；同时，由于中国创业投资及股权

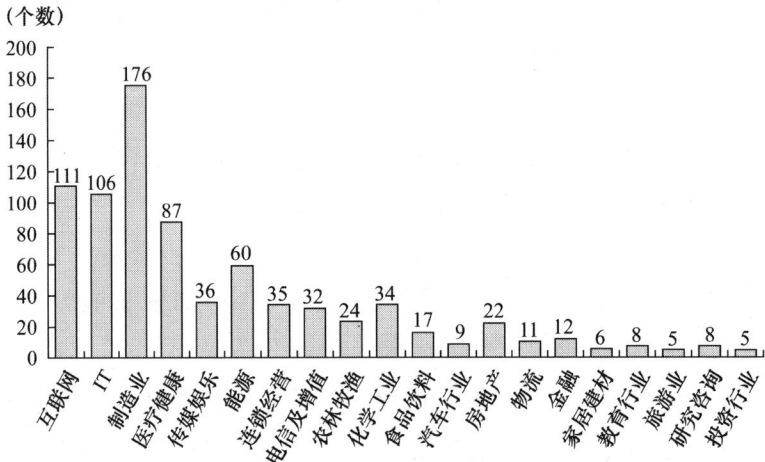

图 5.1   2010 年我国创投市场投资项目行业分布

资料来源：China Venture，《2010 年中国创业投资及私募股权投资市场募集统计分析报告》（http：//media. ifeng. Com/partner/2010/0128 - 4015 - 1529103 - 7. shtml）。

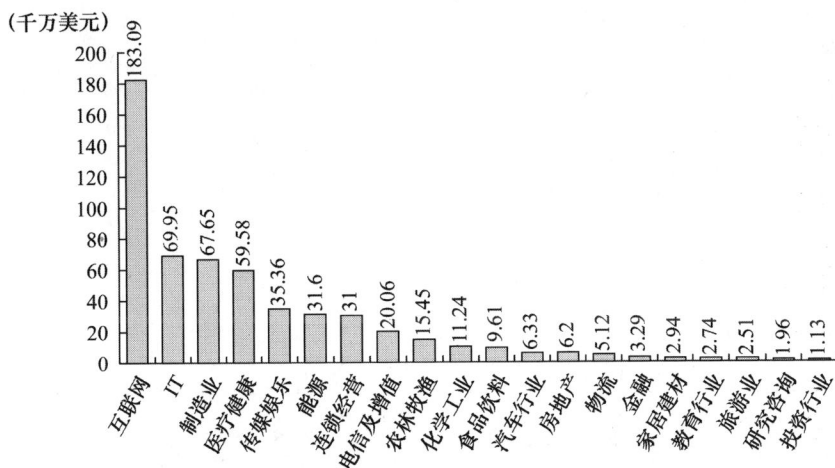

图 5.2　2010 年我国创投市场投资金额的行业分布情况

资料来源：China Venture，《2010 年中国创业投资及私募股权投资市场募集统计分析报告》（ht-tp：//media. ifeng. Com/partner/2010/0128 - 4015 - 1529103 - 7. shtml。）

投资市场的竞争趋于激烈，有更多机构投资偏向细分行业的早期企业，以寻求专业化优势。

（2）股权基金的投资策略。从投资行业来看，与创业风险投资不同，股权投资更关注传统行业。2010 年，股权投资案例最多的三个行业是制造业、能源和医疗健康，分别为 102 起、40 起和 33 起；而投资金额最多的行业是食品饮料行业，达 33.73 亿美元，占年度融资额的 17%（见图 5.4）。总的来说，传统行业依然是股权投资关注的重点，尤其是食品饮料、医疗健康等行业成为投资的热点，这种趋势也与境内外资本市场对这些行业企业的热捧相一致，显示出投资者对中国消费市场巨大潜力的良好预期。物流行业受到 PE 投资者关注，则主要源于政策引导：政府在出台物流产业振兴规划的同时，也为相关基础设施建设提供了良好的政策环境。金融业受到关注主要源于其稳定的盈利前景，此外，在众多大型金融机构实现上市之后，城商行、担保、融资租赁、高端理财等细分行业的领先企业也迎来新一轮上市潮，因此，股权投资机构具有较强的投资意愿。

根据图 5.3 和图 5.4 可知，从投资阶段来看，2010 年我国股权投资市场扩张期企业投资案例数量居首位，共 241 起，涉及投资金额 95.92 亿美元（见表 5.3），占比分别达 64.3% 和 48.9%；获利期企业投资 91 起，投资金

(个数)

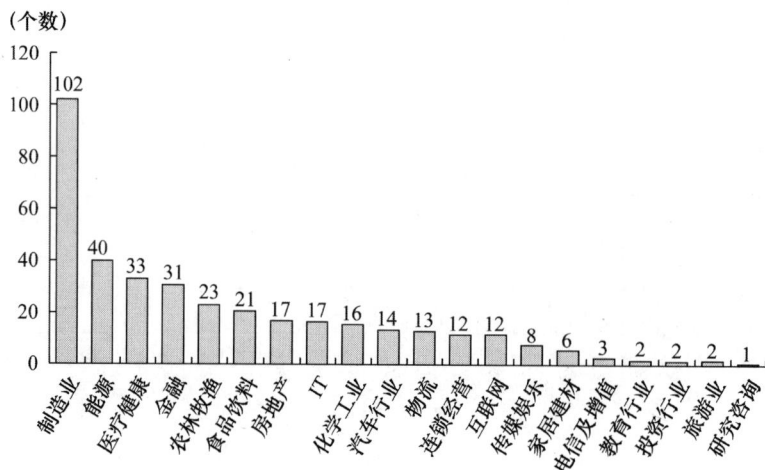

图 5.3 2010 年我国股权投资项目行业分布

资料来源：China Venture，《2010 年中国创业投资及私募股权投资市场募集统计分析报告》（ht-tp：//media. ifeng. Com/partner/2010/0128 - 4015 - 1529103 - 7. shtml）。

（千万美元）

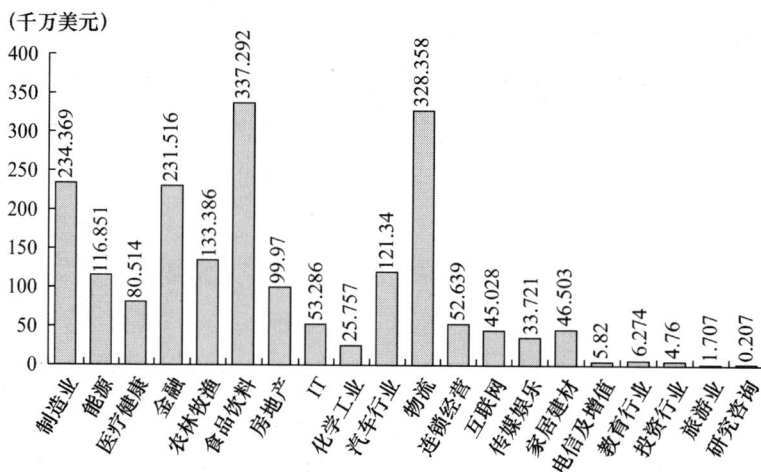

图 5.4 2010 年我国股权投资市场投资金额行业分布情况

资料来源：China Venture，《2010 年中国创业投资及私募股权投资市场募集统计分析报告》（http：//media. ifeng. Com/partner/2010/0128 - 4015 - 1529103 - 7. shtml）。

额 88.78 亿美元，分别占比 24.3% 和 45.3%。该分析结果也与 2010 年股权投资活跃的趋势相吻合，表明股权投资机构更倾向于投资盈利模式相对成熟的上市企业以规避风险。

表 5.3　　　　2010 年中国股权投资市场不同发展阶段企业投资规模

阶　　段	案例数量	投资金额（百万美元）	单笔投资金额（百万美元）
扩张期	241	9592.27	39.74
获利期	91	8877.67	97.17
发展期	37	576.19	15.65
早　　期	5	566.84	103.92
总　　计	375	19612.97	52.3

资料来源：China Venture，《2010 年中国创业投资及私募股权投资市场募集统计分析报告》（ht-tp：//media. ifeng. Com/partner/2010/0128 − 4015 − 1529103 − 7. shtml）。

4. 股权投资基金在政府的鼓励下发展

我国的股权投资基金是在政府的鼓励和支持下产生和发展的。在 20 世纪 80 年代中期，国家为了鼓励科学技术的发展、促进科学技术向生产力的转化，首先设立创业风险投资基金。2005 年之后，我国出现了严格意义上的私募股权投资基金。我国股权投资基金的发展与政府的支持政策密切相关，从《关于科学技术体制改革的决定》到《国家高新技术产业开发区若干政策的暂行规定》，从《设立境外中国产业投资基金管理办法》到《关于尽快发展中国风险投资事业提案》，从《关于加强技术创新，发展高科技、实现产业化的决定》到《公司法》、《证券法》的颁布，从《创业投资企业管理暂行办法》到《关于当前金融促进经济发展的若干意见》，我国政府不断根据经济发展形势和完善资本市场的要求调整政策法规，在调整中发展，在发展中调整，不断地为股权投资基金的发展营造适宜的环境。

特别是 2010 年以来，政府更加密切地关注资本市场的发展。2010 年 5 月 27 日，国务院批转了发展改革委《关于 2010 年深化经济体制改革重点工作意见》（以下简称《意见》）。在深化金融体制改革方面，《意见》要求"加快股权投资基金制度建设，出台股权投资基金管理办法，完善新兴产业创业投资管理机制。健全创业板市场相关制度，推进场外交易市场建设，推动形成相互补充、相互促进、协调发展的多层次资本市场体系"。2010 年 7 月 1 日，中国人民银行网站公布了《中国人民银行 银监会 证监会 保监会关于进一步做好中小企业金融服务工作的若干意见》（以下简称《金融意见》）。《金融意见》要求"完善中小企业股权融资机制，发挥资本市场支持中小企业融资发展的积极作用。鼓励以风险投资和股权基金形式设立创业投资企业，逐步建立以政府资金为引导、民间资本为主体的创业资本筹集机制和市场化的创业资本运作机制，完善创业投资退出机制，促进风险投资健康发展"。

总之，资本市场对于一个国家的经济发展具有举足轻重的意义。在政府的监管和扶持下不断规范和发展，是我国股权投资基金发展中的一个重要特点。

5. 投资机构多样化

近年来，一方面由于国际、国内股权投资基金良好业绩的推动，另一方面由于政府对股权投资基金的投资主体资格不断放宽，各类金融机构开始将眼光转向股权投资基金市场。

信托公司在资金信托计划的框架下，大举进入股权投资市场，信托在股权投资领域的争夺就更趋积极。除信托公司外，证券公司也在积极准备直接股权投资。高盛投资西部矿业取得了骄人的业绩，国内券商也在积极推动，希望能以子公司的形式，用自有资金进行直接股权投资。保险公司在《国务院关于保险业改革发展的若干意见》中，就取得了"开展保险资金投资不动产和创业投资企业试点"的资格。虽然目前保监会在此问题上还比较谨慎，但在法律上已没有限制。国开行则积极参与国家层面的股权投资基金，如中瑞合作基金、东盟—中国投资基金、中国—比利时直接股权投资基金；渤海产业投资基金，以及曼达林基金和中非发展基金等。

6. 地方政府积极参与股权投资市场

2007年1月，经国务院特别批准，主要投资于天津滨海新区和环渤海地区的渤海产业投资基金和渤海产业投资基金管理公司正式成立。渤海产业投资基金总额200亿元，首期募集60.8亿元。在渤海产业基金的示范效应下，各地政府的积极性被充分调动起来，纷纷设计了本地区的产业投资基金。2007年5月，包括广东核电基金、山西能源基金、上海金融基金和四川绵阳高科技基金在内的四家产业基金，成为国家发展和改革委员会产业基金的第二批试点。2010年8月25日，北京市海淀区政府出台了一系列优惠政策，对创业投资机构进行补贴，其中包括"新设立或新迁入海淀区且工商注册和税务登记在海淀区的股权投资企业，在正式开展股权投资业务并完成第一笔投资业务后，可申请一次性资金补助"。

三、我国本土股权投资基金的最新发展趋势

1. 股权投资基金将释放巨大的发展潜力

在过去的 35 年里，我国的股权投资基金不断发展和完善，但是和资本市场发达的国家相比，参照他们股权投资基金的发展历程，就会发现我国的股权投资基金还处在发展的初期。这一方面说明我国的股权投资基金乃至整个资本市场仍然有很长的路要走，另一方面也说明我国股权投资基金有很大的发展潜力和发展空间。这种结论并非空穴来风，而是由我国经济、资本市场发展的客观情况所决定的。

首先，我国经济处于快速发展的时期，企业特别是中小企业对资本有着强烈的渴求。在国际上，特别是在美国，企业融资主要来自三方面：一是股票市场，二是银行贷款，三是股权基金，三者份额大体相当。而在我国，每年企业融资的约 95% 来自银行贷款，不到 5% 来自股票市场，而来自投资基金的还不到 1%。这种不合理的融资机构不但阻碍了资本市场的发展，降低了整个资本市场的融资能力，更严重制约了一些有良好发展前景但缺乏资金的高科技企业的发展。长此以往，这种融资结构必将阻碍科学技术乃至整个社会经济的发展。因此，不论是政府还是企业等市场主体，都已经认识到这种局面必须发生改变：逐渐摆脱对银行系统的依赖，降低银行贷款在融资体系中的比重；促进大型高效企业通过上市融资；鼓励高科技企业以及一些中小企业通过股权投资基金融资是一个合理的选择。

其次，良好的宏观环境，为股权投资发展提供了有利条件。当前我国加快经济发展方式的转变以及低杠杆率的宏观环境给我国股权投资基金提供了良好的投资机会。特别是近年一些利好消息的出台，如 2010 年 4 月 28 日通过的《关于 2010 年深化经济体制改革重点工作的意见》提出，要加快股权投资基金制度建设，体现了政府层面对股权投资基金的支持。另外，《国务院关于鼓励和引导民间投资健康发展的若干意见》中指出，鼓励和引导民间投资发展，将拓展股权投资的来源。股权投资又被赋予新的使命，在加快经济发展方式的转变中，将流通领域的大量资金引入实体经济，把民间投资引向生产领域。

总之，发展股权投资基金是我国经济发展的客观需要带来的必然趋势。此外，发展股权投资基金，完善资本市场，也是与国际接轨、更好地参与全球和区域社会、经济生活的必然选择。因此，我国股权投资基金的发展潜力必将在不远的将来得到释放。

2. 地域化差异减小

2010 年，不管是创业风险投资还是股权投资基金，虽然东部沿海地区仍是主要的投资聚集地，但东部和西部的地域化差异都出现了减小的趋势。清科研究中心有关分析显示，从创业风险投资的地区分布来看，东部沿海地区仍是投资者主要关注的区域。投资项目数量方面，北京、上海和江苏位居前三，分别有 201 家、109 家和 61 家企业获得创业投资；投资金额方面，北京、上海和广东（除深圳）位居前三，投资总额分别为 24.23 亿美元、8.82 亿美元和 2.79 亿美元。其中，北京地区创业投资金额占全国总金额的 42.7%。中西部地区，黑龙江、广西、云南、甘肃、宁夏披露投资案例数量均超过 5 起，而青海及西藏仍未有案例披露。2010 年，湖北、湖南、江西、四川、重庆等中西部地区省份也越来越受到创投机构的关注，其中，湖北、湖南、江西无论在投资案例数量还是金额方面，均进入前 10。一方面，东部沿海地区股权投资市场激烈的竞争态势，迫使投资机构深入内陆地区寻找更好的投资机会；另一方面，中西部地区地方政府通过出台优惠政策、成立引导基金等方式吸引更多投资机构进行投资。可以预见，随着中国股权投资市场的成熟及政策的完善，东、西部地区创业投资市场的差距将逐渐缩小。

从股权投资基金的地域分布来看，投资机构的主要关注点仍集中在东部地区。从投资项目的数量看，北京、上海和江苏投资项目最多，分别有 64 家、35 家和 34 家企业获得 PE 投资；从投资金额看，投资金额最多的三个地区分别是北京、河南及山东，投资总额分别为 58.19 亿美元、29.22 亿美元和 17.04 亿美元。相比之下，中西部地区省份因其传统行业的优势，在吸引股权投资规模方面排名更高，前 10 名中有 4 个为中西部省份。而河南则主要凭借其境内双汇发展的投资交易占据投资金额第二名。未来，传统行业仍将是股权投资机构关注的重点，而中西部地区所具有的能源、资源优势对于股权投资机构而言具有很强的吸引力。目前，中西部地区政府部门正在加快推进本地区私募股权投资市场的发展，并引导越来越多的投资机构进入中西部，股权投资规模的地区差异今后将逐渐缩小。

3. 境内上市将成为主要退出渠道

在股权基金退出方面，与 2008 年受金融危机影响的低迷态势相比，2009 年的退出市场可谓活跃，共计有 80 起股权基金退出案例发生，较 2008 年全年增加了 56 起。IPO 退出仍是股权基金退出的主要方式，共有案例 71 起，接近 2008 年水平的 4 倍。其中来自深圳中小板、深圳创业板和香港主板的 IPO 有 56 起。得益于深圳创业板的推出以及《关于进一步改革和完善新股发行体制的指导意见》对中小投资者参与股市的信心大幅提振，整个大中华区股票市场行情看涨，回报潜力增加，IPO 退出重新活跃。

据清科中心数据显示，2010 年具有创业投资和股权投资（VC/PE）背景的中国企业境内 IPO 数量为 220 家，融资金额 373.74 亿美元，占年度 IPO 总量的 44.8% 和 35.0%。在 2010 年 IPO 的 VC/PE 背景中国企业中，152 家选择了境内上市，占比 69.1%，其中，创业板市场为 VC/PE 背景企业 IPO 提供了重要渠道，2010 年登陆创业板的 VC/PE 背景企业达 63 家。

4. 有限合伙方式将成为股权投资的主要组织方式

现在国内 80% 以上的股权投资机构采取公司制的组织形式，但公司制的股权投资机构存在双重征税问题，成为通向本土股权投资基金在发展道路上的主要障碍。

在美国，公司型是早期股权投资基金的主要组织形式，但是公司型股权投资机构由于具有法人地位，股东作为法人机构，在分红前需交纳企业所得税，然后在分红时还要缴纳个人所得税，所以双重征税是公司型股权投资基金的最大问题。现在美国 85% 以上的基金均采用有限合伙制的组织形式。《合伙企业法》明确规定，合伙企业不作为经济实体纳税，其净收益直接发放给投资者，由投资者作为收入自行纳税，合伙企业的生产经营所得和其他所得，由合伙人分别缴纳所得税。所以，在有限合伙制下的股权投资基金更具有避税和利润上的优势。

在经过金融危机的洗礼以后，一些优秀的股权基金留存下来，这些基金一般具有良好的组织和管理水平；随着我国资本市场的逐步开放，在基金管理和组织形式方面逐步与国际接轨，管理层已经意识到有限合伙制的优点，在不久的将来，有限合伙方式将会成为股权投资的主要组织方式。

第二节　外资股权投资基金在我国的发展历程及特点

一、外资股权投资基金在我国的发展历程

外资股权投资基金，简称外资 PE，是 20 世纪 90 年代初期，为了适应我国改革开放和培育资本市场的需要，作为外国投资的一种形式引入我国的，是我国金融资本市场上的舶来品。我国的外资 PE 分为两类，一类是资金来源于境外，另一种是资金主要在境内募集。前者的资金主要来源于外方投资者投资的外币资金或比照外汇管理的人民币境内收益，基金的表现币种有外币，也有人民币；后者的资金主要在中国境内募集，基金的表现币种主要为人民币。

改革开放 30 多年来，中国经济持续高速增长，GDP 年均增幅达到 9.8%。众多的企业为了在日益激烈的竞争环境中继续成长，一方面需要引进和注入更多资金，另一方面其巨大的增长潜力为外资 PE 提供了大量投资机会和高额投资回报，这深深吸引着境外股权基金。自 1993 年第一支外资创投基金进入中国市场以来，外资 PE 在我国经历了从无到有、主导中国股权投资市场以及近年和本土 PE 平分秋色的发展过程。细究其发展轨迹，我们把外资 PE 在中国的发展分为初步探索阶段、扩张阶段、波动中发展阶段和后危机发展阶段。

1. 初步探索阶段（1993～1999 年）

20 世纪 90 年代初，以美国为首的发达国家正迈向信息化和互联网时代，高新技术产业蓬勃发展，特别是美国 NSTAQ 创造的财富神话更刺激了全球的投资热情。当时的中国经济正处于新一轮经济增长的高峰期，政府鼓励科学技术发展以及科学技术转化为生产力的政策和 1992 年邓小平"南方谈话"，加快了对外开放，促进了中国向市场经济转轨的步伐。随着对股权投资业重视的不断加强，我国政府陆续出台了相应的法律法规，以规范和鼓励股权投资的发展。其中，1995 年 9 月 6 日国务院批准发布的《设立境外中国产业投资基金管理办法》（已废止）规范了境内机构在境外设立股权投资基金并转向回国操作的行为，同时也明确了外资 PE 的投资规则，如规定了外资 PE 在华的投资方向、投资领域和投资方式等，给外资 PE 清晰的操

作空间。《管理办法》的出台，对徘徊在国门之外的外资 PE 释放了一个明确的信号：中国股权投资市场逐步向外资 PE 打开了大门。

海外股权基金觉察到中国巨大的市场潜力和发展机会，纷至沓来，"投资中国"一度成为世界经济最流行的词语。1993 年 6 月，美国国际数据集团（IDG）下属的太平洋风险投资基金和上海市科学技术委员会，创立了中国第一家中美合资的风险投资公司——太平洋技术风险投资（中国）基金（PTV–China）。1993 年 11 月 20 日，太平洋风险投资基金与北京市优联科技发展公司共同创办了北京太平洋优联风险技术创业有限公司。同年，美国的安泰保险公司和中国银行合作，双方共同出资 4100 万美元成立"中安基金"（China Dynamic Growth Fund），委托汉鼎亚太管理。汉鼎亚太借管理合资基金的机会正式进入中国，与中安基金各管理公司一半股份。华平创投、霸菱投资亚洲、新加坡政府投资公司、华登国际投资等股权投资基金也在这一时期进入中国市场。其中，值得关注的是华登国际投资的经典案例。1997 年，作为亚太地区最大的股权投资基金之一的华登国际投资向四通利方投资，并在四通利方第二轮融资时进入新浪网，之后新浪网度过低谷期成功上市，市值达 15 亿美元。华登国际投资获得了极高的回报，这使得华登国际投资名声大振，也刺激了其他海外股权投资基金进入中国市场。

这个阶段，虽然我国的股权投资环境和制度环境不够成熟，且国内股权投资基金以政府出资为主，带有较强的行政色彩，但是海外投资基金还是进行了勇敢的尝试，并且不乏成功的案例。这一时期，外资 PE 在我国的投资范围主要集中在软件、通讯、IT 互联网等新兴领域，如上面提到华登国际投资新浪网，IDG 投资基金软件、搜房网等。外资 PE 起初的投资比较谨慎，投资项目金额多在几十万美元甚至十几万美元。总的来说，外资 PE 在进入中国之初是摸索着前进。

2. 扩张阶段（2000～2005 年）

欧美等发达国家经过了 10 年的快速发展，以通信、信息等新技术为代表的生产力得到释放，其对经济增长的刺激作用已经不再显著。进入 21 世纪以后，西方发达国家的经济增长陷入疲软，世界经济特别是欧美发达国家的经济状况不容乐观。美国的互联网泡沫破没，股市下挫，尤其在经历了"9.11"后，当年第三、四季度的 GDP 增长为负，美国经济进入衰退期。欧洲、日本遭遇债务危机，股市低迷，经济增长也进入下滑阶段。为此，美国为了刺激经济增长，连续降低利率，这造成了美元的流动性过剩和资产价格的攀升。资本的趋利性和流动性过剩，迫使海外股权投资机构寻求更好的投资机会。而与美、欧、日经济的不景气相比，我国经济在政府扩大内需、稳定的货币政策和积极财政政策的调控下仍保持了良好的发展势头，2001 年实现了 7.3% 的增长率，成为世纪之初全球经济的亮点。在政策法规方面，我国政府也不断根据市场的需要进行调整，及时出台相关法律法规，为股权投资基金发展创造条件。2001 年，《中华人民共和国信托法》颁布实施，以及之后的《公司法》、《证券法》、《合伙企业法》的修改，《外商投资创业投资企业管理规定》、《外商投资项目核准暂行管理办法》等相关行政法规的出台，从规则层面逐步消除了外资 PE 和其他各类股权投资基金设立和运作的法律障碍。其中 2003 年 1 月 30 日，科技部、外经贸部、税务总局、工商总局以及外管局五部委联合颁布的《外商投资项目核准暂行管理办法》，为中方投资者与国外投资者共同投资，并由外国基金管理专业人士管理投资提供了合法途径。此外，在资本市场建设方面，我国积极稳妥地推进金融业对外开放，完善证券市场制度和 IPO 发审及监管规则，积极推进股权分置改革，市场环境不断完善。总之，在西方发达国家经济低迷、流动性过剩的情况下，中国经济在形势良好、市场环境不断完善的双重作用下，外资 PE 将我国视为 PE 的新增长点，在我国迅速扩张。

在这一阶段，外资 PE 无论是募集、投资，还是退出、管理方面，成为我国股权投资市场上的主导力量。2002 年风险投资 50 强投资总量的统计中，本土风险投资商投资金额为 1.28 亿美元，仅占全部投资的 32.7%。2005 年，50 家外资创投机构掌握了 114 亿美元资金，而本土创投机构数目虽然多达 130 家，却仅掌握 4.7 亿美元资金，仅为外资创投基金规模的 1/12；同年，外资创投基金投资了 126 家企业，投资额高达 7.3 亿美元，而本土创投仅投资了 83 家企业，投资总额仅为 1.6 亿美元，是外资创投投资额的 1/5。2006 年，外资 PE 的投资金额占市场总额的 74.2%，本土机构则仅为 18.3%，其余为中外联合投资[①]。我国股权投资市场上从中资主导逐步到外

---

① 中金在线网站（http://history.cnfol.com/121210/122, 1330, 105883, 00. shtml, 2002.12.10）。

资主导，这在很大程度上说明了外资 PE 的扩张势头。

外资 PE 的扩张不仅表现在管理资本和投资金额上，还表现在投资行业和投资地区的扩大、投资阶段的延伸。投资行业方面，外资 PE 刚进入中国市场时，投资领域集中在 IT 互联网和通信领域。随着对境内投资环境了解的加深和我国投资行业的开放，外资 PE 在扩张期逐渐进入了金融、地产、传媒、生物技术、新能源、食品等多个行业。投资地区方面，外资 PE 投资地区不再局限于北京、上海等大城市，而是伸展到全国各地，包括四川、山西、新疆等西部内陆地区。据北京市道可特律师事务所、道可特投资管理（北京）有限公司研究分析，投资阶段，外资 PE 在初步探索阶段偏向于投资那些处于早期阶段的企业，几乎只从事创业风险投资；进入扩张阶段以后，不少外资 PE 开始投资内地产业化成功后的企业，尝试产业并购。2004年以来，外资 PE 新桥集团收购深发展股权，美国华平联合香港中信资本控股哈药集团，高盛并购双汇、雨润，KKR 投资平安、蒙牛、南孚，淡马锡购入建行、中行、民生银行的股权等，这些外资 PE 在中国股权投资市场四面出击，无论是投资额还是投资项目数量、投资行业还是投资地区，都实现了战略扩张。

此外，红筹模式在这一阶段成为外资 PE 在我国股权投资市场的主流运作模式。

3. 调控阶段（2006～2009 年）

外资 PE 经过了 5 年的蓬勃发展之后，在中国股权投资市场上占据了主导地位，到 2006 年，外资在中国的并购占其在华直接投资的比例为 63.6%。外资 PE 在中国资本市场上风生水起，分享了中国经济高速增长的成果，同时也让中国认识到了危机。从 2006 年开始，政府各部门开始频繁颁布政策法规，以加大对外资 PE 的监管力度。从 2006 年 6 月 30 日颁布的《外国投资者对上市公司战略投资管理办法》到 2006 年 9 月 8 日的《关于外国投资者并购境内企业的规定》（10 号文），从 2007 年 12 月 1 日的《外商投资产业指导目录》到之后的《国家外汇管理局关于境内居民通过境外特殊目的公司境外融资及返程投资外汇管理有关问题的通知》（106 号文），我国政府从外汇兑换、审批、行业准入等方面对外资 PE 的扩张进行了控制。

除了国家政策方面的原因之外，国际金融危机和我国本土 PE 的崛起也是这一阶段外资 PE 发展受阻的因素。2008 年，由美国次贷危机引起的金融危机席卷全球，金融危机提高了通货膨胀率，政府的货币紧缩政策使外资 PE 的资金募集出现困难。在金融危机的打击下，一些外资 PE 原有的或潜在的投资人也遭受重创，而已经募集的外资 PE，其后续资金也出现了募集困难，这直接导致外资 PE 在我国投资的萎缩。一方面，外资 PE 的萎缩为本土 PE 的发展提供了机会；另一方面，处于经济安全的考虑，政府鼓励国内资本扶持实习产业，并开始了对投资基金产业自上而下地推广。2006 年底，中国第一支以人民币募集的产业投资基金——渤海产业基金获准成立；2007 年，第二批 5 只总规模 560 亿元人民币的产业基金筹备成立，有"主权基金"之称的"中国投资有限责任公司"成立。本土 PE 的崛起改变了外资 PE "一枝独秀"的局面，其带来的竞争也对外资 PE 的发展起到了控制作用。

总之，在政策监管、金融危机和本土 PE 崛起三方面的作用下，外资 PE 在中国的扩张受到了遏制。"10 号文"颁布以后，外资对境内企业并购的成功案例寥寥无几。凯雷对徐工机械、重庆商业银行、山东海化集团的并购失败，KKR 对济南锅炉并购的失败，可以说明外资 PE 在这一阶段受到的阻力。清科研究机构的统计数据表明，2006～2009 年，外资创投和股权投资的境内符合增长率为 - 28.2%。2009 年，我国本土 PE 在投资项目数量和总投资金额两个方面都超过了外资 PE。

4. 后危机阶段（2009 年至今）

金融危机造成的外资 PE 海外募资困难和中国监管部门对外资掌控和监管的加强，使外资 PE 的资金来源不足和海外退出渠道收窄，外资 PE 不得不进行战略转型，以改变这种内外交困的局面。

随着我国经济形势的好转以及境内退出环境的改善，外资 PE 对设立人民币基金产生了浓厚的兴趣。清科统计数据显示，2009 年新募集的 94 只基金中有 84 只人民币基金，占比达到 89.4%，较 2008 年的 75.9 增加了 13.5 个百分点。募集资金额方面，人民币基金募资金额为 35.67 亿美元，占总数的 60.9%，较 2008 年的 32.0% 增加了 28.9 个百分点。2009 年末国务院常务会议召开，会上提出要清理审批事项、缩小审批范围、简化外资资本金结汇手续等，对外资 PE 的管制有所松动。2010 年 1 月，北京市金融工作局域凯雷投资集团签署谅解备忘录；黑石与上海大型国企的合作也成功募集到50 亿元的人民币基金。外币基金方面，受金融危机和政策监管方面的影响，可投资于中国大陆地区的外币基金募集放缓。2010 年上半年共有 6 只外币基金募资完成，但是由于 2010 年第二季度黑石 VI 基金完成募集，外币基金在规模方面再次超过了人民币基金。

2009 年以来，外资 PE 改变了扩张时期大手笔的投资并购策略，尤其在凯雷等对一些大型国有企业股权并购失败后，外资 PE 更多地转向了政策阻力较小的民营企业，行业方面则选择消费品、新材料新能源、健康产业等关注度不高的行业。此外，随着国内推出环境的改善，外资 PE 开始尝试本土退出，逐步放弃其两头在外的红筹模式。

二、我国发展外资股权投资基金的特点

1. 外资 PE 管理的资本总量占绝对优势

投资中国的海外股权投资机构大多是在本国市场已经成长成熟的企业，有稳定的资金来源和充足的可以运作的资金，因此，从它进入中国市场开始，其管理和投资的资本总额就比中国本土创业投资和股权投资机构有绝对优势。在外资 PE 进入中国市场的初期，虽然投资的项目数量比本土 PE 少，但是其管理资本总额和平均每项目投资额都远大于本土创投和本土 PE。在进入扩张阶段之后，这种优势更加明显，根据清科研究中心的统计数据，2007 年活跃在中国的股权投资机构共管理者 213.24 亿美元，其中外资 PE管理的资本总额为 145.55 亿美元，占总额的 68.3%；本土 PE 管理的资本总额为 59.96，占总额的 28.1%。

2009 年，虽然本土 PE 的总投资额超过了外资 PE，但是境内股权投资机构所管理的资本总量和海外的股权投资机构仍存在很大的差距，这主要是因为本土 PE 处在发展的初期，股权投资机构在资本募集和组织管理方面都不够成熟，很难出现能与外资股权投资机构相媲美的股权投资机构。

2. 发展形势与政府政策密切相关

外资 PE 在中国的发展势头是否强劲，往往与政府的态度密切相关。回顾外资 PE 的发展可以发现，每当政府放松监管时，外资 PE 就会快速增长；当政府加强监管时，外资 PE 的发展势头就会减弱。

在外资 PE 进入中国市场的初期，一方面政府对资本市场的控制较严格，而另一方面政府又鼓励引进外资，在这样的背景下，外资 PE 在摸索中前进，取得了初步的发展。而 21 世纪初期，中国政府鼓励股权投资基金发展的态度更加明显，并且随着法律、市场环境的改善，外资 PE 在中国市场如鱼得水，成为我国股权投资市场的主导，并将这种局面保持了将近 10 年。21 世纪后期，考虑到外资 PE 主导中国市场会带来经济安全隐患，中国政府先后出台了一系列文件，来控制外资 PE 的发展，在这种政策风向下，外资 PE 甚至出现了负增长。2010 年以后，中国政府的政策有所缓和，外资 PE 又迎来发展的春天，仅 2010 年上半年，其投资额就重新超过了本土 PE。

三、外资股权投资基金在我国的最新发展趋势

受 2008 年金融危机的影响，在国家政策、经济形势等因素的综合作用下，我国的资本市场经历了短期震荡后率先回暖。我国的股权投资基金迎来了一个新的发展阶段，身在其中的外资股权投资基金也在发展中出现了一些新的特点。

1. 外资 PE 纷纷试水人民币基金

随着人民币基金退出渠道的开放和完善，以及人民币基金较外资股权投资基金显著的"短、平、快"特点，吸引了众多外资股权投资基金设立人民币基金。2010 年 1 月 12 日，北京市金融工作局与股权基金公司凯雷投资集团正式签署设立人民币基金事宜谅解备忘录。根据备忘录，凯雷将在北京设立人民币基金，对较大的成长型企业进行投资。这也是凯雷集团在华的首个人民币 PE 基金，其规模为 50 亿元。2011 年 4 月 15 日，黑石宣布完成人民币基金（the Shanghai Blackstone Equity Investment Partnership）的首轮募集。该基金受到政府机构、国有企业和一些国内大型企业的支持，目标规模为 50 亿元，投资阶段主要是 PE – Growth。

外资 PE 设立人民币基金的步伐才刚刚起步，在可以预见的未来，会有更多的外资 PE 设立人民币基金。毕竟，它们谁也不愿错过机会，都想从蓬勃发展的中国经济中"分一杯羹"。

2. 外资 PE 主动谋求合作

外资 PE 在中国发展的扩张阶段，主要是本土 PE 向外资 PE 寻求合作，学习它们的先进经验。但是在后危机阶段，双方的合作更多的是基于平等地位而进行的，甚至有些外资 PE 开始主动谋求与本土 PE 的合作。

外资 PE 首先在北京、上海、天津开展了合作攻势，其合作对象主要以政府产业引导基金、社保基金、保险公司以及定向民间资本为主，目的是通过支持本地金融服务和 PE 产业的发展，来获取政府和产业的支持。当然，其中的经济利益也是稳定可观的。

第三节　外资股权投资基金对我国经济形成冲击

一、外资股权投资基金在我国的投资布局

1. 互联网、IT 业独占鳌头

信息技术革命把世界连通起来，给人们的生活带来了翻天覆地的变化。中国的互联网、IT 行业在这场革命中经历了从无到有、从小到大的发展和变化，目前，中国已经成为网民最多的国家。早在 20 世纪末，外资 PE 就看到了中国互联网及 IT 技术巨大的发展空间和市场潜力，先后有华登牵头高盛、软体银行、新加坡经济发展局入资新浪，软银投资阿里巴巴，IDG 投资并引导百度、腾讯、搜狐上市的案例。放眼我国互联网和 IT 行业，处处都有外资 PE 的影子。

表 5.4　　　　　　　　　　外资 PE 在互联网、IT 投资案例

企　业	主要投资方	国家
新　浪	华登、高盛	美国
百　度	IDG	美国
腾　讯	IDG、盈科数码	美国、中国香港
阿里巴巴	软银	日本
人人网	DCM、General Atlantic、Accel Partners、联想投资、软银等机构投资	中国、美国、日本等

2. 外资 PE 依然青睐制造业

不管是外资 PE 还是本土 PE，一直都对制造业青睐有加，从 2009 年的情况看，募资金额仅机械制造业就位居第一。从历史看，外资 PE 投资制造业的案例也屡见不鲜，当然，资金规模也颇为可观。2005 年初，摩根士丹

利和鼎晖以 5000 万美元认购上海永乐家用电器的股权；2006 年 1 月，PAG 以 1.25 亿美元的总价买下中国童车之王"好孩子"，取得了控制权；2006 年，华平认购了国美电器发行的 1.25 亿美元可转换债权及 2500 万美元认股权证，成为国美的第二大股东；2007 年 3 月，凯雷旗下的亚洲投资基金 Ⅱ 以 8000 万美元收购诚德钢管有限公司的股权 49% 的控股权。

3. 外资 PE "大手笔" 注资房地产业

继 2010 年 4 月份的"新国十条"和 9 月底的"国五条"实施后，为了稳定房价，国务院又发起了第三轮楼市调控——2011 年 1 月 26 日，国务院公布八条楼市调控政策，包括范围明确的"限购令"。受此轮严厉的调控政策的影响，中国的楼市成交量减少，价格涨幅收紧，部分地区的房价出现松动。

然而，与楼市的"冷清"形成鲜明对比的是，外资 PE 对中国房市的兴趣依然浓厚，他们加紧布局房地产行业。2010 年 9 月，美国私募股权黑石集团宣布联手香港鹰君集团共同开发大连高端酒店和住宅项目；新加坡淡马锡控股公司旗下的房地产巨头丰树集团则计划在投资上海、北京、广州、西安等项目的基础上，未来 6~12 个月推出专注于中国地产项目的基金，基金规模为 5 亿~10 亿美元。经不完全统计，包括高盛、摩根斯坦利、瑞银、美林、麦格理、华平投资、凯雷投资、亚洲软银等在内的众多国际投资公司，都以不同的形式进入了中国房地产行业。根据中国商务部 2010 年 12 月 16 日公布的数据，2010 年 1~10 月，累计实际使用外资 820 亿美元，同比增长 15.7%；其中，截至 2010 年 10 月，房地产领域 FDI（外商直接投资）快速增长 48.04%，增幅高出总体增幅达到 32 个百分点[①]。

其实，早在 2001 年和 2002 年，很多外资 PE 就进入了中国华东市场，但是，现在有更多的国际巨头进来了。对于外资 PE 而言，在人民币升值的大背景下，其注资中国房市，既可分享人民币升值带来的资产增值，又可获得丰厚的投资回报。太平洋中国地产基金的财务报表显示，从 2007 年底其成立至 2009 年底，其净资产增值幅度为 30%；而黑石 2010 年的二季报显示，其中国的房地产投资组合价值增长了 19%[②]。

---

① 商务部网站（http://www.mofcom.gov.cn）。
② 张莫、王涛：《外资巨头不惧中国调控，正加快布局中国楼市》，《经济参考报》2010 年 9 月期。

4. 外资 PE 大肆进军中国农业和食品业

广义的农业包括种植业、林业、牧业、渔业和副业。农业是第一产业，是支撑国民经济建设与发展的基础。随着科技和装备的发展，我国农业发展抵抗风险的能力得到提高，这给 PE 注资农业增加了信心，而另一方面我国农业处在转型期，促进农业规模化、现代化需要大量资本的支持。作为农业的下游产品，食品业在 1999～2008 年的十年间也得到了蓬勃的发展——中国食品业年均增长达到 20%，是 GDP 增速的两倍。目前，食品业在整个中国工业产值中的占比达到 8%～10%，解决了 7%～8% 的就业，仅次于纺织业。加上对相关产业的带动，为农民增收等效应，国家对此设立了很多支持的专项政策。外资 PE 把握政策风向，大肆进军中国的农业和食品业。

2008 年，高盛陆续斥资 2 亿～3 亿美元，全资收购了湖南、福建、浙江等地十余家专业的养猪场；2010 年 6 月，凯雷投资集团将在中渔集团的非公开发行交易中认购 1.135 亿股新股，凯雷还将认购 2670 万份认股权证，在完成行使所有认股权证后，凯雷投资集团的持股量将占中渔集团扩大后总股本的 13.6%；最近一年，凯雷增加了在农、林、牧、渔和食品行业的投资，包括广东雅士利集团、中国农业化肥公司艾瑞特克、中渔集团、正大集团等，其中后两个企业分别为 2010 年 6 月和 7 月投资，这些行业正是《外商投资产业指导目录（2007 年修订）》中首要鼓励外商投资的产业。此外，还有高盛收购雨润、并购双汇，黑石牵头 6 亿美元投资山东寿光等。

可以看到，外资 PE 应中国政策风向而动，看准了农业和食品业的发展潜力，众多国际投资巨头纷纷收购或注资农业和食品业的企业，以期分享中国农业和食品业的发展成果。

5. 医药保健行业成为外资 PE 追逐的新焦点

2005 年卫生部制定的《医院体制改革指导意见》中指出："国有资本将逐步退出公立医院。在政府所属医疗机构中，国有资产的持股权不低于51%"。这就意味着医疗体制改革明确地开始医院产权改革阶段，更多的社会资本将被允许进入公立医院。2010 年 12 月 3 日出台的《关于进一步鼓励和引导社会资本举办医疗机构意见通知》（58 号文）明确指出："支持社会资本举办营利性医疗机构，鼓励有资质人员依法开办个体诊所。"与此同时，以 8500 亿新医改方案为契机，VC 和 PE 在医疗服务行业的投资力度也逐渐加大。外资 PE 抓住中国发展医药、医疗保健行业的机会,自 2009 年起大举进军中国医疗保健行业,掀起了医疗保健业投资的高潮,表 5.5 为 2010 年外资 PE 投资医疗保健企业的大额案例。

表 5.5　　　　　　　　2010 年外资 PE 投资医疗行业案例

企 业	投资金额	投资机构	投资时间
新元素医疗	8000（百万元）	N/A	2010 年 9 月
步长制药	8000（百万美元）	摩根士丹利	2010 年 10 月
九派制药	5000（百万元）	英飞尼迪	2010 年 10 月
康采恩医药	6960（万美元）	One Equity Partners	2010 年 12 月
医疗国际	2500（万美元）	N/A	2010 年 12 月

二、外资股权投资基金冲击我国经济安全

股权投资基金包括投资于种子期和成长期项目的创业投资基金 (Venture Capital Fund)、投资于企业扩展期的直接投资基金 (Direct Investment Fund)、收购成熟企业的收购基金 (Buyout Fund)、投资过渡期企业的过桥或上市前企业的夹层投资基金 (Mezzanine Fund)。其中,对我国经济安全冲击最大的是外国收购基金。近年来,活跃在中国市场上的外资收购基金主要有华平、凯雷、高盛、摩根士丹利等。外资 PE 并购我国企业的案例仍频繁发生,某些产业甚至被外资 PE 控制形成垄断的局面,这对我国经济安全形成挑战,主要表现在以下方面。

1. 追求短期效益,不利于企业长远发展

外资 PE 作为金融资本,除具有一般资本追逐利润最大化的特点外,还具有惰性和自私性——它不会具体介入任何一个产业的具体利润,而是依靠产业经理人,实现盈利空间;并且只会为己牟利,单纯追求收益,而不考虑其他因素。这使得外资股权基金可能会激励企业去冲短期成绩,通过对目标企业的管理层进行激励等手段(摩根士丹利、鼎辉、英联对蒙牛的投资就是如此),试图在短期内美化所投资企业的财务报表,从而尽快以上市、回购、转让、第三者并购等方式收回投资,这样直接的后果就是中国企业成为国际资本到股市圈钱的工具。对引资企业而言,可能有两种结局:一是实现引资

目标，使企业获得飞跃式发展；二是对企业造成拔苗助长的效果，与引资初衷南辕北辙。无论那种情况，股权资本也都能大幅获利退出，而对于被投资的中国企业而言，一旦出现第一种情况，其损失将是致命的。如摩根士丹利、鼎晖投资永乐电器，由于不能完成所谓的"对赌协议"，永乐电器最后被国美并购，而摩根士丹利从两案中分别获得550%和262%的超额回报。

2. 股权频繁变动，不利于局部经济稳定

外资并购基金不可能对企业的成长感兴趣，他们会为了自己的利益或根据自己的需要频繁变动股权，给企业和地方经济发展带来很大的不稳定因素。南孚曾是中国第一、世界第五大碱性电池生产商，占领了大半个中国市场。1999年9月，南平市政府要搞"产权改革"，与中国国际金融公司挂钩。该公司下属鼎晖公司联合荷兰国家投行投资100多万美元、摩根士丹利投资400万美元、新加坡政府投资公司1000万美元，与中方各股东在香港组建"中国电池"，四家外资股东共占49%股份，中方股东将南孚69%股份作为出资，占中国电池51%股份。"中国电池"对南孚绝对控股。1999年，华润百孚炒金巨亏，将其持有的"中国电池"的8.25%股份出让，并将另外20%股份转让给基地总公司的另一子公司。2001年，该子公司将此20%股份以7800万美元转让给富邦控股，富邦控股又以1500万美元转让给摩根士丹利。2002年，南孚在香港上市搁浅，南平市政府将持有的"中国电池"股权以1000万美元转让给外资股东。数轮转让之后，摩根、鼎晖、新加坡投资等外资股权投资机构以4200万美元的代价拥有了南孚72%的股权。外资PE将"中国电池"在海外上市大赚一笔的愿望迟迟未能实现。2003年，各外资股东以1亿美元的价格，将所持"中国电池"72%股份出售给美国吉列①，净赚5800万美元抽身而退。此时南孚在拓展海外业务，被吉列控制后即退出海外市场，一半生产能力被闲置，从此，曾纵横中国电池市场的南孚黯然隐退。

3. 境内资产转移，可能造成国有资产的流失

在红筹上市和境内企业MBO模式中，境外注册的壳公司是融资平台和直接的收购主体。离岸公司由于无须进行信息披露等特点，很容易成为机构

---

① 吉列的金霸王电池进入中国市场10年，市场占有率不及南孚的10%。

投资者以及国内企业利用其进行外资并购、规避我国法律的工具。具体而言，要符合海外资本市场的上市条件，就必须把境内企业的优质资产以并购的方式注入该壳公司内。无论采取何种支付手段，都需要对境内企业的资产进行评估。但由于设立该境外壳公司的多数就是境内企业的企业主（民营企业）或管理层（国有企业管理层收购）和境外股权基金，这就造成并购双方的谈判主体的同一化，资产评估的价格之低可想而知。此做法的弊处有三点：第一，如果不能证明离岸公司的最终控制者系境内居民或机构，那么中国就有丧失对这些资产的管辖权、引发投资争议的风险；第二，此途径作为管理层收购的实现方式，由于管理层涉嫌自买自卖，势必造成国有资产的流失；第三，作为民企境外间接融资渠道，虽然能够解决企业资金瓶颈问题，但使得境内企业摇身一变成为外商投资企业，虽然主要资产还在境内，但其总部设在离岸金融中心，公司高管往往在境外有永久居留权，公司的所有权、控制权都已转移境外①。

三、进一步引导和监管外资股权投资基金

经济全球化、一体化是一个不可避免的发展趋势，我国加入 WTO 之后，与国外的经济交流和合作越来越密切，金融业也不可避免地将在国际竞争与合作中发展。近年来，外资 PE 不断进入中国市场，虽然给中国的企业发展和经济安全带来了冲击和挑战，但是也不能否认，外资 PE 的进入刺激了中国本土 PE 乃至整个资本市场的发展和完善，其先进的管理理念值得我国本土 PE 借鉴；外资 PE 的到来，也在一定程度上缓解了我国民营企业资金短缺的情况。因此，对待外资 PE，我们不能一味地肯定，也不能盲目地否定，而是应该不断地对其进行引导和规范，减少它的负面影响，使它更好地发挥融资的作用。

1. 完善外资并购的政策法规体系

大多数国家对于外国资本进入，特别是外资 PE 并购国内的重要或者敏感产业的企业都有所控制——采取反垄断法，或者制定特别法规。如日本，对认定涉及国家安全的外资并购，设立专门的并购审批机构进行审查。对于

---

①　艾小乐：《论外资并购与中国本土私募股权投资的发展》，《特区经济》2008 年 3 月。

造成实质性垄断和损害的外资并购，必须采取多种方式禁止或限制外资进入，任何一个主权国家都不会允许垄断本国市场、影响产业安全乃至国家安全的外资并购活动发生[①]。

随着我国经济的发展和对外开放的不断扩大，并购逐渐成为外资 PE 尤其是外资 PE 大鳄在中国市场投资、获利的重要方式，消极地抵制、排斥外资 PE 并购是错误的，也是不现实的，而单纯依靠行政手段更是力不从心（这也与发展和完善资本市场、解决我国民营企业融资问题的目的不符，甚至会损害外资 PE 对中国投资环境的信心并落下政府干预正常市场竞争的口实）。为此，要尽快制定和完善旨在规范外资 PE 并购行为的法律法规，使得对外资 PE 并购投资的管理和监督建立在法制化、规范化和透明化的基础上。此外，鉴于并购投资有别于"绿地投资"的特点，建议对我国现有《反垄断法》、《外商投资产业指导目录》和《关于外国投资者并购境内企业的规定》等法规政策进行必要的补充和完善，有关部门应出台指导外资并购投资的产业目录，重点对电网、石油石化、电信、煤炭、民航、航运、金融业和重大装备制造业等关系国家安全和国民经济命脉的重要行业和关键领域的外资并购投资设置"准入"门槛。

2. 尽快建立外商并购投资的联合审查机制

从国际上看，发达国家对外商并购投资的事先审查是非常严格的，并且建立起相对完善的审查机制。

目前，我国对包括外资 PE 在内的股权投资的审批管理，是一种分散管理、多头管理，并且存在地区差异状况。一方面，相关职能分散在国家发展改革委、商务部、工业和信息化部、国家外汇管理局、国家工商总局和国务院国资委等多个部门，由于受部门职责分工的限制，有关部门之间往往缺乏有效的沟通、协调机制，再加上相关外商投资管理制度的不完善，实践中现行的有关利用外资的政策和措施并没有得到有效落实，对外商直接投资活动尤其是对外资并购项目的管理和监督并没有完全到位；另一方面，我国多年来以地区政策为主导，以外资的"身份"而不是其所投向的产业作为优惠

[①]　倪淑慧：《美、日两国防范外资对国家经济安全影响的经验以及对我国的启示》，《北方经济》2009 年第 10 期。

依据，一些地方和部门只知用各种优惠政策引进外资，而不顾引资的成本与代价，其实质为了局部利益，而置国家全局的经济发展和整体经济安全于不顾。为此，建议尽快改革有关政府部门职责分工中存在的问题。

对外商投资中分散管理、多头管理并存的问题，可以借鉴日本"综合安全保障阁僚会议"和美国"外国投资委员会"等的做法，尽快建立由国家发展改革委牵头，商务部、工信部、国资委等有关部门参与的部际联合审查机制，即将现有对外商投资活动尤其是外资 PE 并购投资项目的管理和监督职责进行适度整合和集中，重点对包括电网、石油石化、电信、煤炭、民航、航运、金融业和重大装备制造业等关乎国民经济命脉行业和关键领域内的重大外资直接投资项目及外资并购投资项目，由国家发展和改革委员会牵头进行联合审查。对于地区间政策差异问题，可以根据地区经济结构、发展情况事先做出政策指导，各地区在制定当地的政策法规时可以进行参考，以便与其他地区进行协调。

第六章 股权投资基金对我国经济的积极作用

第一节 完善我国多层次资本市场的融资功能

一、发展股权投资有利于缓解中小企业融资难

近年来，股权投资在我国金融市场上的作用越来越明显，成为仅次于银行信贷的重要融资手段。股权投资基金凭借雄厚的资本实力和专业分析能力，将资金投向迫切需要投资但得不到投资的优秀的成长企业。目前，我国股权投资基金发展迅速、规模不断扩大、投资活跃度大幅上升、资本市场退出机制逐渐完善，股权投资基金的发展为中小企业的融资拓宽了渠道，能够推动被投资企业的价值发现和价值增值，并为基金提供高比例的回报。

1. 我国中小企业融资现状

改革开放以来，随着市场经济的不断发展，我国中小企业发展迅速，日益成我国经济发展的新的增长点。"十一五"期间，我国中小企业为国家的经济和社会发展做出了重要的贡献。按照中华全国工商业联合会的数据，[①]到"十一五"末，私营企业和个体工商业户的登记数量超过了 4200 万户，解决了大概 75% 以上的社会就业，对 GDP 的贡献率达到 60%，对税收的贡献率达到了 50%。从以上数据可以看出，中小企业为国家市场的繁荣、内需的扩大、就业的解决做了很多卓有成效的工作。中小企业在自主创新方面

---

① http：//news. xinhuanet. com/politics/2011lh/2011 - 03/06/c_ 121154036. htm。

的发展也非常引人瞩目。2009 年的数据显示[①]，我国中小企业拥有占总数 66% 的专利发明、74% 的技术创新和 82% 的新产品开发。我国中小企业中有 85.2% 是民营企业，且小企业的数量占到中小企业总数 90% 以上。中小企业占全国总数 99% 以上，却仅使用着 20% 的金融资源，中小企业成为技术创新的重要力量。这些数据说明，中小企业已经成为我国经济发展的重要组成部分，是推动国民经济发展、促进社会稳定的重要支柱，它是国民经济中最活跃的部分，在扩大就业、促进经济增长、调整经济结构和产业经济转型、推动技术创新等方面的作用也越来越重要。

20 世纪 70 年代以来，由于科学技术快速发展和"大企业"运行中出现疑难问题，世界范围内企业结构呈现出专业化、小型化的特征，形成了大量的中小企业。这些中小企业的数量众多，其成长、发展问题越来越受到社会关注。然而，较大型企业一般具有一定的规模、可观效益、品牌以及信誉，中小企业在融资、税收、市场等方面很难与大型企业进行竞争。目前，中小型企业成长中面临的最大的问题便是融资困难。由于国际经济一体化的深入以及金融危机的影响，"融资难"更成为制约中小企业发展的瓶颈。中小企业正处在一个规模扩张时期，如果只依靠创始时的原始积累、民间借贷以及集资入股等方式的资本投入，根本无法满足其发展需要。2008 年的金融危机对中小企业的发展造成了不小的影响，中小企业在金融危机中对经济稳定做出了一定的贡献，为抑制经济下滑、解决城乡就业、活跃国内市场、扩大国内需求发挥了重要作用，为"保增长、保就业、保民生"的大局做出了积极贡献。但中小企业在金融危机中也面临着人民币升值压力、劳动力价格上升、原材料上涨和融资困难等问题，从而受到了挫伤。银根紧缩导致中小企业贷款困难加大，而很多中小企业资金链紧绷甚至断裂，致使很多中小企业经营困难甚至倒闭。银行释放的贷款，基本被大型企业吸纳，国家宽松的货币政策对中小企业的作用并不明显，融资问题仍然是困扰中小企业发展的重要问题。

中小企业融资模式总的来说有四类。首先，企业筹集的资金根据资金的性质不同可以分为股权资本和债务资本；企业融资的方式可以分为私募融资

---

① http://news.xinhuanet.com/theory/2009 - 10/13/content_ 12221576.htm。

和公募融资。两两结合构成了企业的 4 种融资模式，如表 6.1 所示。

表 6.1 企业融资模式

	私募融资	公募融资
股权融资	股权投资基金（风险投资）	公募股权融资（公开上市发行股票）
债权融资	私募债权融资（银行贷款）	公募债券融资（债券）

从表 6.1 可以看出，中小企业传统的融资方式包括发行股票、银行贷款和发行债券。在中小企业进行这些融资活动的时候，与接触的外部主体有三类：政府、商业银行和外部投资者。政府对中小企业提供帮助，可以是直接的提供投资或借贷，也可以是间接的通过监督银行和投资者的行为以及提供担保对中小企业融资进行支持。商业银行则通常是以借贷方式使中小企业获得债权融资。外部投资者对中小企业的投资为股权融资。因此中小企业的融资与这三类主体也息息相关。

中小企业融资难是一个世界性的难题，中国也不例外。这些年来，虽然国家不断强调提高对中小企业融资的支持力度，但进展不大。2009 年工业和信息化部部长李毅中在钓鱼台国宾馆举行的"如何破解中小企业融资难"大型国际论坛上表示，2009 年前 3 个月，全国信贷规模总量增加了 4.8 万亿元，其中中小企业贷款增加额度只占不到 5%[①]。这样的数字说明，中小企业贷款增长没有达到同步增长，中小企业资金非常困难。目前，融资难、贷款难已经成为制约中小企业发展的瓶颈。中小企业在发展中会面临很多问题，如人才匮乏、用工成本上升、企业经营治理、人民币升值、通货膨胀、市场准入等等，但是融资问题直接关系到中小企业的健康运营和发展壮大，只有得到充足及时的资金，中小企业才能提升自身的实力，以应对外部经济的冲击。

我国于 2011 年 3 月公布的《中华人民共和国国民经济和社会发展第十二个五年规划纲要》中提出："大力发展中小企业，完善中小企业政策法规体系。促进中小企业加快转变发展方式，强化质量诚信建设，提高产品质量和竞争能力。推动中小企业调整结构，提升专业化分工协作水平。引导中小

---

① http://finance.sina.com.cn/hy/20090606/10046313809.shtml。

企业集群发展，提高创新能力和管理水平。创造良好环境，激发中小企业发展活力。建立健全中小企业金融服务和信用担保体系，提高中小企业贷款规模和比重，拓宽直接融资渠道。落实和完善税收等优惠政策，减轻中小企业社会负担。"[①]"十二五"规划明确指出，在接下来的 5～10 年中要大力解决中小企业的融资问题，提供大力扶持和政策倾斜。这说明中小企业融资问题对中国经济的发展至关重要，也日益严重。

2011 年中央人民银行连续 6 次上调存款准备金率。2011 年 6 月 20 日起，央行上调存款类金融机构人民币存款准备金率 0.5 个百分点，这是央行 2011 年第 6 次上调，也是央行自 2010 年以来准备金率的第 12 次上调，此次上调之后，大中型金融机构存款准备金率达 21.5% 的高位。上调存款准备金率在收紧流动性、对抗通胀的同时，也减少了银行的可用放贷资金，增加了企业尤其是中小企业的融资难度和成本，将导致中小企业融资难的现状进一步恶化。

具体来说，我国中小企业面临的融资困难主要表现在融资渠道过于狭窄单一，融资金融有限，融资成本过高并且直接融资量过小。目前中小企业的资金来源主要是内部自身积累，企业内部资源融资比重过高。据国际金融公司研究资料显示，我国中小企业业主资本和内部留存收益分别占中小私营企业资金来源的 30% 和 26%。中小企业的发展过于依赖自身规模而大大受到限制。由于绝大多数中小企业都很少采用包括股权融资和债权在内的直接融资，而获得政府支持的资金也极其有限。因此，我国中小企业融资主要依靠商业银行贷款和民间借贷。但是在贷款问题上，中小企业普遍反映银行等金融机构存在"重大轻小"、"嫌贫爱富"、"重公轻私"，只喜"锦上添花"、不愿"雪中送炭"的问题。商业银行对中小企业缺乏必要的了解和足够的重视，银行放贷中中小企业得到的贷款只占一小部分。中小企业就算得到贷款，融资成本也较高。一般来说，比起大型企业，中小企业贷款利率至少要高出 10%，并且普遍高出 20%～30%。如此高的贷款利率，让许多想扩大生产的中小企业望而却步，它们并没有雄心借贷进行固定投资，扩大生产，只有在流动资金不足的时候才会考虑贷款，这极大地影响了中小企业的发

---

① http://news.xinhuanet.com/politics/2011-03/16/c_121193916_6.htm。

展。

2. 我国中小企业融资难的原因

尽管近几年来，我国陆续出台了一系列支持中小企业发展的政策，而且各商业银行在拓展中小企业金融业务的信贷政策、新品开发、抵押担保、服务方式等方面积极探索，使得中小企业融资问题有所改善，但还是不能从根本上解决中小企业融资难的问题。造成我国中小企业融资难的现状，既有企业自身的原因，也有外部的原因。

企业内部原因有以下四点。

（1）中小企业注册资本少，从而比较容易受外部经济环境的影响。中小企业因为注册资本少，所以其负债能力有限，比起大型企业，中小企业的负债能力较小。中小企业因受其规模的限制，抗风险能力较差，受市场、环境的影响程度很大，一旦市场、经营环境发生变化，一些中小企业很难适应。

（2）中小企业的信用水平较低。一是管理方面的信用。大多数中小企业内部治理结构和控制机制不健全，少数人或个别人控制的现象比较普遍，没有按现代企业制度的要求建立完善的法人治理结构。二是财务方面的信用，银行贷款所需要的财务数据、账表管理混乱、没有或不实。中小企业的财务报告一般未经注册会计师的审计，其经营情况、财务状况等内部信息透明度较低，贷款的保证往往得不到落实。三是抵押方面的信用。由于中小企业一般家底较薄，因此抵押物明显不足。而且中小企业往往产权不明晰，银行贷款担保难以落实。四是效益方面的信用。由于很多中小企业规模问题和自身限制，其往往存在着经营粗放、技术落后、设备陈旧等问题，使经济效益缺乏保障，竞争不过大企业，且常常被大企业所淘汰。银行出于对风险的控制，不愿意贸然给中小企业提供贷款，使得中小企业融资更加困难。总之，中小企业的诚信度不够，会造成银行对中小企业贷款的信心下降，对中小企业放贷紧缩。

（3）缺乏有效的风险约束，并且信息分布不对称。一些民营企业由于缺乏信用和法律约束，虚假出资、转移资产、隐匿收益等现象经常出现。并且中小企业融资过程中的不对称信息问题比较突出。因为中小企业创业早期，通常没有经过外部审计的财务报告，也没有完善的公司治理结构。另外，中小企业产品质量较差，产品老化和档次较低等问题十分严重。一些民营企业怕树大招风，在多家金融机构开设个人储蓄账户，银行对其经营状况信息收集不完整，不敢发放贷款。

（4）中小企业有特点的贷款需求。中小企业的贷款要求手续简便、迅速，能满足灵活的经营需要；单笔贷款金额不高且贷款频率较高，期限一般不长。总的来说，中小企业的信用体制和社会地位等都不足以做贷款的担保，中小企业贷款风险相对于大企业来说较高。

企业外部原因也有以下四点。

（1）从银行经营管理方面来看，中小企业的高风险与银行管理的稳健性原则相矛盾。银行不是没有钱贷给中小企业，而是不敢放贷甚至慎贷。造成商业银行普遍惜贷的原因如下：首先，很大一部分中小企业还处在初创阶段，企业的收益往往不能弥补企业的经营风险。对于某些风险较高的高新技术产业来说，银行对其放贷的风险太大，与银行的稳健性经营的原则不符合。商业银行有自己的目标市场，其自身和产品的定位不相同。中小企业由于自身的弱点，很难成为国有商业银行的首选。其次，在利润最大化的追逐下，银行不愿意贷款给中小企业。银行贷款给中小企业的成本比贷款给大企业的成本要高。大企业贷款额大而中小企业贷款额小，银行若贷款给中小企业，使放贷工作量大大增加，耗费更多的人力、时间和财力。总之，银行贷款给中小企业的管理成本较高，而综合收益较少。据测算，对中小企业贷款的管理成本，平均大于大企业的5倍左右。最后，政策监管使得银行惜贷。国有商业银行历史上已经形成了高比例的不良资产问题。在国家相关部门的监管对银行不良贷款率的要求下，商业银行采取更加严厉的措施确保新增贷款的数量和质量，以保证不断降低不良贷款率。中小企业由于资产规模和借贷规模都较小，抵押物不足，抵御风险的能力较弱，使得银行不敢向其投放贷款。

（2）从担保机构来说，中小企业融资需要专业的担保机构出现。在政府的参与下，设立中小企业贷款担保机构是对中小企业的一种扶植。近几年来，国家经济贸易委员会制定印发了《关于建立中小企业信用担保体系试点的指导意见》，并推行了《中小企业融资担保机构风险管理暂行办法》，2008年金融危机中央行还宣布将注入18亿元到担保机构，来解决中小企业的融资难。目前，在全国已有100多个城市建立了中小企业信用担保机构。但是从社会中介的担保功能发挥情况来看，仍存在着较大的局限性，担保机构发挥的作用并不明显。担保机构本身的运作并不成熟，可能存在一些问题，导致资金流通不畅；其次，由于信息不对称的存在，使得除非贷款担保机构有动力和能力对使用担保的中小企业进行甄别和监督，否则担保方案风险将很大，很有可能造成损失和担保方案的失败。

（3）从社会法制建设方面来说，缺乏扶植中小企业发展的政策体系。我国目前的经济、金融政策主要还是依据所有制类型、规模大小和行业特征而制定的，从金融政策上来看，还未形成完整的扶植中小企业发展的政策体系。在中国，目前大多数的社会资源以及银行大部分的贷款都流向了大企业，而中小企业得到的资源和扶植是很有限的。近年来，针对中小企业贷款难、担保难的问题，国家虽然颁布了一些政策，比如《中华人民共和国中小企业促进法》以及人民银行总行颁布了向中小企业倾斜的信贷政策等，但还是未形成完整的支持中小企业发展的金融政策体系，致使中小企业的融资仍然受到了束缚和影响。

（4）从其他融资渠道来说。一方面，从我国目前情况来说，在金融市场上公开发行股票融资上市的要求条件很高，融资的数量要求也很大。2009年10月23日，我国创业板市场正式启动，该资本市场的创新为中小企业的融资难问题带来了希望。创业板市场即二板市场，是指专门协助高成长的、暂时无法上市的新兴企业尤其是中小企业提供资本运作空间的证券交易市场。创业板虽然进入门槛低，运作要求严，一定程度上为我国中小企业提供了多方面的融资渠道，但是创业板的市场能力也有限，不能解决我国所有中小企业的融资问题。二板市场股票发行上市的条件也是比较高的，而且具备发行上市资格的企业很多，竞争也相当激烈，而资金的供给是有限的。二板市场无法在短时期内容纳这么多企业发行上市。另一方面，中小企业想要发行企业债券融资，困难很大。发行债券要求很高的信用度和优良的声誉，长期以来，我国企业债券的发行者一般都是国有大型企业。债券市场的门槛和成本太高，中小企业很难进入这一市场。为了缓解这一现象，2008年12月国务院办公厅发布的"金融30条"中指出，"要稳步发展中小企业集合债券"。中小企业集合债是指由多家不具备单独发债能力的中小企业集合起来，采用集合债的形式，使用统一的债券名称，形成一个总发行额度的企业债券。但是由于小企业的资信较低，发行的债券风险较高，要求的利率较高，导致中小企业集合债券的成本比较高。除此之外，中小企业发行集合债，也很难找到相关的担保机构。

二、股权投资基金促进中小企业发展

中小企业在发展壮大过程中，融资难是最大的阻力之一。从以上的分析可以看出，对于中小企业来说，其内部和外部等原因都限制了中小企业的融资。在传统融资模式受到阻碍的情况下，如何创造新的适合中小企业的融资模式，是亟须解决的对中小企业有重大意义的问题。股权投资基金的出现和发展为这一问题带来了福音，为现在中小企业突破提供了一条途径。股权投资基金作为一种新型融资模式，能为企业提供资金支持以及管理上的支持，能在较短时间改善企业的收入和成本结构，提高企业核心竞争力。

1. 符合中小企业融资需求特征

股权基金对高风险、高回报有较强的偏好，而中小企业恰恰具有高风险、高期望回报值的特征，所以中小企业的发展规律以及融资阶段性特征刚好符合股权投资的投资偏好，因而，股权基金与中小企业具有天然的联系，能够帮助中小企业拓宽融资渠道。由于中小企业在创业阶段、早期成长阶段、加速成长阶段中存在如信用状况不稳定、盈利能力不显著等诸多风险因素，通过传统渠道融资面临很大的困难。资金是推动企业发展的重要力量，资金的缺乏成为高技术产业起步和发展的瓶颈。股权基金作为一种新型的投资模式，能够对那些无法通过传统渠道获得资金，而又具有广阔的市场前景的中小企业提供全方位的支持，支持中小企业的创业和发展，这为中小企业提供一条新的融资途径。此外，股权基金有灵活的投资方案，能够根据不同的中小企业的特征，量身打造具体的融资方案，来满足中小企业多样化的融资需求。

（1）股权投资能够满足中小企业多样化的融资需求。中小企业经营的一个重要特点就是灵活多变，而这一特点使其融资需求变得十分复杂，相比传统融资方式，股权基金更加适合中小企业。公募融资适合标准化的市场行为，比如企业要公开发行股票及上市，必须遵循证监会和证券交易所的统一规则和程序，而这些规则和程序不会因为不同企业多样化的融资需求而调整。相对于公募融资的标准化，私募融资就更为灵活。

（2）私募融资在中小企业融资方面的另一个优势是更加容易获得。在公开资本市场上，企业必须按照规定定期披露企业信息，外部投资者通过对这些信息进行处理和分析，然后在此基础上做出投资决策。由于中小企业自身条件和监管力度的原因，很少能提供大型企业那样的符合会计规范及法律标准的财务处理流程，因此，外界投资者很难从公开信息渠道中了解企业真实的经营状况、财务状况和现金流量状况等。即使中小企业完全能够按照财务标准披露信息，也很难依据其财务信息判定该企业所具备的开发潜力。根据国外学者大量的实证研究表明，股权基金在对中小企业进行投资决策的过程中，很大程度上不仅仅是依据其财务报表这类标准化的定量的信息做出决定的，而是依据对中小企业进行深入调查的一般合伙人的主观判断。负责基金日常运营及投资决策的一般合伙人，通过了解该企业所处的行业前景、企业家的信用状况、领导能力，发掘出关于中小企业真实经营状况的信息。这些信息的特点是主观性很强，既不能从企业披露的财务信息中获得，也不能像财务信息那样能够方便地传递与发布，需要股权基金管理人做出详细、深入的尽职调查，这就在极大程度上限制了中小企业公开融资的可能性。然而，通过股权基金与中小企业的长期接触，就能够对那些财务报表不符合传统融资条件，但发展潜力巨大的中小企业提供融资支持，从而大大提高了中小企业融资的可获得性。

（3）股权投资有利于保护中小企业经营的隐秘性。与大型企业不同，中小企业的核心竞争力很容易被复制，比如某个有长期合作关系的客户或者供应商，以及业务往来的财务数据。为了保持竞争优势，中小企业往往不愿意公开太多关于企业经营的信息。然而在公开资本市场上，作为克服逆向选择、保护广大投资者利益的措施之一，上市公司必须在特定时间按规定披露报表和重要公告，从而将信息不透明的中小企业排除在外，这就使得绝大多数中小企业不能利用公开资本市场融资。与公募资本市场相反，股权投资机构在非公开融资的环境下，更能充分发挥其在甄别和筛选企业方面所具备的专业优势和规模经济优势，缓解与中小企业之间的信息不对称问题，形成对公开资本市场在中小企业融资方面的相对优势。正是这一优势，增强了中小企业融资的效率，减少了资本市场上的逆向选择。

2. 发现和培养优秀企业家

股权基金介于银行信贷和证券市场之间，为中小企业提供了新的融资渠道。近几年来，国内一些成功实现纳斯达克上市的企业，如盛大、分众传媒、携程网、前程无忧、第九城市等，在上市之前都进行过若干轮的股权融资。股权融资在我国发展很快，这给我国中小企业利用股权资本来融资提供了很多机会。而引入股权基金更重要的意义还在于股权基金的一般合伙人具备很强的"企业家精神"，可以利用他们长期积累的管理经验、知识专长和商业网络资源帮助中小企业规范企业内部管理和财务结构，设计明确的盈利模式和企业发展战略。股权基金作为一种积极参与管理的专业投资模式，能够同时缓解中小企业发展所面临的资金和管理两个方面的发展瓶颈。对期望在国内或海外上市的中小企业，股权基金通常有良好的品牌、信誉和企业运作上市经验，可为企业带来增值服务。许多股权基金本身是投资银行的下属机构，能为企业上市提供更专业、便捷的咨询服务。在这一过程中，优秀的企业家在基金团队的辅导下被挖掘出来，资本市场通过企业上市奖励这一批优秀的企业家。在这样的机制下，有潜力的优秀企业家就不至于因为资金匮乏而埋没在高不成低不就的中小企业中，有利于中小企业的良性发展。有统计显示，股权基金的一般合伙人在做出投资决策时，更加看重企业家能力这个因素，投资一家企业，更多时候就是投资一个企业家。

3. 缓解中小企业的信息不对称问题

股权融资可以缓解投资中的信息不对称问题，弥补传统银行部门和证券市场资源配置的缺陷。中小企业的规模参差不齐，很难有一套标准来评估中小企业的融资风险，所以投资中小企业存在着比较严重的信息不对称问题，这个问题贯穿于投资前的项目选择和投资后的监督控制的整个投资周期中。要减少信息不对称，则要求投资者具备深入企业内部进行投资前的尽职调查和投资后的监督控制的能力。证券市场显然无法解决这种问题，中小企业也由于想保持隐秘性而不选择公开募集；而银行等我国现有的传统金融机构又缺乏中小企业调查的专业人员和机构，并且贷款给中小企业的风险收益不匹配，实践中就造成了银行不愿贷款给中小企业的情况，使得社会闲置资金和中小企业之间出现真空。股权基金作为更为专业的投资中介，具备经营这种风险的能力，能够有效地解决信息不对称引发的逆向选择与道德风险问题。股权基金的一般合伙人通常由有相当专业知识和管理从业经验的业界精英组成，他们在信息生产和处理上的优势使得他们能够成为投资者的专业代理人。股权基金在解决与所投资企业之间的委托—代理关系上比传统的资金提供者更有优势。首先，股权基金的投资模式决定了它们要取得企业的股权，进入企业董事会甚至拥有控制权，因此能够对企业形成更直接的监督。其次，基金管理人通过发挥他们的专业优势，设计不同的金融工具、提出阶段性的资金供给方式，或者制定复杂的合同条款，甚至直接参与企业管理等形式，形成对受资企业的激励约束机制，从而防范受资企业的道德风险。激励约束机制的形成主要包括以下三个方面：

（1）股权基金可以帮助企业改善股权结构，使之资产负债比例更加合理；对企业章程进行专业的指导，改善中小企业治理结构；完善企业中各个监管部门的设置和职能划分，建立起监管体系；通过基金团队中的专业人员，建立有利于企业发展的法律框架和财务制度。

（2）股权基金可以帮助企业较好地解决员工激励的问题，建立起较完备的员工激励制度。在机会成熟时，可以建立股权激励体制，激发员工工作的热情。

（3）股权基金可以在较短的时间内改善企业的收入、成本结构，提高企业的核心竞争力，帮助企业开发产品并推向市场，最终带来企业经营业绩和股东价值的双向提升。

第二节　股权投资基金对市场流动性资金的吸纳与释放

一、社会闲散资金充裕

1. 国内闲散资金充裕的现状

社会闲散资金充裕、流动性过剩一直是中国经济运行中长期存在的突出问题。投资驱动型的国家发展战略、长期双顺差的局面、国家的宏观调控政策等，都可能带来流动性过剩的问题。而流动性过剩会引起具有滞后性的通货膨胀，给经济发展带来负面影响。金融危机之前，中国经济保持平稳快速的增长趋势，居民收入、企业利润、财政收入都大幅提高，经济基本面表现良好。但经济中仍然存在一些由经济增长过快带来的矛盾和问题，主要是流动性过剩的问题。从 2004 年起，央行开始加强流动性管理，执行紧缩的货币政策，并且多次上调金融机构人民币存款基准利率和存款准备金率。央行还运用公开市场操作、定向票据等方式减少流动性、控制信贷和投资增长、治理流动性过剩的问题。2008 年金融危机爆发后，中国居民消费量下降，储蓄量上升，并且贸易顺差不降反升，引起外汇储备继续增加，使得中国经济增长速度放缓。为了应对金融危机的挑战，中国自 2008 年第 4 季度以来，启动了应对国际金融危机的一揽子经济刺激措施，实施了积极的财政政策和适度宽松的货币政策，取得了明显成效。虽然暂时解决了社会财富和货币供求的平衡，但是国家投入到市场的更多的货币，为后来的流动性过剩的加剧埋下了巨大的隐患。

社会闲散资金充裕即市场上流动性过剩。整个宏观经济的流动性，是指在经济体系中货币投放量的多少。而流动性过剩是指经济中的货币存量高于货币需求、经济层面资金充裕、银行信贷投放冲动较强。中国的货币流通量长期以来保持稳步增长的趋势。中国经济中的流动性过剩体现在如下 2 个方面。

（1）货币供应量增长过快。如图 6.1 所示，2010 年的广义货币供给量为 733895.06 亿元，比 2009 年同比增长 19.33%，虽然比上年的 27.7% 略有下降，但仍然是较高的货币增长速度。从图中可以看出，自 90 年代以来，我国的广义货币供给增长速度一直保持在大于 10% 的较高的水平。可以看出，从总体上来说，整体的货币供给量的增长速度仍然较高。

（2）金融机构存在巨额存贷差。在资本市场日渐繁荣造成了"存款搬家"的背景下，金融机构存贷差仍然快速增长。从图 6.2 中可以看出，金融机构存贷差呈现不断增长的趋势，2009 年的金融机构存贷差增至 19.8 万亿元，而存贷比只有 66.86%。银行的剩余资金非常充裕，造成流动性过剩。

2. 中国流动性过剩的原因

中国流动性过剩反映了当前经济中的各种矛盾，形成这一现象的原因很多，既有国际上的原因，也有中国经济自身的深层次的原因。总的来说原因如下：

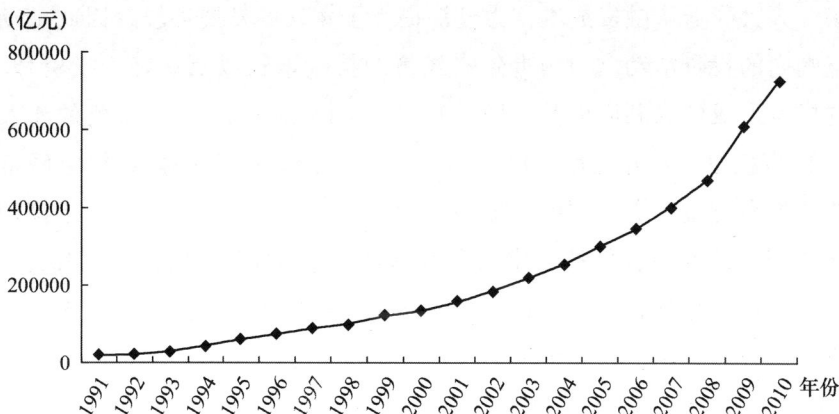

图 6.1 历年广义货币供给量

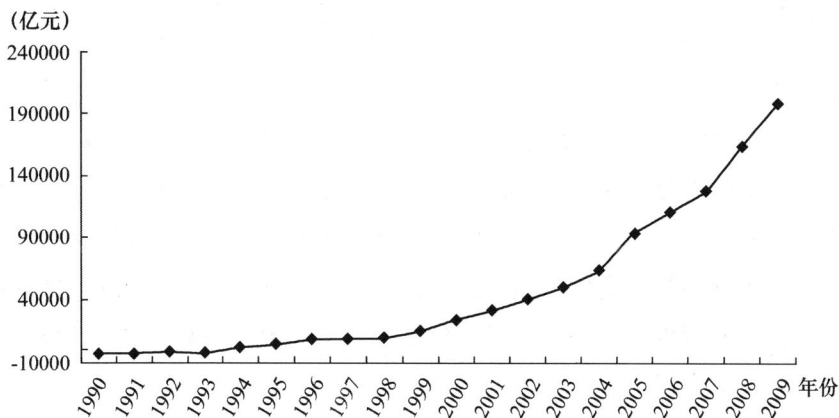

图 6.2 历年金融机构存贷差

（1）外部性原因：全球流动性过剩。进入新世纪以来，全球范围内出现了显著的流动性过剩。根据德意志银行的计算，自 1996 起，尤其是 2001~2003 年之间，全球货币的增长速度大大超过名义 GDP 的增速。为了克服科技泡沫破灭对经济带来的沉重打击，美联储采取了超扩张性的货币政策。美联储在联邦基金市场上释放大量准备金，使得美元基本利率一直下跌，信贷和货币供应量相应迅速扩张，增长速度超过了 GDP 增长速度。日本也面临相同情况。自 2001 年以来，日本为了克服通货收缩，执行了"数量宽松"的政策，带来了货币供应量的增长，使得日本成为全球流动性过剩的重要来源。欧元区的信贷扩张也带来了过剩的流动性。美、日、欧等国降低利率，大大降低了融资成本，为经济提供了宽松的发展环境，因此带动了世界范围内的投资活动。中国近年来经济的持续增长以及良好的投资环境、较低的成本形成的高利润以及人民币升值的预期，吸引了大量外资的涌入。

（2）直接原因：外汇占款增长迅速。外汇储备的增长主要是由经常项目顺差和外商直接投资（FDI）流入引起的。自1994年汇改之后，中国国际收支除个别年份外一直保持经常项目和资本项目的"双顺差"局面。外商直接投资的逐年增加，导致了我国外汇储备增加过快，已经成为世界上外汇储备增加最快的国家。在固定汇率时，本币在国际收支持续顺差的情况下会有升值的压力。中央银行为了稳定币值，必须在外汇市场上抛出本币买进外汇，从而增加国内基础货币。尽管在2005年5月21日对人民币汇率进行了改革，但是仍然实行的是有管理的浮动汇率制度。因此，在外汇不断增加的情况下，中央银行不得不增加国内基础货币，从而使得广义货币的增速保持两位数的增长。

（3）根本原因：投资驱动发展战略造成经济结构失衡。投资、消费、出口作为中国经济增长的"三驾马车"为中国的经济腾飞做出了巨大的贡献。然而长期以来，中国经济存在投资和消费的比例失衡和投资结构失衡的问题。中国实行的是投资驱动型的国家发展战略，以高投资带来经济的快速增长。资源和要素价格长期被压低，较低的成本刺激了投资需求。但是这种增长方式导致了中国的结构性失衡，消费的增长远远落后于投资的增长。由于中国百姓的消费习惯，以及要素的价格较低导致的收入较低，再加上社会保障体系不完善，中国居民的储蓄倾向大大高于欧美国家。大量的存款使得银行的存差加大，银行的超额存款准备金率一直居高不下，造成了银行系统的闲散资金过多。同时，投资结构也存在失衡，大企业很容易得到贷款，而中小企业融资很困难；而且资金往往流入热门行业，较冷门的行业得不到投资。由于消费和投资比例失调，过剩的产品只能通过出口来解决，中国出口大于进口，从而出现了贸易收支的长期顺差，外汇占款不断增加，从而使得流动性过剩的问题日渐严重。

3. 流动性过剩对经济形成冲击

当前中国股市高涨、房地产过热、外汇储备过高、通货膨胀率不断创新高，这些在一定程度上都与流动性过剩有关。流动性过剩将对中国经济、金融运行带来一系列负面影响。

（1）导致固定资产投资过热。流动性过剩表现为经济中的货币存量高于货币需求、经济层面资金充裕、银行信贷投放冲动较强，再加上多元的融资渠道，使得企业可用的资金比较充裕，从而将大量资金投向固定资产投资。过多的流动性进入固定资产投资领域，会推动投资过度扩张，埋下通货膨胀的隐患；进入房市等资产价格领域，将会增加房地产等行业产品的价格，推动形成资产泡沫，增大宏观经济金融运行的风险，使得经济过热发展影响社会稳定发展。

（2）股市高涨。近年来，我国股票市场的成交额屡创新高，股票市场的泡沫风险逐渐显露。过剩的资金找不到合适的投资方向时，便一部分流向股票市场，为股市提供充足的资金供应。股票市场中炒买炒卖，投机盛行。非理性的投资者的疯狂的投资行为推动了股市的快速上涨，造成了股市严重的泡沫化。

（3）居民消费价格上升，通货膨胀压力增强。流动性过剩能造成通货膨胀，它以部分流动性过剩资产价格出现严重泡沫为先导，进而传输给其上、下游相关产业链，最终带动原材料供应市场和食品的价格上涨并引致全面通货膨胀。

（4）导致商业银行风险过大。流动性过剩尤其是广义货币 M2 与 GDP 的比值节节上扬，意味着经济发展对银行体系的依赖性进一步增强，加剧银行系统的风险。中国商业银行的利润主要依赖于贷款收入和存款利息支出的差额，在资金持续向银行集中时，银行面临流动性过剩时为了处理大量闲置资金必然会选择扩张贷款。贷款往往通过各种方式投入到了证券市场、房地产行业以及高耗能行业，这些行业的风险较大，比较容易出现泡沫，客观上增大了商业银行的信用风险。

（5）增加国家财政负担以及不利于经济结构调整。目前的流动性过剩很大一部分来自外汇占款过多，央行不得不频频动用央行票据、存款准备金率等手段，被动对冲过剩流动性，使得货币政策的独立性降低，对冲成本日趋增大。流动性以外汇占款投放方式为主，同时会导致创汇较多的东部地区资金多、创汇较少的中西部地区资金少；创汇较多的第二产业资金多、创汇较少的第三产业资金少等现象，不利于经济结构调整。

二、引导过剩资金投向实体产业

在全球流动性过剩的情况下，国外的热钱和国内的资金都在寻找一个较合理的出路。除了投资到股票市场外，投资股权投资基金成为近年来的趋势。中国的股权投资基金发展势头非常迅猛，2006 年仅有 26 亿美元在操作，而到 2009 年底已涨到了约 200 亿美元[①]。并且股权投资基金在医疗健康、能源、制造业、电信投资行业、房地产、食品饮料等实体产业投入了大量资金，尤其注重制造业、电信、投资医疗健康、能源这些重要实体行业的投资。股权投资基金能引导过剩的资金投向实体产业，并且全球流动性过剩将使股权投资基金获得更迅速的发展。

首先，股权投资基金对过剩的资金具有很大的吸引力。从股权投资基金的财富效应来看，其平均收益水平一般要大大高于其他投资方式。根据业内专家测算，目前国内活跃的股权投资基金平均内部收益率可以达到 35% ~ 60%，而个别项目甚至可以达到几十倍的回报率。相比之下，其他投资方式的风险收益就不如股权投资基金：全球的股票市场的波动性和风险越来越大，资金收益的稳定性难以保证；资金收益率相对稳定的美国政府债券、国内存款等固定收益产品的实际收益率，在扣除了通货膨胀因素后甚至可能为负。考虑到资金的收益率和安全性的情况，能够通过分散投资来达到超过 30% 的平均收益的股权投资基金，无疑是一个较理想的投资渠道。

其次，股权投资基金将有利于引导过剩的资金投向实体产业。目前，央行对冲流动性的同时，对外贸易顺差、外商直接投资、商业银行信贷又进一步加剧流动性过剩。疏导流动性将成为政府宏观政策的另一个导向。如果这些过剩的流动资金流入二级市场或房地产市场，将造成难以控制的泡沫；而把这些资金导入国际资本市场，可能由于竞争劣势而造成不小的损失。

股权投资基金就能把过剩的资金集中起来，通过基金合伙人的专业挑选，将资金投入到股市和房市以外的实体产业。流动性过剩发生时，并不是没有好的投资项目和好的投资机会，而是资金不能得到很好的投资和分散。虽然有很多剩余的资金无处可用，但是仍有很多新建项目、在建项目、创业企业、中小企业和重组改制企业对资金有大量的需求。从我国实体经济发展

---

① http://intl. ce. cn/specials/zxgjzh/201009/28/t20100928_ 21853853. shtml。

的进程来看，产业结构升级、产业重组并购都需要大量的资金支持，股权投资基金从中大有作为。流动性过剩是金融结构出了问题，而股权投资基金能对建立和培养新型市场化的投融资主体、促进中国投融资市场的改革做出重大贡献。

最后，股权投资基金具有抗风险的特性，有利于实体产业的发展。由于股权投资绝大部分投资于实体企业，并非金融衍生品，其不容易受到经济危机的影响，并且股权投资基金注重的是长期效应，所以在经济低迷的情况下，投资者不会因为当前的低迷而丧失对股权投资的信心。金融危机中，股权投资基金一定程度上缓解了实体经济困境，促进实体经济发展的作用不容置疑。由于资金的供应渠道很窄，公众融资市场渠道不通畅，银行非常谨慎，所以企业对股权投资基金有很强需求。股权投资基金能在一定程度上引导资金流向需要投资的有发展潜力的实体企业，使实体企业受到相对小的影响。股权投资又不同于银行贷款，银行贷款可能更注重资金是否按时收回，股权投资是着眼长远企业的增值。股权投资基金的最佳投资策略一般是在经济低潮投资于企业，经济恢复和高潮的时候退出，并进行新一轮投资。股权投资基金的反周期特征，对实体经济能起到很大推动作用。

第三节 推动我国创新型国家发展

一、加速创新型企业发展

胡锦涛同志在中共十七大报告中指出[①]："提高自主创新能力，建设创新型国家，这是国家发展战略的核心，是提高综合国力的关键。要坚持走中国特色自主创新道路，把增强自主创新能力贯彻到现代化建设的各个方面。"中国确立了建设创新型国家的发展战略，要求高度重视自主创新能力的建设，并不断完善知识产权制度，加大保护知识产权力度。自主创新是科技发展的源泉，而加速创新性企业的发展是创新性国家发展战略的重要一步。我国建设创新性国家的战略目标，需要加快培养一大批有自主创新能力和自主知识产权的企业和产业。创新活动是产业资源、科技资源和金融资本链接融

---

① http://news.xinhuanet.com/newscenter/2007－11/25/content_7140638.htm。

合的结果，良好的金融支持和金融环境是促进国家创新活动的基础性条件，而股权投资基金是有利于创新型企业和创新产业发展的新型金融平台。

股权投资基金在推动企业创新发展方面起重要作用，因为中国要发展创新型国家发展战略，培育创新能力和创新产业，需要股权投资基金的资金支持，才能充分发挥生产要素中资本要素的作用。美国之所以能够成为成功的创新性国家，是因为有发达的资本体系，其中大量的股权投资基金起了重要作用。美国的科技创新项目众多，也与股权投资基金的支持密不可分。股权投资基金的组织形式和运作模式本身就是一种重大的金融创新，就是创新型经济的有机组成部分。

股权投资基金通过长期运作，形成了符合创新企业和创新产业发展的平台。首先，股权投资基金作为直接投资工具，能够为高速成长的企业雪中送炭般注入资金支持，为企业加速发展提供金融的动力。当前，我国面临社会资金以直接投资方式进入创新企业和创新产业的问题，所以需要通过股权投资基金这样的"媒介"来实现社会资金向创新事业资本的转化。另外，股权投资基金有利于自主创新能力的跨越性提高。目前我国活跃的股权投资基金大多有外资背景，这在一定程度上加剧了大量优质企业尤其是高科技企业海外上市的趋势。过去，一些具有前景的创新型企业如新浪、搜狐、网易、百度、盛大等都被外资收购或者被国外股权投资基金所掌控。我国国内并不是缺少资金和资本，而是没有相应的手段和机制来支持创新企业和产业的发展。重视本国股权投资基金的发展，利用股权投资基金运作的资源和经验来引导国内社会资源参与创新活动，必将有利于民族自主创新能力的提高以及创新性国家战略的建设。再次，股权投资基金能提供增值服务，解决创新型中小企业发展需要的资源和管理，提升企业内在价值。股权投资基金是一种以支持创新、创造、创业为主的投融资机构，对行业的发展以及外来新兴行业有着敏锐的触觉和准确的判断，并且拥有将高科技项目市场化的专业和实力。股权投资基金是靠行业发展的战略思想来取得收益，在客观上推动了整个社会的科技创新。全球著名的科技创新企业，包括微软、英特尔、苹果等都曾得到过股权投资基金机构的支持。股权投资基金在多个行业和领域内都有丰富的投资经验，拥有成熟的管理团队和控制市场的能力，能为企业提供战略性指导，为企业寻找推荐合适的管理人才并且协助企业进入新的市场和寻找新的战略伙伴。

我国已经确定了依靠创新和技术进步、调整经济结构、转变增长方式的可持续发展战略，就必须推动高新技术企业的发展和科研成果的转化。这既需要大量资金的投入，也需要富有经验的专业人才的参与管理。如果仅仅靠政府的投入，难以在资金和管理人才方面满足这些创业企业的要求，因此需要大量财务实力雄厚、市场运作经验丰富的专业投资机构来担当资金和管理经验提供者的角色。要实现"创新型国家"的发展战略，必须充分发挥股权投资基金在推动科技创新方面的作用。

二、促进我国行业整合和结构调整

1. 我国企业规模过小，必须进行产业整合

从经典的经济学理论可知，规模效应是企业核心竞争力的关键因素。企业规模越大，规模经济效应就越明显，公共成本和固定成本的分摊就越低，企业的利润越大。英国工业革命之后，西方发达国家的企业进行了一轮又一轮的规模扩张。巨型的跨国公司的年产值甚至可以和许多中小国家的经济总量相比。而目前，除了少数政府行政垄断和自然垄断企业，我国大多数企业的规模普遍偏小，在跨国公司面前几乎没有竞争力。我国加入世界贸易组织之后，随着市场的全面放开，国内企业由于较小的规模而处在一种竞争弱势的境地。

长期以来，我国的产业结构的特点是"散、小、乱"。这种产业结构起源于"条块分割"的计划经济体制。在封闭的计划经济体制中，企业的生产计划和产品价格都是被严格计划的，企业间不存在竞争；企业的经营利润不是来自于市场竞争，而是来自于计划的价格。因此，当时这种"散、小、乱"的产业结构弊端并没有显露出来，甚至被认为代表了我国工业门类齐全、企业数量众多，是我国产业结构的优势。随着全球化进程的深入，我国逐渐地融入到了世界市场中，"散、小、乱"的产业结构的缺陷就暴露出来，我国大多数产业和企业在全球化竞争中缺乏规模经济优势以及竞争优势。我国要想在全球竞争中占据一席之地，首先必须在规模上与跨国公司具有相抗衡的能力。为了建立我国企业在全球的竞争地位，进行一场大规模的产业整合迫在眉睫，目的为参与全球产业大分工，培养具有龙头企业的优势

产业，发扬我国的具有竞争优势的产业，从而提高我国企业的国际竞争地位。

2. 资金通道不畅，困扰我国产业整合

在现有国内环境和国际竞争条件下，振兴我国产业需要解决 2 个关键问题：一是要培育骨干企业，调整产业结构。通过相关产业中企业的并购重组，培养具有一定国际竞争力的骨干企业，并由这些企业带领行业内企业参与国际竞争。二是应该由本国资本控制国内多数行业的骨干企业。产业整合是经济发展的必然规律，不是由本国资本来整合，就是由国外资本来整合。在过去的几年中，以股权投资基金为代表的国外资本已经开始了对我国的产业整合，资金规模异常庞大，来势非常凶猛。为了保证我国本土企业在国际市场中的竞争力，不能由跨国公司控制我国优势行业的优秀企业。并且从我国产业的安全方面考虑，也必须由本国资本控制国内骨干企业。可以说，在产业结构调整的过程中，培养和控制骨干企业是振兴我国各个产业的关键的战略性措施。

产业整合有两个必要条件，即产业整合的资金实力和管理能力。其中，资金实力是最重要的，如果没有资金实力，产业整合则缺少动力。资金实力无法被复制，整合主体的规模扩张必须要有充足的资金支持，而管理能力可以无限复制，相关的管理咨询经验可以从咨询公司获得并低成本的移植到企业自身，根据企业的实际情况进行改造。产业结构调整由于关系到企业的产权流动，需要巨大的资金支持。因此，资金通道不畅已经成为困扰我国产业整合的核心问题。我国企业本身的规模都比较小，对金融机构的大力支持的需要十分迫切。只有得到国内金融机构的大力支持，我国才能够顺利完成产业结构的调整，并且由本国资本控制核心企业。

3. 股权投资基金对产业结构调整的促进效应

目前，我国已经成为全球产业整合的重要市场，国内产业投资需求日益旺盛，产业整合的潜力巨大。特别是"十二五"期间，经济结构调整和发展方式转变任务艰巨，需要加快产业优化升级，扩大企业规模，提高行业集中度和企业竞争力。股权投资基金通过对非上市的企业进行权益性投资，将对我国产业结构调整产生促进效应。

首先，股权投资基金拓展了产业结构调整的途径。过去，政府在我国产业结构调整的过程中介入过多，起的作用比较大。这种政府主导的经济结构调整模式在经济转轨的特殊时期取得了良好的效果，然而随着市场经济主体模式的确立，市场机制的作用越来越重要，需要更多地通过市场这只"无形的手"来对我国产业结构进行优化升级。股权投资基金就是这种"无形的手"的重要形式，它将根据经济规律和产业政策进行科学的投资，引导社会资金的正确流向，并且产业结构调整中往往发生兼并、重组等资本运作，企业主要是通过上市或非上市来进行资本运作。我国企业上市的现状是上市难以及上市企业数量有限。非上市途径在我国一直以来都比较不活跃，而在西方国家，非上市与上市一样，都是企业产权社会化的重要途径。我国企业必须依赖股权投资基金这种新型的金融投资机构来使非上市途径成为企业资本运作的主流途径。

其次，股权投资基金能够促进产业结构升级。股权投资基金对促进我国产业结构升级，包括增量调整和存量调整有巨大作用。一方面，股权投资基金的资金支持可以改善企业的资产素质，实现增量调节。股权投资基金将为一些有着良好服务和市场的企业提供一个资产重组和弥补资金缺口的机会。另一方面，股权投资基金能通过在市场上选择合适的投资对象，促进优胜劣汰，实现存量调节。股权投资基金拥有一套属于自己的评判公司专业水平、经营战略、专业水平、财务状况、核心竞争力和投资项目优势的指标和策略，以选择产业的优秀企业和项目，从优秀的企业和项目中获利。股权投资基金在促进优胜劣汰的同时也推进了产业规模经济结构的优化。股权投资基金通过选择成长性公司进行投资，对产业发展起到了引导和示范的作用，会对企业的经营模式和经营行为产生影响，使企业的经营效率和决策水平上升，从而实现股东价值的最大化。

再次，股权投资基金能够大大提高产业结构调整的效率和收益。股权投资基金有专业的投资理念和管理经验，能够提高投资效益，提高社会资源使用效率，主要体现在以下三个方面：其一，股权投资基金对企业有一定的股权控制，企业的股权不是被分散在众多中小投资者中。股权投资基金可以通过中断追加投资或者股权调整来减少对企业的投资，从而对企业施加来自投资者的压力，从而达到对企业外部控制的目的。其二，企业的经济利益直接关系到股权投资基金的投资回报。股权投资基金将有压力和动机尽可能充分地了解企业的真实经营状况和财务状况，为企业提供经营、融资、管理等方面的咨询和支持，从而有利于规范企业内部治理，推动企业健康发展。其三，股权投资基金注重与企业建立长期的合作关系，对企业有充分的了解，并掌握企业的内部信息，从而有效消除和企业之间的信息不对称，有利于防范道德风险和逆向选择问题。

三、进军环保产业，推动节能减排

近年来，大力发展环保产业，推动节能减排成为中国以及国际关注的焦点问题。工业和信息化部于 2011 年 3 月 28 日公布的"十二五"期间中国工业节能减排四大约束性指标表示[①]：到 2015 年，我国的单位工业增加值能耗、二氧化碳排放量和用水量分别要比"十一五"末降低 18%、18% 以上和 30%，工业固体废物综合利用率要提高到 72% 左右。这些指标比 2010 年底全国工业和信息化工作会议上初步确定的目标略有调整，除工业固体废物综合利用率之外，其他 3 项指标要求更高。工业作为我国能源资源消耗和污染物排放的重点领域，应发挥节能减排主体责任，对指标应该有更高要求，如果指标过低，约束力不够，难以调动各方面积极性。这充分体现了国家对于促进环保产业发展、加快节能减排进程的决心和政策导向。

环保产业首先是由发达国家提出来的理念。环保产业在国际上有狭义和广义两种理解。对环保产业的狭义理解是终端控制，即在环境污染控制与减排、污染清理以及废物处理等方面提供产品和服务，广义的理解则包括生产中的清洁技术、节能技术，以及产品的回收、安全处置与再利用等，是对产品从"生"到"死"的绿色全程呵护。在我国，环保产业的普遍定义为在国民经济结构中，以防治环境污染、改善生态环境、保护自然资源为目的而进行的技术产品开发、商业流通、资源利用、信息服务、工程承包等活动的总称。它在美国称为"环境产业"，在日本称为"生态产业"或"生态商务"。

环保产业是一个跨地域、跨产业、跨领域，并且与其他经济部门有交叉性、渗透性的综合型新兴产业。据统计，全球环保产业的市场规模已经从 1992 年的 2500 亿美元增至 2009 年的 6000 亿美元，年平均增长率超过 8%，

---

① http://news.xinhuanet.com/2011-03/28/c_121238819.htm。

大大超过全球经济增长率。环保产业在我国发展也非常迅速。环境保护部副部长吴晓青在 2010 年 11 月 24 日举行的 2010 中国绿色产业和绿色经济高科技国际博览会高峰论坛中表示①，中国环保产业在未来较长时间内仍将保持年均 15% ~20% 的增长速度，中国将成为世界最大的环保产业市场之一，"十二五"期间，我国的环保投资需求将比过去的 5 年增加一倍以上，超过 3 万亿元。有专家提出，应该把环保产业列为继"知识产业"之后的"第五产业"，环保产业已经成为各个国家非常重视的"朝阳产业"。中国也出台了作为"十二五"时期七大战略性新兴产业规划之一的《节能环保产业发展规划》，将对节能产业、环保产业和循环利用产业提供技术、产品和服务等支持，促进绿色经济产业链的形成与发展。

清洁技术和环保产业已经成为股权投资基金投资的下一波热点。随着全球经济逐渐走出国际金融危机阴影，中国经济也日渐向好，股权投资基金以其将大量流动性引入实体经济、引导民间投资等作用，也正保持持续回暖态势。目前，以高技术支撑的清洁技术产业作为环保产业的高级阶段，因其不仅重视末端治理，更侧重于污染的源头削减及过程控制的特点，正日益成为股权投资基金投资的重点。据美国能源基金会与国家发展和改革委员会的联合预测②，2005 ~2020 年，我国新能源、节能环保等清洁技术领域的投资需要大约为 7 万亿元，政府显然无力包揽如此大规模的投资，需要民间资金的大力投入。而对于正处在上升发展阶段的清洁产业而言，发展初期最需要的往往是大量的资金和有效的商业模式，而这些正是股权投资基金的强项和优势所在。总体来看，环保产业股权投资基金的运作可以分为资金募集、投资和项目退出三个密不可分的程序，这三个程序共同决定环保产业股权投资项目的成功与否。投资于环保产业的股权投资基金主要分为三类：一类是大部分资金投资于股权投资基金的专门性基金，例如涛石能源基金、建银城投环保基金、广东绿色产业投资基金；第二类是环保产业为投资方向之一的综合性基金，例如维斯高成长基金、西藏自治区投资有限公司、深圳东方富海创业投资企业；第三类是无行业限制不局限于任一行业的基金，例如黑石中华

---

① http://paper.people.com.cn/zgnyb/html/2010 - 11/29/content_ 684739. htm。

② http://enews.sinopecnews.com.cn/shb/html/2009 - 04/16/content_ 68743. htm。

发展基金、蓝山中国二期基金。

这些投资于环保产业的基金，不仅有利于中国环保产业的茁壮成长，更将推动其在"十二五"以及更长时期的不断提升。由于我国股权投资基金行业的迅猛发展以及我国政府为大力发展环保产业提供了充足的政策保障，还有我国环保技术和环保企业的加速兴起与发展等原因，投资于环保产业的专门性基金在"十一五"期间的表现特别引人关注，实现了突破式发展，为环保产业股权投资基金的成功奠定了量的基础，为进一步壮大环保产业提供了必要条件。

近年来，我国环保产业股权投资基金呈现鲜明的特点。首先，尽管本土基金的投资案例从数量上发展很快，但是来自于发达国家的国外基金仍然保持优势地位。有很多国外专门投资环保产业的基金已经瞄准了中国市场，然而本土的专门性基金较少，而且一般资金较弱，投资实力不如国外基金。其中，既有希望通过投资环保产业来延伸和扩张产业链的大企业，也有政府背景较强的政府产业引导基金，这些基金带着很强的政策导向性，在把握和理解国家环境保护政策方面有特别的优势，不仅有利于股权投资基金的发展，也有利于引导民间资本投入环保产业，从而实现良性发展。其次，大部分资金都投向了国内环保企业，只有少部分资金流向了境外的环保产业公司。一方面是因为我国股权投资基金还处于起步阶段，仍然只是在国内布局；另一方面也说明了我国环保产业的巨大发展潜力和投资价值。

尽管环保产业股权投资基金在我国发展势头很猛，但是仍然存在一些问题。比如国外基金在我国市场发展迅猛，本土的基金奋起直追仍有一定差距；我国与环保产业以及股权投资基金相关的法律环境和政府支持都有待完善，并且还需要进一步提升环保产业自身技术水平和创新能力，从而为股权投资基金提供高质量的投资项目；股权投资基金参与兼并收购和战略投资不够充分。环保产业在经济总体中的被关注度及发展地位、话语权有待提高。

第四节　提高公司治理水平

一、我国企业治理存在的弊端

公司治理，又被称为法人治理结构，是现代企业制度中最重要的组织架构。公司治理可以认为是一种制度安排，不仅协调公司的经理人、股东以及董事之间的关系，并且还包括公司与利益相关者以及外部环境（比如员工、客户、社会公众、法律、法规）之间的关系。关于公司治理的目的，学者意见不一，有的学者认为公司治理的目的是实现股东利益最大化，而有的认为应是实现利益相关者利益最大化。就目前中国情况而言，公司治理的首要目的还应该是通过建立一种有效的制度安排或规定，来实现股东利益的最大化。

公司治理结构是否完善，直接影响现代企业制度的实施进程。良好的公司治理不仅能提供有效的监督，还能激励企业竭尽全力为社会创造财富，成为企业的优秀典范。对上市公司而言，公司治理是有关公司运行机制的综合性的制度安排，还是证券市场能够健康运行的基础。公司治理问题已经成为我国证券市场发展的核心问题，目前我国很多证券市场的问题的根源就来自于上市公司治理不当。上市公司的法人治理结构不健全、监管和制约不到位，不但会使广大投资者特别是中小投资者的利益受到损害，还会对证券市场发展的根据造成影响。只有当上市公司解决好公司治理的问题，才能提高公司的盈利水平，降低市场的投机之风，保证证券市场健康、有序的发展。

由于不同的国情、政治经济制度、历史文化等因素，各国有着不同的公司治理模式。目前世界各国主要的公司治理模式包括四种：一是英美模式，二是德日模式，三是东南亚和拉美国家的家族模式，四是转轨经济模式。英美模式的最大特点是股东高度分散，流动性强，企业运作高度透明，并且有相对完善的立法和执法机构。中小股东由于股权分散，在公司决策中发挥作用有限，股东常常通过股票买卖的形式来参与公司重大问题决策，也被称为"用脚投票"。英美模式的公司治理更关心短期收益，视股东财富最大化为公司经营的最高目标。这种治理模式建立在传统的自由市场经济基础上，以外部监督为主要模式，主要特征是"弱股东、强管理层"。德日模式的最大特点是股东比较稳定和集中，德国公司多为大银行控股，日本公司多为公司内部人控制。德日模式的公司治理更关注公司的长远利益，综合考虑各方利益相关者，强调合作和协调。这种治理模式的特点是"强股东、弱管理层"。东南亚和拉美国家的家族模式是指公司股权集中在家族手里，而控制性家族一般普遍地参与公司的经营管理和投资决策，公司治理的核心是控股大小股东和经理层的利益冲突，特征为"强大家族大股东或管理层，弱小股东"。转轨经济模式主要存在于苏联和中东欧等转轨经济国家。这种公司治理的最大问题是内部人控制，当当选体系缺乏和执行力微弱时，经理层能够对企业实行强有力的控制，在某种程度上成为企业实际的所有者。

现代公司治理的特征是所有权和经营权的分离。按照委托代理关系的原理，我国公司在公司治理方面也存在先天性的制度缺陷。总的来说，我国企业治理存在的弊端如下几点。

（1）"内部人"控制现象严重。"内部人"控制是公司治理制度不完善的必然产物，是指在所有权和经营权分离的现代公司中，股东不能对经理层的行为进行最终的控制，所以经理利用这种控制权来谋取个人或小集团的利益，使得全体股东的利益受损。"内部人"控制是经济转轨过程中一种潜在可能的现象，是从计划经济制度的遗产中演化来的。主要表现为以下一些方面：化公为私，造成国有资产流失；企业内部人员利用公权获得平价资源，赚取市价和平价的差额；偷税漏税现象严重；等等。内部人控制现象的普遍存在，使得上市公司的股东大会出现"无机能化"的趋势，监事会没有实行应有的功能，大股东不受约束，上市公司应有的制衡机制失效。这种无约束的上市公司治理结构在实践中会产生多重负面影响。我国上市公司虽然会按照分权制衡的原则设立董事会、监事会、股东大会等机构，但是国有股东背景的董事、内部董事人数可以占到董事会成员的大部分，公司的经营决策往往掌握在这些内部人的手中。

（2）大股东损害小股东利益。我国上市公司的股权结构中国有股占据绝对的控股地位，占总股份的比例可以达到50%以上，因此公司的经营决策基本上由大股东来决定。中小股东很难对公司决定造成影响，其利益常常遭到大股东的损害。权力过于集中于大股东手中，会使大股东往往为了取得私人利益最大化而不顾中小股东的利益，做出一系列损害公司经营情况的行为，比如上市公司恶意圈钱融资、做假账、随意使用募集资金、公司高管转移公司资产等等，这些现象都与国有股"一股独大"现象有关。上市公司还可以成为大股东的"提款机"，被大股东通过借贷和担保掏空资金。并且上市公司和关联股东之间的关联交易也日益盛行，关联交易的形式也各异，花样不断变化，即使关联交易表面上有利于上市公司，但是实际上还是有利于关联股东尤其是控股股东，归根到底还是为了让大股东更多的圈钱。在上市公司中，还可能存在资产重组。在某些"一股独大"的上市公司中，资产重组存在着很多问题，如非等价交易、自我交易、内部交易，使得中小股东的利益受到损害。

（3）激励机制不完善。人力资源是企业最重要的投入之一，对其进行有效激励至关重要。上市企业董事会、管理人员属于企业家范畴，对于他们的激励机制非常重要。上市公司对高管人员的激励机制不完善是影响公司治理的关键问题。民营企业内部的激励机制、监督机制和约束机制的缺失，也是非常严重的问题，可以导致企业无法高效顺畅运转。目前，我国薪酬激励机制不完善的地方有：一是薪酬水平普遍偏低。中国工资的增长率往往低于通货膨胀的速度。据调查[1]，国内有超过 6 成的上市公司高管人员对现行的薪酬制度不满意，认为不能吸引和激励人才。二是薪酬与公司的经营业绩相关度不强。一方面公司的经营效益可能连年上升，净利润巨大，但另一方面公司员工的工资可能仍然没有大幅上升或者上升幅度小于公司利润上升幅度。三是薪酬结构不合理。据了解[2]，1999 年美国上市公司高层管理人员的报酬结构中，基本工资占 38%，奖金（浮动薪酬）占 26%，股权激励占 36%，而我国上市公司高层管理人员报酬结构仍不太合理，激励形式太过单一，缺乏长期激励手段。不完善的激励制度往往难以吸引和留住高素质的人力资源。西方发达国家普遍采用股权激励的报酬形式，这种激励模式取得了较好的效果。而股权激励的薪酬激励制度在中国仍处于摸索阶段，需要进一步推广。

（4）监督机制不够完善。首先，内部监督机制可能存在缺失。对于中小企业来说，股东会、董事会、经理层内部组织结构往往三者合一，结果是决策、执行、监督三权合一，所有权和经营权合一导致企业决策和管理混乱。其次，外部监督机制也不够完善。当外部监督力量较强时，公司管理人员会受到压力而努力改善公司治理。外部监督力量主要来自政府、中介机构和利益相关者。我国相关法律法规仍不太完善，不能对公司形成较好的外部监督；而会计事务所、律师事务所等中介机构由于发展不规范，也频频出现

---

①　http：//www.jrj.com.cn/NewsRead/Detail.asp? NewsID = 847014。

②　http：//www.people.com.cn/GB/jinji/35/159/20020530/740585.html。

和公司合谋作假账、披露假消息的行为；银行等债权人的外部监督力量同样也很薄弱。

二、引入股权投资基金，完善公司治理结构

股权投资和融资成为企业治理机制完善的一个快捷的途径。在股权投资中，企业的股权不是由众多分散的股东所拥有的，而是集中在少数有投资专长和监管经验的机构投资者手中，这就克服了由于股权分散导致的对经营权约束日益减弱的问题。股权基金对企业的投资目标是，通过控制企业来改造企业，然后在企业价值提升后将股权转卖，实现收益。完善公司治理结构是实现这一目标的基础之一，这充分反映在股权基金分阶段投资的策略和中断投资的威胁中，以及追加投资的激励机制中。同时，股权基金在进入公司决策层后，就有了更换公司管理人员的权利，拥有为保护自己利益进行干预的措施，使管理层感受到来自企业投资方的压力。引入了股权基金的企业董事会是由名义为非执行董事的基金方来领导，并为企业提供管理上的支持。股权投资人在名义上一般是外部董事或者非执行董事，却相当活跃，形成了一个积极的内部投资者的独特模式。这实际上是由于股权基金及其一般合伙人的利益与企业利益高度一致的表现，只有将企业的实力提高到一定程度，基金才能通过退出来获得高额收益，也只有在成功完成对企业的融资、运作、退出后，一般合伙人才能从有限合伙人手中获得额外的分红，同时也利于一般合伙人下一次基金募集时的号召力和说服力。股权投资人注重和企业建立合作关系，努力了解企业的发展过程，与企业建立互动性关系；并且有足够的经验和信息来推动企业的发展，取得管理层的充分信任；与企业管理层统一奋斗目标，共同为企业创造价值，包括继续为企业提供融资，解决企业出现的危机。

通过以上的理论分析说明，发展股权融资不仅对解决中小企业融资难问题有很大的帮助，也对提高我们中小企业的竞争力有显著作用。

股权投资基金对公司治理方面的重要作用体现在以下三个方面。

首先，股权投资基金能带来合理的股权结构。分散的股权结构下存在经理人代理问题，大股东控制的股权结构下存在大股东"一股独大"的问题，小股东控股结构下存在防止小股东剥夺的问题，而股权投资能带来外部的权

衡机制。股权投资者将公司的所有权集中在自己手上，从而可以有效控制公司的管理权和决定权。股权投资的目的是追求公司价值的最大化，因此其有动力参与公司的经营管理，并且干预公司决策的预期收益可能超过预期成本，解决了公司治理机制中个人投资者监督成本过高、收益过小的问题。股权投资基金不会利用手中的控制权剥夺公司利益，并且会积极、主动提供管理上的支持，形成积极的内部投资者的模式和较为集中的股权结构。

其次，股权投资基金作为机构投资者，可以利用自身的专业知识和丰富经验的优势来提高管理的效率、降低信息的成本，加强对公司治理制度的监管。股权投资基金既是股东又是专业的管理专家，有动力也有能力了解企业的财务状况和行业的宏观情况。他们具有专业的知识和理念，并且在投资企业前就对该企业和该行业有详细的了解。股权投资基金积极的态度和拥有的控制权，使得他们能够利用自身的专业知识和丰富经验来降低信息不对称带来的风险和成本，提高管理的效率。

最后，股权投资基金具有先进有效的激励制度，采取的是与业绩挂钩的薪酬激励机制，投资者和管理者的利益都与公司经营效益有关。股权投资者完全是以最大限度的提高被投资企业的经营利润为目的，在投资策略上具有充分的自主权。和一般公司相比，股权投资基金投资的企业可以提供更为丰富、水平更高的激励，包括股权、期权、共同投资机会和实现业绩目标后的奖金分红。这使得管理层的利益与公司的兴衰联系在一起，促使管理层辛勤工作、为公司价值增加而努力。这样，管理层和股权投资基金的利益形成了一致。股权投资基金还能对被投资企业的经营管理进行监督控制，迫使管理层不断努力实现企业价值最大化，形成约束机制。

第五节　加强我国在全球金融市场的话语权

一、股权投资基金要"走出去"

1. 中国"走出去"战略

自从 20 世纪 70 年代末中国实行改革开放政策之后，"走出去"战略成为促进我国经济发展的重要理念。改革开放使得中国经济发生了翻天覆地的变化，使中国人民意识到"走出去"的重要性。随着世界商品、资金、人员、信息、技术等生产要素在全球范围内流动日益频繁，世界各国资源得到了合理配置，整个社会福利得到了提高，各种资源在全球范围内更容易获得，各国经济发展对本国资源的依赖程度逐渐降低。20 世纪 90 年代以来，中国市场开始呈现整体供大于求的格局，经济从卖方市场开始向买方市场转变。市场上出现产品过剩，供过于求的产品种类越来越多。我国政府已经针对这种严重的生产过剩采取了一系列政策措施，但由于我国这种经济发展的不均衡状态主要是产业结构变化滞后于需求结构变化造成的，所以不能完全依靠国内市场自我调节来解决。要解决这种不均衡问题，必须走出中国市场，同时面对国内和国际两个市场，通过产业结构升级和调整来实现。对外开放不仅能将国内过剩的生产力输出到国际市场，还能利用国际市场来填补国内市场的空白。我国人口数目巨大，自然资源的人均占有率较低，矿产资源严重缺乏，尤其是战略资源严重短缺。所以，可以鼓励国内企业走出国门，通过对外投资方式来获得国外矿产资源，以补充国内资源不足。否则，这种资源的短缺将成为制约我国经济高速发展的短板。因此，对外开放是我国必须长期坚持的基本国策，要做到对外开放，必须是既"引进来"又"走出去"，保持双向均衡。

"走出去"战略又称国际化经营战略、跨国经营战略或全球经营战略，它与"引进来"战略相对应，是中国对外开放的两个方面。"走出去"战略在内容上有广义和狭义之分。广义的"走出去"战略是指鼓励在国际竞争中具有相对或绝对竞争优势的企业有准备的、有步骤的到国外投资办厂，实现产品、资本、人才、管理等多方面进入国际市场，充分发挥我国的竞争优势。狭义的"走出去"战略是指企业通过对外直接投资方式进入国际市场，从而参与国际竞争和合作，提高自身国际竞争力，达到促进本国经济快速、持续、协调发展的目标。"走出去"战略可以分为商品输出和资本输出，即商品出口与直接投资两个层次。货物贸易、服务贸易等为商品输出的层次，而对外直接投资为"走出去"战略的第二阶段，即资本输出的层次。

作为现阶段和未来相当长时间内我国对外经济贸易发展和对外开放的一项基本战略，"走出去"战略的核心内容是进行资源开发、市场寻求、出口导向和高新技术研发的对外投资。资源开发型以弥补我国国内资源不足为主要目标。由于资源短缺将是我国经济发展的重要问题，这种对外投资应成为我国今后对外投资的战略重点。出口导向型对外投资通过直接投资的方式来避免东道国贸易保护的限制。市场寻求型对外投资主要是企业在国外市场已经开拓到一定程度的情况下在投资地进行生产、销售及售后服务。高新技术研发型是在发达国家投资设立高新技术研发中心，利用国外的先进技术和研究条件，将研发出来的产品交由国内母公司进行生产。

2. 股权投资基金走出去也是"走出去"战略的一部分

在后危机时代背景下，我国企业"走出去"的模式和策略都可能出现变化，可能是寻求多样化或者多样经营的理念，也可能寻求交易性质的多样化，比如从单方并购到成立合资企业、合资并购。在今后的几年内，中国企业走出去的发展趋势将是通过并购和外国企业建立战略联盟或合资企业，这就需要我国金融服务业推进金融市场开放、融入世界金融体系和提高金融服务业的国际竞争力。因此，促进国际投资是"走出去"战略的重要一部分，而作为金融创新的股权投资是当前全球跨国投资的主流，其也是"走出去"战略的重要部分，将为实施"走出去"战略发挥重要作用。

中国股权投资基金相对国外来说，发展还是比较落后，人才队伍、经验还不足。国内的股权投资基金有必要以国内的市场和股权为条件，尽可能地跟海外的股权投资基金搞合资，来培养人才并积累经验。

目前股权投资基金走出去面临着诸多机遇。一是经济全球化为股权投资基金发展提供了机会。经济全球化是近年来经济发展的重要趋势，虽然经济民族主义和贸易保护主义形成阻挠，但经济全球化仍然大势所趋、不能阻挡。经济全球化能增强国家之间的经济、文化、技术、人才交流，使得各国尤其是发展中国家联系更加紧密、市场更加开放，为中国的投资基金通过股权投资方式进行海外投资提供了便利条件，不仅营造了良好环境，还提供了更多机会。二是中国国内流动性过剩为股权投资基金提供了充足的资金来源。中国国际收支经常项目和资本、金融项目长期呈现的"双顺差"以及大量流入的外商直接投资，使得中国成为世界上外汇储备最高的国家。由于大量的外汇占款将大量增加货币供应量，高储蓄使得国内消费不足，流动性过剩日益严重，对中国造成不小的通货膨胀的压力。这些过剩的资金如果能被充分引导到国外市场进行投资，将大大缓解国内通货膨胀压力，同时也为股权投资基金走向国外投资提供了源源不断的资金。三是美国金融危机为中国资金走向国际市场提供了机遇。美国次贷危机使得国际上的知名金融机构受到巨额亏损，一些金融资产迅速贬值，大量资产被严重低估，中国投资者能以低于重置成本的价格购得优质资产，低成本的进行股权投资。另一方面，由于金融危机的影响，使得西方的金融市场投资门槛放松，强调在加强规范和引导的同时允许主权财富基金进行投资。四是人民币升值大幅降低海外投资成本。虽然人民币升值压力渐大，对出口造成影响，但是较高的汇率使得股权投资基金进行海外投资的成本降低，中国企业海外投资的能力上升。

国际上股权投资基金早已走出国门，在全球市场上寻找投资项目进行跨国投资，是一国投资者实现国际化投资的手段之一。随着国际股权投资基金业务的不断发展和延伸，以美国为代表的国际股权投资基金在全球市场上越来越活跃，份额越来越高，地位也越来越重要，话语权得到显著提高。在股权投资基金的支持下，很多国家的企业迅速扩大并成长为成功的跨国企业。

我国股权投资基金应该走出去，和资金雄厚、经验丰富的国际知名股权投资基金合作和竞争，这对加快我国股权投资基金国际化进程、产业的成熟、人才的引进与培养有十分重要的意义。可以预见，随着中国股权投资基金的不断发展和壮大，本土基金将越来越多的"走出去"，由于股权投资基金的推动而走出去的企业也越来越多，为我国产业和金融国际化战略提供强有力的支撑。我国股权投资基金也必须走出去，以使自己变得更强大。目前，外国股权投资基金已经进入中国金融市场，对中国企业虎视眈眈。由于其敌意收购和高杠杆的存在，使得国外股权投资基金可能对中国资本市场和企业产生不利的影响。通过股权投资获得的巨额利润也不应当总是落入外国人的腰包。本土股权投资基金应当通过走出去，来学习国际的先进经验，增强自己的实力，从而打破国际股权投资基金资金、信息、管理方面的优势，从而保证我国金融自主和经济的稳定性。我国必须培养强大的本土股权投资基金，建立相应的、适当的政策和监管体系。

二、助力我国企业"走出去"

1. 中国企业积极谋求国际市场话语权

在参与国际竞争的征途中，中国企业长期缺乏话语权。虽然中国身为世界钢材消费第一国家，但中国企业却没有铁矿石定价权，常常不得不妥协于国外买方的漫天开价；中国服装、小商品出口经常遭到国外贸易保护主义的反倾销反垄断检查而影响国内工厂销售业绩；外国跨国公司常常能收购我国优秀企业，而中国企业海外并购异常艰辛而鲜有成功。中国在国际市场的份额虽然显著增加，但是影响力仍然微弱，利润份额仍然较少。

经过近年来的高速发展，中国已经成为国民生产总值位居世界第二，外汇储备位居世界第一的经济体。中国应该承担起在国际金融市场上的一份责任，努力成为积极影响国际金融市场决策的重要力量。中国在国际组织中用自己的经济发展模式和发展理论，丰富了整个国际社会关于经济发展、改革的理论和实践，也被期待能通过提升自身的国际地位和话语权来最终消除欧美"双寡头"的"话语垄断"。在美国次贷危机中，中国经济的表现不俗，甚至被国内国际舆论讨论是否需要出手援救在危机中受损严重的国外金融机构。金融危机中欧美国家对"看不见的手"过度依赖，而中国企业手中资金充沛，这为中国企业进行海外投资提供了机会，也有助于中国融入国际金融体制的高端环节，提升中国在国际市场的话语权。美国金融危机波及实体经济后，中小企业受到严重影响，急需通过股权转让资金问题，这正迎合了我国企业投资需求。我国企业可以通过股权投资基金来投资、参股或购买世界一流的企业，不仅能有机会分享其技术品牌和市场份额，还能学习其优秀的管理方法。

发展海外投资是我国企业实施"走出去"战略的重要环节。关于"走出去"战略的内涵，我国商务部的解释是"包括对外投资及其他跨国经营活动"，具体指海外投资、对外工程承包和劳务合作3项业务。

我国企业进行海外投资有自身的优势。与发达国家不同，中国企业海外投资的竞争优势不是先进的技术，而是发展中国家的一些特殊的特点。一为要素资源优势。中国地大物博，具有丰富的资源储备。从要素禀赋来看，我国企业具有比较优势的产品是纺织、服装加工、食品加工、家用电器、自行车、陶瓷等劳动密集型行业的产品，这些企业通过海外投资可以规避贸易摩擦和关税壁垒，代替出口，打通海外市场。二为相对于发达国家的后发优势。发达国家虽然在技术、管理、销售方面具有优势，但由于人力成本过高和市场饱和等原因导致市场的发展潜力不大，甚至成为夕阳产业。中国企业可以通过投资来整合这些企业的经营资源，提升企业竞争力，在投资外国资本的同时，获取新技术和管理技巧，从而增大国际市场占有份额。三是相对于发展中国家的比较优势。一些发展中国家国内市场比较狭小，需求结构与中国比较相似。中国用于与投资国当地市场相当的技术和经营能力，而且人力成本较低，降低了企业的运营成本。中国企业投资这些国家的企业具有独特的优势。四是地缘优势。我国幅员广阔，地跨亚洲大陆，与太平洋相接，海岸线漫长，这是中国有利的地缘优势。而且中国有其独特的文化和产品，例如中药、丝绸、中式菜肴、中国手工艺品等等，都是中国的特色标志，是中国企业"走出去"的一种优势。五是中国经济实力日益增强。中国目前作为国民生产总值世界排名第二、外汇储备排名第一、国际收支持续顺差的贸易大国，对世界经济具有一定的影响力。中国经济的强大为本国企业走出去提供了资金保障，金融系统的完善也为企业海外投资提供了多样化的方式。

我国企业进行海外投资往往不是一帆风顺，常常面临许多问题和挑战，需要企业提高警惕。光有强大的资金支持是不够的，还需要先进的投资理念和管理经验。推进我国企业海外投资健康发展，需要在以下几个方面进行改进。首先，企业要增加海外投资的风险防范意识。政治风险是企业海外投资面临的重要风险。政府办事的效率、民族主义的倾向、政策的变化都有可能对企业的海外投资造成不利的影响。如果在投资过程中，与对方政府沟通不恰当，很有可能导致双方的不理解和不信任而使得投资计划流产。信息不对称风险也非常重要。由于国别差异，双方企业的投资和管理理念很可能存在较大的差异，我国投资方也很难得到外国企业的完全的信息，从而导致投资失败。因此在投资过程中，投资方应当谨慎的进行信息的获取和分析，来避免文化、制度、经济等方面的信息不对称问题。其次，企业要灵活运用海外投资策略。我国金融市场的发展和创新也为企业进行跨国投资提供了便利的条件。

2. 股权投资基金助力中国企业走出去

正如前面所说，推动我国企业走出去，需要有完善和高效的金融支持体系。在我国，目前是以间接融资为主，银行贷款占重要地位。中国大型企业走出去投资时很容易遭到太多的关注而引起不必要的问题，应该由民营企业和中等"国企"走出去投资，但中小企业融资难因为各方面的原因暂时不能得到很快解决。而股权投资基金就能在助力中国企业走出去方面起到很大的作用。我国投资公司、企业以及银行可以把资金投到进行海外投资的股权投资基金，再由这些基金投资国外的相关企业，从而控制这些海外企业的股权，并通过多投资几家股权投资基金来达到控制国外企业的目的。这比起直接收购要更隐蔽，而且能借助股权投资基金专业的投资方式来获取更大的效益。

在股权投资基金的支持下，很多国家的企业迅速扩大并成长为成功的跨国企业。中国已成为亚洲最活跃的股权投资市场之一，国外著名投资银行和股权投资基金为中国中小企业提供了新的融资渠道。从蒙牛、哈药等企业的成长发展历程就可以看出，这些股权投资基金为这些企业的扩张提供了直接的支持。

股权投资基金走出去，能有效促进国内企业走出去。首先，有利于直接获取国内缺乏的资源和能源。我国缺乏的资源和能源是制约我国经济快速发展的重要因素。股权投资基金走出去，可以有利于直接投资于国外资源和能源机构，保障国内资源能源供应。以前中国通过收购国外的石油公司来实现与国外资源合作，这些海外股权投资成为保障中国获得稳定海外资源能源供应、国家能源安全的重要力量。通过股权投资进行直接或间接的权益投资来保障海外能源资源供应，也是世界各国如日本、欧洲的通行做法。促进股权投资基金走出国门，可以以其先进的管理经验和投资眼光将资金投向最合适的资源能源项目。其次，股权投资基金走出去，可以有利于本土企业直接获取进入国际市场的捷径。雅戈尔通过并购美国新马服装集团，促进了品牌的国际化，拓展了品牌的国际市场；飞雕电器通过收购意大利知名开关企业，打破了行业标准的壁垒，获得了产品进入欧美市场的权利。股权投资基金可以帮助企业通过投资于国外知名企业来突破国外的贸易保护主义措施，并且获得先进的技术支撑，打开商品的国际销售渠道。再次，股权投资基金走出去，可以有利于直接获得先进的技术、品牌、人才和管理经验。国外的企业尤其是跨国企业通过多年的经验积累，具有很高的管理能力和合理的管理系统。股权投资基金通过海外投资，可以实现对国外企业成功经验的直接吸收利用。例如联想收购 IBM 个人电脑业务，不仅扩宽了海外市场，还可以通过学习 IBM 先进的技术和管理经验来提升企业自身素质。

国家开发银行大步跨出传统放款银行的角色，于 2009 年成立人民币 350 亿元的私募基金投资公司——国开金融有限责任公司，来配合政府政策支持并购海外天然资源，并与澳新银行敲定跨国合作，扩大在大洋洲地区的联贷业务。国家开发银行日前成立全资拥有的直接投资兼私募基金业务，重点在于为重要政府建设提供资金、支持官方背书的企业并购，以及帮助发展基础建设、能源、天然资源与都会建设等计划。国开金融的成立，能让国开银行支援大陆资源与能源公司的海外扩张，从旁协助政府鼓励企业界走出国门的政策。股权投资基金有助于内地企业"走出去"，也有助于内地发展金融市场。

2008 年中联重科在股权投资基金的帮助下收购意大利 CIFA 公司就是股权投资基金帮助中国企业走出去的一个例子。2008 年 9 月 8 日，中联重科联合投资机构弘毅投资、高盛、曼达林基金与意大利 CIFA 公司正式签署整体收购交割协议，以 2.71 亿欧元的现金，完成对 CIFA 的全额收购。

中联重科之所以收购 CIFA，是因为其目标要成为大型跨国公司，需要对企业进行全球化改造。股权投资基金在这次收购中起了重要作用。由于并购涉及标的企业所在地企业文化、法律法规、会计税务制度、商业惯例以及工会制度等方面存在巨大差异，风险很大，因此找股权投资基金帮忙是一个重要途径。无论是发债、借款，还是直接持有 CIFA 股份，都将通过一家在香港特别设立的特殊目的公司 B 进行，而股东除了弘毅、高盛、曼达林之外，中联香港控股公司在港设立的全资子公司 A 持有 60% 股份，中联香港控股公司则是中联重科的全资控股子公司。三家投资人的 PE 投资背景以及与金融机构的密切关系，除直接为中联重科提供资金外，也帮助其做各种融资安排。另一方面，中国企业初到欧洲做并购会遇到不少问题。这些在中国企业眼里并不突出的问题，可能成为谈判桌上的决胜点。比如，欧洲的劳工法对企业重组过程中的裁员问题有非常严格的规定，很多中国企业对这个问题以及可能出现的工会反对意见会估计不足。股权投资基金凭借其丰富的经验，对这些问题有充分的准备。

第七章　我国股权投资基金存在的问题

随着创业板的退出，国内多层次资本市场的逐步完善，创业板上演绎着一个个造富神话。动辄几十倍的收益率吸引各路社会资金加速涌入股权投资基金行业，使得十多年前鲜有耳闻的股权投资基金行业成为继全面炒楼之后的又一投资热点。然而，股权投资市场法规的不完善，无序竞争造成的市场混乱，过低过松的准入门槛，导致股权投资领域鱼目混珠、良莠不齐。

第一节　民间股权投资基金乱象

目前，股权投资基金已成为证券市场中不容小觑的新兴力量，对我国金融市场的运行有着重大的影响，其运行机制有公募基金不可比拟的优越性，但由于我国股权投资基金存在形式的多样性、隐蔽性，相关立法的不完善性，监管存在真空地带，许多不利于经济健康发展的现象已突显出来。2010年7月爆出的中国PE腐败第一案及已被立案查处的"亿安科技"，暴露出不规范的股权投资基金对证券市场造成的严重危害。其主要表现在以下方面。

一、股权投资基金运作不规范

1. 股权投资基金的组织形式混乱

目前我国股权投资基金的组织形式多种多样，而且这些形式在我国法律上均未做规定，导致股权投资基金各方当事人的权利和义务不清，一旦出现纠纷，当事人的责任难以划分，各方的权利无从保护。我国股权投资基金的主要存在方式除公司型、信托型和有限合伙型三种之外，还有所谓的"松散"契约型股权投资基金。其中，公司型是指以单个企业出资或联合几家企业共同出资，成立投资公司管理企业自有资金。信托型主要是指经过监管机构备案，资金实现第三方银行托管，通过信托公司发行的股权投资基金。有限合伙型是指按照有限合伙制企业模式，由普通合伙人和有限合伙人共同组建的股权投资基金，普通合伙人即股权投资基金的管理人，有限合伙人即股权投资基金的投资人。有限合伙制是股权投资机构组织方式的"国际惯例"，不仅解决了双重征税的问题，还能够有效和灵活地激励股权投资基金管理者，最大效益地平衡普通合伙人和有限合伙人之间的风险和收益，将成为我国股权投资基金发展的趋势。

契约型主要指民间的"非合法"股权投资基金，一般由一个人或者一个团队，为有资金的客户服务，提供咨询或者代理操作，以委托理财方式为其他投资者提供投资服务。其具体形式主要有委托理财、公司或契约式私募基金、工作室三种。虽然相关法规对证券投资咨询资格进行了界定，但实际中一些不具备咨询资格的咨询机构、工作室、投资公司等都进入了这一行业，从事股权投资基金的业务。一些小规模的股权投资基金，由于双方完全凭一种私人之间的信任建立起委托关系，大多只有口头协议；有些虽然有书面的形式，但是根本没有正式的文本合同。由于我国目前的信用环境和投资环境较发达国家金融市场相对不完善，投融资市场不规范，一定程度上存在关联交易和黑箱操作，社会商业信用体系尚未建立，这些都不利于保护资产委托人的利益。

2. 股权投资基金的融资过程有待规范

（1）从资金筛选角度分析，与公募基金相比，股权投资基金主要通过非公开方式向特定对象筹集资金，其设立、资金募集、赎回等都通过私下协商进行。相对于公募基金，股权投资基金所受到的监管很少，信息披露程度较低，容易发生不规范行为，而且股权投资基金的来源十分复杂，有合法的资金，也有部分违法或违规的资金，极有可能成为滋生腐败的温床。比如一些从灰色地带交易获得的资金或从违法渠道获得的资金，或者是贪污受贿等非法收入，不敢公开投资证券市场，转而投资股权投资基金，除了获得利润外，这些资金的所有者更重要的目的是通过金融市场使其财产合法化，其流程类似于"洗钱"。另外，由于股权投资基金在我国尚未取得合法地位，对股权投资基金的监管体系尚不完善，再加上近年来国内金融市场的高速发展和较大的利润空间，热钱涌入股权投资领域，令股权投资基金行业迅速膨胀，这些热钱投机性极强，深谙游击战法，炒作节奏非常快，与经济热点和市场形势高度联动，随时有可能冲击我国尚不完善的金融市场，造成金融不稳定甚至动荡。不仅如此，随着股权投资基金市场的发展和利益的驱使，出现了专门为基金寻找资金的中介代理人。这种中介代理人往往不考察资金的来源和基金的运作过程，只负责组织资金。其中，不乏某些基金的管理人（投资公司、投资咨询公司、投资顾问公司等）不履行尽责义务，为不明来路的资金进入股权投资基金提供方便。

（2）从融资过程角度分析，一些刚踏入股权投资基金领域或者资质较差的机构，为了吸引客户和资金，往往进行虚假承诺，对投资者做出保证年终收益率等承诺，或进行超出保证能力的高风险投资，故意夸大收益率。在股权投资基金中，盛行的年终承诺收益率在 10%，有的甚至高达 30%，大大超过了银行存款利率。这种含有承诺的股权投资基金极易演变为高息揽存或非法集资，破坏金融系统的稳定。

2006 年 2 月 ~ 2009 年 4 月间，上海汇乐董事长黄浩以发起创投企业和德浩私募基金为名义，先后成立汇乐、汇义、汇仁、汇乐宏宇、宏石置业、生标科技、德浩投资等九家公司，对外招揽投资者 700 余人，募集资金 1.78 亿元。根据线索，上海证监局依法对该起以创投、基金为名非法发行证券、集资诈骗的案件进行查处，并移送公安机关。目前，主犯黄浩被法院以集资诈骗罪和非法经营罪判处无期徒刑，没收财产 1000 万元，其他同案犯以非法吸收公众存款罪均被判处有期徒刑 6 年，分别并处罚金 10 万元和 30 万元。案件已大白天下，但这起"中国式庞氏骗局"的确值得投资者警惕。另一起颇受关注的案例是浙江红鼎创投的创始人刘晓人因集资诈骗 1.41 余亿元，已被湖州中级人民法院一审判决死缓。2010 年 6 月 29 日，因资金链条无法持续，刘晓人主动投案。据当地检察院当时的认定，从 2006 年 7 月至案发，犯罪嫌疑人以经营红鼎创业投资公司为名，虚构集资用途，以高额回报为诱饵，累计集资达 2.1527 亿元，无法偿还集资款 1.9757 亿余元。

这两起事件暴露了 PE 业内募资过程存在的问题：一是保底收益的契约

模式对股权投资基金的负面影响，由于较高的保底收益实现难度较大，结果导致保底、保本名不符实，而且其契约多是私下协议模式，无法得到法律保护。一旦股权投资基金因搏击风险失败，可能因其外部效应而殃及整个金融体系。二是如何界定股权投资与非法集资，如何避免非法集资套用 PE 概念进行资金吸纳，如何界定合格的普通合伙人等，这些都是股权投资基金急需解决的问题。

3. PE 腐败现象严重

PE 腐败是近年国内新出现的词汇，学术界对其尚未有统一的定义。市场偏向定义为当前股权投资基金中出现的内幕交易现象，通常有突击入股、突击转让股权和代人持股等表现形式。创业板大门的开启，不仅成为打造牛股的温床，同时使本土股权投资基金迅速升温，而 PE 腐败也一并成为这个市场的衍生品。其具体表现形式如下。

一是保代持股。所谓"保代持股"，是指券商保荐代表人承诺上报项目，与发行公司签订秘密协议，保荐人通过亲戚或朋友代理持有该公司比较可观的发行股份。保代持股一般都在总股本的 1% 以上，或者就是 100 万股本起，在发行人调整股权结构的时候进行持股。背后的控制人一般为拟上市企业经营过程中的利益相关者，掌握权力影响企业经营发展的，如政府官员、保荐人、监管层或其亲友。入股形式主要是通过亲友代为持股，或者直接假借他人身份证件参与其中，有的甚至为方便进入还临时聘任为公司高管、员工的方式纳入股权激励的行列。还有通过设立投资公司、股权投资基金、信托等入股的方式，进行代持。

证监会颁布的《证券发行上市保荐业务管理办法》第一章第五条明确规定，保荐代表人通过本人及其配偶持有发行人的股份，将撤销资格，情节严重将采取市场禁入措施。但是，保代持股形式比较隐藏，一般很难被证券监督委员会查处。

二是股权投资基金突击入股。一般指在公司申请上市前一年左右的时间里，一些有背景的私募投资者以各种形式快速进入这家拟上市公司，成为小股东，他们通常是低价入股上市公司定向增发拟收购的资产，待定向增发成行时，高价实现退出，往往获利数倍乃至数十倍。

由于对原始股东 3 年锁定期的规定限制股东现金流，并带来极大的时间成本，故某些拟在创业板上市公司在上市前最后一轮募资过程里，会主动提出套现手里的少部分股权，这便是突击入股所需的拟上市公司股权。上述股权基本不会在公开场合买卖，多半是公司股东寻找值得信赖的合作对象，或协助上市辅导的券商人士与律师操办，寻找合适的股权投资基金作为买家。整个突击入股的利益链中，原始股东获得流动资金，券商与律师得到佣金，股权投资基金则通过上市后迅速套现获利，每个环节都存在赚取高额回报的可能。

三是券商PE"保荐+直投"的灰色链条。所谓"保荐+直投"模式，即券商作为IPO企业的保荐人的同时，旗下直投公司又参股该IPO项目的股权投资。投行手中的优质项目一般会优先推荐给自己的直投企业，而直投企业看中的项目，由于保荐人的关系，能以一个普遍低于市场整体的价格拿到这些项目。高额的收益率让"保荐+直投"成为券商有力的业务模式，券商借此模式，集保荐人、承销商、财务顾问、股东等多重身份于一身，不仅得到IPO的承销费用，同时在投资股权退出时直接获利。

从国际经验来看，"直投+保荐+财务顾问"是国际投行的重要业务模式，此业务模式可以保证项目的延续性、信息的相对完整性和明显的协同效应，欧美等发达国家并不禁止证券公司"保荐+直投"的经营模式，但通常要求证券公司制定、实施并维持有效的利益冲突管理制度。如证券公司可通过信息隔离措施来限制敏感信息在不同业务部门之间的流动，从而控制利益冲突；证券公司也可以向客户披露已存在的或潜在的利益冲突；在利益冲突无法通过控制或披露方式进行管理和防范的情况下，证券公司应限制相关业务活动，以避免利益冲突。

纵观我国私募股权投资市场，有数据表明，直投试点2011年7月，有50家直投项目上市，其中39家采用"保荐+直投"模式，占比达78%。2007年9月，证券监督管理委员会重新放开券商直投业务，在"先行试点、逐步推开"的指导原则下，进一步放宽了券商开展直投业务的门槛。2010年以来，券商直投深化试点也已展开，但各方对"保荐+直投"模式褒贬不一，监管部门对此模式仍采取审慎态度。2011年7月8日，证券监督管理委员会发布《证券公司直接投资业务监管指引》（下称《监管指引》），标志着券商直投业务正式步入常规监管阶段。与2009年4月发布的《证券公司直接投资业务试点指引》相比，此次《监管指引》最主要的变动在于直投可以设立基金筹集并管理客户资金进行股权投资，投资决策委员会成员中不得有投行管理和专业人员，投行担任保荐机构的公司在签订有关协议后，直投及直投基金不得再投资。另外，证券监督管理委员会明确规定了券商直投的投资规模，要求券商对直投子公司、直投基金、产业基金及基金管理公司的投资金额合计不得超过公司净资产的 15%，并要求券商仅以出资额为限对子公司承担有限责任。针对"保荐＋直投"模式中可能存在的利益输送，证券监督管理委员会采取了人员独立、决策独立、信息隔离、业务隔离等措施，要求证券公司自担任拟上市企业的辅导机构、财务顾问、保荐机构、主承销商或者实质开展相关业务之日起，直投子公司及其下属机构不得再对该企业进行投资。

二、信息披露制度不完善

资本市场的基础是信息披露，真实、准确、完整、及时的基金信息披露是树立整个基金行业公信力的基石。我国对公募基金采取强制信息披露制度，包括募集信息披露、运作信息披露和临时信息披露，要求基金市场上的有关当事人依照法律法规规定向社会公众进行基金信息的说明。但不同于公募基金，股权投资基金尚无法律强制规定在监管机构登记、报告、披露信息，基金的管理者和投资者之间签订的协议一般要求极大的操作自由度，股权投资基金的信息无需对外披露。这些信息不但包括投资人身份、投资项目、募集资金金额、具体操作等核心机密，产品规模、份额变化等产品信息也囊括其中，外界很难获得私募基金的系统信息。调查显示，我国股权投资基金在信息披露方面做到定期披露信息的占 38.5%，运作到一定阶段才披露的占 26.9%，不披露的占 35%[①]。

从投资者利益角度讲，证券市场的信息不对称，会严重损伤中小投资者的切身利益。特别在我国中小投资者占绝大多数的背景下，提高市场透明度，切实保护好中小投资者利益，事关整个市场的稳定与效率。从有限合伙股权投资基金性质讲，其契约方式的灵活性、投资战略的保密性被视为竞争

---

① 夏斌、陈道富：《中国私募基金报告》，上海远东出版社 2002 年版，第 174 页。

优势或生命力所在，因此，私密度原则上越高越好。理论上的矛盾必将导致实践中股权投资基金的混乱与无序。由于缺少法律的强制规范，管理人一般缺乏主动披露信息的意识，一旦发生投资违法行为，投资人将蒙受巨大损失。纵观我国股权投资基金市场的发展，其信息披露方面突显出如下问题。

1. 股权投资基金缺乏基本的信息披露要求

与公募基金具有明确法律地位不同的是，我国股权投资基金长期以来没有明确的法律地位，虽然《创业投资企业管理暂行办法》对创业风险投资基金的设立、运行等进行了首次规范，也给予创业风险投资明确的法律地位。《合伙企业法》的修订为合伙制股权投资基金设立提供法律依据，各种法规的完善在一定程度上有助于该问题的解决，但配套的基金财产登记、税收等制度还不完善，讨论多年的股权投资基金管理办法迟迟未出台，严重制约了股权投资基金股权基金的快速、健康发展。据笔者了解，在新一轮《基金法》修改过程中，是否将股权投资基金纳入监管范围成为学者们议论的焦点，至今尚未有定论。相应地，对股权基金信息披露的建设则更为滞后，2011 年 1 月 31 日印发的《国家发展改革委办公厅关于进一步规范试点地区股权投资企业发展和备案管理工作的通知》（以下简称《通知》），要求股权投资企业除需向投资者披露投资运作信息外，应于每个会计年度结束后 4 个月内，向备案管理部门提交年度业务报告和财务报告。在投资运作过程中发生重大事件的，应及时向备案管理部门报告。缺少对基金日常运作过程中的信息披露要求，如年中报告，而对数量更多、影响更广泛的未备案的股权投资基金则无针对性的法规或政策文件加以规范。

但同时也要注意到，信息披露过于频繁、全面、透明，虽然有利于对股权投资基金的监管和防范风险，另一方面可能也会限制股权投资基金的优势的发挥，恐不利于股权投资基金的长远发展。

2. 各类股权投资基金信息披露标准不统一

由于股权投资基金组织形式的多样化及市场主体的多元化，功能相似的理财产品，面临的监管要求也不尽相同。从世界范围看，股权投资基金的组织机制一般分为三种：公司制、契约制和有限合伙制。由于国情不同，各国采用的组织形式不完全一致，就美国而言，有限合伙制股权投资基金占总数的 80%，契约制为 19%，公司制为 13%。目前，我国也存在多种形式的股权投资基金。由于我国金融业仍属于分业经营、分业监管的体制，不同类型股权投资基金发行和管理主体的监管机构或部门不同，如信托型股权投资基金由银行业监督管理委员会监管，证券公司及其发行的集合资产管理计划由证券监督管理委员会机构部监管，基金公司及其发行的一对多集合资产管理计划由证券监督管理委员会基金部监管，而商业银行及其发行的理财计划则由银行业监督管理委员会监管部门监管。虽然不同监管机构对特定种类的股权投资基金都有相应的法规或政策规定，并且都涉及信息披露的内容，但由于缺乏专门的信息披露规范或操作指引，加上不同信息披露主体的理解存在差异，因此实际执行过程中股权投资基金信息披露的内容和格式表现出较大的差异。这种"政出多门"的监管体制存在很多漏洞和冲突，使得同一投资类型或风格的股权投资基金的信息披露要求和实践不同、可比性不强，增加了基金投资者比较决策的难度和成本，降低了投资者的信息甄别效率，不利于各方对股权投资基金信息披露的持续监督及资本市场的健康发展。

3. 股权投资基金信息披露不真实

不同于其他理财产品可以公开宣传，股权投资基金扩大影响的主要方式是靠优异业绩支撑起来的良好口碑。在我国股权投资基金领域，有一条被无数实践验证的生存法则是：用足够吸引眼球的业绩和收益率说话，通过大量的媒体宣传吸引投资者，同时接连推出新产品以扩大管理资产规模。而这往往就会使得一些股权投资基金采用非正常手段人造"净值"。正是由于这个自律式的披露规则，让一些股权投资基金在业绩出现偏差时，更多采取避重就轻方式，在业绩好的时候报喜标榜基金实力，在业绩差的时候闪烁其词，回避披露业绩下滑的真正原因。还有些基金管理者以保护商业秘密为由，隐瞒对企业不利的会计信息的披露。很多涉及上市公司经营现状或是事关基金经营业绩的重要信息不公布或含糊，特别是涉及基金错误经营决策的信息，更是想方设法地遮掩；有些重大的违法、违规在被查处之前相关公司很少或根本没有通过任何形式披露。由于缺乏必要的约束机制，使得投资者在知情权方面处于劣势。

4. 缺乏独立第三方对股权投资基金披露信息进行监督

理论上讲，股权投资基金由于门槛较高，基金投资者应有能力和经验对基金管理人提出信息披露需求，识别出有用的、准确的基金信息。但我国资本市场起步较晚，总体上投资者的成熟度不高，基金管理人的执业水平需进一步加强，监管机构的监管能力和水平也在不断提升之中，因此有必要引进独立第三方加强对股权投资基金信息披露的监督。值得肯定的是，参照公募基金的治理机制，我国各类股权投资基金法规都强制引入了托管机制，由托管银行对基金管理人计算的基金净值信息进行复核，并对管理人定期报告中有关的财务数据进行复核，确保了披露信息的准确性。但是在目前我国法律体制下，股权投资基金的托管人一般是由基金管理人来选择，这使得托管银行对股权投资基金管理人信息披露行为的独立监督作用发挥打了折扣。在披露程序上，仍是由基金管理人将经托管人复核后的信息向投资者和监管机构报告，托管人无从知晓最终定向披露的信息是否是经其复核后的信息。同时，我国行业协会、自律协会等独立第三方机构仍有待建立和健全，其对股权投资基金信息披露的监督作用尚未能充分发挥。

我国股权投资基金是否该有透明度、股权投资基金运行透明度应该到何种程度，相关信息内容披露的广度与深度该如何等问题，是监管部门长期未解决的瓶颈问题，还有待于在实践中不断探索和完善。

三、普通合伙人的道德风险

股权投资基金向社会公众和非特定对象发布信息，以股权的形式投资于目标企业，其追求的目的不是贷款的利息，而是目标企业上市后获得巨大收益。以有限合伙制股权投资基金为例，从其业务流程上看（见表7.1），股权投资基金是一个融资和投资相结合的过程，股权投资基金从投资者那里筹集资金，再分散投入到各类目标企业中去，这涉及三个参与者和两个委托代理关系：投资者和目标企业家、股权投资基金和目标企业的双重委托代理风险。

在有限合伙制组织形式中，基金管理人是普通合伙人，负责管理基金的运营；外部出资人是有限合伙人，能够监控基金的运行并参加基金的年会，但无权直接参与基金的日常管理活动。在这种情况下，出资数量较大的有限合伙人相对于基金管理人来说，就成了股权投资基金的外部人，而出资额度较小的基金管理人反而成了股权投资基金的内部人。由于基金管理人获得基金规模的固定费用报酬与基金投资利润，所以，受个人利益趋势，基金管

表 7.1 私募股权基金业务流程

序列	业务流程	具体内容
1	业务沟通与交流	私募股权基金管理机构的客户部与客户进行充分接洽，由私募股权基金发起人来了解客户的性质、客户委托资产的规模、委托期限、收益预期、风险承受能力及其他特殊情况和要求；客户通过接触来了解私募基金管理机构的资信、业绩历史和基金经理的技能
2	签订基金契约	双方在投资策略取得共识的基础上签订基金契约，确定各自的权利和义务。客户在规定的时间划拨资金，私募基金管理机构以基金的名义在银行和证券公司开设独立的资金账户和证券账户，并按约定日期把委托资产转入专门账户
3	资金投资和集中管理	私募基金管理人按基金章程约定的投资策略对资金进行投资和集中管理，客户如有建议，可及时向管理人反馈；同时，基金管理人必须定期向投资者提供基金活动的重要信息，如递交投资备忘录及审计财务报告
4	清算、结算	协议期满或一个投资周期结束以后，对专门账户上的资产进行清算，以此鉴定基金管理人的经营业绩，并在此基础上收取管理费，结算盈余和亏损

理人有通过发起大规模的后续基金以增大公司管理的资本额的动机，从而能够最大限度地增加利润。但其时间和精力的限制，必然带来对所筹集的投资基金管理支持力度不足的问题，这必将引起作为普通合伙人的基金管理人与作为有限合伙人的外部投资人的利益冲突。当委托人的利益要靠代理人的行动来实现，投资者一般不参与风险资本的投资运作管理决策，而投资者虽然参与了风险资本的管理，但也不可能像股权投资基金那样参与企业的日常经营管理，这就给代理人向委托人隐瞒信息提供了机会。当代理人和委托人的利益不一致时，代理人就可能利用这种不对称的信息做出对委托人不利的行为选择，以基金管理人作为内部人的道德风险就此产生。

1. 股权投资基金内部道德风险

股权投资基金内部道德风险发生在投资者和风险投资家之间，在这一重委托代理关系中，投资者是委托人，也是财产的实际所有者，股权投资基金家是代理人，作为股权投资基金的职业管理人从事资产的经营管理。股权投资基金为了增加收益并实现利益最大化，会先后筹集并管理多只投资基金，而由于精力、时间上的原因，基金管理者会分散其对单个风险投资基金的注意力，影响到对单只投资基金提供管理支持的力度，降低了有限合伙人的收益。这种基金管理者层面的道德风险称为内部道德风险。

其表现形式如下：

（1）在投资前，基金管理人隐藏信息。由于信息不对称，股权投资基金管理人就可能凭借其掌握信息的优势，为了达到某种目的，故意隐藏信息和歪曲信息，损害投资者的利益。这主要发生在基金投资者选择基金管理者过程中，投资者总是倾向于选择真正具有专家管理水平和有诚实信用品德的基金管理者来运作基金资产，但是这些指标都属于基金管理者的内部信息，基金投资者并不能直接了解和完全把握，从而使得一些基金管理者倾向于夸大自己的管理水平和诚实信用品德，而隐瞒自己的不足和缺陷。

（2）在投资后，基金管理人对投资者隐蔽行为。由于基金的投资者不能直接观察到基金管理者的具体行动，只能观测到一些基金管理者主动发布的信息。这些变充其量只是基金管理者的不完全信息，更有甚者是经管理者筛选后的"有利信息"。因此，基金管理者随时可能出现侵害基金投资者权益之类的道德风险。

（3）在投资项目选择中投机情况严重。为取得自身收益的短期最大化，股权投资基金管理人用募集的资金去投机而不是投资，投资高风险项目，若成功，基金管理人不仅巩固个人在企业中的地位，而且收获在股权投资基金的良好口碑；即使失败，整个损失也由现有企业分担，他们仍能按股权比例得到相应报酬。

2. 股权投资基金外部道德风险

股权投资基金外部道德风险是由股权投资基金与目标企业家之间的委托代理关系产生的。在投资阶段，从公司治理的角度看，股权投资基金与目标企业家之间构成了委托代理关系。股权投资基金是委托人，也是财产的名义所有者，他在经营企业的过程中实际管理资金财产的运用，并对目标企业进行投资管理。目标企业家则为代理人，利用筹措的资金投资，增强企业活力和竞争力，增加市场的附加值。股权投资基金的目标在于使投资回报最大化，目标企业家则追求个人货币收入与非货币收入的最大化。可见，两者目标并非完全一致。由于目标企业家掌握着更多风险企业的内部信息，是信息优势的一方，对处于信息劣势的委托人来说，代理人可能根据自己拥有的私人信息做出损害委托人利益的事情，从而引发道德风险问题。

其具体表现如下：

（1）在获得投资后，企业主管用假账或转移资产手段处理账目，造成虚假财务信息，出现实盈账亏现象。

（2）消极怠工。风险企业家的信息优势地位使得股权投资基金难以观察到他的努力程度和行动，风险企业家因此可能存在"搭便车"现象，不尽全力工作，而是分享整个团体的成果。

（3）过度投资。企业管理人员可能会不惜一切代价进行高风险投资，并不理会所投项目是否最优、是否能让股东利益最大化等问题。

（4）在职消费。目标企业家享受豪华的办公场所、过度的职务消费和极高的薪资水平。这种行为将大大增加风险企业的费用支出，进而威胁到股权投资基金的利益①。

四、缺乏有效监管和完备的法规

目前，国内股权投资基金存在的问题，从根源上讲是缺乏对股权投资基金法律上的明确定位和监管。从国外成熟的股权投资市场的经验来看，股权投资基金的规范运作和健康发展，需要有效的法律支持，离不开适度的外部监管。但总体来看，我国当前与股权投资基金相适应的法律制度或监管机制基本上处于空白状态，配套的制度建设应当及时跟进。

1. 股权投资基金缺少必要的法律和政策支持

股权投资基金已在我国发展十余年，但是我国的《证券法》、《信托法》都没有对私募基金的含义、资金来源、组织方式、运作模式等问题做出明确的规定，更多的民间私募基金处于法律所难以涉及的灰色地带②。2001年4月颁布《中华人民共和国信托法》后，信托公司从事股权投资基金走向合法化，这标志中国股权投资基金正式阳光化的运作。2006年开始实施的新修订的《公司法》，增强了股东之间的自由契约能力，为建立公司型股权投资基金确立了合法基础，并为其运行、退出预留了空间。2007年颁布的

---

① 李红梅：《风险投资中的委托代理问题研究》，《决策借鉴》，2002年第15期。

② 刘亮：《私募基金灰幕》，《资本市场》，2007年第4期。

《信托公司集合资金信托计划管理办法》，确立了信托型股权投资基金的法律地位，允许信托公司发行信托计划进行资金理财，同时规定推介信托计划时，必须以私募的方式进行，即不得进行公开营销宣传，不得委托非金融机构进行推介。而后随着《合伙企业法》（2007 年 6 月 1 日开始施行）为有限合伙型的股权投资基金运行确立了法律基础，加速了我国本土股权投资基金市场的发展。2008 年 12 月银行业监督管理委员会发布的《商业银行并购贷款风险管理指引》，允许商业银行为股权投资提供并购贷款，为杠杆并购基金提供了合法的资金渠道。

虽有以上法律或管理办法初具股权投资基金雏形的规定，但为出台相应的实施细则，影响了法规的可操作性。目前以各种方式存在的股权投资基金仍然是处在法律的边缘地带，在面临法律风险的同时还面临着一定的政策风险，这就使得它们的长期行为缺乏激励和保障。而相关法律的缺失又使得其行为难以被约束，为其违规操作提供了空间。一旦发生纠纷或变故，投资者的利益就会缺乏相关的法律维护，这是股权投资基金发展的基本障碍。

2. 股权投资基金主体不合格

股权投资基金主体不合格的问题主要表现在以下两个方面：一是在委托人方面，主要表现为委托人不具有将资产委托给他人代理经营的权利。依照我国现有法律规定，社会保障基金、住房公积金等公益性基金，只能进行银行存款和国债投资，以确保广大受益人财产的安全。但由于进行储蓄或购买国债的投资回报率低，不能满足基金保值增值的需要，因此不少基金管理单位纷纷将公益性质的基金委托给中介机构。另外许多分公司或其他分支机构也有一部分闲置资金，为追求高收益，违规地委托给中介机构，进行"地下"股权投资基金投资。2009 年新修订的《保险法》第一百零六条规定："保险公司的资金运用限于以下形式：银行存款；买卖债券、股票、证券投资基金份额等有价证券；投资不动产；国务院规定的其他资金运用形式。"二是在代理人方面，很多基金管理人实际上不具备经营资产管理的资格，但借投资咨询、财务顾问之名，混入基金管理人的行列。其行为的不规范和无约束性，增加了资金提供者的投资风险，一旦发生争议，各相关当事人的权益很难得到保护。

3. 监管主体不明确

虽然中央各部门都对股权投资基金持支持态度，提倡发展股权投资基金，拓宽融资渠道，提高社会资金的优化配置，但实际上我国目前的股权投资基金监管面临"多龙治水"的尴尬，缺乏明确的管理部门。从组织形式上看，国内股权投资基金股权基金的设立形式主要包括公司制、有限合伙制、信托制以及契约制，设立的基础法律依据分别为《公司法》、《合伙企业法》、《信托公司集合资金信托计划管理办法》、《合同法》等法律法规。此外，就一些特定形态的股权投资基金股，相关监管部门也出台了具体监管文件，主要包括以下几个方面。

（1）发展和改革委员会对股权投资基金的监管。2006 年 3 月 1 日起，由国家发展和改革委员会等十部门发布的《创业投资企业管理暂行办法》（下称《办法》）正式实施。《办法》对创业投资企业的设立方式、投资方向、备案条件、经营范围、投资限制、企业监管等方面做了原则性规定，旨在建立完善创业投资法律保障体系和政策扶持机制。《暂行办法》对创投企业的监管体现在发展和改革委员会的备案上，通过发展和改革委员会备案的创投企业应当接受监管部门的监管。备案管理的内容：一是从经营范围、最低资本额和管理团队等方面，审查备案条件。二是依据《办法》规定的投资限制条款，对创业投资企业进行必要的检查。三是对未按《办法》规定进行投资运作的，责令其在 30 个工作日内改正；未改正的，取消备案。

2009 年 7 月，国家发展和改革委员会发布了《关于加强创业投资企业备案管理严格规范创业投资企业募资行为的通知》（下称《通知》）。《通知》对备案创业投资企业的经营范围、最低实收资本和承诺资本、投资者人数、单个投资者最低出资、高管资质做了要求；规范了创业投资企业的"代理"投资业务，并在创投企业的信息披露、不定期抽查方面做了强化。《通知》对股权投资基金股权基金的监管已经涉及基金销售方式、禁止代持股份、禁止固定收益、防范"非法集资"等领域。

为了进一步了解和掌握股权投资行业的发展状况，以及加强对股权投资基金的监管，国家发展和改革委员会在 2011 年 1 月发布了《关于进一步规范试点地区股权投资企业发展和备案管理工作的通知》（以下简称《备案通知》），这意味着中国股权投资基金强制备案时代正式启幕。该通知要求，股权投资企业资本规模达到 5 亿元以上须到发展和改革委员会备案，对象包括北京、天津、上海三市及江苏、浙江、湖北三省，涵盖了原国务院批准股权投资基金先行先试的地区。就发展和改革委员会而言，此《备案通知》既显示了其争取股权投资基金监管的话语权的意愿，又以恰当的方式体现了其"适度监管"的理念。

（2）国家商务部等对外商股权投资基金的监管。2003 年 3 月 1 日，由原对外贸易经济合作部（现更名为商务部）、科学技术部、国家工商行政管理总局、国家税务总局和外汇管理局等五大部委联合发布的《外商投资创业投资企业管理规定》（下称《管理规定》）正式实施，之前由对外贸易经济合作部、科学技术部和国家工商行政管理总局发布的《关于设立外商投资创业企业的暂行规定》废止。《管理规定》对外资创投的设立审批、对外投资审批、投资限制、投资备案、资金使用情况、投资管理人监督等方面做了规定。其中，《管理规定》中明确外商股权投资基金可以经营的业务种类与不得进行的进入活动以及具体备案方法：创投企业投资于任何鼓励类和允许类的所投资企业，应向所投资企业当地授权的外经贸部门备案。完成备案后，所投资企业持外商投资企业批准证书向登记机关申请办理注册登记手续。准予登记的，才能获得外商投资企业法人营业执照。另外，创投企业还应在每年 3 月份将上一年度的资金筹集和使用情况报审批机构备案

（3）银行业监督管理委员会对信托型股权投资基金的监管。在信托制股权投资基金监管方面，银行业监督管理委员会制定了《信托公司私人股权投资信托业务操作指引》（下称《指引》）。《指引》对信托型股权投资基金投资运作的监管是通过规范信托公司的投资决策、风险控制来实现的，如要求信托公司亲自处理信托事务，独立自主进行投资决策和风险控制，即使信托公司聘请第三方提供投资顾问服务，投资顾问也不得代为实施投资决策。《指引》的上述规定强化了信托公司的投资决策责任，化解了部分基金投资风险。由于银行业监督管理委员会是信托公司的监管机关，《指引》的监管措施有明确的指向对象，内容也较全面。

可见，我国对股权投资基金股权基金并无统一的监管者和监管标准，而由相关部门分头监管，"政出多门"导致出台的政策多是自相矛盾，而且极易出现过度监管和监管真空的情况。如何平衡各部门利益，如何把《公司

法》、《信托法》、《合伙企业法》、《税法》、《合同法》、《证券投资基金法》等各类法律及各部门出台的行业法规、指导意见有机地整合起来，是未来股权投资基金管理法制化的关键问题。

第二节　股权投资基金经营环境有待改善

由于中国股权投资基金没有公开的信息发布渠道，笔者主要以《中国创业风险投资发展报告 2010》中公布的 2009 年中国创业风险投资基金的基本数据及清科集团公开发布的调查数据为研究对象。

一、股权投资基金资金来源较狭窄

根据资金来源结构及《中国创业风险投资发展报告 2010》的数据统计口径，将创业风险投资资本分为：政府资金，包括各级政府对创业资本的直接资金支持；国有独资公司资金，指国有独资公司直接提供的资金；非上市公司资金，包括非上市股份有限公司和有限责任公司投入的创业风险投资资本；上市公司资本，主要指在中国境内公开证券公司市场上市的公司投入风险投资的资本；金融机构资金，包括银行和保险公司、证券公司、信托公司等非银行金融机构的各类资金投入，事业单位、自然人及其他出资。图 7.1 显示了 2008～2009 年中国创业风险投资的资金变化：政府出资与国有独资投资机构出资合计占总资产的 39%，非上市公司出资占 32.4%，总体上，2009 年政府出资额度提高，个人占比为 10%，仍有上升空间。

我国目前资金来源整体上呈现以下特点。

1. 人民币基金募资逐渐发展，但外币基金仍占主导

国内股权投资基金的资金来源在以往年度始终是外币基金占主导地位，但随着中国经济持续向好，国内机构和家庭的资产在迅速增加，而这些资金部分已成功引导至股权投资基金，股权投资基金资金来源逐渐以人民币为主流。根据清科研究中心数据表明，国内新募集基金数量和募资额双双超过美元基金首次主导市场。以 2009 年为例，当年共新设 30 只可投资中国大陆的股权投资基金。其中，以人民币募集的基金有 21 只，共募集 87.28 亿美元，占募资总额的 67.4%，平均每只基金募资额也接近 4.2 亿元；以美元募集的

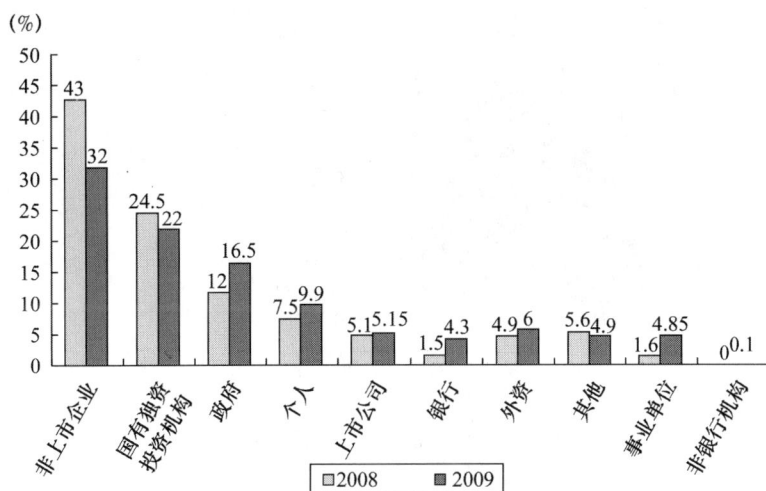

图 7.1　2008～2009 年中国创业风险投资的资金来源

基金有 9 只，尽管当年受到金融危机等因素的影响，海内外大型机构投资者管理资本严重缩水，但是 9 只美元基金还是共募集资金 42.3 亿美元，占募资总额的 32.6%，平均每只基金的募资额为 4.7 亿美元。

2. 资金渠道有待进一步拓宽

我国股权投资基金的一个突出问题是：有限合伙人（LP）范围结构单一。在股权投资基金中，LP 是主要资金来源。从国际市场看，股权投资基金的主要投资者为养老基金、银行、保险公司、慈善基金和政府等长期投资者。根据欧洲创业投资协会（EVCA）的统计，2003～2007 年，欧洲私募股权资金结构如下：23% 来自养老基金，15.6% 来自银行，9.9% 来自保险公司，10% 来自政府机构，14.7% 来自组合基金，个人及家族信托占 7.0%，其他约为 11.4%，养老金、银行、保险公司和组合基金合计占到 64.2%（见图 7.2）。

然而，目前我国股权投资基金资本的来源与发达国家股权投资基金资本来源结构上存在重大区别，主要来源于政府、国有独资投资机构、非上市公司等，资金结构单一，结构有待优化（见图 7.3）。社会保障基金、银行、保险公司这类有着巨大资金存量和投资能力的机构资金或者尚未成为其主体。从 2008 年起，融资渠道已有所拓展。2008 年 3 月，证券监督管理委员会决定在中信证券、中金直投试点的基础上适度扩大券商直投试点范围，华

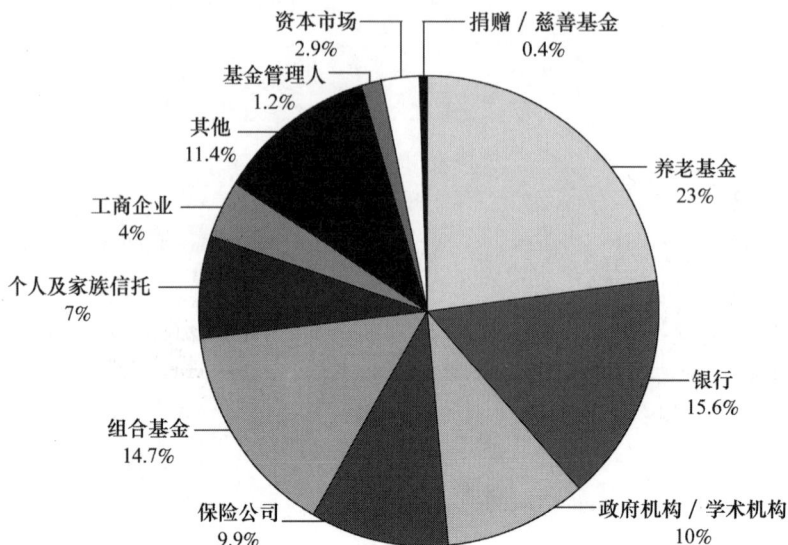

图 7.2 2003~2007 年欧洲私募股权资金来源

泰、国信等八家符合条件的证券公司相继获准开展直投业务。2008 年 4 月，全国社会保障基金获准自主投资经发展和改革委员会批准的产业基金和备案的市场化股权投资基金，可投资金额近 500 亿元，鼎晖投资和弘毅投资旗下的人民币基金首批获投，分别获得 20 亿元承诺出资。2008 年 6 月，银行业监督管理委员会就《信托公司私人股权投资信托业务操作指引》征求意见，准备对已经展开的信托类私人股权投资业务进行规范和指引；2008 年 10 月，发展和改革委员会、财政部、商务部联合出台《关于创业投资引导基金规范设立与运作指导意见》，对地方设立创投引导基金做出明确规范；2008 年 11 月，保险机构获得国务院批准投资未上市企业股权，将稳妥开展保险资金投资金融企业和其他优质企业股权试点，支持产业调整和企业改革；2008 年 12 月，中国银监会发布《商业银行并购贷款风险管理指引》，允许符合条件的商业银行开办并购贷款业务，使商业银行资金进入股权投资领域成为可能。

2011 年 6 月 29 日，全国社会保障基金理事会副理事长王忠民正式宣布，社保基金将出资 100 亿元入股中国人民保险集团股份有限公司（下称"中国人保"）。按照此前保监会发布的《保险资金投资股权暂行办法》，中国人保不仅可以通过旗下已经组建的资产管理公司丰富的人员和经验进行直接投

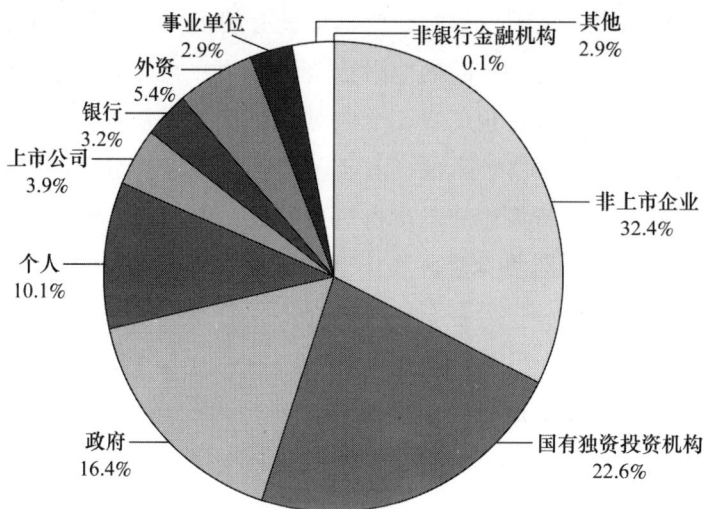

图 7.3　中国创业风险投资资本来源（2009 年）

资，同时也可以以有限合伙人的身份委托其他基金来进行投资。这就意味着，社保基金在投资保险企业的同时也可以享受到人保 PE 投资带来的收益。此举不仅是社保基金对于保险业的首次战略投资，也是社保基金曲线投资 PE 的一个方式。全国社保基金无疑为股权投资基金的发展注入一股活水。然而，鉴于我国的特殊国情，社会将提前步入老龄化，老龄人口占社会总人口的比重不断增大，社保基金对于我国社会发展的稳定起到至关重要的作用。因此，国家对社保基金涉足股权投资基金仍将会以安全性作为首要考虑因素，对于风险较大的早期项目，社保基金所能发挥的作用受到了限制。

3. 个人作为股权投资基金资金提供方的理念有待培育

与国际投资者相比，本土投资者缺乏投资经验，且风险容忍度较低，逐利性明显，突出反映在基金个人投资者的短期投资风格上。另外，本土投资者有很强的意愿参与基金的投资决策，有些甚至要求进入投资委员会。过度的热情对基金的管理未必有帮助，反而有可能使得基金管理更加急功近利。

近年来，随着国家整体经济的不断增长，个人收入也在相应提高，同时，我国受传统理财思想及现实社会保障体制等因素的影响，个人或家庭的储蓄存款规模巨大，并且始终保持着不断增长的态势。现阶段，个人直接参与股权投资基金的时机尚不成熟，主要由于个人对于股权理念还没有完全接受，对其概念及优势不甚了解，自然不会将自身的资金投向股权投资基金。

而且，从抵御风险角度看，股权投资基金具有规模大、风险高的特点，而个人投资通常规模小、抵御风险的能力较差，因此，就为个人直接介入设置了较高的门槛。从项目遴选角度看，个人对于股权投资基金的专业知识掌握有限，不可能像专业基金管理者那样对于不同的项目进行尽职调查，从中筛选出优质的项目。从投资策略和退出机制角度看，普通个人也不可能做到专业合适地把握，因此，即使不存在法律上的障碍以及投资会有良好的回报率，我国个人直接进行股权投资基金的时机尚不成熟。

二、股权投资基金退出效率较低

　　成熟完善的资本市场可以为股权投资基金提供完善的退出渠道。参照资本市场发达的美国、日本等国，其股权投资基金的退出机制主要有IPO、兼并收购（M&A）、公司资本结构重组、股权转让、产权交易、企业回购等。以美国为例，由于其相对完善的市场，使得其在证券市场萎缩的情况下由过去的IPO为主转为收购兼并为主，但是目前我国多层次资本市场不完善，市场环境由于限制较多，企业上市门槛高，产权交易不活跃，其他退出机制尚在起步。现有的资本市场根本无法满足股权投资基金快速有效地进入市场。

　　根据清科集团的调查数据显示，我国股权投资基金IPO退出经历了明显变化。2006年之前，我国股权投资机构以外资机构为主，投资基金基本全是外币，形成早期我国股权投资基金市场退出典型的"两头在外"模式。2006年发布的《关于外国投资者并购境内企业规定》以及2007年外汇管理局的一份关于境内居民通过境外特殊目的的公司融资及返程投资外汇管理的"106号文"，阻碍了中国境内企业以红筹方式在海外上市，使外资股权投资的退出渠道变窄，改变了这种两头在外的格局。虽然我国股权投资基金退出在很长一段时间内仍以海外IPO为主，但增长势头已大不如前。2007~2009年第一季度，在金融危机的横扫下，国外IPO之路变得更加艰难曲折。与此同时，国内股权投资基金退出经历了一段难熬的低迷时期，从2009年第二季度至今，在创业板的利好消息刺激下，国内IPO市场的日益完善，我国股权投资基金退出市场也从国外向国内证券市场转移。2009年全年股权投资基金退出较2008年路径有明显的拓宽，共有80起股权投资基金退出案例，其中IPO退出仍是股权投资基金退出的主要方式，共有71例，占将近90%；

股权转让 3 例，兼并收购 3 例，其他方式有 3 例。2010 年的数据报告，IPO 退出竟高达96%的比例。两组数据反映出 IPO 和上市后减持退出仍是股权投资基金在中国投资的主流退出模式。

随着国内资本市场资金的泛滥，项目的价格水涨船高，可行的股权投资企业越来越少，IPO 溢价越来越低，证监会上市审查更加严格等，使 PE 机构的 IPO 退出之路步履维艰。特别是 2011 年以来，持续震荡、低迷的资本市场已波及新股发行，各大板块的发行市盈率普遍降低，IPO 规模与机构平均账面回报率呈现不同程度的缩减，使得 PE 机构退出回报的不确定性大大增加。PE 投资最关心的是如何退出和何时退出的问题，因此必须高度关注退出风险。我国股权投资市场上，不少投资失败的案例都是因为没有顺利退出导致价值未得到实现。除此之外，IPO 退出方式的效率偏低还体现在以下几方面。

（1）首次公开发行对企业的治理结构和财务层面要求较高。在现实中，还是有很多风险企业达不到上市要求的条件，或者因发展模式等原因未通过证券交易所审核。例如，ITAT 服装连锁在香港联交所接受上市聆讯会时，由于业务模式受到置疑，其上市申请被驳回，通过 IPO 退出获得价值收益的愿望化为泡影。

（2）我国的资本市场波动巨大，政策的不确定性会导致企业上市融资失败的风险。如 2008 年下半年，证券监督管理委员会内部积压了大批等待上市融资的企业，但是由于国际金融危机和国内股市暴跌的大环境，基本上停滞了上市企业 IPO 的审批；同时，实体经济的下滑又导致了企业财务层面发生变化，使其不再符合上市融资需求，对企业和股权投资基金造成重大损失。

（3）首次公开发行的发行成本昂贵。与其他退出方式相比，IPO 的手续比较繁琐，涉及法律、会计、中介等问题，退出成本较高。在风险投资发达的美国，一般来讲，当发行规模超过 2500 万美元时，发行成本约为发行市值的 15%，而当发行规模低于 1000 万美元时，发行成本将大大超过 15% 的水平。

从成熟市场经验来看，并购市场是股权资本实现退出的最主要方式，重组退出方式占比达 70% 以上，IPO 只是完整资本市场体系的一部分。但目前我国规范的场外市场还没有形成，股权投资的退出过度依赖于以证券交易所为代表的集中市场，现在的公司退市制度标准仍然比较单一，以并购方式退出的比例还非常低，应当使其多样化。要进一步完善股权投资市场选择和退出机制，按照市场的规律完善股票发行制度，强化上市公司的退市机制。要提高发行二级市场的定价效应，加强投资者保护，形成真正的优胜劣汰市场选择机制，强化各个板块之间的转换和上市公司退市制度建设。同时，应当进一步拓展股权投资的投资领域和范围，使其投资领域范围多样化。对资本市场而言，重点则是进一步完善资本市场多层次结构，形成场内市场与场外市场并存、主板和中小板创业板并重、IPO 与并购重组并行的股权投资格局，促进股权投资领域、投资范围、投资企业的多样化。

第三节　股权投资基金行业发展失衡

一、股权投资基金市场过热

随着创业板的开通，国内风险投资的发展全面提速，当 2010 年风险投资、股权投资基金与上市公司共同收获了上市后的丰厚利润，全民 PE 开始在国内大行其道。据有关机构的研究统计，2010 年上市的 491 家公司中，近一半具有股权投资基金和风险投资的背景，涉及国内外投资机构 269 家。其中，我国内地共有 149 家股权投资基金和风险投资支持的公司上市，占股权投资基金和风险投资机构支持的上市总数的 67.4%，仅中小板和创业板、股权投资基金和风险投资回报就达到 687.5 亿美元，股权投资领域已经呈现出过热迹象。

1. 股权投资基金整体发展过热

在经历了 2008 年金融海啸冲击、2009 年的募资投资低迷期之后，2010年中国股权投资市场迎来了强劲反弹。清科研究中心的报告显示，2010 年中国股权投资市场募资、投资、退出案例数量均创下历史新高，当年共有82 只可投资于中国大陆地区的股权投资基金完成募集，募集金额 276.21 亿美元；投资热情同样狂热，全年共发生投资案例 363 起，交易总额 103.81亿美元。同样，创投市场发展态势同样迅猛。2011 年第一季度，中国创投市场上共发生投资案例 232 起，其中披露金额的 192 起，投资总额 19.28 亿美元。环比 2010 年第四季度，一季度投资案例数小幅增长为 5.0 个百分点，投资总额涨幅则为 16.2%；与上一年同期相比涨幅更加明显，投资案例数上涨幅度为 39.8%，而投资金额更是几乎翻倍，涨幅高达 95.0%。2010 年新募基金 82 只，总募资金额达 276.2 亿美元。在全球备受金融海啸席卷之时，中国股权投资基金仍有如此成绩，取决于以下几个原因。

首先，中国是少数仍然保持高速增长的大经济体之一。中国的多数产业（包括食品和服装等传统产业）都处在高速扩张期，因而吸引了大量创业投资和成长资本基金。随着中国中产阶级的兴起和人民币的升值，中国占世界市场的比重将不断上升。在此背景下，国外基金和本土基金加快在中国市场的布局已经成为行业内的一大潮流。

其次，更现实的原因在于国内资本市场的快速发展。中国 A 股市场虽然在金融危机后经历了过山车式的大起大落，但从企业融资角度来看，仍然是世界上为数不多的牛市之一。2009 年末创业板的推出更成为股权投资基金业的重大利好消息。首批进入发行审核阶段的 129 家候选企业中，约有 40% 为创业投资基金支持的企业。创业板动辄上百倍的市盈率令 PE 投资的入场价水涨船高，目前 PE 投资的平均价格已经被推至 15 倍市盈率以上，即便如此，以目前的创业板估值作为参考，如果所投企业上市，仍可获得超过 300% 的投资回报率。在《资本论》的经典描述中，这一利润率足以让人"铤而走险"。截止 2011 年 10 月底，271 家公司登陆创业板上市，让中国的人民币风险投资和股权投资基金回报非常高，在所有资产种类中名列前茅，呈现出当下的股权投资热现象。

此外，在 2008 年底中央财政 4 万亿元经济刺激推出之后，由地方政府设立引导基金的热潮逐步席卷全国。仅 2010 年 9～11 月间，国内就有至少 7 只政府引导基金宣布成立，募集或计划募集金额逾 200 亿元，其中已经披露的至少已有扬州市创业投资引导基金、大连市股权投资引导基金、上海创业投资引导基金、云南文化产业发展引导基金、温州创业投资引导基金、苏州工业园区政府引导基金二期、南京创业投资引导基金等 7 只政府引导基金成立，涉及募集金额超过 200 亿元，而一些地方政府也已经把组建引导基金纳入日程。政府不仅希望能通过股权投资基金的投融资功能解决本地企业发展的资本金问题，也希望借助政府引导基金在中国创业投资行业发展中的杠杆作用，拉动当地经济发展。比如 200 亿元的股权投资，可以拉动 2500 亿元的经济，对于当地的经济发展大有裨益。

最后，全民参与股权投资基金与中国开放 30 多年来财富积淀密不可分。财富在达到一定量级后肯定会考虑资产配置，除了传统的房产、储蓄、股票投资外，开始考虑其他的资产配置。值得关注的是，近年来，我国居民消费价格指数（CPI）持续高于一年定期存款利率，居民储蓄热情不断下降，个人投资者不断增加，也将成为股权投资基金的资金来源之一。

2. 股权投资基金偏好 Pro – IPO 项目

自 2006 年中国因为实现股权全流通引发股市繁荣，大量 PE 投资通过 IPO 得到数十倍甚至数百倍的回报，产生了巨大的财富效应，股权投资基金成为炙手可热的投资新领域。尤其是创业板推出后，越来越多的上市公司背后有着 PE 的支持，国资、地方政府、券商、民营企业、外资等各路资本涌入 PE 行列，过于泛滥的资金竞逐于有限的 Pre – IPO 项目，竞争已趋白热化。

自 2004 年开设中小板至 2010 年末，近 1/3 的公司获得 PE 投资。创业板 2009 年 10 月开设时，首批上市的 28 家公司中，有 23 家获得 PE 的投资，比例高达 82%，可见 PE 对创业企业的渗透力度之大。而在获得 PE 投资的 23 家公司中，上市前一年获得投资的有 7 家，占比为 30%。截至 2010 年 6 月，创业板上市公司已经达到 78 家，其中有 PE 投资的公司为 55 家，比例仍然高达 70%。而其中有 15 家在 2009 年获得投资，比例为 27%；22 家在 2008 年获得投资，则上市前两年获得 PE 投资的公司比例高达 67%。从中小板到创业板，公司上市前获得 PE 投资的比例越来越高，而且多集中于上市前夕，这不仅是 PE 行业持续发展的成果，也是 PE 的投资越来越集中于上市前项目的结果。

（1）Pre – IPO 盛行的原因。自股权分制制度以来，中国股票市场进入全流通时代，也引来了牛市。许多企业通过上市后获得可观的投资收益，正因为股票市场这种造富效应及资本的逐利性，必然使得众多资本对 Pre – IPO 项目趋之若鹜。PE 热衷于投资 Pre – IPO 项目，核心在于这些项目的快速盈利能力。Pre – IPO 项目能在投资后 1~2 年内成功上市，短期盈利能力惊人。在 PE 投资的创业板上市公司中，2009 年投资的项目按发行价计算，PE 机构的平均收益率也约为 5.34 倍，2008 年投资的平均投资收益则高达 8 倍。

　　加之资本市场中的一、二级市场差价，即目前的资本市场提供的所谓资本红利，只要投资的公司能成功上市，投资溢价就一定可以实现。因此，导致许多投资者以一种二级市场的投资心理来做 PE，一味追求上市，而不关心企业的成长性。根据《金融街 PE 资讯》的统计，2009 年，PE 以 IPO 方式实现退出的项目有 74 例，这些企业的 IPO 地点以国内为主，而 IPO 市场不同，收益率差异甚大：在创业板 IPO，平均收益率为 719%；在中小板 IPO，平均收益率 544%；在香港主板 IPO，平均收益率为 230%；而在纽交所、纳斯达克，IPO 的平均收益率只有 173% 和 143%。都是国内的公司，在不同的市场上市，投资机构的收益率差距却是如此巨大。国内市场的超高回报率，也引发了很多海外上市公司回归国内股市的冲动。

　　（2）集中 Pre-IPO 阶段的影响。作为 PE 的一种投资类型，投资于 Pre-IPO 项目有其积极意义。PE 原本的投资逻辑是从市盈率低的地方投资，从市盈率高的地方退出，以获得盈利。从 PE 的角度看，只要这些项目存在价值，而风险可控或可承受，就值得投资。对公司而言，在上市之前获得 PE 的投资，可获得满足新建项目资金需要；或引进资本金可以改善财务结构，改变企业资产负债率较高的局面；或通过引进知名的机构投资者，改善股东结构，规范管理；还可帮助企业早日进入资本市场。但股权投资者看重的应该是长期持续性的东西，而不是阶段性的短期行为。Pre-IPO 投资来得如此猛烈，在实际中带来了很多意想不到的后果。

　　PE 投资本是专业性很强的行业，不仅要求合伙人有一定的专业基础，而且要有很好的学习能力。此外，企业的市场潜力和优秀的团队也非常重要。Pre-IPO 项目虽然对 PE 行业的发展有刺激作用，扩大了整个行业的资金来源，让募资变得更加容易；但同时也导致了 PE 的泛大众化，从券商直投到房地产老板，甚至普通民众，越来越多的资金和非专业人员流入 PE，造成股权投资领域的混乱。"PE 腐败"、"PE 乱象"都是股权投资行为短期化的必然后果。

　　上市本是投资项目发展成熟后水到渠成顺其自然的事情，而一切以上市为核心，虽然短期对 PE 发展有利，长期则会扭曲 PE 的价值取向，可能将 PE 带入发展方向与理念的歧途。Pre-IPO 投资的盛行，让 PE 的整个业务链条都开始以上市为中心，不仅投资上 Pre-IPO 项目的机构更受青睐，整个行业的投资也更加集中于 Pre – IPO 项目，PE 的募资标准也随之受到影响。PE 在国内募资时，投资人更多关注的是上市了几个项目、上市成功率；在投资以后，他们则更关注投资项目的上市进程。所投资项目成功上市的时间、数量或者比例，以及帮助企业上市的能力和资源，正在成为对 GP（普通合伙人）新的评价标准，而专业能力反被忽视。这与境外 PE 在募资时更关注 GP 项目判断能力和增值服务能力的情况大相径庭。

PE 融资的这些现象，已经受到业者和管理层的关注。行业的继续完善和管理层的合理引导，必将推动市场逐渐成熟，这个行业势必会由乱而治，走向规范。而且，近期私募基金人士普遍认为，PE 投资的拐点即将到来。随着过去盲目追求 Pre – IPO 项目造成的恶性竞争结果逐渐显现，目前在股权投资界，早期企业价值再挖掘成为投资者们关注的焦点。

二、偏向于投资传统企业，应向新兴战略产业引导

中国 30 余年的经济飞跃发展，造就了一大批优秀企业，这些优秀企业想要有更大的发展，就需要大量的资金，同时，全球私募股权投资的融资能力已经达到了数万亿美元以上，为企业融资搭建了一个极佳的平台。尽管当下绿色低碳经济领域的企业成为投资的主流方向，但由于我国资本市场不完善，防范风险、控制风险的机制不够，诸多投资机构在利益驱动性的引导下，我国股权投资基金的投资行业更倾向于利润稳定的房地产、化工、机械制造、工程等传统行业。纵观近五年清科集团的中国私募股权投资报告，不难看出中国的传统行业一直备受股权投资的青睐。有学者预测，传统行业仍是 2012 年私募股权投资最为密集的一个行业，同时，服务业、消费品市场和新能源等行业会受到私募股权投资越来越多的关注。

受国际经济危机影响，2009 年，累积股权投资基金共投资 86.516 亿美元，在中国的投资仍过分集中在传统行业及服务行业。从投资金额看，投资于传统产业和服务业的金额达 80.9764 亿美元，占总投资额的 94.5%；而投资于高风险、高收益的高科技领域及行业的仅为 1.007 亿美元，占总投资额的 1.2%。从公开资料来看，华兴资本把关注领域从新经济拓展到传统行业，从专注于 TMT 扩展到医疗、教育、金融服务等在内的全行业领域。而因 2010 年创业板一炮而红的九鼎投资，投资的企业没有新能源企业，也没

有所谓的"战略新兴产业",95%以上几乎都是传统企业。国内知名创投研究机构清科集团发布的中国私募股权投资报告中称,2010年,传统行业为私募股权投资的重点领域,无论从投资案例数量还是资金额方面来说,传统行业的投资都排名第一。例如,当年完成的363笔投资案例共涉及一级行业23个,其中生物技术/医疗健康行业以55起投资交易问鼎年度最热门行业,而投资机构对于清洁技术、机械制造、食品和饮料、连锁及零售、农/林/牧/渔等行业的关注度与投资积极性有所提高,可见私募股权投资市场受宏观经济政策导向影响明显。投资金额方面,机械制造与互联网行业投资总额分别为11.78亿美元及11.13亿美元,跃升至各行业之首。

目前,PE对传统行业的投资比较热的原因如下:首先是看重其良好的投资前景以及回报。相对于新能源产业、战略新兴产业等这些受政策导向影响的行业,传统产业在我国的发展起步早、较为成熟。与此同时,与欧美等国家相比,我国现在传统产业整个市场还处于发展阶段,增长空间也是非常大的,当前国内需要的是更多的PE投入传统产业,以促进产业发展;其次,传统产业升级是我国经济结构调整的重心所在。当前宏观经济政策和经济背景下,进行"调结构"的重心必然是对大量的传统产业进行升级换代,增加技术含量和经济附加值,逐步摆脱低端生产、高耗能、高污染的老路子,促进经济可持续发展。传统产业领域仍大有作为。再次,传统产业当前估值低廉,在政策驱动下有望快速转型。2008年金融危机以来,全球经济进入再平衡。中国在出台4万亿元救市后也开始进行反思,并从2009年下半年开始推出经济结构调整的大思路,2010年的7大新兴战略产业的相继推出,而市场对上述新颖的概念产业进行了炒作,显然忽略了传统产业的升级换代也是经济结构调整的重点内容。这导致传统产业的估值都很低廉,具备很高的安全边际,从预期和行为分析角度看,这些产业处于跌无可跌的状态,有望在国家政策的驱动下脱胎换骨,重新崛起。近几年,包括机械、水泥、氟化工的走强就是在国家对这些传统产业进行严格的产能控制背景(限制低端供给,需求回升)下,价格回升,产业盈利出现明显好转的迹象。

"十二五"期间,中国转变经济发展方式已是迫在眉睫:一方面,资源和环境已经支撑不了中国此前的高速发展模式;另一方面,中国又需要一定的发展速度来解决就业问题,转变经济发展方式正是解决这个矛盾的根本手段。转变经济发展方式的关键，一是对传统产业进行改造提升，另一个则是加速构建战略性新兴产业。但与此同时，战略性新兴产业和传统产业是密切联系的，这两者并不相斥。发展战略性新兴产业，要和传统产业形成衔接，也就是要以传统产业为动力，新兴产业做引擎。

国家已经意识到传统产业振兴的创新之路，2010年9月8日，国务院总理温家宝主持召开国务院常务会议，审议并原则通过《国务院关于加快培育和发展战略性新兴产业的决定》，会议强调，加快培育和发展战略性新兴产业是我国新时期经济社会发展的重大战略任务。

会议明确指出：加快培育和发展以重大技术突破、重大发展需求为基础的战略性新兴产业，对于推进产业结构升级和经济发展方式转变，提升我国自主发展能力和国际竞争力，促进经济社会可持续发展，具有重要意义。必须坚持发挥市场基础性作用与政府引导推动相结合，科技创新与实现产业化相结合，深化体制改革，以企业为主体，推进产学研结合，把战略性新兴产业培育成为国民经济的先导产业和支柱产业。确定了战略性新兴产业发展的重点方向：从我国国情和科技、产业基础出发，现阶段选择节能环保、新一代信息技术、生物、高端装备制造、新能源、新材料和新能源汽车七个产业，在重点领域集中力量，加快推进。

在国家政策的鼓励和扶持下，新兴产业成为今后投资的主题，有望成为新的"聚宝盆"。据清科研究中心的统计数据显示，2011年上半年，VC/PE投资战略性新兴产业共202起，涉及金额14.65亿美元，分别达到2010年全年的78.0%和65.8%。自2010年以来，VC/PE投资在信息产业、新能源产业、新材料产业、医药/保健品、生物工程等战略性新兴产业的投资案例数量达509个，投资金额33.45亿美元。面对即将到来的繁荣场面，政策制定者和投资者要冷静果断，避免"羊群效应"带来的不可控风险。

第四节　股权投资基金可持续发展与资本市场制度建设

近两年来，股权投资基金由于在资本市场中不断掀起的高投资回报率热潮而变得家喻户晓。据国内股权投资权威研究机构清科研究中心的统计数据显示，2011年上半年，中国PE市场募集活动稳步走高，共计55只新基金完成募集，披露金额为 145.41 亿美元，此外，有 51 只新设立基金正式启动了募集工作，国内股权投资基金规模正在不断壮大。而且，由于当前房地产市场和二级市场的持续低迷，股权投资基金这种投资方式已经越来越受到民间资本的欢迎。据有关报道，2011 年以来，仅温州一地就有 1000 多亿元民间资金流向了股权投资基金。

2009 年 6 月 IPO 重启前，新股平均发行市盈率一直不超过 30 倍；到当年 12 月，这一数字已升至 65.4 倍；2010 年 12 月上市的 37 只新股的平均发行市盈率则高达 75.9 倍。据统计，本轮 IPO 重启以来，共有 18 只新股的发行市盈率在 100 倍以上，其中 2011 年 1 月 7 日上市的"新研股份"的发行市盈率高达 150.82 倍，成为当时的 A 股历史之最。而中小板新股"海普瑞"经过询价机构与保荐机构的互相捧场，询价机构的最高报价竟达 250元，最后，"海普瑞"的发行价定在 148 元，创下 A 股又一历史纪录。深交所数据显示，截至 2011 年 6 月 30 日，创业板共有 90 家公司挂牌上市，其中有 59 家公司在 IPO 前获得了私募股权投资，占比达 65%，而在所有申报上创业板的 300 多家企业中，有 210 家获得了私募股权投资，占比达 62%。当前私募股权投资过热的推动力量无疑是其诱人的超额利润，尤其是创业板市场带来的一个个造富神话。

这显然是不可持续的。从短期来看，股权投资基金虽然通过当前国内 IPO 退出能追逐一夜暴富的短期利益，但是从长远来看，股票价格必然回归其内在价值，高市盈率的泡沫必然破灭，最终损害广大投资者利益，资本市场将不可持续发展，对股权投资基金将造成致命打击。

一、新股定价与股权投资基金的互动影响

资本市场本是一个互生互存、相互依附的有机体，某一参与主体的行为必然对其他参与者做出决策提供了信号引导，从而形成一个多方博弈的市场。目前，尽管新股发行制度已几度变革，询价对象在新股定价环节的话语权日益显现，新股发行市场化程度逐步提高，但新股发行制度的不完善、监管缺失、制度设计原因等诸多因素导致目前新股发行定价高企不下。定价高企不下，一方面反映了国内资本市场初级阶段的现实，另一方面也给资本市场带了不可估量的风险。正是由于新股高价发行具有较强的持续性和传导

性，因此形成了国内股权投资基金对拟 IPO 企业的投资出现趋之若鹜的疯狂景象。业内众所周知的是，往年私募股权投资的投资价格平均为 5～6 倍市盈率，目前在创业板概念的拉动下涨到了 10 多倍，个别项目投资市盈率甚至高达二三十倍。即便这么高的市盈率，仍有许多股权投资基金在争抢。这样，因 PE 投资行为的疯狂，抬高了拟 IPO 企业的心理预期，从而提高了入股的要价。问题的另一面则是，正是由于 PE 在业内的这种普遍做法，误导了拟上市企业的公司价值，自然传导到发行市场，加上利益群体的共同维护，令发行市盈率居高不下，因此 PE 入股成本的大幅提高是新股定价过高不可忽视的重要原因之一。由此就形成了这样一层逻辑关系：发行人和保荐机构天然的利益驱动及各利益机构的共同推动使得新股发行价格居高不下，引发私募股权投资疯狂涌进，使得私募股权投资成本提高，从而导致新股发行价格高不可降，从而又继续满足着发行人等利益团体的造富欲望。正是由于这个逻辑关系的存在，使得新股发行定价过高现象上演着一轮又一轮的恶性循环，使得国内 PE 投资泡沫化。

问题的关键在于，在当前发行体制下，几十倍甚至上百倍的高市盈率发行成为常态，一级市场不断发行的是高价筹码，一步到位的发行定价使大量新股上市后陆续破发，多数股票从首日上市至今，一路走低，最终引发市场持续走低，这比市场扩容更具杀伤力。比如，主板上市的"华锐风电"发行市盈率为 50 多倍，上市不到一年市值跌了一半；2011 年 1 月份上市的"新研股份"的发行市盈率高达 150.82 倍，不到一年时间跌为 30 倍左右，股价处于持续暴跌，这种不是个别现象，尤其在中小板和创业板成为普遍现象。如此一批又一批的一级市场高价筹码不断供应，二级市场根本就没有价值投资可言，二级市场整体估值中枢的不断下移是对新股发行定价过高最有力的回应，可以这么说，现行发行体系导致新股发行定价过高是国内证券市场牛短熊长的重要原因之一。从我国 20 多年来的资本市场发展史已很好地证明了这一点，新股高价发行的恶果是市场最终没有赢家，自然包括股权投资基金在内。

二、我国新股发行审核体制弊端

国内新股发行定价高企不下的原因很多，也很复杂，但与我国当前新股发行审核体制有着极大的关系。事实上，中国证券市场的容量不是问题，扩容是导致股市下跌的原因之一，其本质的原因在于现行发行审核体制仍然属于管制行为，用行政手段干预资本市场本应最为市场化的发行市场，一是控制新股供给，调节发行节奏，同时这种严格审核机制令上市公司成为稀缺资源。因此，我国多年来，资本市场上不是供不应求就是供过于求，任何一种市场状态都必然影响新股定价。实际上，从我国多年的资本市场的运作实践来看，行政手段很难解决发行市场与二级市场的供求平衡问题。供求失衡，股票发行价格找不到市场均衡点，定价自然扭曲，证券市场也就陷入了火热的新股高价发行而二级市场却持续走低的怪圈。二是现行发行体制未能解决保荐机构在内的中介机构、发行人及投资者等市场主体归位尽职问题，由于制度设计等原因，目前保荐机构与发行人成为利益捆绑者而使保荐人的中介独立性丢失，这已严重偏离了我国新股发行推行保荐人制度的初衷和基本逻辑。三是现行审核制度并不能区分拟发行企业的优劣。目前，证监会审核部门依法对上报公司首发进行审核，在合规审核方面基本是客观可靠的，但按现行的发行审核制度很难判断企业的优劣，企业的公司价值更是无法通过对过去财务数据的审核给予客观正确判断，而长期以来，投资者对证监审核是寄予厚望甚至依赖的，这造成市场信息越来越不对称，甚至扭曲。四是发审会委员来自各行各业，多数兼职工作，是典型的市场人士。首先，让委员们利用短短几天的时间来了解拟发行企业的具体情况，并给出能否公开发股的判断实在是有点勉为其难；其次，股票发行审核工作缺乏相应的透明度，发审委委员个人责权不统一，存在产生"权力寻租行为"的可能性，这不仅无形中增加了发行的交易成本，也降低了发行市场的效率。新股高市盈率发行、超募、业绩变面、虚假包装等问题频发就很好地说明了这一点。

证监会新任主席郭树清上任后也已声明：证监会"不会算命"，没有能力对上市公司未来的前景作出价值判断。应当以信息披露为核心，把真实、准确和完整的上市公司呈现给投资者。一些业内人士认为，价值判断可以不审，财务和法律合规性却不能不审。持这种看法的人士有三点基本论据，一是中国商业社会的整体诚信度不够；二是法律环境比较薄弱，无法对投资者进行有效的事后保护；三是市场经济金融领域的信息高度不对称，监管者有义务守住合规性审查的阵地。一些学者也从境外成熟市场的角度出发进行了比较性研究。以美国为例，美国证券交易委员会（SEC）虽然不做实质性审核，但它非正式的"意见信"却十分类似于中国证监会在预审阶段的"反馈函"，会对公司的合规性，甚至行业性的经营风险进行细致入微的质询。如果得不到全部满意的回答，这种质询过程可以无限期拖下去。

三、政策引导股权投资基金可持续发展

解决上述存在的问题，需要政府为国内股权投资基金的持续健康发展营造良好的政策环境和良好的资本市场生态环境。

一是保持宽松的政策环境。目前国内股权投资基金主要集中于实业投资领域，不会威胁金融市场的稳定性。从这个意义上说，我国对于私募股权投资基金的监管仍需要保持一种宽松的政策环境。一方面，可以较快地促进股权投资方式在我国的发展；另一方面，也能保持与我国当前经济金融监管体制的一致性。

二是完善税收优惠政策。鉴于股权投资对各地经济发展起到的重要作用，各地方政府为了促进股权投资基金行业的发展，出台了一些优惠政策，涉及对基金注册成立时的扶持、人才引进支持、个人所得税返还等方面。但对于整个行业来说，目前最重要的是所得税问题，不同组织形式的股权投资机构所承担的税赋责任各不一样。总的来说，股权投资机构所承担的税赋仍相对较重，缺乏更有力的税收优惠政策支持。

三是拓宽退出渠道。退出机制是股权投资体系的核心机制，而健全的多元化的资本市场是保证私募股权投资资金得以退出并实现有效循环的重要前提。目前，我国股权投资机构的退出途径仍然较窄，并受到多方政策限制，信托制和合伙制创投机构在境内 IPO 退出也受到较大制约。在发达国家，股权投资基金的退出方式主要有 IPO、并购和股权转让等。在我国，据清科研究中心统计显示，2011 年上半年，私募股权投资基金共完成投资 793 笔，退出 291 笔，291 笔当中有 259 笔是通过 IPO 渠道退出的，可见目前 IPO 仍然是我国 PE 主流的退出渠道。股权转让和并购退出方式占比非常低，所以国内 PE 基本上单纯依靠 IPO 退出的方式急需转变，未来应该考虑更加多元化的退出方式，比如利用各地产权交易所或筹建专业的创业股权交易市场，利用这些市场的流动性增加股权投资基金退出的灵活性，实现资本高效流动。

四是政府应进一步放开管制，继续加快发行制度市场化改革，加强监管，引导市场向理性方向发展。基于我国资本市场的发展阶段和现实条件，新股发行体系改革必须循序渐进，最终把新股发行交给市场。因此，这是长期的、艰难的过程。一方面我们不能急于求成，不能无视国内诚信体系、法制建设、投资者成熟度以及监管体系等资本市场基础性建设还处于初级阶段就想一步到位把我国新股发行审核制彻底改为国际通行的注册制，更不能以国内市场不成熟为由，不敢触及新股发行中涉及存量发行、券商自主配售机制、询价机制、审核部门权力约束等根本问题。因此，应该对整个资本市场的制度建设做出规划，制定明确的体制改革目标和路线，让市场有明确的预期。除了新股发行体系改革，还应加快 A 股制度性配套的改革，比如强化信息披露、改革退市制度及完善淘汰机制、震慑垃圾股的假重组真炒作；开设国际板，引入世界一流的优质企业来华上市，让国内资本市场逐步与国际接轨；改造并扩容"新三板"，建设多元化的资本市场服务体系，让健全的资本市场更好地为有发展潜力的优质企业和投资者服务，为利益相关者提供有力的保障，从而促进股权投资基金的持续健康发展。

四、股权投资基金发展愿景

股权投资基金应该强化自律及有效的自我约束，否则可以预见，未来的生存和发展状况将值得担忧。因此，对股权投资基金提出几点有利于自身持续健康发展的建议和期望。

一是摒弃投机心理，立足长远利益。国际上规范的股权投资基金，通常是对被投企业提供增值服务，包括改进企业的治理结构，帮助企业制定发展战略，推动企业技术创新，帮助企业遴选合适的管理团队。这样才能为企业的长期成长提供扶持和帮助，从而为股东、员工和社会创造真正的价值。因此，我们呼吁国内的股权投资基金，应该站在"资本 + 专业"的双重位置，立足长远利益，充分发挥好股权投资在风险投资和创业投资领域的引领作用，选好、选准项目并长期关注，为中小企业提供更多的现代经营管理理念，真正使国内中小企业素质得到有效提高，从而实现与企业共同成长共同受益，而不是为短期利润所引诱。

二是帮助中小企业拓宽直接融资渠道。尽管 2010 年"新 36 条"和兼并重组等意见都鼓励民营企业进入垄断行业，但实际情况是，国有企业的垄断地位不仅没有打破，反而越来越强，导致中小企业生存空间逐渐缩小，融资难的问题持续恶化。应该说，发展股权投资的主要目的就是投入到中小企业中去，但目前来看作用并不明显。从 2010 年看，股权投资仅仅占中小企业融资的 1.35%，几乎没有起到多少推动作用，大多数股权投资基金积极抢夺符合上市条件的企业，其实这些企业并不缺钱。在我国现行金融体系下，数百万户中小企业几乎都面临着不同程度的融资难问题，希望国内股权投资基金能够发挥出更大的作用。

三是为改善经济增长质量和经济结构调整发挥作用。国内股权投资基金应该更多地投向国家鼓励的战略新兴产业中去，推动创新，促进高新技术产业发展，扶持创新型、技术型中小企业。股权投资基金依托资本和专业的力量，以资本联合、并购重组等方式促进产业联合、优化，促进国内经济结构调整和改善经济增长质量，从而整体提升我国经济在全球范围内的竞争力。

第八章　国内外股权投资基金的
监管现状分析

第一节　国外股权投资基金的立法监管现状分析

世界范围来看，对股权投资基金的外部监管主要包括政府机构的监管和股权投资基金行业自律组织的监管。由于股权投资基金很少涉及公开市场的操作，其自身良好的内部控制和激励制度等特征，各国政府机构对股权投资基金的监管都较为宽松，立法除了对其投资者人数、资质和信息传播的方式有具体规定外，没有对基金做出更多的限制。在股权投资中，行业自律是监管体制的重要组成部分，越来越多的股权投资基金为了提高声誉和自身形象而加入有声望的行业协会中，如英国的风险投资协会、美国的股权投资协会等。各行业协会对加入成员的资格和行为都有明确的规定，其设立的目标一方面是进行行业研究，另一方面是给政策制定者、投资人和其他利益相关者提供该行业的信息。下文将从政府机构的监管和行业协会的自律监管两个方面加以探讨。

一、美国监管股权投资基金的主要法律

同其他国家一样，美国并没有针对股权投资基金的专门的法律规范。关于股权投资基金监管的立法，分散于与投资基金相关的法律法规内。如1933 年的《证券法》，1934 年的《证券交易法》，1940 年的《投资公司法》、《投资顾问法》，1958 年的《小企业投资法案》，1976 年的《美国统一有限

合伙法》，1978 年的《收入法案》，1979 年的《雇员退休收入保障法（ERI-SA）》，1980 年的《鼓励小企业投资法案》、雇员退休法保障法（ERISA）"安全港"（Safe Harbor）条例，1981 年的《经济复兴税法》，1982 年的 SEC《D 条例》，1986 年的《税收改革法》，1990 年的 SEC144A 规则，1992 年的《小企业股权投资促进法》，1996 年的《国民证券市场促进法》，1997 年的《投资收益税降低法案》，2000 年的新兴市场创业投资促进（NMVC）计划。此外，还有各州的《蓝天法》（Blue Sky Law）。

1. 美国股权投资基金的法律构架

在美国，公司制及有限合伙制是股权投资基金的主要运营方式，其中，由于有限合伙制的天然优势，使其成为采用更为广泛的基金组织形式。历史上，有限合伙制是一种企业组织形式，最初，关于有限合伙公司的法律是美国的各个州自行制定的，相对较为严格。在经过较长时间的磨合，以及1916 年出台的《统一有限合伙法》，有限合伙制逐渐得到了广泛的承认，其概念和有关制度也得到了明确和统一。股权投资基金便在这一制度基础上建立起来，并充分利用和发挥着此制度的优势。

美国的《证券法》是影响股权投资基金设立运行的最基本的法律规则，此外，影响比较大的法律是 1940 年的《投资公司法》、《投资顾问法》，1982 年的 SEC《D 条例》。

◆《1933 年证券法》

《1933 年证券法》第 4 节（b）条规定，如果证券发行人直接出售的股票不涉及任何公开上市，那么这种证券交易可以免于登记。美国联邦证券交易委员会对于判断私募与否的标准，随时间的推移逐渐趋于合理。最初的标准是发行对象有没有超过 25 人，之后又将募集对象与发行人之间的关系等各种因素纳入考量范围，这些看法的改变对于证券交易的登记与否关系非常密切。涉及此条规定的第一件案例是 1953 年美国联邦最高法院判决的联邦证券交易委员会对普里那公司的诉讼。而审判此案的克拉克法官认为，应该拒绝仅以人数来判断是否符合私募条件的做法，适当的做法是以受要约人有没有能力保护其自身利益作为判断标准。

◆1940 年《投资公司法》

1940 年的《投资公司法》是美国投资基金最为核心的法规，旨在规范市场中投资基金的经营行为。该法中关于"投资公司"范围的限定，应符合以下三条中的一条或多条：（1）主要或者拟主要从事证券的投资、在投资或者证券交易；（2）从事或拟从事发行分期付款型面值证券业务，或者已经从事过这样的业务并持有这样未受清偿的证券；（3）从事或拟从事证券投资，在投资，所有、持有或交易证券的业务，并且拥有或拟获得的投资性证券的价值超过其总资产（其中不包括政府证券和现金项目）40%的发行人。若某一公司属于该法规定的"投资公司"的范畴，要受到该法的严格监管。受到监管的方面包括：公司治理，赎回条款，投资限制，关联交易，定期监管报告等。

某些情况下，如果股权投资基金公司受到《投资公司法》的监管，将耗费大量的个人及财政资源，故一般通过实施一定的措施来使其本身满足该法的一些例外的规定，以避免严格的监管。目前，基本所有的股权投资基金公司都采用此方法规避监管。《投资公司法》中最常用的例外规定是第三节（c）的（1）和（7）。第三节（c）（1）规定，若发行人已出售的证券的受益人少于100人，且这些受益人没有也不准备将这些证券予以出售，并且不论在计划中还是实际操作上都不对公众公开募集，则可从投资公司的定义中享受豁免待遇。第三节（c）（7）规定，若通过私募发行的现有证券全部都有"合格买家"拥有，并且不论在计划中还是实际操作中，都不对公众发售任何股份，则可成为投资公司的豁免者。该条款对于"合格买家"也做出了较为详细的定义。

◆1940年《投资顾问法》

1940年的《投资顾问法》旨在通过规范市场中私募机构的顾问行为来保护集体投资者。为了达到此目的，该法设置了一系列的反舞弊条款，如未经集体投资者的同意，顾问不能从事损害投资者利益或者与投资者利益相冲突的行为；顾问有义务向投资者、向客户全面的披露业务、费用等关乎投资者利益的事项。

该法规定，股权投资基金的管理人应当向美国证券交易管理委员会办理投资管理人登记，管理人登记的身份可以是"投资顾问"。同《投资公司法》一样，该法中也有相关的豁免登记的规定。第203节（b）（1）规定，如果投资顾问的客户全部在该投资顾问的主营业所所在的州内，并且该顾问未就上市证券或特许未上市证券提出过建议、分析，没有出具过此类证券的分析报告，则此投资顾问可以豁免在美国证券交易管理委员会登记。第203节（b）（3）规定，如果投资顾问在前12个月内客户总数不多于15个，且不公开地以投资顾问身份营业，也不满足《投资公司法》中关于投资公司或商务开发公司投资顾问的限定时，此投资顾问可以豁免在美国证券交易管理委员会登记。

◆1982年《D条例》

1982年的美国证券交易管理委员会《D条例》，实际上又是美国证券交易管理委员会对于证券发行设置的"安全港规则"，但是此条例的鼓励对象仅限于小规模或者有限发行证券的投资公司，此类公司可以通过此条例豁免登记。《D条例》的功能在一定程度上与《1933年证券法》有所重复，但是根据后者第4节（b）获得的豁免登记是完全的，即不需要任何的登记，而根据前者所得到的豁免登记权利是不完全的，因为发行人仍需要向美国证券交易管理委员会登记部分文件。因而，在实践中，发行人大多通过满足《1933年证券法》来豁免登记，但具体操作过程中《D条例》所规定的程序仍被遵守。

《D条例》规定，"私募发行"禁止以下、但不仅限于以下形式的广告：（1）在报刊、杂志及类似媒体，或者电视及无线电广播进行的任何形式的一般性广告宣传；（2）通过广告等公开形式召集的任何研讨会或者会议推销。

《D条例》中关于信息披露豁免的规定："私募发行"时，只要买方中有一个是"非合格投资者"，发行人就必须向所有买方公布某些信息，如果所有买方均为"合格投资者"，则没有信息披露的要求。

《D条例》中关于登记豁免的规定：如果证券的发行对象都是"合格投资者"，或者仅有35名以下的"非合格投资者"，此证券发行即可豁免登记。

◆其他法规条例

由于股权投资基金对国家整体经济有重要的推动作用，在2008年金融海啸到来之前，美国政府为了促进股权投资的发展进行了一系列的立法，这些法律法规大多数都是鼓励性质的。也就是说，股权投资基金在社会没有认识到它的巨大风险之前，法律对于它的实质性监管基本是空白的，虽然有的监管法律非常严格，但是绝大多数股权投资基金公司都可以通过满足例外条例来规避监管。

表 8.1 是从 1958 年以来，美国政府通过的一系列对股权投资基金发展有影响的法律法规。

表 8.1　　　　　　　　　　　　美国相关法律法规

制定年份	法律法规名称	法律法规内容摘要
1958 年	《小企业投资法案》	确立了小企业投资公司制度，规定小企业投资公司由小企业管理局颁发许可证，专门向规模较小的高新技术企业投资；小企业管理局向小企业投资公司提供低息贷款，政府给予小企业投资公司税收优惠
1976 年	《统一有限合伙法》	规定以有限合伙公司形式设立的创业投资基金，无须受《投资公司法》、《投资顾问法》的监管，并免交公司税
1978 年	《收入法案》	将资本增值税率从 49.5% 降到 28%
1979 年	《雇员退休收入保障法（ERISA）修改条款》	规定只要对整个投资组合的安全性不构成威胁，允许养老基金参与风险级别更高的投资，其中包括对新兴创业型企业的股权投资
1980 年	《鼓励小企业投资法案》	将小企业投资公司重新界定为企业发展公司，并规定此类公司不受《投资公司法》、《投资顾问法》的监管；还针对创业投资基金设立了特别的豁免条款，如取消了创业投资基金作为投资顾问必须在美国证券监管委员会注册的规定，从而减少了风险资本企业的报告要求，避免了此类企业因违反投资顾问条例所带来的风险，给予了创业资本家更大的灵活性
1980 年	《雇员退休法保障法（ERISA）"安全港"（Safe Harbor）条例》	明确禁止投资基金经理作为投资于该创业资本的退休基金的受托人，避免了接受退休基金给有限合伙人带来的风险，给予了创业资本家更多的自由
1981 年	《经济复兴税法》	将资本增值税率从 28% 降到 20%
1986 年	《税收改革法》	规定投资收益额的 60% 免征所得税，其余的 40% 减半征收所得税
1990 年	《SEC144A 规则》	规定"受限制证券"是指，证券在豁免登记发行的情况下，转卖是受到限制的；如果私募发行证券仅给"合格的机构投资者"，在其再转让给其他"合格的机构投资者"时，不再受到再转让的限制；利用上面的安全港规则转售证券时，如发行人应当注册，则其所注册登记的文件要保证准确性，如发行人不需注册，应公布类似文件

制定年份	法律法规名称	法律法规内容摘要
1992 年	《小企业股权投资促进法》	加强了美国小企业管理局对于小企业投资公司的监管，提高了小企业投资公司计划中国有资本的安全性；有效地解决了小企业投资公司计划中的一些结构性问题；提出了"参与证券计划"，即小企业管理局为小企业投资公司提供长期债券担保，并暂时为其支付利息，等小企业投资公司股权投资实现足够资本增值以后，再偿还本金利息，并将收益的 10% 分给小企业投资管理局，此计划大大改进了小企业投资公司的投资方式
1996 年	《国民证券市场促进法》	取消了州监管机构对于投资公司的管辖；州监管机构仅监管不在美国证券监管委员会注册的小投资顾问公司；将股权投资基金设立时可豁免批准的最多合格者投资者人数从 100 人增至 500 人
1997 年	《投资收益税降低法案》	延长了《税收改革法》中减税的有效期限；进一步，在对减税额以及适用范围严格界定的基础上，降低了投资收益税
2000 年	《新兴市场创业投资促进（NMVC）计划》	规定美国中小企业管理局为新兴市场创业投资公司提供发行长期债权的担保，并提供技术支持补助金，有效地缓解了低收入社区股权资本不足的状况
2010 年	《华尔街改革和消费者保护法》	大型的对冲基金、私募股权基金及其他投资顾问机构，要求其在 SEC 登记，披露交易信息，并定期检查。如果此类机构具有特大规模或特别风险，将同时接受美联储的系统风险监管。针对此前保险业没有联邦监管机构的制度空白，财政部下将成立新的监管办公室，与各州监管部门联合监管保险公司

在立法者看来，有些投资者是拥有足够的知识和能力、足够精明而不需要法律的强制性信息披露义务来保护其利益，因此这些法律为一些公司、交易和证券规定了一些豁免条款，符合这些规定条件就可以免除登记和公开披露的义务。由于股权投资基金的基金份额大多是非公开募集，且其投资者多为拥有足够行业知识和技能的机构投资者和富有的个人，因此股权投资基金大多能符合这些法律规定的豁免条件，不受联邦证券法律制度的约束

2. 美国监管股权投资基金的其他途径

1939 年，美国国会授权美国证券商协会管理包括纳斯达克在内的企业

股票柜台交易以及场外交易。美国证券业协会主要进行两个方面的监管：第一，通过监督所有在媒体上披露的有关公司股票发行的信息来监管公司的股票发行，并有权责令违规的公司停止上市交易等活动；第二，通过实时监控所有上市企业的交易活动来保证股票交易的真实性、秩序化，并有权将违规的交易方交由有关部门处理。

3. 美国监管股权投资基金的最新动向

在经历了次贷危机之后，各方就次贷危机的原因基本达成了共识，这其中相当重要的一个原因就是政府当局对金融创新的过度放松的监管。为了规范市场中过度活跃的金融创新，2009 年 7 月 15 日，奥巴马政府提出了《私募基金投资顾问注册法案 2009》（Private Fund Investment Advisers Registration Act of 2009），该法案从基金注册方式、信息披露要求、资金托管要求等多个方面对现有的基金监管法律做出了调整。与此同时，众议院金融服务委员会，参议院银行、住房和城市事务委员会分别提出了自己的监管意见，并形成了《私募基金投资顾问注册法》，标志着美国向私募基金监管时代大步迈进。

奥巴马政府提交的草案主张，使 "15 客户豁免" 对任何在美国成立或在美国境内开展业务的基金投资顾问不再适用。对于海外投资顾问，如果想豁免注册，除了美国合格投资者不超过 15 个以外，还需满足没有在美国境内开展任何业务，并且所管理的美国合格投资者的资产少于 2500 万美元。另外，还要求私募基金的投资顾问承担更多的额外披露义务，包括所管理资产的数量、杠杆使用情况、交易对手方信用风险敞口以及 SEC 规定的其他信息等，还需要向投资者、交易对手方和债权人披露报告、记录等文件。

众议院同样主张废除 "15 客户豁免" 条款，要求已注册的私募基金顾问妥善保存账簿、交易记录等资料，并适时对投资者、交易对手和债权人进行适度的信息披露，同时与美国联邦储备委员会共享信息以协助相关监管机构及时有效地评估整个私募基金的系统性风险。对于 "豁免注册"，众议院主张资产规模小于 1.5 亿美元的私募股权投资基金可以享受注册豁免的待遇，但仍要求保存账簿等相关资料，并在 SEC 认为必要时按要求提供年度报告，同时规定 SEC 有权要求私募基金顾问提供其他信息；主张允许 SEC 可以对于不同的私募股权投资基金设定不同的报告要求；主张调整《投资顾问法》中关于合格投资者的认定标准,具体方式是基于通货膨胀状况,每 5 年进行一次调整;主张私募股权投资基金的资产必须由不向这些资产提供相关咨询服务的合格托管人进行托管。

参议院的提案,主张豁免几类投资顾问免于遵守部分或全部的注册报告义务,包括特定外国投资顾问,向私募股权投资基金提供咨询的投资顾问等;还主张受托管理资产 1 亿美元以下的私募股权投资基金可以享受豁免注册的待遇;而对于海外投资顾问,参议院只主张对于美国投资人资产占 10% 以上的基金顾问进行监管;主张私募股权投资基金报告估值方法、持有资产类别等;主张进行同众议院相同的合格投资者认定标准调整;主张要求已经注册的投资顾问把受托进行管理的资产交由独立的托管人托管。

二、英国监管股权投资基金的主要法律

相对于美国来说,英国的股权投资基金发展较晚,相应的立法也就滞后。直到 20 世纪 80 年代,特别是以撒切尔夫人为代表的保守党执政以来,英国政府试图通过一系列的政策立法,来推动股权投资基金产业的发展。这段时间,政府主要针对实施信贷担保计划,放松投资管制,制定激励创业投资税收法规等几个方面出台了相关法律。

同样,与美国一样,英国专门针对股权投资基金行业的法律并不多,对于该行业监管的相关规定,分散于与投资基金相关的法律法规内。如 1981 年的《信贷担保计划》,1983 年的《企业扩本计划》,1994 年的《保险公司法修正案》、《公司投资法规》,1995 年的《创业投资信托法案》,1998 年的《竞争力白皮书》,2000 年的《公司创业投资法规》,2000 年的《金融服务与市场法》。此外,英国政府于 2002 年还推动成立了社会发展创业投资基金和早期发展基金,这是英国股权发展方案的亮点;在 2004 年此亮点还得到推广,即实施了高新技术基金和早期发展基金两个股权方案。

英国股权投资基金的法律构架具体如下。

1981 年的《信贷担保计划》,被政府赋予了法律效力。此计划支持银行部门向中小企业提供最高限额为 10 万英镑的中长期贷款,并规定了 2 ~ 7 年的偿还期限。中小企业借款人的担保方为贸工部,若借款人还款违约,贸工部负责按 2.5% 的年息偿还总债务的 70%。该计划支持中长期贷款,有力地

缓解了中小股权投资基金的融资难问题。

1983 年的《企业扩大计划》的核心目标是税收减让，规定免征新创办的高技术小企业的资本税，将公司税税率从 38% 降到 30%，将印花税税率从 2% 降到 1%，起征点从 2.5 万英镑提高到 3 万英镑，同时取消投资收入附加税。其中，与股权投资基金相关的有：（1）减免技术创新的收入性支出的税收。（2）减免技术创新的资本性支出的税收。（3）减免购买知识产权和技术秘诀性投资的税收。（4）抵扣增值税的税收。（5）减免个人投资的税收。

1994 年的《保险公司法修正案》放松了对于保险公司的投资限制，增加了保险公司对股权投资领域的投资。

1994 年的《公司投资法规》的基调仍是税收的减让，规定对于以普通股形式投资于合格公司的个人投资者或商业天使，提供税收减免。该法关于股权投资方面的税收优惠政策是，对于投资于创业投资领域的投资者提供税收优惠，并且规定了税收减免额的上限。此外还规定，对于享有该法所规定的税收减免的投资者，还享受资本利的税收减免、损失补偿、资本利得推迟纳税等权利。

1995 年的《创业投资信托法案》鼓励个人投资者通过专业的创业投资信托基金对有发展潜力的创业企业进行间接投资，以降低投资的风险。该法案对于税收豁免的优惠力度比之前出台的法案更大一些，规定对于所有符合该法所定义的"创业投资信托"实行全面的税负豁免及优惠，包括个人投资者股利收入税的豁免、基金公司资本利得税豁免及其他税负种类的特别规定。具体的税收优惠规定：（1）个人投资者在任何纳税年度认购创业投资信托基金不超过 10 万英镑的股份，并且至少持有股票三年以上，每一纳税年度可以享受 20% 的资本所得税减免。（2）任何个人投资者将在交易或转让创业投资信托基金股份时取得的资本利得于一年内再投资于创业投资信托基金时可延缓缴纳资本利得税，规定的最高限额为 10 万英镑。（3）创业投资信托基金出售其自身持有的股份时，享受资本利得税豁免。（4）创业投资信托基金分配至股份持有人的红利享受税收豁免。（5）个人投资者出售所持有的创业投资信托基金的股份所获资本利得享受资本利得税收豁免。具体的监管规定：（1）创业投资信托基金应有至少 70% 的资产投资于合格创业企业的股份或有价证券，此资产组合的配置期限是 3 年。（2） 如果给出的贷款期限至少在 5 年以上，投资组合比例可以仅维持着在 70%。（3） 只有 30% 的剩余投资，投资于没有优先权的普通股时才可计入 70% 的标准。

1998 年的《竞争力白皮书》宣告了英国高新技术基金和地区创业投资基金的成立。其中，高新技术基金是母基金的形式，即政府首先投资，以此来调动更多的私人资金来投资高新技术企业。地区创业投资基金是为了减少地区间发展不平衡而成立的，其方式是私人股权投资的联合。

2000 年的《公司创业投资法规》打破了先前法规的限制，开始鼓励本国的投资公司投资于创业资本市场。规定对于满足相关条件的投资公司实行税收优惠，相关条件有：（1） 投资时间是 2000 年 4 月 1 日至 2010 年 3 月 31 日。（2） 投资公司以股权投资的方式进入创业投资领域。（3） 投资公司和被投资公司满足 "投资公司持有被投资公司 30% 以上的普通股，被投资公司的总资产规模小于 1500 万英镑"。具体的税收优惠：（1） 如果投资未上市的小型高风险企业，并持股时间超过 3 年，可获得投资额 20% 的公司税抵免。（2） 如果进行再投资，可获得公司税推迟纳税的权利。（3） 处置股权投资时，如出现资本金的损失，投资公司会得到损失补偿，且在纳税前，损失可以从公司收入中扣除。

2000 年的《金融服务与市场法》规定，股权投资基金可以作为一种不受监管的集合投资形式来成立，但必须接受 FSA 的批准才能从事股权投资基金的管理业务。FSA 的监管手册规定了三个方面的标准，对股权投资公司进行规范：第一方面的监管涉及对股权投资公司董事和高级经理，以及内部控制制度。第二个方面的监管要求股权投资公司在其管理的基金中投入高于一定数额的自有资本；但要求规定了大量的豁免情形，比如，从事集合投资的公司就不适用该规定。因为这些豁免，大多数的股权投资都在该规定的适用范围之外。第三个方面是商业标准，包括反洗钱和培训与资质要求。股权投资公司如果从事相关的 "商业活动"，就要符合《2003 反洗钱规范》规定的义务，包括建立身份识别、记录和内部报告程序等义务。股权投资公司要满足的培训和资质要求则体现在培训和资质手册（以下简称 "T&C"）中。T&C 下的相关规范是为了评估股权投资基金公司是否有能力从事投资管理和投资咨询活动，其雇员必须要通过 "适当的考试"，由股权投资公司根据相关雇员的作用来决定什么是合适的考试，如果雇员有符合其职位要求的相关经验，那么股权投资公司可以豁免适用该条款。但英国对股权投资基金的具体监管主要体现在投资者资格和传播、广告方式。随着股权投资基金的快速发展，巨额资金涌入股权投资公司，财务杠杆水平的升高，尤其在一些规模较大的股权投资基金并购上市公司之后，FSA 开始考虑是否应该对股权投资基金采取进一步的监管措施。FSA 对整个股权投资市场进行了一个广泛的调查，希望了解市场上存在的潜在风险。通过调查，FSA 识别出股权投资市场存在杠杆水平过高、经济风险归属不明、整个资本市场有效性下降、市场滥用、利益冲突、市场不透明、市场准入的风险。FSA 根据这些已经识别出的风险和公众对这些风险的反馈意见，将在以下方面采取措施。

第一，改进 FSA 监管的组织结构和监管架构，以便对股权投资市场发展做出更有效的应对。FSA 正在建立一个专家组成的投资中心，把监管股权投资公司及相关事项的人员整合到现存的对冲基金专家中心。这个投资团队将会对股权投资基金和对冲基金管理人关系管理和相关专题进行研究。虽然两者的风险有很大的不同，但在一些更细微的方面有些共同之处，比如内幕信息的滥用和估价的不适当。FSA 认为建立一个共同的中心可以对这些共同领域的监管更加有效。

第二，持续地报告银行对杠杆收购敞口的调查。FSA 认为银行对杠杆收购敞口的披露，会使其更好地理解信用周期的发展对杠杆收购市场产生的影响；同时也会增进 FSA 与银行业的合作，确保在该领域 FSA 规定的审慎标准和控制是适当的。因此，其将会进行每 6 个月披露一次的银行杠杆收购敞口调查报告，并会做出比较确定的有关该报告的指南，来确保杠杆市场参加者对报告理解更加准确。

第三，改进监管方法——数据收集和影响评估。FSA 认为，在英国市场对股权投资基金的监管相对于其他资产管理行业来说是宽松监管，因为考虑到大多数股权投资基金的风险，没有必要让股权投资基金管理者承担更多监管负担，但可以通过改进监管方法来提高监管的效率。改进监管方法的一个重要方面是改革对股权投资公司的财务报告要求。因为英国现在对股权投资基金管理人的财务报告要求并以此为基础做出股权投资基金的影响评估和相应的资源配置，都是根据传统资产评估行业设计的。考虑到股权投资行业与传统资产管理行业的不同，FSA 认为应该要求 FSA 提供更广泛的核心数据，比如股权投资公司管理下的基金的发展水平、在一定时期内的交易量和交易价值、再融资等。但 FSA 同时意识到在现有水平下，这些数据的披露对股权投资公司来说会造成很大的负担，因此是否要披露，FSA 认为还需要一个成本——利益分析，但股权投资公司有关承诺资本的披露除外。现在的股权投资公司需要报告管理下所有基金的已投入资本和基金的债务杠杆。然而 FSA 认为，随着该行业的发展和募集资本的不断扩大，其应该得到股权投资公司管理下基金的全部资金数额，包括投资者所有的承诺资本和已投入资本。因为股权投资公司一般是根据所有的承诺资本来收取费用的，而且事实证明，一个管理 100 亿英镑的基金即使只有 50 万英镑已投入资本，其对市场的影响也远远高于一个只管理 10 亿英镑并且投入 10 亿英镑资本的基金。因为股权投资公司的周期性和承诺资本及已投入资本关系密切，对承诺资本的报告使得 FSA 有能力监管并建立一个预期，在某一基金管理人管理下的资本明显增加，由此改变对其管理目标风险时，FSA 可以改变其监管方式。

由上述可知，FSA 对股权投资基金的监管态度仍然是宽松监管。FSA 的监管手册并没有针对股权投资基金做出特殊的监管规范，反而规定了一些豁免条款。虽然针对已经识别的风险，FSA 将会持续地报告银行的杠杆收购敞口，并且会要求股权投资公司提交所有基金的承诺资本，但这些要求只是增加了银行和股权投资公司的信息披露义务，并没有对这些主体施加实质性的限制措施；并且 FSA 要求股权投资公司披露所有基金的承诺资本，也是考虑到这些信息作为基金内部财务程序的必要组成部分是早就存在的，提交给 FSA 并不会给股权投资公司带来不适当的负担。这也反映出 FSA 对股权投资基金施加非常细微的限制规定时都是极其审慎的。

2007 年 2 月，英国创业和私募股权投资协会以及其他一些主要的私募股权投资公司请戴维沃克尔针对私募股权基金的公开度和透明度进行一次独立审查，最终沃克尔领导的团队在经过广泛的社会咨询后，向创业投资协会提交了针对整个私募股权基金行业的监管指引，即《英国私募股权投资信息披露和透明度指导意见》，明确提出了股权投资基金的信息披露指导原则，并且详细地规定了信息披露主体和内容。该指导意见要求所有股权投资基金必须遵守其中的所有规定，对于任何不能遵守的规定，股权投资基金公司必须做出合理的解释，而且要按照规定公开所做的解释。

三、日本监管股权投资基金的主要法律

相对于西方的发达国家，日本的股权投资基金发展并没有那么成熟，但日本的股权投资基金立法在亚洲地区算是比较典型的，发展至今也有了一套比较完整的法律体系。表 8.2 简单地列举了日本自从股权投资基金发展初期至 1998 年的政策变化。

表 8.2　　　　　　　　　　　日本相关监管法律

制定年份	法律法规及相关政策名称	法律法规内容摘要
1963 年	《日本小型企业投资法》，成立"财团法人中小企业投资育成会社"	仿效美国的《小型企业投资法》制定，购入新创立的创业企业所发行的股票以及可转换债券，提供相关咨询服务，为中小企业提供利率优惠贷款
1972 年	《创业投资公司宪章》	通过法律手段确保了投资公司可以介入被投资企业的经营管理
1974 年	《有关融合不同领域中小企业者组织并促进开发新领域的临时措施》	法律中明确表示支持本国创业投资业的发展，并于同期成立创业投资企业中心
1985 年	《中小企业技术开发促进临时措施法》	主要涉及中小企业技术开发的经费补助、技术援助等，同时还规定了具体的开发税金的减免措施。目的在于促进中小企业的技术进步以及其对新领域的开拓，提高中小企业的产品附加值等
1988 年	《有关促进中小企业创造性事业活动的临时措施法》	
1995 年	《租税特别措施法》	
1994 年	《对创业投资公司的管制意见》	将创业投资公司可以拥有的被投资公司的最多股权限定在 50%
1997 年	《养老基金运用法案（修改）》	废除了"养老基金不得投资于创业投资企业及有限责任合伙制基金"的规定
1997 年	《天使投资者优惠税制》	其规定，若天使投资者发生损失，其损失可与未来三年的股权投资收益相抵消，抵消之后再计算税收（由于适用条件极其苛刻，该规定基本没有起到任何作用）

制定年份	法律法规及相关政策名称	法律法规内容摘要
2003 年	《天使投资者优惠税制（修改）》	扩大了 1987 年颁布的该法相关规定中的优惠措施和适用对象，使该法发挥了应有的作用
1998 年	《有限责任合伙制基金法》	解决了任意合伙制基金不能为投资者的有限责任提供法律保证的问题，排除了养老基金等机构投资者的投资顾虑
1998 年	《大学等技术转移促进法》	引入天使投资税收优惠制度，促进了科研成果的应用速度
1998 年	《投资信托及投资法人法》	允许私募投资信托的设立，大量的养老基金、保险公司成为股权投资基金的投资者

由上述可知，政府机构对股权投资基金主要采取宽松监管的态度，对其具体监管，主要体现在对投资者的限制和发行方式的限制上。其中，对投资者人数的限制和发行方式的限制是为了确保该基金是采用发行，不涉及公开市场和公众利益；对投资者资格的规定分为自然人投资者和机构投资者，前者主要通过规定其在基金中的投资额度来判断，后者则通过其资产总额来判断。对投资者资格的限制，表现了立法的意愿即法律只保护那些需要保护的投资者，确保投资者是有足够风险承受能力的。

第二节   国外股权投资基金的自律监管现状分析

一、自律监管的必要性

股权投资的专业化程度高，业务十分复杂，非专业人士很难对这些具体业务进行监管，而由于股权投资的高风险性，要求对投资中的异常和违法行为及时做出反应和处理，这些必然要求加强自律管理，赋予自律组织较大的权力。其次，股权投资组织之间由于相互利害关系的存在，其违法行为不仅会损害投资者的利益，也会直接或间接地损害其他风险投资组织的利益，所以其共同的利益基础决定风险投资组织需要通过自律组织加强自我监督与管理。当然，股权投资的自律监管能有效地减少政府干涉，降低政府监管造成的成本浪费，同时，股权投资协会为政府监管提供了一个支持平台，有利于政府监管发挥作用。

二、自律监管的具体内容

股权投资的行业协会一般都会对会员的入会条件进行限制。例如，美国全国风险投资协会（The National Venture Capital Association，NVCA）规定其成员应该满足下列条件：会员应以现金换股权的方式积极从事股权投资；尊重受其投资活动影响的人权，努力确认其未投资那些雇佣童工、强迫劳动或持续采取歧视性政策的公司；及时地向有限合伙人披露与上述事项相关的信息，增加其活动的透明度等。NVCA为其成员规定了严格的行为准则。NVCA认为，成为会员不仅意味着通过鼓励风险投资管理人和进行可行的投资活动支持英国风险投资业，而且还应为寻找风险投资的公司创造良好的环境做出贡献。2007年11月，NVCA发布了《股权投资基金信息披露和透明度指南》，该指南提高了一些股权投资公司和基金所投资的公司的信息披露标准。其适用以"适用否则解释"为原则，成员必须履行指南规定的信息披露标准，除非成员通过合理解释（比如，证明该条款的适用会损害其竞争地位）豁免适用其中的某些条款。

第三节　股权投资基金的内部控制制度

随着股权投资基金越来越多地参与被投资企业的公司治理，人们开始质疑它们和公司管理层、其他股东及债权人的利益是否适当；股权投资基金的规模越来越大，其对上市公司收购浪潮也使人们开始怀疑其是否会对市场或是被收购企业造成损害。比如股权投资基金收购VNU（VNU是一家全球性的信息与传媒公司），使公众产生了这样的担心：将上市公司私有化的有利之处，包括降低成本、提高经营效率等，可能不会抵消这种因上市公司的退市而使股权市场流动性严重减少而产生的成本。金融工具越来越巧妙地运用，尤其是通过大规模举债实现收购，而随后由被收购企业承担这种沉重负担的情形更进一步地增加了这种担心。各国的政策制定者和媒体也开始关注公众在金融监管和公司治理方面对股权投资基金产生的质疑，开始探讨是否要对股权投资基金采取特殊的监管措施。但在回答是否要对股权投资基金采取特殊监管措施这个问题之前，对基金内部治理结构的研究会使我们更好地理解对股权投资基金的监管问题。

股权投资基金在发展的过程中已经建立起自身的一套治理结构，来有效地控制风险、利用投资机会。这套治理结构主要是以当事方所采用的组织形式和合同安排来实现的。

一、有限合伙制的组织形式

在股权投资基金的商业模式中，股权投资基金（管理人）、基金投资人和被投资企业之间存在着双重代理关系。它存在于股权投资基金的管理人和被投资企业之间以及基金投资者和股权投资基金的管理人之间。

在第一层关系中，股权投资基金管理人是代理人，基金投资人是被代理人。一般情况下基金投资人很难参与基金的管理活动，管理人对基金的管理运作有很大的权力。这里面存在着道德风险和代理成本问题。在第二层关系中，股权投资基金作为被代理人，被投资企业作为代理人。由于被投资企业比基金管理人更了解本公司的运作情况，基金管理人一般只是向公司提供发展方向、建议和技术支持，而不会干涉公司日常运作。所以，这里也同样存在道德风险和代理成本问题。很明显股权投资基金的管理人、基金投资人和被投资企业之间存在着的严重信息不对称似乎使得代理成本的问题变得难以解决。

股权投资基金控制代理成本的典型特征即是有限合伙制组织结构的采用。如前文所述，在世界范围内，有限合伙制成为股权投资行业主要采用的组织结构形式。其被广泛采用的原因除了税收优惠、结构和存续时间的灵活性之外，也源于其契约的属性。

有限合伙协议允许内外部参加人都进入这种契约机制，把基金管理人的激励机制和投资者的利益联系起来。比如，有限合伙协议一般都规定，除了其管理权受到限制外，有限合伙人通常都享有对诸如修改和解除合伙协议、更改基金存续时间、解除某个普通合伙人的职务、对被投资企业估值等重大事项的投票权。其次，在起草有限合伙协议时，有限合伙人通常都会规定一些限制条款。

基金管理人和投资者之间的良好关系就建立在对基金管理人机会主义倾

向的限制条款中。合同中存在大量不同种类的处理有关基金管理、利益冲突和基金投资类型的限制条款。

二、基金管理人的薪酬设计

基金管理人的薪酬设计是基金管理人和有限合伙人控制代理成本的核心方法。基金管理人的薪酬通常由两部分组成，一部分通常是每一个基金所产生利润的 20%，其被称为"附带收益"；另一部分是基金管理人对每一个基金所收取的管理费。这就将基金的收益和基金管理人的利益联系起来，对基金管理人来说是极大的激励。投资者一般都要求股权投资基金的门槛回报率达到 15%～20%，以此来保证基金管理人能达到业绩水平。这也就意味着只有达到合伙协议规定的门槛回报率，基金管理人才能得到附带收益和管理费。在整个行业中，该薪酬比例是非常一致的。当然，存续时间较长的基金可能收取更少的管理费；对新设基金来说，更低的管理费也会使其有更强的动力建立良好的声誉，逐步发展获得更大的市场份额。

如果合伙协议中规定了基金管理人有权利决定实现投资的时间和条件，上述的薪酬机制可能在降低机会主义方面就不是那么有效。比如协议中约定允许基金管理人可以在基金退出投资前得到附带收益，那么基金管理人可能在之后的投资过程中没有足够的动力完成合同约定的回报率。在这种情况下，合伙协议中通常都会有"抓回"条款。"抓回"条款一般是因为允许基金管理人提早提取附带收益，导致后期投资达不到合同规定的门槛收益率而引发。该条款一般规定，如果允许附带收益提前支付给基金管理人，而基金后来的业绩不能满足合同规定的利润回报率，那么有限合伙人将享有"抓回"这些收益的权利。

三、基金与被投资企业之间的合同安排

如上所述，股权投资基金和被投资企业之间也存在着信息不对称和代理成本的问题。当事方之间同样存在大量的协议，比如，当事方会签订对赌协议、约定采用的投资工具等方式，来对应这种信息不对称的情形，实现代理成本的降低。

1. 对赌协议

股权投资基金通常用对赌协议来保护自己的投资。对赌协议实际上是一种期权的形式。基金管理人和企业（或管理层）在协议中规定，如果企业达到某一盈利目标，企业或管理层可以持有基金管理人一定比例的股份；如果没法达到目标，则基金管理人可以行使一种估值调整协议权利，使管理层一定比例的股份转为基金管理人所有。该机制将双方持股比例与经营业绩和目标的及时完成挂钩。对赌的核心是股权出让方和收购方对企业未来价值的不同预期具体情况不同，对赌双方所关心的内容也不尽相同，双方根据各自的预期对协议条款进行设计。

2. 可转换优先股作为投资工具

股权投资基金的管理人会同被投资企业约定采用可转换优先股作为投资工具，一方面在企业经营不良时投资者可以通过企业回购股票和优先股的清算来保护其资本和一定的红利收益，另一方面在企业经营出色时，投资者可以通过转换成普通股并上市来获得较好的投资回报。在其他融资操作中，优先股与普通股的转化比例是固定的，但在私募股权投资中，这个比例是不确定的，是根据企业盈利目标的实现状况来调整。

3. 分期分段投资

股权投资基金的管理人在合同中多约定采用分期投资方式及时进行股份的调整。基金管理人根据企业的风险状况对所要认购的股份数进行一定程度的调整，在初始承诺投资时，对于风险较大的企业，在投资的早期多采取投资额较少的策略，随着企业的稳定性及盈利能力各方面的提升，投资额逐渐增加。基金管理人所承诺的投资额并不会一次性打入企业账户，而是采取分阶段进入的方式，每一笔资金的进入都以一个财务目标的实现为前提，随着财务目标的逐渐实现，投资的风险也随之逐渐降低。如果前一轮投资后企业达不到盈利目标，投资者有可能中止投资，即使继续投资，下一轮投资的转换比例也会相应地增大，即以更低的价格来获得投资。

综上所述，股权投资活动的参加人通常都是非常精明老练的，其自身已经发展出一套控制机会主义和减少代理成本的控制和激励机制。这些机制不仅能有效地控制基金投资中的风险，保护投资者的利益；同时也能对管理层产生有效的激励，促使管理层不断提高企业业绩，从而提高基金的利润回报。虽然我们并不能据此对是否应该对股权投资基金采取新的限制措施得出结论，但股权投资基金内部治理的合同安排显示出对股权投资基金内部治理结构的分析，对立法者制定出适当的监管规范无疑是十分必要的。

第四节　国内股权投资基金的监管现状及分析

一、红筹模式

1. 红筹股和红筹模式的背景

提及监管部门的监管，不得不着重介绍一下"红筹模式"的兴衰史。在 20 世纪 90 年代初期，有些投资者把一些在香港资本市场上市的中国公司所发行的股票称为红筹股。红筹股出现完全是为了规避国内繁琐的、不可预测的监管制度以及远离国内错综复杂的股票结构。它是 20 世纪 80 年代以来香港历史发展和中国资本市场发展的一个缩影。随着红筹股发行的逐渐成熟，衍生出了红筹模式，即指境内企业的实际控制人先以个人名义在开曼群岛等离岸金融中心设立壳公司，然后再以境内资产或股权进行增资扩股，并收购境内企业的资产，从而以境外壳公司名义达到曲线境外上市的目的。这类红筹主要以民企为主，也称为离岸红筹模式。

在中国国内有多种类型的流通股以及非流通股交易，包括 A 股、B 股、H 股、外资股以及红筹股。在中国，95% 的流通股都是 A 股，而外国投资者只能以合格境外机构投资者方案进入 A 股市场。在 2002 年之前，A 股市场对于外国投资者来说基本是完全封闭的，政府通过各种规定基本封死了外国投资者投资 A 股市场的机会。然而，自 2002 年之后，政府逐步转换了监管思路，开始利用合格境外机构投资者制度来吸引外国的长线机构投资者投资中国的证券市场。

2. 红筹模式的运作过程

红筹模式的运作方式一般包括以下步骤：第一步，设壳，境内企业控股股东以自然人或企业名义在避税地设立多层特殊目的公司；第二步，并购境内企业；第三步，境外基金增资进入合资公司；第四步，支持并购对价；第五步：控股股东将所得款再借给境内企业；第六步：特殊目的公司将资金注入境内企业；第七步：特殊目的公司上市，投资基金退出。

红筹模式的具体运作过程可用图 8.1 具体描述。

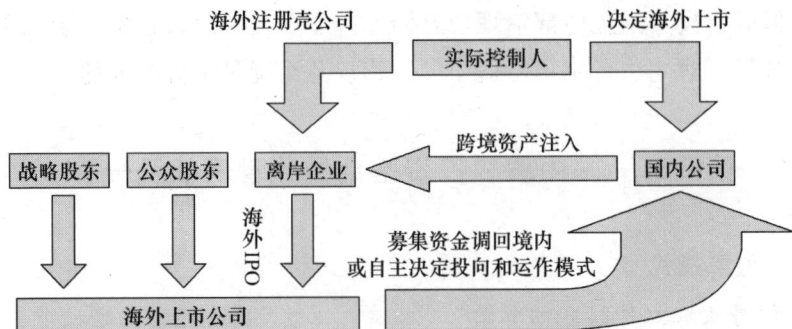

图 8.1 红筹模式具体运作过程

3. 红筹上市政策的演变

第一阶段：红筹上市的监管宽松时代。

在 2000 年之前，境内企业在海外上市并没有太明确的监管政策，直至 2000 年，在北京裕兴电脑公司绕道英属维京群岛和百慕大注册了壳公司，并准备在香港创业板上市之前，突然接到要求其暂停上市并提供有关材料进行审核的中国证券监管委员会的通知。

在这监管相对宽松的初期，多是中国的国有企业为了在香港的证券交易所及其他海外的交易所上市而走红筹模式这条道路。这时负责选择国有企业并批准其海外上市的主要机构是中国证券监管委员会。尽管证券监管委员会的具体选择标准并不是很明确，但要求每个申请海外上市的公司都要经过预选，一般来说，能通过批准的公司都具有一定的规模，并具有良好的发展潜力。此外，还要求备选公司对资本确实有真正的需求，要求上市公司的净资产在 4 亿元人民币以上，上市之前的股权收益率要保持在 10% 以上，并且其募集股份的收入不应低于 5000 万美元。

第二阶段：红筹上市的"无异议函"时代。

2000 年 6 月 9 日，中国证券监管委员会发布了《关于涉及境内权益的境外公司在境外发行股票和上市有关问题的通知》（"72 号文"）。通知要求需要进行海外重组上市的境内民营企业，聘任中国律师并出具法律意见书来上报证券监管委员会，以取得"无异议函"。自此"无异议函"成为企业海外间接上市企业最大的不确定因素。

　　"无异议函"出现的最大原因是政治因素，因为政府在允许一些国有企业上市的同时又不愿意失去对其的控制权，特别是那些在关键行业的企业，出于谨慎的考虑政府出台了"无异议函"的监管办法。"无异议函"的结果便是，在证券监管委员会选择企业的时候往往会脱离单独的经济因素的考虑，比如还会考虑政治关系、产业是否被保护等等。

　　第三阶段：红筹上市的黄金期。

　　2003 年 4 月 1 日，"无异议函"被列入证券监管委员会取消的第二批行政审批项目。在此期间，除了保留对国有控股企业境外红筹上市进行的审核外，证券监管委员会不再对国内民营企业境外上市进行审核及管辖。这一审批规定的取消极大地鼓励了国内企业进行海外上市，从而掀起了 2004 年国内企业红筹上市热潮。在这一热潮中，先后有下面几家大型企业在香港上市。

表 8.3　　　　　　　　国内红筹企业上市统计

在香港上市时间	上市公司
1997 年 10 月 23 日	中国移动通信公司
2000 年 6 月 22 日	中国联通
2001 年 2 月 28 日	中国海洋石油有限公司
2004 年 11 月 17 日	中国网通集团（香港）有限公司
2007 年 7 月 25 日	中国银行（香港）

　　第四阶段：红筹上市经历数变的时期。

　　2004 年，有关政府部门的研究机构出台了《中国与离岸金融中心跨境资本流动问题研究》的调查报告，指出红筹模式的滥用使得大量资金不在政府的监管之内，并且造成资金外逃、公司欺诈以及转嫁金融风险等各种问题。监管部门高度重视此报告并进行了一系列的调研活动，确认报告属实后便着手准备出台相关的监管法规。

　　2005 年 1 月 24 日，国家外汇管理局正式发布并实施《关于完善外资并购外汇管理有关问题的通知》（"11 号文"）。根据这份通知，在民营企业以个人的名义在境外设立公司时要经国家外汇管理局审批。与此同时，新规定还特别要求"红筹上市"必须通过商务部、国家发展和改革委员会、国家外汇管理局三部委核准同意，无疑"11 号文"的此款规定令众多的投资者失望至极。

2005 年 4 月 21 日，对《关于完善外资并购外汇管理有关问题的通知》（"11 号文"）进一步完善和细化的《关于境内居民个人境外投资登记和外资并购外汇登记的有关问题的通知》（"29 号文"）。但风险投资者们同样对"29 号文"感到失望，因为"29 号文"中既没有出现他们所期望的"松口"，也没有解决"11 号文"操作性不足的问题，反而在"29 号文"出台之后，几乎所有涉及出境的资本运作均在国家外汇管理局和其他部委的监控之下。这样由于"11 号文"和"29 号文"均缺乏可操作的细则，使得民企红筹之路被暂时关闭。

第五阶段：经历严格监管之后的宽松监管时期。

2005 年 10 月 21 日，国家外汇管理局颁布了《关于境内居民通过境外特殊目的公司融资及返程投资外汇管理有关问题的通知》（"75 号文"），并且明确了此通知的目的，即"为鼓励、支持和引导非公有制经济发展，进一步完善创业投资政策支持体系"。同时，通知还详细说明了对境外设立特殊目的公司、返程投资等业务的登记管理程序，规定只要特殊目的公司按规定办理了境外投资外汇登记及变更手续，其返程投资企业就可到外汇管理部门办理外商投资企业外汇管理相关手续，境内企业也可向特殊目的公司支付利润、清算、转股、减资等款项。还明确允许了境内居民（包括法人和自然人）可以特殊目的公司的形式设立境外融资平台，通过反向并购、股权置换、可转债等资本运作方式在国际资本市场上从事各类股权融资活动，合法地利用境外融资满足企业发展的资金需要。并通告该文将于 2005 年 11 月 1 日实施，实施的同时"11 号文"和"29 号文"被废止。

第六阶段：红筹上市监管的重新收紧时期。

2006 年 8 月 8 日由商务部、国有资产监督管理委员会、国家税务总局等六部委颁布，并与 9 月 8 日生效的《关于外国投资者并购境内企业的规定》（"10 号文"）重新收紧了民营红筹上市。

根据"10 号文"第 11 条规定："境内公司、企业或自然人以其在境外合法设立或控制的公司名义并购与其有关联关系的境内的公司，应报商务部审批"；同时"当事人不得以外商投资企业境内投资或其他方式规避前述要求。"该规定一方面对外资企业境内并购的范围进行了更为严格的约束，强化了审批环节和反垄断审查；另一方面也试图对外资并购的操作环节，特别是与国家核心产业相关的设立、跨境换股等技术细节，进行了更为细致的规定，使得大部分的并购案有规可依。并对从特殊目的公司、外商独资企业的设立到上市融资及其融资调回的整个过程，实施全面审批制度。这无疑加大了境内企业海外上市和私募的时间与资金成本。

此外，根据《关于外国投资者并购境内企业的规定》，当目标公司涉及重点行业，或者影响国家经济安全，或者导致直接拥有国内驰名商标、中华老字号时，目标公司如要进行实际控制权的转移，并购境内公司的当事人应当及时上报国家商务部以进行国家经济安全审查。如当事人未申报，商务部有权要求当事人终止并购或采取相关的措施，从而消除此并购行为对国家安全的潜在威胁。然而《规定》对于重点行业和国家经济安全都没有进行明确的说明，故在商务部实施终止并购的决定时会有更多的自由裁量权力。

红筹上市中国证券监管委员会要求提交的文件如下：

（1）申请报告。内容包括：境内公司历史沿革、业务概况、股本结构、主要股东、最近一年股权变动和重大资产变动情况、对外投资情况、经营风险分析、业务发展目标、公司治理结构、内部管理制度、经营业绩与财务状况等；特殊目的公司设立及注册情况、股东及实际控制人情况等。

（2）商务部对特殊目的公司并购境内公司的原则批复函。

（3）被并购境内有限责任公司股东同意特殊目的公司并购的决议，或被并购境内股份有限公司同意特殊目的公司并购的股东大会决议，或其他类型企业类似法律文件。

（4）境内公司所在地省级人民政府出具的同意境内公司通过境外特殊目的公司境外上市的文件。

（5）行业监管部门的意见函（如需要）。

（6）境外投资银行的分析推荐报告。

（7）境内公司及其所投资企业的营业执照。

（8）境内公司属于特殊许可行业的，须提供许可证。

（9）从事可能对环境构成重大影响的行业的境内公司应提供环保部门的证明。

（10）特殊目的公司境外上市募集资金转会境内投向涉及需要批准的固定资产投资项目或其他专门立项项目的，提供立项批准文件。

（11）特殊目的公司境外上市募集资金转会境内投向涉及可能对环境构成重大影响的项目，应提供环保部门的批复。

（12）境内公司所占有土地的权属证明。

（13）境内公司已按中国税法规定完税的证明。

（14）境内法律意见书。

（15）商务主管部门颁发的设立特殊目的公司的境外投资开办企业批准文件和证书。

（16）特殊目的公司境外投资外汇登记表。

（17）特殊目的公司的注册登记证明以及最终控制人的身份证明文件或开业证明、章程。

（18）特殊目的公司并购境内公司的有关协议。

（19）特殊目的公司境外上市商业计划书。

（20）境内公司前三个财务年度经具备证券业务资格的会计师事务所出具的境内财务审计报告（特殊目的公司于境外二板市场上市的，报送境内公司前两个财务年度境内财务审计报告）；当年6月30日以后报送材料的，应另加一期境内财务审计报告。

（21）境内公司资产评估报告。

（22）并购顾问报告（包括对特殊目的公司未来境外上市的股票发行价格所作的评估）。

"10号文"的严格限制使得在此之前未完成红筹架构搭建的公司海外的上市路径基本被封锁，自从正式出台至今，还没有任何一家境内企业经商务部批准完成了"10号文"框架下标准的红筹结构搭建。

4. 红筹模式的未来

在过去，红筹股是不允许在境内的交易所上市的，然而一些红筹股即将在内地上市的报道不绝于耳，这其中就包括了中国移动通信集团公司和中国网通集团等大型国有控股集团。修订后的规则将仅仅适用于在香港上市的红筹股，一方面的原因是在香港以外上市的公司多是私营的高科技或与互联网相关的公司，另一方面的原因是香港已经有了红筹返A股的成功案例。

根据修改以后的规定，红筹公司要回归 A 股至少需要具备下列条件：在香港上市至少一年以上；市值在 200 亿港元以上；近三年的净利润在 20 亿港元以上；其业务和利润的一半来自内地。很显然，这些要求瞄准的就是吸引大型高质量的红筹公司回归 A 股，并没有对小企业的回归有太多支持，在港交所上市的 90 多支红筹股中，只有 20 多支符合上述条件。

一些红筹股，包括中国移动、中国海洋石油总公司、联想集团、中国网通等都在积极筹备回归 A 股。中国移动已经委托中国国际金融有限公司处理其首次公开募股，中国网通也已经指定中国国际金融有限公司、华泰证券和瑞银集团承销其发行的股票。但是因为具体规则迟迟没有出台，这些企业的上市进程一拖再拖，中国移动也在期待证券监管当局批准其以中国存托凭证（CDRs）的形式进行境内上市，如获批，中国移动将不再需要分拆上市。

政府的有关部门也在积极地制定相关红筹股回归的具体规则，让我们拭目以待，让国内广大的投资者可以有机会购买正处于快速成长时期的电信公司类股票。

二、股权投资基金标准条款在我国的法律实践

在我国针对红筹模式的法律和监管收紧之前，外国投资者多依赖于红筹模式进行风险投资，然而一系列的法规政策出台基本上封死了红筹上市这条道路，由此外国投资者改变了自己的投资策略，越来越多地采用合营模式投资于我国公司。

在我国，外商直接投资可以采用的外商投资企业形式有：中外合资经营企业、中外合作经营企业、外商独资企业以及外商投资股份有限公司。

针对外商投资企业的各种法律规定：

（1）《中华人民共和国中外合资经营企业法》、《中华人民共和国中外合作经营企业法》是我国为外商投资企业所量身定做的专门法律。

（2）负责对合营企业的设立进行审核的政府机关是商务部，并对合营企业提供的可行性研究报告、合营企业合同和公司章程等文件负有进行实质审查的责任。合营企业的合同和章程只有在经过商务部的审批以后才生效。

（3）国家工商管理总局也是一个重要的审查部门，负责审查申请开始

时合营企业的名称，在商务部批准合营公司设立以后向合营公司颁发营业执照，按照相关的法律规定监督合营企业的业务经营。

（4）合营企业的设立都有规定的最低注册资本限额。《公司法》规定有限责任公司的最低注册资本额度为 3 万元人民币，然而特殊种类的外商投资企业的最低注册资本额度会相对较高，外商投资控股公司一般为 3000 万美元，外商投资创业投资企业一般为 500 万美元。注册资本的出资期限为自营业执照颁发后的 3 年，首期注册资本出资必须在 3 个月内一次性支付至少15%的金额。

（5）《公司法》规定非现金资产的允许出资比例最高为注册资本总额的70%，而对于那些高科技项目，允许以知识产权进行更高比例的出资。

外商投资股份有限公司使用的最直接的法律是《公司法》和国家对外经贸部《关于设立外商投资股份有限公司若干问题的暂行规定》。外商投资股份有限公司作为一种特殊类型的合营企业，可以通过以下三种方式设立：一是一些国内或者国外的投资者设立股份有限合营企业；二是直接将非外商投资股份有限公司变更为外商投资股份有限公司；三是将那些有至少三年盈利的历史、满足注册资本在 3000 万元人民币以上并且外国投资者持股在2.5%以上的合营企业或者外商独资企业变更为外商投资股份有限公司。

根据相关法律约束，外商投资股份有限公司的创始人必须遵守相关的锁定期规定，期限一般为 3 年。对于外国投资者所持股份的公开发行，投资者必须申请将其转换为可交易的股份，并且还要遵守转换以后一年的锁定期。

典型的股权投资项目的条款清单的标准优先权有：知情权、登记权、赎回权、优先购股权、清算优先权、共同出售权、拖带权、反稀释调整、保护性条款、红利、转让限制、员工股权激励计划以及投资者权证。当这些优先权与我国法律碰撞在一起以后会出现一系列的特殊情况，下面逐条分析这些优先权在我国的交易及监管实践。

（1）知情权。《公司法》规定，所有股东都享有法律所规定的一般知情权，包括董事会会议记录、公司章程和财务报表等。然而当公司有合理的根据认为股东有不正当的目的并可能损害公司的利益时，公司可以否决股东查阅相关数据的权利，这对于投资者特别是风险投资者是相当不利的。如果股东通过合同，约定一些有利于外国投资者的优先知情权，在监管者看来，这类约定并不可能优于公司的否决权利，因为公司的否决权利在《公司法》下是一种强制性的权力。

（2）登记权。登记权是起源于美国证券法的一项退出权利。在美国，投资者股份公开发行的前提条件是向证券监管委员会提交上市申请登记表。登记权分为两种：要求登记权和附带登记权，一般由持有公司规定比例股份的股东投票而发出。然而在我国，登记权并不是一种法定权利。

证券监管委员会于 2005 年发起了股权分置改革，取消了境内上市公司法人股上市交易的限制，但是机构投资者所持的股票要公开交易还是需遵守相关的规定。投资者在公开交易其所持股票时需要满足的一些基本条件有：第一，股份有限公司才有发行股票的权利，而且向外国投资者提供登记权的唯一的可行结构就是外商投资股份有限公司。第二，外国投资者所持股票有期限不同的锁定期限或转让限制，投资者想交易股票，必须先满足已经经历完成锁定期限。第三，外资股在进行公开交易之前需要股东大会和董事会进行决议。

（3）赎回权。《公司法》明确规定，公司有权收购本公司的股份，将此作为公司一般不得赎回本公司股份的例外情况。《公司法》第 143 条所列举的公司可以回购本公司股份的例外情况有：减少公司的注册资本；合并持有本公司股份的公司；实施员工激励计划；对公司的重大事项，比如兼并收购等持异议的股东行使其权利。其中，员工激励计划有总量限制，即不得超过公司已发行股份的 5%。

就合营企业减少公司的注册资本而言，申请是极难获得有关部门批准的，相比之下合作企业就灵活了许多，但合作企业的外国投资者行使此特权时也受到相应的管制：第一，只有当投资者书面放弃参与企业任何清算收益的分配的基础上，外国投资者才有权提前收回投资；对于风险投资而言，意味着投资者要为此放弃清算优先权利。第二，有关政策禁止通过直接回购外国投资者股权来提前回收投资。

（4）优先购股权。《公司法》第 35 条规定，允许参与新股认购的股东不按出资比例认购，而是可以相互协商已确定各自的认购比例。在我国，由于公司并没有库藏股份，并且有限责任公司的注册资本也不是按股份来划分的，新股的认购牵涉增加注册资本供新股东购买，所以优先购股权在我国的实践中与本土法律的摩擦是最少的。

（5）清算优先权。在合资企业与合作企业中，此项权利的规定又有很大的不同。对合资企业，该规则绝对禁止股东不按照各自投资比例进行分配；而对合作企业，在法律允许的范围内，股东可以自由的分配，对分配的方式没有任何的限制。而我国《外商投资企业清算办法》第 26 条规定，除了法律、合营企业合同或章程另有规定的以外，外商直接投资企业的清算收益分配的原则是按照投资者的出资比例来分配。

（6）共同出售权。共同出售权通常作为优先购买权的备选而行使，并且其经常与优先购买权一起协商。共同出售权在法律当中是一个盲点，并没有任何法律对于共同出售权的可执行性做出允许或者禁止的规定，所以投资者常会将该项权利加入合营企业合同当中。然而《公司法》、《合营企业法》中所规定的强制优先购买权利会在风险投资者行使共同出售权时被触发，这将会导致一个循环过程的出现。

（7）拖带权。拖带权条款是股权投资在投资后期要出售股权时，要求其他股东随同自己将公司股权一起出售的权利，其前提是保证其他的股东以同样价格、条款和条件出售。这实际上是一种投资者在被投资项目退出比较困难时候选择的一种退出方式。因为转让给其他投资者的时候一般都需要控股权，标的企业中的中小股东就容易对交易结果拥有表决权，从而阻碍投资者退出，一般投资者会在交易前将这一项列入投资条款清单及公司章程中或董事会章程中。

而《外商投资企业股权变更规定》规定，任何涉及外商投资企业的股权转让必须报经商务部的批准方可进行，其中要求审批董事会同意交易的表决书，该要求意味着交易需要回到董事会投票表决这一程序。《公司法》规定，不得滥用股东权利来损害其他股东的利益，这是股东诚信义务的条款之一。

（8）保护性条款。对于合营企业，该条规则可以理解为：合营企业所有的重大交易必须由董事会通过才能施行；投资者在某些情况下可能无权否决董事会已经同意的交易。按照合营法律的相关规定，诸如修改公司章程、兼并收购或分立等重要交易事项必须经由全体董事会的一致同意，而投资者可以在章程当中就其他的交易事先规定表决权。《公司法》第 44 条规定，公司的某些重大事项，需要该等交易 2/3 以上有表决权的股东投赞成票。然而《公司法》并没有明确禁止股东就上述交易规定绝对多数股东的表决要求。

（9）红利。《公司法》第 35 条规定，"允许公司股东可以不按出资比例分取红利"；同时其 218 条规定，"如果外商投资企业法律法规与《公司法》相冲突，将优先适用外商投资企业法律法规"。因此在合资企业中，红利的分配仍然会受制于专门的合资企业法律中所规定的比例规则。

（10）转让限制。在风险投资项目中，转让限制条款一般限制创始人在交割之后的一段时间转让其所持有的股份，该限制的期限是直到公司进行首次公开发行之前。《公司法》规定，转让限制和优先购买权均是法定的，任何一名股东想转让其所持有的股份，均需要其他股东至少多数同意。所有股东均可按比例享受优先认股权利。同样根据合资企业法律，转让限制和优先购买权利也都是法定的。

《公司法》规定，不同意转让的股东应当购买转让的股权，如不购买，该股东将被视为同意转让。该规定将有效地限制其他股东阻碍转让的能力。

（11）员工股权激励计划。《公司法》将员工股权激励计划规定成了公司不得回购本公司股份的例外情况之一。根据合营企业法律的规定，我国的个人不能成为合营企业的一方，所以在向我国的持有者发行期权时，该项限制可能导致无法行权。

三、国内一些大中城市的股权投资基金法规比较

目前国内一些大中型城市为了争夺全国的股权投资基金中心，展开了一场没有硝烟的战争，纷纷出台了各自的股权投资政策法规。下面将分别从企业形式、资金支持、企业名称表述、注册资本及条件、经营范围、税收政策以及扶持奖补政策来进行对比。

1. 企业形式

企业形式对于股权投资基金是非常重要的，不仅关系到整个企业的税收、盈利，在法律政策的各个方面，对于不同公司形式的股权投资基金，其监管都有很大的差别。如表 8.4，上海的政策在国家政策明确之前推出，并没有明确规定合伙制的允许与否。紧接着国家政策出台，北京出台了自己的

法规，明确了股权投资基金的合伙制的合法地位，此规定也会极大地促进本地区股权投资基金的迅速发展。

表8.4   企业形式相关法律

地区范围	法规政策	具体法规政策内容
全 国	《外国企业或者个人在中国境内设立合伙企业管理办法》、《外商投资合伙企业登记管理规定》	为设立合伙制的外资股权投资基金管理企业打开一条活口
北 京	《在京设立外商投资股权投资基金管理企业暂行办法》	在国家政策允许的情况下，可在北京市设立合伙或者其他非公司制形式的外商投资的股权投资基金管理企业
上 海	《上海市浦东新区设立外商投资股权投资管理企业试行办法》	外商投资股权投资基金管理企业应当以有限责任公司形式设立；没有明确规定允许外资股权投资基金管理企业采用合伙制

2. 资金支持

资金匮乏向来是人民币股权投资基金面临的一大难题，特别是在机构合伙人相对匮乏的情况下，而在各地的政策当中，北京无疑是给予资金支持力度最大的，政府自行成立相应的引导基金，并以母基金的形式来吸引广大的民间资本。目前，国内许多城市都积极推进辖内股权投资基金的发展，政府给予的资金支持力度无疑是各股权投资机构考虑的重要因素。

表8.5   资金支持相关法律

地区范围	法规政策	具体法规政策内容
全 国	各种关于产业投资基金的法规政策	产业基金有多只是政府主导的，政府主导意味着会有大量的政府资金作为基金的运营资本
北 京	《在京设立外商投资股权投资基金管理企业暂行办法》	符合国家及本市产业政策、具有行业公认的优秀管理团队、符合北京市股权投资发展基金支持方向的外商投资的股权投资基金管理企业，可由北京股权投资发展基金给予资金支持

3. 企业名称表述

在相关政策出台之前，外资股权投资基金在北京等地注册只能冠以"投资咨询"名称；政策出台之后，外资股权投资基金将与内资股权投资基金平起平坐，这标志着此前外资股权投资基金只有在上海才能获得名正言顺的"基金管理公司"称呼成为历史，北京等地在吸引外资股权投资基金入驻的政策上将基本没有落后之处。尽管换个名字对于企业来说没有实质的利好，但是带来后续的法律身份上的改变和因此带来的后续政策优惠是主要意义。

表 8.6　　　　　　　　　　企业名称表述相关法律

地区范围	法规政策	具体法规政策内容
北　京	《在京设立外商投资股权投资基金管理企业暂行办法》	允许公司名称中使用基金管理字样
上　海	《上海市浦东新区设立外商投资股权投资管理企业试行办法》	外商投资股权投资管理企业名称中的行业名可表述为股权投资管理
河　北	《河北省促进股权投资基金业发展办法》	股权投资基金企业和管理企业名称中行业特点应分别表述为"股权投资基金"和"股权投资基金管理"
新　疆	《新疆维吾尔自治区促进股权投资类企业发展暂行办法》	股权投资类企业的名称应当符合国家有关企业名称登记管理的规定，名称中应使用"股权投资"或者"股权投资管理"等字样

4. 注册资本及条件

（1）北京：《在京设立外商投资股权投资基金管理企业暂行办法》。外国公司、企业和其他经济组织或者自然人可以同中国的公司、企业、其他经济组织以中外合资形式依法设立股权投资基金管理企业，也可以外商独资形式依法设立股权投资基金管理企业，且注册资本应不低于 200 万美元，投资者应按照国家相关法律法规缴纳注册资本。对管理企业及其高管人员提出了更加严格的信用要求，外商投资的股权投资基金管理企业应有两名以上具备两年以上股权投资基金管理运作经验或相关业务经验的高管人员，并且在最近 5 年内没有违规记录或尚在处理的经济纠纷诉讼案件，且个人信用记录良好；高管人员的任职条件应由北京市股权投资基金业行业自律组织证明。同样，对已有外商投资企业变更为外资股权投资基金管理企业也提出了严格的信用要求。

（2）上海：《上海市浦东新区设立外商投资股权投资管理企业试行办法》。注册资本不应低于 200 万美元，注册资本应当在营业执照签发之日起 3 个月内到位 20% 以上，余额在两年内全部到位。两年以上从事股权投资或股权投资管理业务的经历和有两年以上高级管理职务任职经历。

（3）河北：《河北省促进股权投资基金业发展办法》。设立内资股权投资基金应当具备下列条件：①股权投资基金企业注册资本不低于 1 亿元，首期缴付不少于 5000 万元，法律法规规定不能分期缴付的除外。投资者应以货币方式出资，单个投资者出资不低于 500 万元。②以股份有限公司形式设立的，发起人数不得少于 2 人、最高不得超过 200 人；以有限责任公司形式设立的，股东人数不得超过 50 人；以合伙制形式设立的，合伙人数不少于 2 人、最高不得超过 50 人；以其他组织形式设立的，投资者人数应当符合有关法律法规的规定。

设立内资管理企业应当具备下列条件：①注册资本不少于 1000 万元，首期缴付不少于 500 万元，法律法规规定不能分期缴付的除外。所有股东或合伙人均应当以货币形式出资。②以股份有限公司形式设立的，发起人数不得少于 2 人、最高不得超过 200 人；以有限责任公司形式设立的，股东人数不得超过 50 人；以合伙制形式设立的，合伙人数不少于 2 人、最高不得超过 50 人。

设立外商投资管理企业应当具备下列条件：①注册资本不低于 200 万美元，并以货币形式出资；②以有限责任公司形式设立的，股东人数不超过 50 人。

（4）新疆：《新疆维吾尔自治区促进股权投资类企业发展暂行办法》。股权投资企业、股权投资管理企业以股份公司设立的，股东人数（包括法人和自然人）不得超过 200 人；以有限公司形式设立的，股东人数（包括法人和自然人）不得超过 50 人；以合伙制形式设立的，合伙人人数（包括法人和自然人）不得超过 50 人。

公司制股权投资类企业的注册资本，按照《中华人民共和国公司法》的规定执行。合伙制股权投资类企业的出资，按照《中华人民共和国合伙企业法》及相关规定执行。股权投资类企业的所有投资者，均应当以货币形式出资。

（5）吉林：《吉林省股权投资基金管理暂行办法》。股权投资基金及管理企业，以股份有限公司形式设立的，投资者人数不得少于 2 人、最高不得超过 200 人；以有限责任公司形式设立的，投资者人数不得超过 50 人；以合伙制形式设立的，合伙人人数不少于 2 人、最高不得超过 50 人。股权投资基金最低实收资本不得少于 3000 万元人民币。管理企业最低注册资本不少于 1000 万元人民币。注册资本允许分期缴付，股权投资基金首期缴付不少于 1500 万元人民币，管理企业首期缴付不少于 500 万元人民币。所有投资者均应当以货币形式出资。

各地政策所规定的注册资本与条件是规避股权投资风险的第一道关口，为了吸引更多的股权投资机构，各地实际上都在纷纷降低准入的门槛，一方面这可以有力地吸引更多的投资者，另一方面准入门槛的降低也会使得股权投资机构的风险抵抗能力下降，从而也会导致整个市场的风险加大。

5. 经营范围

应国家相关政策的规定以及鼓励，各地均向股权投资机构开放了一些原本只面向政府部门的业务，甚至于一些公共事业及垄断的行业也在渐渐地对股权投资机构开放，这无疑会加快整个社会的建设进程，但这些行业当中有很多是至关重要的部门，做好相应的监督监管工作还是十分必要的。这就对各地的法规制定提出了更高的要求，一方面要起到鼓励作用，另一方面又要保持对风险的控制能力。

表 8.7　　　　　　　　　　　　　经营范围相关法律

地区范围	法规政策	具体法规政策内容
北　京	《在京设立外商投资股权投资基金管理企业暂行办法》	接受其他股权投资基金委托，从事非证券类的股权投资管理、咨询，不得从事其他经营活动
上　海	《上海市浦东新区设立外商投资股权投资管理企业试行办法》	接受其他股权投资基金委托，从事非证券类的股权投资管理、咨询，不得从事其他经营活动
温　州	《温州市人民政府关于鼓励和引导民间投资健康发展的实施意见》	基础产业和基础设施领域；市政公用和社会事业领域；现代服务业和现代农业领域；战略性新兴产业和先进制造业领域

地区范围	法规政策	具体法规政策内容
杭 州	《杭州市人民政府关于鼓励和引导民间投资健康发展的实施意见》	支持鼓励民间资本参与城市基础设施和市政公用事业投资经营。支持民间资本以 BT（建设—移交）、BOT（建设—经营—移交）、TOT（转让—经营—移交）方式参与道路、桥梁、隧道、公共停车场站等基础设施建设；在依法对城市供水、供气、城市污水处理、城市生活垃圾处理、城市轨道交通等市政公用事业实行特许经营时，鼓励民间资本投资经营主体积极参与；对已运营项目，根据具体情况鼓励民间资本参与重组、参股等，逐步扩大民间资本进入城市基础设施和市政公用事业项目投资经营的规模。鼓励民间资本以代建方式参与拆迁安置房、经济适用房、公共租赁房等保障性住房建设和以多种方式参与新农村建设
新 疆	《新疆维吾尔自治区促进股权投资类企业发展暂行办法》	股权投资企业的经营范围为：从事对非上市企业的股权投资、通过认购非公开发行股票或者受让股权等方式持有上市公司股份以及相关咨询服务 股权投资管理企业的经营范围为：接受委托管理股权投资项目、参与股权投资、为非上市及已上市公司提供直接融资的相关服务
吉 林	《吉林省股权投资基金管理暂行办法》	从事非证券类股权投资活动及相关的咨询服务。管理企业的经营范围核定为：管理或受托管理股权类投资并从事相关咨询服务业务

6. 税收政策

（1）温州：《温州市人民政府关于鼓励和引导民间投资健康发展的实施意见》。企业从事《公共基础设施项目企业所得税优惠目录》规定的国家重点扶持的公共基础设施项目的投资经营所得、从事《环境保护节能节水项目企业所得税优惠目录（试行）》规定项目的所得，自项目取得第一笔生产经营收入所属纳税年度起，第一年至第三年免征企业所得税，第四年至第六年减半征收企业所得税。民营企业购置并实际使用《环境保护专用设备企业所得税优惠目录》、《节能节水专用设备企业所得税优惠目录》和《安全生产专用设备企业所得税优惠目录》规定的环境保护、节能节水、安全生产等专用设备的，该专用设备的投资额的 10% 可以从企业当年的应纳税额中抵免；当年不足抵免的，可以在以后 5 个纳税年度结转抵免。国家需要重点扶持的高新技术企业，减按 15% 的税率征收所得税。企业以《资源综合利用企业所得税优惠目录》规定的资源作为主要原材料，生产国家非限制和禁止并符合国家和行业相关标准的产品取得的收入，减按 90% 计入收入总额。企业固定资产由于技术进步等原因，确需加速折旧的，可以缩短折旧年限或采取加速折旧的方法。采取缩短折旧年限方法的，最低折旧年限不低于税法规定折旧年限的 60%；采取加速折旧方法的，可以采取双倍余额递减法或者年数总和法。

（2）杭州：《杭州市人民政府关于鼓励和引导民间投资健康发展的实施意见》。对民间资本投资环境保护、节能节水项目和国家重点扶持的公共基础设施项目，自项目取得第一笔生产经营收入所属纳税年度起，1 ~ 3 年免征企业所得税，4 ~ 6 年减半征收企业所得税。对经认定的高新技术企业、技术先进型企业，减按 15% 的税率征收企业所得税；民营企业固定资产由于技术进步等原因确需加速折旧的，可缩短折旧年限。

（3）河北：《河北省促进股权投资基金业发展办法》。合伙制股权投资基金和合伙制管理企业不作为所得税纳税主体，采取"先分后税"的方式，由合伙人分别缴纳个人所得税或企业所得税；合伙制股权投资基金和合伙制管理企业，执行有限合伙企业合伙事务的自然人、普通合伙人，按照"个体工商户的生产经营所得"项目，适用 5% ~ 35% 的五级超额累进税率计征个人所得税；不执行有限合伙企业合伙事务的自然人有限合伙人，其从有限合伙企业取得的股权投资收益，按照"利息、股息、红利所得"项目，按 20% 的比例税率计征个人所得税；合伙制股权投资基金的普通合伙人，以无形资产、不动产投资入股并参与接受投资方利润分配、共同承担投资风险的行为，不征收营业税；股权转让不征收营业税。

（4）新疆：《新疆维吾尔自治区促进股权投资类企业发展暂行办法》。为鼓励股权类投资企业和个人投资者在新疆的滚动发展，经自治区金融办备案的股权投资类企业，自 2010 年 1 月 1 日起至 2015 年 12 月 31 日止，执行以下政策：①公司制的股权投资类企业，纳入自治区支持中小企业服务体系，依法享受国家西部大开发各项优惠政策，执行 15% 的所得税率，自治区地方分享部分减半征收。未能纳入该体系享受西部大开发政策的，减免企业所得税自治区地方分享部分的 70%。②公司制企业将税后利润向股东分红时，股东是自然人的，应缴纳的个人所得税由该企业代扣代缴。股东缴纳所得税后，自治区按其对地方财政贡献的 50% 予以奖励，奖励资金由纳税所在地财政部门拨付。③合伙制的股权投资类企业的合伙人，按照"先分后税"缴纳所得税后，自治区按其对地方财政贡献的 50% 予以奖励，奖励资金由纳税所在地财政部门拨付。④股权投资类企业因提供投融资管理或咨询服务等取得收入而缴纳营业税后，自治区按其对地方财政贡献的 50% 予以奖励，奖励资金由纳税所在地财政部门拨付。股权投资类企业取得的权益性投资收益和权益转让收益，以及合伙人转让股权的，依法不征收营业税。⑤各开发区可以制定其他办法，根据股权投资类企业及相关人员所做的贡献给予一定比例的奖励，奖励方式由各开发区与相关企业和个人协议约定。

（5）吉林：《吉林省股权投资基金管理暂行办法》。以有限合伙制设立的合伙制股权投资基金中，自然人有限合伙人，依据国家有关规定，按照"利息、股息、红利所得"或"财产转让所得"项目征收个人所得税，税率适用 20%；自然人普通合伙人，既执行合伙业务又为基金出资人的，取得的所得能划分清楚时，对其中的投资收益或股权转让收益部分，税率适用 20%。合伙人是法人和其他组织的，按有关政策规定缴纳企业所得税。管理企业自缴纳第一笔营业税之日起，3 年内由纳税所在地财政部门全额补助营业税地方分享部分，3 年后减半补助营业税地方分享部分。股权投资管理企业因收回、转让或清算处置股权投资而发生的权益性投资损失，可以按税法规定在税前扣除。

（6）深圳：《关于促进股权投资基金业发展的若干规定》。合伙制股权投资基金企业和合伙制股权投资基金管理企业不作为所得税纳税主体，采取"先分后税"方式，由合伙人分别缴纳个人所得税或企业所得税；执行有限合伙企业合伙事务的自然人普通合伙人，适用 5%～35% 的五级超额累进税率计征个人所得税。不执行有限合伙企业合伙事务的自然人有限合伙人，按照"利息、股息、红利所得"项目征收个人所得税，税率适用 20%；法人合伙人其企业所得税按照有关政策执行；对于合伙制股权基金的普通合伙人，以无形资产和不动产投资入股的，参与利润分配和股权转让行为不征收营业税；投资未上市高新技术企业两年以上，凡符合规定条件的，可按其对中小高新技术企业投资额的 70% 抵扣创业投资企业的应纳税所得额。此外，税收方面，主要采取"两免三减半"的政策，前两年，按照营业所得形成地方财力的 100% 给予补贴，后三年则按照营业所得形成地方财力的 50% 给予补贴。其他方面，如购买办公用房、配偶就业、子女教育等方面也有相应的优惠照顾。

7. 扶持奖励政策

（1）河北：《河北省促进股权投资基金业发展办法》。发起设立注册资本 5 亿元人民币以上的股权投资基金并在本省登记注册的管理企业，参照《河北省人民政府办公厅印发关于对金融机构实行奖励和风险补偿及鼓励企业上市暂行办法的通知》规定，由省财政按来冀设立总部的银行业金融机构相应政策给予一次性补助；自获利年度起，分别由其注册地的设区市、县（市）政府前两年按其所缴企业所得税设区市、县（市）分享部分的额度全额奖励，后 3 年减半奖励；股权投资基金及管理企业缴纳房产税确有困难的，依照《河北省房产税实施办法》及有关规定，报地税部门或财政部门批准减征或免征。股权投资基金及管理企业在本省区域内新购建自用办公用房，由所在市、县（市）政府按每平方米 1000 元的标准给予一次性补贴，最高补贴金额为 300 万元，但 10 年内不得对外出租；租赁自用办公用房的，3 年内每年按房屋租金的 30% 给予补贴。若实际租赁价格高于房屋租金市场指导价，则按市场指导价计算租房补贴，补贴面积不超过 1000 平方米，补贴总额不超过 100 万元。

（2）吉林：《吉林省股权投资基金管理暂行办法》。股权投资基金投资于省内的企业或项目，由财政部门按项目退出或获得收益形成的所得税地方分享部分的 80% 给予补助。管理企业在省内新购建自用办公用房，由所在地政府按每平方米 1000 元的标准给予一次性补贴，最高补贴金额为 300 万元；租赁自用办公用房的，前 3 年由所在地政府分别按每年租金额的 50%、30%、10% 予以补贴，补贴总额不超过 100 万元。若实际租赁价格高于房屋租金市场指导价，则按市场指导价计算租房补贴。管理企业连续聘用 3 年以上（含 3 年）的高级管理人员，其在本省区域内首次购买商品房、汽车或参加专业培训的，由所在地政府按其缴纳的个人所得税地方分享部分给予奖励，累计最高奖励限额为购买商品房、汽车或参加专业培训实际支付的金额，奖励期限不超过 5 年。股权投资基金或管理企业符合《国家税务总局关于实施创业投资企业所得税优惠问题的通知》文件规定条件的，经主管税务机关审核后，其采取股权投资方式投资于未上市的中小高新技术企业 2 年以上的，可以按照其投资额的 70% 在股权持有满 2 年的当年抵扣该创业投资企业的应纳税所得额；当年不足抵扣的，可以在以后纳税年度结转抵扣。

（3）深圳：《关于促进股权投资基金业发展的若干规定》。符合条件的企业还将获得落户奖励等，以公司制形式设立的股权投资基金企业，注册资本达到 5 亿元的奖励 500 万元、注册资本达到 15 亿元的，给予 1000 万元奖励，最高标准为注册资本达 30 亿元的，给予 1500 万元一次性奖励。合伙制的企业，募集资金达到 30 亿元的，给予 1000 万元奖励，最高等级为募集资金达 50 亿元的，奖励 1500 万元。

税收和奖励政策是吸引股权投资机构的最直接工具，税收又与股权投资企业的结构密切相关，由上面的对比可以发现，各地区均通过税收来引导投资，对于那些地区政府希望股权投资基金投资的领域，政府制定的政策当中都给予了相应的税收优惠以及奖励政策。

第五节　我国股权投资基金监管法律制度存在的问题

一、内部控制制度存在的问题

如前所述，成熟的股权投资主体自身已经发展出一套控制机会主义和减少代理成本的内部控制和激励机制，这些机制能够有效地控制基金投资中的风险，保护投资者的利益。这些机制一般通过基金管理人和基金投资人之间合同安排来实现，而股权投资基金有限合伙制的组织形式是实现这些合同安排的关键。因此，有限合伙制度在很大程度上影响着股权投资基金内部控制制度的建立和发展。

我国新的《合伙企业法》中有关有限责任合伙制度的安排，消除了股权投资基金前期面临的法律方面的障碍。该法规定有限合伙企业是指普通合伙人与有限合伙人共同组成合伙，其中普通合伙人对合伙企业债务承担无限连带责任，有限合伙人以其出资为限承担有限责任的营利性组织，这就为基金采用国际通用的有限合伙组织形式提供了法律依据；在税收方面，该法规定合伙企业的生产经营所得和其他所得由合伙人分别缴纳所得税，这就避免了双重征税的问题；《合伙企业法》对合伙人数量进行了限制，允许法人可以参与合伙，这就意味着企业法人可以通过合伙的方式进行转投资，这一方面避免有限合伙沦为非法集资的工具，另一方面拓宽了股权投资基金合格投资人的范围。但是我国的有限合伙制股权投资基金还面临着以下一些问题。

（1）法律地位问题。2008年9月，证券监管委员会发审委在保荐代表人培训中表示，由于有限合伙企业不属于法人或自然人，尚不能开立证券账户，因此目前无法核准有限合伙企业入股的公司发行上市。其依据主要是《证券法》第166条规定："投资者申请开立账户，必须持有证明中国公民身份或者中国法人资格的合法证件。国家另有规定的除外。"同时，《中国证券登记结算有限责任公司证券账户管理规则》也要求，机构开立证券账户必须为法人，而有限合伙企业不是法人组织，因此不能开立证券账户。这就导致了大量以有限合伙制和信托制形式存在的股权投资基金由于不具备"法人"地位而无法进行正常的投资活动和享有市场退出通道。

（2）登记注册问题。从工商注册来看，合伙企业法的修订引入了有限合伙制，但对有限合伙企业尤其是有限合伙制股权基金，目前仍没有形成全国范围内统一的工商注册规范。全国各地工商部门在注册登记时方式各异，有的地方允许机构作为普通合伙人，有的地方只许自然人做普通合伙人，有的地方叫中心，有的地方叫企业，现时操作亟待统一细则的出台。

（3）税收缴纳问题。合伙型股权投资基金在税收缴纳方面主要涉及两个问题：一是合伙企业是否适用创投企业税收优惠；二是合伙企业合伙人如何纳税的问题。关于创投企业税收优惠是否适用于合伙企业，《创业投资企业管理办法》第23条规定，"国家运用税收优惠政策扶持创业投资企业发展并引导其增加对中小企业特别是中小高新技术企业的投资，具体办法由国务院财税部门会同有关部门另行制定"。《企业所得税法实施条例》（下称"实施条例"）第97条明确指出，创业投资企业采取股权投资方式投资于未上市的中小高新技术企业两年以上的，可以按照其投资额的70%在股权持有满两年的当年抵扣该创业投资企业的应纳税所得额。但是，该规定的企业不适用于合伙企业。同时，《关于促进创业投资企业发展有关税收政策的通知》也将享受税收优惠企业限定在工商登记为"创业投资有限责任公司"、"创业投资股份有限公司"等专业性创业投资企业。可见，目前国家关于创业投资基金的税收优惠政策，仅针对公司制创业投资基金。合伙企业合伙人如何纳税的问题，即在股权投资基金退出时，各合伙人到底如何纳税、按何种税率纳税。目前除部分地方做出相应的规定外，尚无全国统一规定。

（4）有限合伙人过多参与基金管理问题。《合伙企业法》生效实施以来，全国各地成立了数千家有限合伙型的股权投资基金，但有限合伙人和普通合伙人的角色定位并不十分清晰，即有限合伙人不同程度地介入了企业决策和管理。有限合伙人介入基金决策和管理的主要表现：有限合伙人在投资决策委员会中占一定比例，投资委员会实行投票制；有限合伙人自己设立一个专家咨询委员会来监督普通合伙人的投资，如果专家咨询委员会反对，投资可以被否决；投资委员会包括全部的有限合伙人和普通合伙人，按照出资多少确定投票权参与决策。这与在股权投资基金发展较为成熟的国家的情形不同。在美国等股权投资基金发展较为成熟的国家，基金管理人运作管理基金的独立性是决定基金能否成功的重要因素，有限合伙人很少干预基金的管理。造成我国这种情形的原因，一方面是中国发展股权投资基金的时间不长，基金管理人经验不足，回报业绩不明显，使得国内有限合伙人不能放心地完全不介入管理；另一方面在于我国的合格投资人缺位。国外很多股权投资基金在融资时，将养老基金、保险公司等机构视为最佳投资者的人选，大学投资基金和慈善基金次之，富裕家族和个人因更易受市场波动的影响，并非首选。而中国的合格出资人却凤毛麟角。《合伙企业法》出台后，全国各地成立了数千家规模在5亿元以下的有限合伙型股权投资基金，但有限合伙人多为民营企业和富裕个人。小型合伙制股权投资基金的有限合伙人多为炒地产和股票的个人或企业，其资金实力极容易受到资本市场变化的影响，现在已经出现了不同程度的流动性问题，有的甚至难以履行出资承诺。考虑到资金期限、规模等各种因素，目前只有社保基金、国开行等机构具备投资大型基金的实力，但由于缺乏相关政策的明确支持，保险公司、商业银行及大型国有企业进行股权投资事实上还需要监管层的政策许可。

二、自律监管及存在的问题

目前我国已经在天津、北京、上海三个地方成立了股权基金协会，国内创业投资比较发达的地区以前就有创业投资的行业协会。但我国仍然缺乏一个全国性的、能够吸纳相关各方代表、主动推动行业规范建设的主体。其次，对于一个高度自律的行业，股权投资基金协会作为协调行业与政府监管部门以及其他利益相关主体的中介，对培育优秀的管理队伍发挥着十分重要的作用。国外很多行业协会自身也制定出一些规范，如英国风险投资协会制定的进一步提高信息披露水平和透明度的"股权投资基金信息披露和透明度指南"，为了提高自身声誉和形象而加入这些协会的股权投资公司自愿地遵守这些规范，这不仅会促使股权投资市场更加有序、透明，也降低了监管成本。而我国的股权投资协会功能大都体现在促进会员的交流与合作，为会员提供培训等服务方面，以上海市国际股权投资基金协会为例，该协会的主要功能包括：组织股权投资基金与项目、股权投资基金与投资人对接活动；举办股权投资国际论坛和研讨会；举办股权投资领域的培训；发布股权投资行业信息和研究报告。并且这些行业协会也尚未制定出有关会员行为、基金管理人的职业道德标准等规范，行业协会的自律监管作用很难得以实现。

三、外部监管及存在的问题

虽然我国的《公司法》、《证券法》、《信托公司集合基金信托计划》、《证券公司客户资产管理业务试行办法》、《合伙企业法》及《创业投资企业管理暂行办法》等相关法律中有部分规定可适用于股权投资基金的投资活动，但这些法律规范很多是各监管部门为了促进本部门所管辖的机构进入股权投资市场而出台的自己的规章制度，形成以机构监管为主的分业监管。各监管主体之间协调和沟通不够，使得相关法律的规定参差不齐，内容上难以实现协调统一。比如，有关股权投资基金的投资人资格限制的规定，《创业投资企业管理暂行办法》规定"单个投资者对创业投资企业的投资不得低于100万元人民币"；《信托公司集合投资资金信托计划管理办法》中也规定了"合格投资者"的限制条件。但上述规定并不能普遍适用于所有的股权投资基金，因此对非投资于创业企业并采取有限合伙或公司等非信托形式的股权投资基金来说，就存在立法空白的状态。

第九章　构建我国股权投资基金
适度监管体系

　　股权投资是个高风险的行业，在我国尚属新兴行业，发展时间较短。因此，尚没有统一规范的法律法规对其进行监管。最近几年的发展中，我国股权投资行业显现出了越来越多的问题，如基金设立和运作的不规范、信息披露不透明、基金管理人道德问题导致非法集资等等，这些问题都要求政府通过专门立法来对其进行必要的管理。

　　但中国的股权投资行业现在不应该被严格监管。首先，它属于私募基金，并不公开发售，它的投资者一般是一些很富有的个人，或者是一些比较大的机构投资者，与普通投资者相比，他们的风险承受能力更高，更能保护自己的利益。由于股权投资私募的特性，许多国家都对股权投资采取了比较宽松的监管措施。另一方面，中国的股权投资行业刚刚兴起，规模还较小，严格的监管容易阻碍该行业的发展。因此，政府现在需要构建一个股权投资基金的适度监管体系，在规范该行业的同时促进其发展。

第一节　对本土股权投资基金的适度监管

一、对本土股权投资基金的监管

1. 对股权投资基金设立的监管

　　随着近几年股权投资基金的发展，尤其是最近两年来创业板的开闸和上市企业数量的大幅增长，国内股权投资行业开始呈现出过热的态势，每个月都有很多新基金成立。为了进一步了解和掌握股权投资行业的发展状况，以及加强对股权投资基金的监管，国家发展和改革委员会在 2011 年 1 月发布了《关于进一步规范试点地区股权投资企业发展和备案管理工作的通知》（以下简称"《通知》"），时隔一年多后重启了股权投资基金的备案制。

备案制是指股权投资基金募资成立后，基金公司需要将基金具体情况的资料交与相应的政府行政管理机关进行备案，以便政府部门掌握相关情况。股权投资基金更倾向于私募的性质，其投资者较证券投资基金的投资者更为成熟、更能承担风险，因此股权投资基金的设立不需要像证券投资基金一样接受严格的审批制，备案制对股权投资基金而言会更合适。

在《通知》中，发展和改革委员会要求资本规模在 5 亿元人民币以上的各种基金类股权投资企业，均应申请备案并接受备案管理，并有权对股权投资企业进行检查；逾期不备案的股权投资企业，将被公示在发展和改革委员会网站上，视为运作管理不合规的股权投资企业。《通知》要求股权投资企业先将备案材料送到所在地省级协助备案管理部门初审，省级协助备案管理部门在收到股权投资企业的备案申请后，在 20 个工作日内，对确认申请备案文件材料齐备的股权投资企业，向国家发展和改革委员会出具初审意见。发展和改革委员会在收到备案申请和初步审查意见后，在 20 个工作日内对经复核无异议的股权投资企业给予备案。

备案制并不限制任何规模的股权投资基金的成立，只对成立后规模超过 5 亿元的基金做出备案要求。达到这一规模的基金纷纷前往备案，一方面，成功备案意味着股权投资基金是正规的，可以在某种程度上与未能备案的基金区别开来，吸引投资者的目光；另一方面，2008 年 4 月国务院批准全国社保基金可以投资经发展和改革委员会批准的产业基金和在发展和改革委员会备案的市场化股权投资基金，因此，经过备案的股权投资基金有机会获得社保基金的注资，而不备案的基金则根本没有机会。

新的备案制将会缓解当前股权投资行业里一部分良莠不齐的情况。此前的自愿备案并没有对申请备案的基金规模有要求，出现了部分"空头背书"的情况，有些基金在没有完成募资甚至没有开始募资的情况下就向发展和改革委员会申请备案，以期获得社保基金的注资。为了控制这种备案混乱的局面，国家发展和改革委员会在 2009 年底暂停了对股权投资基金的备案，经过一年多的准备后，提出了必须完成 5 亿元人民币或等值外币募资规模这一要求。发展和改革委员会利用备案制对股权投资基金进行监管，还是紧跟了国际政策形势。2008 年金融危机后，美国和欧盟相继出台的新的金融监管法案，都要求资本达到一定规模的股权投资基金进行备案。如美国 2010 年 7 月中旬颁布的《2010 年华尔街改革和消费者保护法》规定的资本规模是 1.5 亿美元以上。

《通知》指出了三种可以豁免备案的情形：一是已经按照《创业投资企业管理暂行办法》备案为创业投资企业；二是资本规模不足 5 亿元人民币或者等值外币；三是由单个机构或者单个自然人全额出资设立，或者虽然由两个及以上投资者出资设立，但这些投资者均系某一个机构的全资子机构。

对于备案为创业投资企业的股权投资企业，《创业投资企业管理暂行办法》规定了享受国家相关扶持政策的创业投资企业必须进行备案，因此《通知》不再对创业投资企业做此要求。对于资本规模不足 5 亿元人民币或者等值外币的股权投资基金，虽然不要求备案，但是在设立和运作的各个环节也都需要遵守《通知》、《公司法》、《合伙企业法》等相关规定。而对于那些非基金类的股权投资企业，由于它们不向社会投资者募集资金，所以不需要接受发展和改革委员会的备案监管。

各地的法规对股权投资企业设立时的注册资本也有一定的要求。《上海市关于股权投资企业工商登记等事项的通知》规定，股权投资企业的注册资本（出资金额）应不低于 1 亿元人民币，且出资方式限于货币形式。股权投资管理企业以股份有限公司形式设立的，注册资本应不低于 500 万元人民币；以有限责任公司形式设立的，其实收资本应不低于 100 万元人民币。《河北省促进股权投资基金业发展办法》中规定，股权投资基金企业注册资本不低于 1 亿元人民币，首期缴付不少于 5000 万元人民币，法律法规规定不能分期缴付的除外。

因此，国内目前对于股权投资企业的注册资本的要求基本一致，应达到 1 亿元人民币。而由于股权投资管理企业主要为股权投资企业提供咨询和管理服务，并不直接进行股权投资，其注册资本要求则较低。

2. 对基金募集的监管

中国股权投资行业发展之迅猛不得不让人另眼相看。据不完全统计，

2010 年底中国的股权投资企业数量已达到 3000 多家。但市场过热的同时也使得投资者变得浮躁，对于投资太过草率。大量的资金争相涌入该行业，却没有那么多合格的有业绩的股权投资企业来管理，甚至于还有一些打着股权投资的幌子进行非法集资的违法活动。

2010 年 11 月 30 日，天津天凯股权投资基金有限公司涉嫌非法集资被公安机关立案侦查，法人代表韩秀琴也被依法逮捕。天凯一案是典型的利用股权投资基金进行非法集资诈骗的案例。天津天凯股权投资基金有限公司于 2010 年 7 月 30 日在天津静海县完成工商注册，仅仅 4 个月后即因非法集资近 10 余亿元而崩盘，全国 29 个省、市、自治区近 9000 名投资者受其牵连。

一个连自己名字都不会写的静海县农民，却可以在短短 4 个月内非法集资如此巨额资产，其"秘诀"之一就在于给投资者承诺高息。天凯对投资者的投资门槛相当低，仅要求 1 万元起的投资额度。如果投资者与天凯签署封闭期为 3 个月的投资合同，月息可以达到 6%；如果签署封闭期为 1 年的投资合同并投资人民币 50 万元起，月息甚至高达 10%，也就是投入 50 万元，12 个月后就变成了 156.92 万元。如此夸张和不切实际的回报率，仍然有这么多投资者上当受骗，韩秀琴的自我包装"功不可没"。天凯股权投资基金有限公司的注册资本为 1500 万元人民币，很明显，天凯并没有这么多钱，而是花了 2 万元从天津市渤海会计师事务所有限责任公司买来了虚假的验资报告。有了这份验资报告，天凯摇身一变成为颇具实力的股权投资企业，在对外宣传中积极展示其工商注册资料吸引投资者，还宣称其拥有静海县 5800 亩土地的运营权，享有静海县政府特批的免税 5 年的优惠政策，享有静海县政府的办公楼支持，享有静海县政府推荐项目的优先选择权，享有中国银行天津静海支行的托管业务和贷款 10 倍的支持等等。

起初天凯筹集到的资金并不多，2010 年 10 月 11 日，天津天凯股权投资基金有限公司已经更名为天津天凯新盛股权投资基金有限公司，将办公地点从静海县搬至天津市区泰达大厦 21 楼。此外，天凯新盛还将公司的注册资本由 1500 万增加到 1 个亿，并主动告知投资者可以在工商局官网查询到最新的注册资金。除了静海县 5800 亩土地运营权外，公司还声称投资了内蒙古大型露天煤矿和甘肃九条岭煤矿。尽管天凯新盛确实投资了这两处煤矿，然而甘肃九条岭煤矿的资源已接近枯竭，天凯新盛却以高价将其买下，如此不负责任的投资完全不顾投资者的资金安全。经过这一番全新的包装后，投资天凯新盛的资金迅速增加，最终在 4 个月内演变成近 10 余亿元的非法集资案。

天凯新盛一案并非个例，打着股权投资基金的幌子进行非法集资的还有已被判刑的上海汇乐创投集团和红鼎创投公司。2010 年 5 月 10 日，汇乐创投集团董事长和德厚资本执行合伙人黄浩因涉嫌集资诈骗 1.78 亿元被上海市第一中级人民法院判处无期徒刑。2010 年 6 月 29 日，红鼎创投创始人刘晓人因集资诈骗 1.41 余亿元，被湖州中级人民法院一审判决死缓。

为了杜绝此类非法集资案件的发生，《通知》中对股权投资企业的募集方式做了明确规定：股权投资企业的资本只能以私募方式向具有风险识别和承受能力的特定对象募集，不得通过在媒体（包括企业网站）发布公告、在社区张贴布告、向社会散发传单、向不特定公众发送手机短信或通过举办研讨会、讲座及其他公开或变相公开方式（包括在商业银行、证券公司、信托投资公司等机构的柜台投放招募说明书等）直接或间接向不特定对象进行推介。股权投资企业的资本募集人须向投资者充分揭示投资风险及可能的投资损失，不得向投资者承诺确保收回投资本金或获得固定回报。

这些股权投资企业的基金发起人与管理人的不合格也是造成非法集资案发生的一大因素。除了他们原本就想非法集资的动机外，他们并没有股权投资的经验和资质，在公司的运营和投资过程中也展现出了非常不正规的一面，造成了投资者资金的更大亏损。

但是，对于基金发起人与管理人资格的监管，《关于进一步规范试点地区股权投资企业发展和备案管理工作的通知》中并没有给出明确的要求。在成熟的市场上，股权投资行业是个高度市场化的行业，基金发起人与管理人是否合格一般并不作为监管的重点，而是主要靠市场优胜劣汰的竞争机制来筛选和淘汰。管理人的能力靠基金的收益和市场排名来说话，成绩不好、不合格的管理人将会在短期内被淘汰出局。

虽然基金管理人主要是依靠市场机制来筛选，但就目前国内的情况来看，还是需要制定一些规则来规范这个已经开始鱼龙混杂的新兴行业，提高基金管理人的准入门槛，充分保护投资者的利益。如《创业投资企业管理暂行办法》第 9 条规定，创业投资企业应当有至少 3 名具备两年以上创业投资或相关业务经验的高级管理人员承担投资管理责任；委托其他创业投资企业、创业投资管理顾问企业作为管理顾问机构负责其投资管理业务的，管理顾问机构必须有至少3名具备两年以上创业投资或相关业务经验的高级管理人员对其承担投资管理责任。因此，对于没有备案为创业投资企业的股权投资企业，也应该制定类似的政策对基金管理人进行监管。同时，作为募资对象的机构投资者和富人阶层，也有权挑选合格的基金管理人，并在和股权投资企业签订投资协议时，拟定相关条款规范基金管理人的行为，在一定时期内未达到投资者要求的基金管理人，投资者有权将其辞退。

3. 对投资运作的监管

对于基金的具体投资运作业务，一般是由基金管理人根据基金章程和与投资者签订的协议来自主决策。

《通知》中明确指出了股权投资的领域。股权投资企业的投资领域限于非公开交易的企业股权，投资过程中的闲置资金只能存放银行或用于购买国债等固定收益类投资产品；投资方向应当符合国家产业政策、投资政策和宏观调控政策。股权投资企业所投资项目必须履行固定资产投资项目审批、核准和备案的有关规定。外资股权投资企业进行投资，应当依照国家有关规定办理投资项目核准手续。

《创业投资企业管理暂行办法》（以下简称《创投办法》）规定，创业投资企业可以全额资产对外投资；其中对企业的投资，仅限于未上市企业（所投资的未上市企业上市后，创业投资企业所持股份的未转让部分及其配售部分不在此限）；其他资金只能存放银行、购买国债或其他固定收益类的证券。《创投办法》还规定，除购买自用房地产外，创业投资企业不得从事担保业务和房地产业务。

可见，比起创业投资企业而言，政府对于股权投资企业的投资领域做了严格的规定。很多资本规模没有达到5亿元人民币的股权投资企业并不要求去发展和改革委员会备案，这种情况下政府对股权投资企业的监控力度有限，很多不规范基金在找不到可投项目的情况下就开始投资证券、房地产和担保业务。或许就某种程度而言，投资于其他业务并没有扩大投资的风险，但是却背离了作为专业的股权投资企业的设立目的。

《通知》中仅对股权投资企业的投资领域做出规定，暂未对投资额度有限制。但股权投资作为高风险行业，对某企业的投资失利有可能面临较大的亏损，因此有必要分散股权投资企业的高风险，对其做出类似于证券投资基金的投资额度限制。如《创投办法》对每次创业投资企业的投资规模做了限制性规定，创业投资企业对单个企业的投资不得超过总资产的20%。此规定也应该适用于股权投资企业。

《通知》和《创业投资企业管理暂行办法》规定股权投资基金只能投资于未上市企业股权，不允许投资上市公司非公开发行的股票。上市公司非公开发行的股票在某种程度上类似于未上市企业股权。未上市企业股权需要上市后方可抛售，上市公司非公开发行的股票也需要等到限售期满后才可卖出。未上市企业找股权投资企业投资是为了募集资金扩大生产，上市公司非公开发行股票通常也是为了募集资金投资建设新的项目。此外，在熊市中，一些好的企业的股价也有可能因为大势不好持续下跌而低于股票的真实价值。此时股权投资企业参与这些上市公司的增发，一方面可以稳定公司股价，另一方面也会因购买低估的股票而获得不错的投资收益。因此，政府可以扩大股权投资企业的投资领域，使其也可以投资于上市公司非公开发行股票。为了防止某些基金只投资于非公开发行的股票而不再投资于未上市企业股权，可以对投资非公开发行的股票设定投资限额，例如不能超过基金总资产的20%。

4. 对信息披露的监管

股权投资基金的私募性限制了监管机构对其信息披露的监管，由此也带来了一系列信息不对称的问题，最常见的包括虚假信息披露、隐瞒信息披露、延迟信息披露等。在股权投资基金募集的过程中，一些基金就利用国内投资者经验不足，一般不会对基金的投资情况和管理团队充分了解的弱点，夸大基金的过往业绩，虚构基金背景和管理团队经历，"骗取"投资者的资金。在投资运作过程中，或是隐瞒资金运用情况和投资对象，或是胡乱收取基金管理费用，或是产生较大亏损后延迟信息披露，这些问题都令投资者蒙受了不小的损失。

为了充分保护投资者的利益，必须将信息披露列为监管的重要内容。从国外的经验来看，一般是由股权投资行业协会来制定和执行信息披露的监管。在目前国内股权投资行业协会还未成立的情况下，信息披露的监管应该由相关监管部门来制定和执行，股权投资基金应该将投资信息和基金信息定期向监管部门及投资者汇报。

《通知》要求股权投资企业除应当按照公司章程和合伙协议向投资者披露投资运作信息外，还应当于每个会计年度结束后4个月内，向国家发展和改革委员会及所在地协助备案管理部门提交年度业务报告和经会计师事务所审计的年度财务报告。股权投资企业发生修改公司章程、合伙协议和委托管理协议等文件，增减资本或者对外进行债务性融资，分立或合并，受托管理机构或者托管机构变更，解散、破产或者由接管人接管其资产等重大事件时，应当在10个工作日内，向国家发展和改革委员会及所在地协助备案管理部门报告。

股权投资基金不需要向所有人披露信息，也不需要将所有信息披露。股权投资基金的投资周期较长，可以适当放缓信息披露的频率，以年报或半年报的形式向监管部门和投资者汇报，而不披露季报。当发生如《通知》中所述的重大事件时，则应立即披露。对于因虚假披露、隐瞒披露、延迟披露等造成的投资者损失，一方面应完善相关立法来明确基金的赔偿责任，另一方面监管部门应对基金做出相应的惩罚。

二、对投资者的要求与监管

股权投资是属于富人的游戏，投资回报率高，但是动辄好几倍的回报背后也隐藏着很高的风险，投资失利经常会造成不小的亏损。因此，有必要限制股权投资基金的投资人数和投资者的投资额度，使股权投资基金只向符合资格的合格投资者募资，而不向经济实力和风险承受能力较差的中小投资者募资。

《上海市关于股权投资企业工商登记等事项的通知》规定，股东或合伙人应当以自己的名义出资。其中，单个自然人股东（合伙人）的出资额应不低于500万元人民币。以有限公司、合伙企业形式成立的，股东、合伙人人数应不多于50人；以非上市股份有限公司形式成立的，股东人数应不多于200人。《河北省促进股权投资基金业发展办法》中规定，投资者应以货币方式出资，单个投资者出资不低于500万元人民币。以股份有限公司形式设立的，发起人数不得少于2人、最高不得超过200人；以有限责任公司形式设立的，股东人数不得超过 50 人；以合伙制形式设立的，合伙人数不少于 2 人、最高不得超过 50 人；以其他组织形式设立的，投资者人数应当符合有关法律法规的规定。

可见，虽然现在关于投资者的要求并没有全国性的统一的规定，但是各地的规定大致相同，普遍要求单个投资者出资至少 500 万元。但是以目前国内的情况来看，这个门槛可能定得较高，会限制部分希望投资股权投资基金的投资者。因此，可以适当降低投资者的最低出资额度，将标准定在 100 万元或 200 万元或许更为合适。

富人阶层与机构投资者相比毕竟资金量有限，在股权投资行业的不断发展壮大中，机构投资者将是基金的主要募资对象。在我国，机构投资者主要是银行、保险公司和社保基金。

国内银行在国开行的带领下早已开始布局股权投资行业。国开行的子公司"国开金融"拥有国内银行业唯一人民币股权投资牌照，是唯一可以直投股权投资的银行；其他商业银行则只能通过设立境外机构或其他途径曲线从事股权投资业务。

保监会 2010 年发布的《保险资金投资股权暂行办法》明确规定，保险资金可投资未上市企业股权，投资未上市企业股权的账面余额，不高于本公司上季末总资产的 5%；投资股权投资基金等未上市企业股权相关金融产品的账面余额，不高于本公司上季末总资产的 4%。两项合计不高于本公司上季末总资产的 5%。

经国务院批准，社保基金目前可以投资经国家发展和改革委员会批准的产业基金及在国家发展和改革委员会备案的市场化股权投资基金，投资比例不超过社保基金总资产的 10%。根据社保基金庞大的资金量估算，现在对股权投资基金的投资额度将达到 1000 亿元。

由于银行、保险公司和社保基金强大的资金实力，机构投资者今后将成为股权投资行业的中坚力量，但其投资的比重越高，所承担的风险也越大。股权投资的风险高、流动性较差，市场鱼龙混杂，运作不规范等问题，一旦投资失利，机构投资者将蒙受大额亏损，在经济衰退时期，甚至会引起整个金融市场的动荡。因此，随着机构投资者投资的比重不断扩大，监管部门也需要不断加大监管力度。

三、对不同规模基金的分级监管

对股权投资基金的适度监管要求在监管的同时，监管力度必须有所放松。股权投资在我国还是一个新兴行业，不像银行证券等金融行业发展这么成熟，过分强调监管会遏制股权投资基金的发展，必须在促进发展的同时一步步把握住监管的主调。

不同规模的基金承担了不同程度的风险，对整个行业也有不同程度的影响。基金规模越大，一旦投资失利，对整个行业乃至整个社会造成的损失就越大。因此，有必要对不同规模的基金采取不同程度的监管要求，抓大放小，鼓励规模较小基金的发展，控制规模较大基金的风险。

对不同规模基金的分级监管，政府已经采取了一些措施。在《关于进一步规范试点地区股权投资企业发展和备案管理工作的通知》中，国家发展和改革委员会要求资本规模在 5 亿元以上的各种基金类股权投资企业，均应申请备案并接受备案管理，并有权对股权投资企业进行检查，逾期不备案的股权投资企业将被公示在发展和改革委员会网站上，视为运作管理不合规的股权投资企业。可见，对于资本规模达到 5 亿元的股权投资企业，发展和改革委员会有对其监督检查的需求，以便随时掌握该行业的整体经营状况和风险。而对于资本规模达不到 5 亿元的股权投资企业，则不要求随时接受监督检查，以鼓励其自由发展为主。

虽然对投资者的投资门槛还没有全国性的统一规定，但是各地对此都有要求，通常在数百万元以上。但是股权投资跟证券投资一样，是个信奉过往业绩的行业。想要投资者放心地把钱交给基金打理，就必须有过硬的业绩支撑。规模较小的基金通常发展时间也较短，很可能会面临没有漂亮过往业绩的窘境，难以吸引投资者的投资，尤其是具有数百万投资能力的投资者。这种情况下，监管部门可以降低小规模基金的投资者门槛。对于募集规模小于 5 亿元的基金，可以将投资者的最低出资额度降低至 50 万元，以便更容易地完成募资，促进其发展。除了最低出资额度，还可以适当放宽对投资者人数的限制，将人数扩大至 400 人。

虽然在这些方面小规模基金得到了一些优待政策，但是为了防止出现打着股权投资基金的旗号进行非法集资诈骗的情况，这些小规模基金在投资运作和信息披露等方面都要接受与规模较大基金相同的监管。一旦小规模基金资金规模发展到 5 亿元以上，就应该申请备案，接受监管部门的备案管理。

四、重视行业自律监管

行业协会是监管体系中不可或缺的一部分。相对于政府部门，行业的参与者通常更了解该行业的发展现状，也更清楚企业需要什么。行业协会的介入，将推动股权投资行业更加规范化、专业化、市场化发展，政府在运用行政手段适度监管的同时，应大力推进行业协会的发展，将部分监管职能转移给行业协会，提高监管效率，降低监管成本。

国外的股权投资市场主要依靠股权投资行业协会的自律监管。美国风险投资协会是美国最大的风险投资协会，会员均为股权投资机构，目前拥有超过 400 名会员。该协会的主要任务是提高社会对股权投资在美国经济中重要作用的认识，支持社会的创业活动与创新精神。美国风险投资协会代表了股权投资行业的公共政策利益，保持了较高的专业水准，提供详细可靠的行业数据，支持行业的专业化发展，并促进其成员之间的联系与互动。美国风险投资协会为入会的会员制定了一些规章制度：一是会员应积极从事以现金换股权的股权投资，必须利用为股权投资而分配的专用资金进行投资。会员公司管理的以股权投资为目的的资本至少应为 500 万美元。二是会员必须聘请专业的团队，包括至少一名全职员工或是相当于全职的员工，其唯一的工作是直接股权投资。三是会员在投资前后必须使用专业的方法，包括在其投资的公司中持续获取利益的过程。四是会员的经营场所必须设在美国境内。五是会员公司的管理者必须为美国人或是在美国定居的外国人。六是会员公司的业务必须遵守美国的税法和法律。七是每年协会成员的更新应接受协会委员会的审查和批准，并继续遵守上述标准。

此外，在英国、日本等股权投资行业发展较为成熟的地区，也都有各自的股权投资行业协会。虽然北京、天津、上海和深圳等城市已成立了若干家地方股权投资基金协会，会员超过 500 家，但是各协会之间都存在制度不统一、操作不规范等问题，仅上海就存在上海市创业投资协会和上海市国际股权投资基金协会。因此，我国在逐步发展股权投资的同时亟须建立全国性的股权投资基金协会，融合当前各个股权投资基金协会的实践与经验，制定统一的规章制度，一方面可以规范行业道德，提高行业整体水平，另一方面也可以维护行业利益，促进行业发展。目前国家发展和改革委员会已批准设立中国股权投资基金协会，协会筹备组正在运作中。

股权投资基金协会代表了行业全体企业的共同利益，能在以下几个方面发挥重要作用：一是制定股权投资的行业准则和道德规范，贯彻执行政府的行业发展规划和监管措施，加强行业自律监管。二是充当政府与企业间沟通的桥梁，在政府的监管法规下为企业争取更宽松的政策环境。三是为本行业中的企业提供咨询服务、信息服务、宣传服务和商务联络服务等。四是调查该行业国内外的发展状况，收集各类数据，并对本行业的基本情况进行统计和分析。五是协调各企业间的矛盾与利益冲突，避免不正当竞争。六是设立股权投资从业资格考试，对从业人员进行资格认证，并定期组织培训，提高从业人员的专业素质。此外，协会还可以设立评级部门，对各基金的收益和管理水平进行排名和评级，并将违法乱纪的企业列入黑名单，推动行业的健康发展。

第二节　对外资股权投资基金的适度监管

一、对外币基金募集与设立的监管

目前，国家尚未出台针对外资股权投资企业的法律规定，外资股权投资企业在国内的监管法律依据主要是 2003 年 3 月 1 日颁布实施的《外商投资创业投资企业管理规定》（以下简称《管理规定》）。《管理规定》发布后即废止了对外贸易经济合作部、科学技术部和国家工商行政管理总局于 2001 年 8 月 28 日发布的《关于设立外商投资创业投资企业的暂行规定》。

2006 年 6 月，商务部发布了《外商投资创业投资企业管理办法》（以下简称《管理办法》）征求意见，在之前《外商投资创业投资企业管理规定》的基础上修改了部分条例和规定。尽管《管理办法》时至今日还没有正式颁布，但《管理办法》征求意见还是为外资股权投资基金的监管定下了主基调。

《管理办法》指出，外商投资创业投资企业可以采用非法人制组织形式或公司制组织形式。非法人制组织形式即为有限合伙制组织形式。采取非法人制组织形式的创投企业的投资者对创投企业的债务承担连带责任。非法人制创投企业的投资者也可以在创投企业合同中约定在非法人制创投企业资产不足以清偿该债务时由必备投资者承担连带责任，其他投资者以其认缴的出资额为限承担责任。采用公司制组织形式的创投企业的投资者以其各自认缴的出资额为限对创投企业承担责任。

对外资创投企业的基本设立条件，《管理办法》和《管理规定》中的要求相同：①投资者人数应在 2 人以上 50 人以下，且应至少拥有一名必备投资者。②非法人制创投企业投资者认缴出资总额的最低限额为 1000 万美元，公司制创投企业投资者认缴资本总额的最低限额为 500 万美元。除必备投资者外，其他每个投资者的最低认缴出资额不得低于 100 万美元。外国投资者以可自由兑换的货币出资，中国投资者以人民币出资。③有明确的组织形式。④有明确合法的投资方向。⑤除了将本企业经营活动授予一家创业投资管理公司进行管理的情形外，创投企业应有 3 名以上具备创业投资从业经验的专业人员。⑥法律、行政法规规定的其他条件。

《管理规定》中要求在必备投资者为外国投资者的情形下，申请前 3 年其管理的资本累计不低于 1 亿美元，且其中至少 5000 万美元已经用于进行创业投资。而《管理办法》要求申请前 3 年其管理的资本累计不低于 6000 万美元，且其中至少 3000 万美元已经用于进行创业投资，比《管理规定》分别降低了 4000 万美元和 2000 万美元。在必备投资者为中国投资者的情形下，《管理规定》对其业绩要求为：在申请前 3 年其管理的资本累计不低于 1 亿元人民币，且其中至少 5000 万元人民币已经用于进行创业投资。新的《管理办法》对这两项资金的要求分别为 6000 万元人民币和 3000 万元人民币，比旧的规定分别降低了 4000 万和 3000 万元人民币（见表 9.1）。

表 9.1　　　　　　　　　　　　新旧管理办法比较之一

新旧管理 办法比较	必备投资者为外国投资者		必备投资者为中国投资者	
	申请前三年管理资本	已创业投资额	申请前三年管理资本	已创业投资额
《管理规定》	1 亿美元	5000 万美元	1 亿元人民币	5000 万元人民币
《管理办法》	6000 万美元	3000 万美元	6000 万元人民币	3000 万元人民币

《管理规定》对部门审批时间的要求是省级外经贸主管部门应在收到全部上报材料后 15 天内完成初审并上报对外贸易经济合作部。对外贸易经济

合作部在收到全部上报材料之日起 45 天内，经商科学技术部同意后，做出批准或不批准的书面决定。《管理办法》则要求省级商务主管部门应在收到全部上报材料后 10 个工作日内完成初审并上报商务部。商务部在收到全部上报材料之日起 30 个工作日内，经商科学技术部同意后，做出批准或不批准的书面决定。因此，新的《管理办法》在对股权投资企业的审批阶段一共缩短了 20 个工作日，在时间上给予了很大的便捷性。

二、对外币基金投资阶段的监管

《管理办法》进一步扩大并详细阐述了外资创业投资企业的经营业务范围，规定了外资创投企业可以参与的四项新业务。如表 9.2 所示，一是代理其他创业投资企业的创业投资业务；二是参与设立创业投资企业与创业投资管理顾问机构；三是经与所投资企业签订投资协议，创投企业可以以优先股、可转换优先股等准股权方式进行投资；四是经批准，可以作为战略投资者对上市公司进行战略投资。

表 9.2 新旧管理办法比较之二

《管理规定》中经营业务范围	《管理办法》中经营业务范围
1. 以全部自有资金进行股权投资，具体投资方式包括新设企业、向已设立企业投资、接受已设立企业投资者股权转让以及国家法律法规允许的其他方式 2. 提供创业投资咨询 3. 为所投资企业提供管理咨询 4. 审批机构批准的其他业务	1. 对外进行股权投资，具体投资方式包括新设企业、向已设立企业投资、接受已设立企业投资者股权转让以及国家法律法规允许的其他方式 2. 提供创业投资咨询 3. 为所投资企业提供管理咨询 4. 代理其他创业投资企业的创业投资业务 5. 参与设立创业投资企业与创业投资管理顾问机构 6. 经与所投资企业签订投资协议，创投企业可以以优先股、可转换优先股等准股权方式进行投资 7. 经批准，可以作为战略投资者对上市公司进行战略投资 8. 审批机构批准的其他业务

另外很重要的一点是，《管理办法》允许外资创投企业在法律、行政法规规定的范围内通过债权融资方式提高融资能力。其中，认缴出资额不低于 1000 万美元的，其融资额不得超过已缴付注册资本的 4 倍；认缴出资额不低于 3000 万美元的，其融资额不得超过已缴付注册资本的 6 倍。这一条例

在有效控制风险的同时，大大增强了外资创投企业的投融资能力。此外，在创投企业不得从事的活动中，《管理办法》也取消了对直接或间接投资于上市交易的股票和企业债券以及贷款进行投资的限制。

三、对外币基金退出阶段的监管

股权投资基金投资企业股权后，需要将股权出售，退出该投资后才能实现收益。因此能否成功退出对股权投资基金就显得至关重要。股权投资基金的退出渠道主要有4种：IPO上市，并购，股权转让，管理层回购。

由于股权转让和管理层回购在股权投资基金的退出中占比较小，且缺乏相应的监管，下面将主要分析对外资股权投资基金通过IPO和并购退出的监管。

IPO上市分为境内IPO上市和境外IPO上市。境内IPO可以选择在主板、中小板或创业板上市。2009年创业板开通后，大大增加了股权投资基金通过境内IPO退出的机会。境外IPO则主要是香港交易所、纽约证券交易所和纳斯达克。

1. 境内上市

IPO是大多数股权投资基金首选的退出渠道。首先，IPO的高回报率是其他退出方式难以企及的，尤其是国内市场，高市盈率的发行价格使股权投资基金赚得盆钵满体。而且通过IPO上市退出，可以扩大股权投资基金的声望和知名度，可谓是名利双收。

图9.1中，从2010年中国企业IPO各资本市场平均账面投资回报率来看，创业板的回报率最高，达到了12.13倍，其次是中小板的9.83倍和上交所的7.03倍。整个境内市场的回报率也达到了10.40倍。相比而言，境外市场的账面投资回报率要低得多，平均回报率只有3.5倍，这从某种程度上体现出国外投资者比国内投资者要更加理性一些。

尽管IPO市场国外成熟投资群体3.5倍的回报率不算太疯狂，但比起通过并购退出更为"平庸"的投资回报率来说，还是更有吸引力。根据2010年完整披露最初投资金额及最终退出回报金额的22笔并购案例来看，并购退出的平均投资回报率仅为1.30倍。而通过股权转让或管理层收购退出的回报率则更低，通常仅能跑赢通货膨胀率。

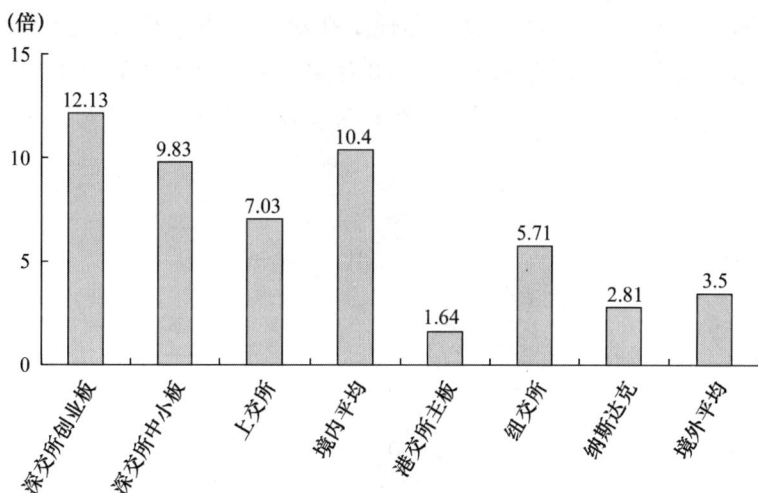

图 9.1　2010 年中国企业 IPO 各资本市场平均账面投资回报率

图 9.2 中，根据投中集团的数据统计，2010 年有股权投资背景的中国企业境内外 IPO 数量为 220 家，融资金额 373.74 亿美元，占年度 IPO 总量的 44.8% 和 35.0%。相比 2009 年，这两项数据分别上升 185.7% 和 174.2%，创下历史新高。

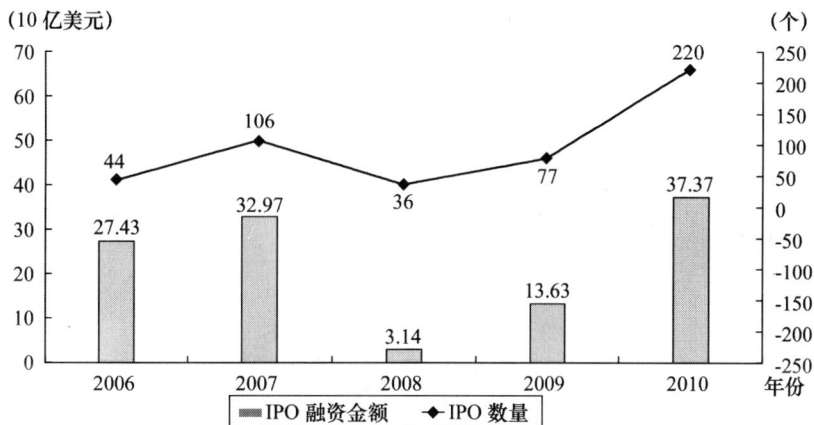

图 9.2　2006～2010 年股权投资背景中国企业 IPO 规模

如图 9.3 和图 9.4 所示，在这 220 家企业中，有 152 家选择了境内上市，占比 69.1%，可见 A 股市场依然是投资机构退出的主要渠道。其中，在深交所中小板上市的最多，达 80 家，其次是在创业板上市的 63 家和在上交所上市的9家。此外，还有68家企业选择了在境外上市。31家企业登陆港交所，登陆纽交所和纳斯达克的分别为20家和14家。在其他资本市场上市的，例如澳大利亚证交所和新交所创业板等，则只占IPO总数量的1%。

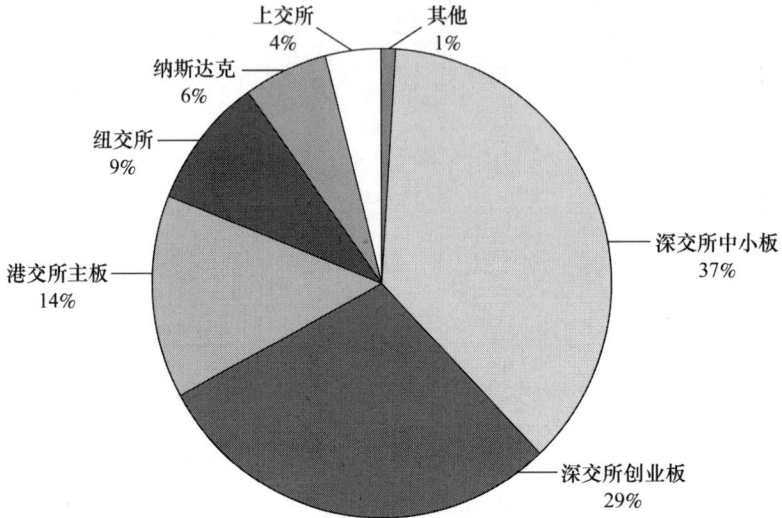

图9.3　有股权投资基金投资的中国企业

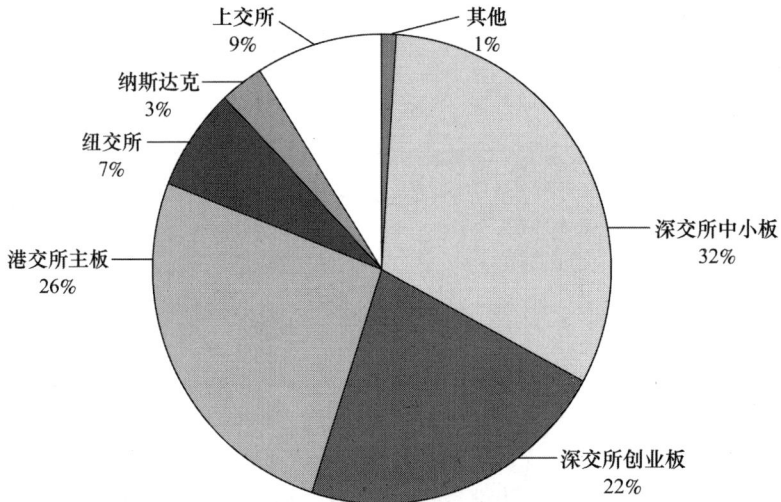

图9.4　2010年股权投资背景中国企业全球资本市场IPO金额比例

股权投资基金选择IPO上市退出，就面临着上市的监管和退出的监管。外商投资企业要上市，必须先改制为外商投资股份有限公司。根据《关于设立外商投资股份有限公司若干问题的暂行规定》（以下简称《暂行规定》），外商投资股份有限公司是指依本规定设立的，全部资本由等额股份构成，股东以其所认购的股份对公司承担责任，公司以全部财产对公司债务承担责任，中外股东共同持有公司股份。外国股东购买并持有的股份占公司注册资本25%以上的企业法人。设立外商投资股份有限公司包括发起设立和募集设立。但目前上市的外商投资股份有限公司皆为发起设立的公司。

发起设立外商投资股份有限公司分为新设和变更两种方式，其中变更是设立股份有限公司采取的主要形式。新设是指5个以上发起人共同签订发起人协议和公司章程设立一个新公司，由这些发起人认购该股份有限公司应发行的全部股份，且其中至少有一个发起人应为外国股东。《暂行规定》要求，新设的外商投资股份有限公司至少有5名发起人，且至少有一名发起人为外国股东，公司注册资本的最低限额为人民币3000万元。

变更也分为两种。第一种是先接受外资投资，后进行股份制改造，即已设立的中外合资经营企业、中外合作经营企业、外资企业的投资者作为股份公司的发起人，原企业经审计的净资产按照1:1折为股份公司的总股本，原股东按照原股权比例持有股份公司的股份，将原企业变更为外商投资股份有限公司。对于该类公司，应有最近连续3年的盈利记录。由原外商投资企业的投资者作为公司发起人（或与其他发起人）签订设立公司的协议、章程，报原外商投资企业所在地的审批机关初审同意后转报对外贸易经济合作部审批。

第二种是先进行股份制改造，后接受外资投资。对于该类公司，《暂行规定》第20条规定：①该股份有限公司是经国家正式批准设立的；②外国股东以可自由兑换的外币购买并持有该股份有限公司的股份占公司注册资本的25%以上；③股份有限公司的经营范围符合外商投资企业产业政策。

在股份制改造完成后，外商投资股份有限公司申请上市必须遵循《关于上市公司涉及外商投资有关问题的若干意见》（以下简称《若干意见》）。首次公开发行股票并上市的外商投资股份有限公司，除符合《公司法》等法律、法规及中国证监会的有关规定外，还应符合下列条件：①申请上市前3年均已通过外商投资企业联合年检；②经营范围符合《指导外商投资方向暂行规定》与《外商投资产业指导目录》的要求；③上市发行股票后，其外资股占总股本的比例不低于 10%；④按规定需由中方控股（包括相对控股）或对中方持股比例有特殊规定的外商投资股份有限公司，上市后应按有关规定的要求继续保持中方控股地位或持股比例；⑤符合发行上市股票有关法规要求的其他条件。

同时，在上市信息披露方面，根据证监会颁布的《公开发行证券的公司信息披露编报规则第 17 号》，外商投资股份有限公司除应遵循中国证监会有关招股说明书内容与格式准则的一般规定外，还应遵循一些特定的规定。对于外资股权投资方，发行人应披露持股 5%（含）以上的外国股东住所地、总部所在国家或地区向中国境内投资或技术转让的法律、法规可能发生变化的风险。发行人还应详细披露其与外国股东的关联交易情况以及董事和高级管理人员的国籍、境外永久居留权的情况，在境内、境外其他机构担任的职务。

股权投资基金投资的最终目标是实现收益并成功退出。对于 IPO 退出而言，股权投资基金一般需要通过二级市场减持或大宗交易平台转让。但企业上市后股权投资基金并不能立刻实现退出，其面临着股份锁定期的控制。在这方面，外资和内资股权投资基金的锁定期要求是一样的。以往的《公司法》和《证券法》规定，在企业上市日前 12 个月以上以增资扩股方式认购股份的持有人，要求其承诺在 12 个月内不转让该新增股份；对于在企业上市日前 12 个月以内突击入股的投资者，则面临 36 个月的股权锁定期。2008 年上海证券交易所和深圳证券交易所发布的《股票上市规则》中，为了支持和鼓励国内股权投资市场的发展，将企业上市前 12 个月内突击入股的投资者的股权锁定期缩短至 12 个月。放宽锁定期政策，一方面对股权投资基金积极投资未上市企业起了很大推动作用，但另一方面也造就了一大批与上市公司利益相关的各利益群体暴富的机会，给市场带来了不公。为此，在2010 年下半年的保荐代表人培训会上，证监会收紧了锁定期政策，要求延长对突击入股的锁定期，对于主板和中小板，在刊登招股书之日起 1 年内突击入股的，从工商变更登记之日起锁定 36 个月；对于创业板，则是在刊登招股书之日起 6 个月内突击入股的，从工商变更登记之日起锁定 36 个月。

从监管角度来看，外资股权投资基金投资的企业在境内上市存在一些特殊的要求，但并未对企业上市构成多少障碍，总体而言是享受了与内资股权投资基金大致相同的待遇。尽管如此，外资股权投资机构境内 IPO 退出数量与内资机构相比还是存在不小的差距。从 2010 年中国股权投资机构 IPO 退出数量排名表可以看出，内资股权投资基金在 IPO 退出数量方面占据了不小的优势。在表 9.3 中，从排名前 10 的投资机构的退出数量来看，内资股权投资机构占据了大多数，达到了 72 起，占 82.76%，而外资股权投资机构的退出数量仅为 15 起，占 17.24%。其中，深创投 IPO 退出案例数量最多，达23 起，除明阳电气在纽交所上市外，其余 22 例均在国内上市；其次是红杉资本，IPO 退出案例 9 起，但其中 8 起在美国上市，仅有 1 起在国内上市；鼎晖投资和同创伟业均有 8 起 IPO 退出，排名并列第 3。

表 9.2　　　　　　　2010 年中国股权投资机构 IPO 退出数量排名　　　　　单位：起

投资机构	IPO 退出案例数量	投资机构	IPO 退出案例数量
深创投	23	红杉资本中国	9
鼎晖投资	8	同创伟业	8
达晨创投	7	永宣创投	7
建银国际	7	IDG 资本	6
中科招商	6	海富投资	6

另外，根据清科研究中心发布的数据统计结果，国内 2010 年 363 起股权投资基金的投资案例中，人民币基金的投资数量达到了 239 起，占 66%；外币基金的投资数量则较少，为 111 起，占 30%。如图 9.5 所示。

造成这种现象的原因是多方面的。在外资人民币基金还未发展起来的情况下，外资股权基金大多还是利用外币投资，必须经历外管局、商务部、证监会等监管部门的层层审批，耗时较长。且外资股权投资基金面临一定程度的水土不服，对于希望在国内 IPO 上市的企业来说，更倾向于接受国内股权投资基金的投资和人民币投资，一方面国内机构更了解国内上市制度，另一方面也免去了换汇的过程。不过，随着国家逐步放开外汇管制以及外资人民币基金的不断壮大，外资和内资股权投资基金的发展必将更加均衡。

2. 境外上市

中国证券监督管理委员会于 1999 年 7 月颁布的《关于企业申请境外上市有关问题的通知》对企业境外上市做出了相关法律规范。

企业申请境外上市需要符合如下上市条件：①符合我国有关境外上市的

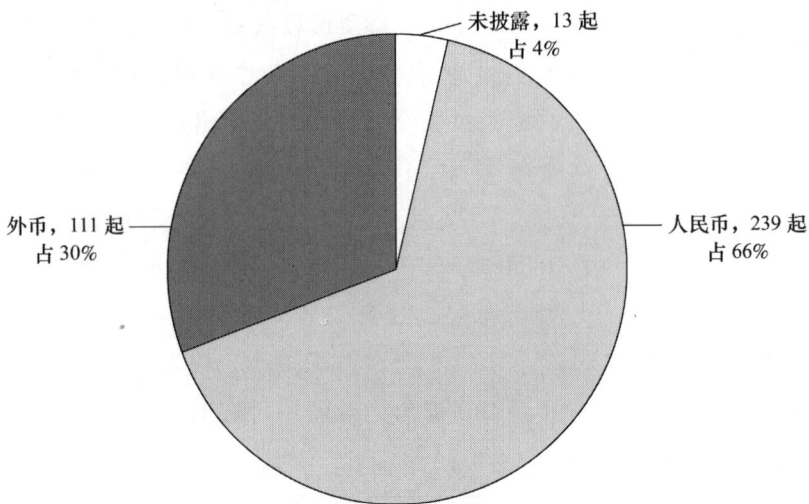

图 9.5 2010 年投资案例数分布

资料来源：清科中国创投暨私募股权投资市场 2010 年数据回顾。

法律、法规和规则；②筹资用途符合国家产业政策、利用外资政策及国家有关固 定资产投资立项的规定；③净资产不少于 4 亿元人民币，过去一年税后利润不少于 6000 万元人民币，并有增长潜力，按合理预期市盈率计算，筹资额不少于 5000 万美元；④具有规范的法人治理结构及较完善的内部管理制度，有较稳定的高级管理层及较高的管理水平；⑤上市后分红派息有可靠的外汇来源，符合国家外汇管理的有关规定；⑥证监会规定的其他条件。

对于符合条件并申请境外上市的企业，中国证监会依据相关法律按程序审批，并有"成熟一家，批准一家"的严格规定。同时，相对于境内上市，证监会对公司申请境外上市需报送的文件也有较为严格的要求。除去与境内上市同样要递交的材料外，还需要递交所在地省级人民政府或国务院有关部门同意公司境外上市的文件，国有资产管理部门对资产评估确认文件、国有股权管理的批复，国土资源管理部门对土地使用权评估确认文件、土地使用权处置方案的批复。这些较为严格的要求，主要是出于对国家经济安全和防止国有资产流失的考虑。但对于真正优秀的企业，这些规定并不会构成实质性的上市障碍，并且只要在境外上市时遵守严格的评估程序，达成合理的交易价格，就不会存在国有资产流失。企业境外上市后，也还是会把业务重心放在国内，利用境外投资者的经验建立更有效的公司治理结构，创造更多财富，对国家经济发展和经济安全起到正面的导向作用。

表 9.4　　　　　　　　　　境外境内上市递交文件对比

公司境外上市递交文件	公司境内上市递交文件
·境外上市申请报告 ·所在地省级人民政府或国务院有关部门同意公司境外上市的文件 ·境外投资银行对公司发行上市的分析推荐报告 ·公司审批机关对设立股份公司和转为境外募集公司的批复 ·公司股东大会关于境外募集股份及上市的决议 ·国有资产管理部门对资产评估确认文件、国有股权管理的批复 ·国土资源管理部门对土地使用权评估确认文件、土地使用权处置方案的批复 ·公司章程 ·招股说明书 ·重组协议、服务协议及其他关联交易协议 ·法律意见书 ·审计报告、资产评估报告及盈利预测报告 ·发行上市方案 ·证监会要求的其他文件	·募股申请 ·公司营业执照 ·公司章程 ·股东大会决议 ·招股说明书 ·财务会计报告 ·代收股款银行的名称及地址 ·承销机构名称及有关的协议 ·保荐人出具的发行保荐书

3. 并购

　　目前市场上 IPO 如火如荼的同时，一些投资者已隐隐看到了一丝变化。上市企业的不断增多使 IPO 溢价不断减少，上市新股第一天破发已屡见不鲜。国内股市的持续低迷和股权投资基金 12 ~ 36 个月的限售期导致股权投资基金的风险加大。部分股权投资基金在企业上市前以 5 倍甚至 10 倍的高市盈率突击入股，使得基金面临着股权解禁后利润大幅减少甚至亏损的可能性。在这种背景下，国内市场上一些股权投资基金开始转而关注并购市场。

　　在国外成熟的股权投资市场上，IPO 退出带来的高收益时代已经结束，并购成为股权投资基金退出的主要渠道。从国际市场来看，股权投资基金通过并购和股权转让退出占比达 70% 多。一些国际上知名的股权投资基金，例如凯雷投资和 KKR，早期都是依靠并购起家。

　　国内市场上，并购退出数量远远落后于 IPO 退出，还有很大的发展空间。图 9.6 中，根据清科研究中心发布的数据统计来看，2010 年国内有股权投资基金背景的并购案例达到 91 起，与 2009 年相比增长 116.7%；并购金额达到 63.64 亿美元，与 2009 年相比增长 10.1%。

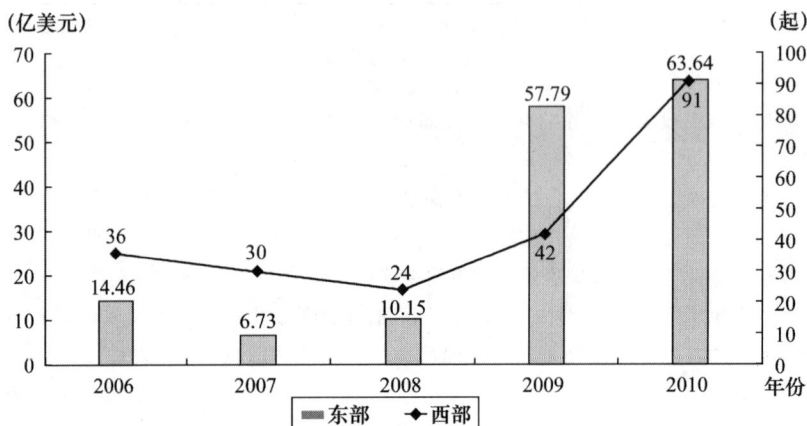

图 9.6　与股权投资相关的并购数量与并购金额

外资股权投资基金参与并购，需要遵守对外贸易经济合作部和国家工商行政管理局 1997 年颁布的《外商投资企业投资者股权变更的若干规定》（以下简称《若干规定》）。根据《若干规定》第四条的要求，外资股权投资基金需要依照《外商投资产业指导目录》，不允许外商独资经营的产业，股权变更不得导致外国投资者持有企业的全部股权；因股权变更而使企业变成外资企业的，还必须符合《中华人民共和国外资企业法实施细则》所规定的设立外资企业的条件。需由国有资产占控股或主导地位的产业，股权变更不得导致外国投资者或非中国国有企业占控股或主导地位。对于其他企业，则并没有像国际通行的惯例要求外资持股不得超过 49%。

当外资股权投资基金向受让者转让股权时，企业应向审批机关报送下列文件：①投资者股权变更申请书；②企业原合同、章程及其修改协议；③企业批准证书和营业执照复印件；④企业董事会关于投资者股权变更的决议；⑤企业投资者股权变更后的董事会成员名单；⑥转让方与受让方签订的并经其他投资者签字或以其他书面方式认可的股权转让协议；⑦审批机关要求报送的其他文件。《若干规定》第五条还规定，除非外方投资者向中国投资者转让其全部股权，企业投资者股权变更不得导致外方投资者的投资比例低于企业注册资本的 25%。若外资股权投资基金向中方投资者转让全部股权，则企业需自审批机关批准企业投资者股权变更之日起 30 日内，向审批机关缴销外商投资企业批准证书。审批机关自撤销外商投资企业批准证书之日起 15 日内，向企业原登记机关发出撤销外商投资企业批准证书的通知，即企业从外商投资企业转变为内资企业。

外资股权投资基金与企业签订股权转让协议时，必须包括以下主要内容：①转让方与受让方的名称、住所、法定代表人的姓名、职务、国籍；②转让股权的份额及其价格；③转让股权交割期限及方式；④受让方根据企业合同、章程所享有的权利和承担的义务；⑤违约责任；⑥适用法律及争议的解决；⑦协议的生效与终止；⑧订立协议的时间、地点。

四、更加规范的法规有待出台

虽然创投企业与股权投资企业都是投资于未上市企业的股权，但创投企业比股权投资企业更倾向于对企业的前期成长投资，且股权投资企业还可以参与企业的兼并重组等业务，在创业投资的基础上扩大了经营范围。因此，无论是《外商投资创业投资企业管理规定》，还是《外商投资创业投资企业管理办法》征求意见，都是对外商创投企业的监管法律，并不完全适用于外资股权投资企业。在国家还未出台对外资股权投资企业管理办法的情况下，外资股权投资企业还需要遵守地方性的管理办法。

目前，北京、上海和浙江等地已相继出台了针对外资股权投资企业的管理办法。以北京为例，2009 年 12 月 22 日，北京市金融工作局、北京市商务委员会、北京市工商行政管理局以及北京市发展和改革委员会四单位联合发布了《在京设立外商投资股权投资基金管理企业暂行办法》（以下简称《暂行办法》）。《暂行办法》自 2010 年 1 月 1 日起实施，在中关村国家自主创新示范区试行，试行期为 3 年。

根据《暂行办法》的规定，外国公司、企业和其他经济组织或者自然人可以同中国的公司、企业、其他经济组织以中外合资形式依法设立股权投资基金管理企业，也可以外商独资形式依法设立股权投资基金管理企业。并且在国家政策允许的情况下，可在北京市设立合伙或者其他非公司制形式的外商投资的股权投资基金管理企业。

在外商投资股权投资基金管理企业的设立条件方面，《暂行办法》的要求较《外商投资创业投资企业管理方法》低一些。《暂行办法》要求外商投资的股权投资基金管理企业注册资本应不低于 200 万美元，投资者应按照国家相关法律法规缴纳注册资本。此外，外商投资股权投资基金管理企业应有两名以上同时具备以下条件的高管人员：①两年以上股权投资基金管理运作经验或相关业务经验；②在最近 5 年内没有违规记录或尚在处理的经济纠纷诉讼案件，且个人信用记录良好。《外商投资创业投资企业管理方法》则要求非法人制创投企业投资者认缴出资总额的最低限额为 1000 万美元，公司制创投企业投资者认缴资本总额的最低限额为 500 万美元。

《暂行办法》对股权投资基金和股权投资基金管理企业做出了明确的区分。外商投资的股权投资基金管理企业的经营范围为"接受其他股权投资基金委托，从事非证券类的股权投资管理、咨询"，不得从事其他经营活动。已经设立的外商投资企业，符合第四条规定并且近 5 年应无违法违规记录或者尚在处理的经济纠纷案件的可以变更为外商投资的股权投资基金管理企业。

此外，北京《暂行办法》对于在北京设立的外商投资股权投资基金管理企业还给予了政策优惠。符合国家及本市产业政策、具有行业公认的优秀管理团队、符合北京市股权投资发展基金支持方向的外商投资的股权投资基金管理企业，可由北京股权投资发展基金给予资金支持。

第三节　对外资人民币基金的适度监管

一、人民币基金优势渐显

中国经济多年来快速发展，即使是 2008 年金融危机期间，也依然保持了较高的经济增长速度。良好的宏观经济环境培育出了一大批优质企业，为股权投资创造了很多投资机会。同时，随着 2009 年中国股市 IPO 重启和创业板的开闸，股权投资的退出机制不断完善，国内股权投资市场又一次红火起来，越来越多的资金涌进来。这些因素使得国内的人民币基金占据了越来越多的市场份额，打破了前些年外币基金一枝独秀的局面。

根据清科研究中心的统计显示，2010 年共有 146 只新募集完成人民币基金，占全年新成立基金数量的 92.4%，人民币基金募资总额为 68.67 亿美元，占全年募资总额的 61.5%，较 2009 年 89.4% 和 60.9% 的占比进一步扩大。人民币基金近年来无论是成立数量还是募资规模，都已经超过了外币基金。

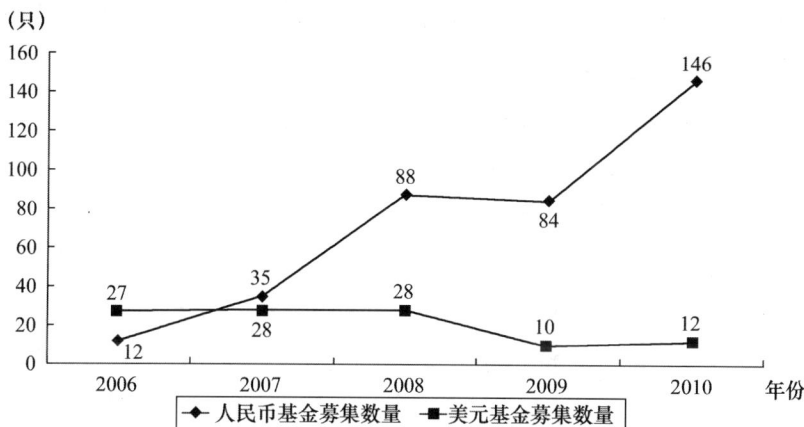

图 9.7　2006～2010 年人民币基金与美元基金募集数量对比

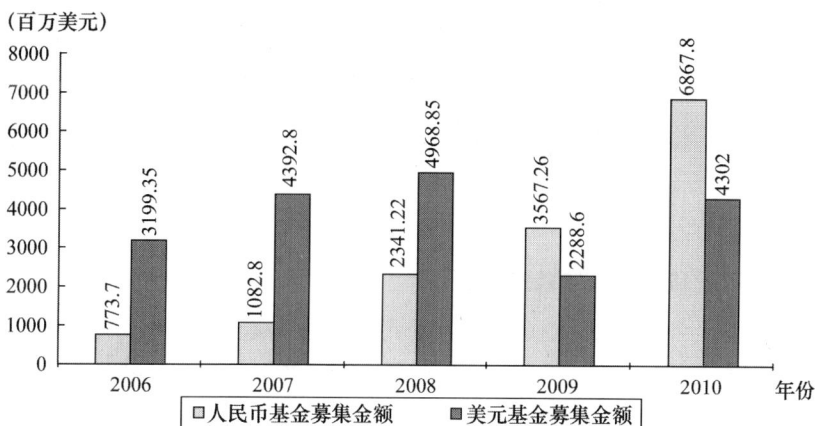

图 9.8　2006～2010 年人民币基金与美元基金募集金额对比

2011 年人民币基金与外币基金的差距继续呈扩大态势。根据清科研究中心 2011 年第一季度的统计数据显示，29 只新募基金中仅有 3 只美元基金，募资额仅为 2.60 亿美元；而人民币基金则成立并募集 26 只新基金，募资总量高达 30.99 亿美元，占比分别为 89.7% 和 92.3%。

外币基金不再风光，最初源于国家政策的限制。2006 年 9 月 8 日，商务部等六部委共同颁布的《外国投资者并购境内企业暂行规定》正式施行，外资并购国内企业到境外上市，以及国内企业以换股方式收购国内资产、再重组到国外上市必须得到审批，国内企业境外上市被正式列入监管。此外，国家外汇管理局颁布的《国家外汇管理局关于境内居民通过境外特殊目的公司融资及返程投资外汇管理有关问题的通知》也规定以红筹模式境外上市的企业必须得到国家商务部和中国证监会的双重批准，并设定了一年的上市限期。外资股权投资基金擅长的"海外融资，国内投资，海外退出"的股权投资模式受到了限制，外币基金优势不再明显，开始筹划人民币基金，期望利用外币基金和人民币基金双管齐下。

外资股权投资机构决意出手人民币基金，除了以往的投资模式受到限制外，也与我国的特殊的投资环境有关。IPO询价制度的不完善和我国股市逢新必炒的特点使得新股定价和上市首日价格过高，股权投资基金在我国市场获得的收益高于欧美市场。而且近年来人民币对外一直处于升值的过程中，外资股权投资机构设立人民币基金可从人民币升值中获得不菲的收益。另一方面，社保基金经国务院批准可以投资在发展和改革委员会备案的股权投资基金，外资股权投资机构与地方政府合资设立人民币基金后不仅有机会获得地方政府掌握的优质项目，还有机会获得社保基金的投资。因此，外资股权投资机构对人民币基金可谓是垂涎已久，谁能运作好人民币基金，谁就能从中国的股权投资市场脱颖而出。

二、外资股权投资与热钱涌入

外资股权投资企业的人民币基金始终没能发展起来，原因就在于国家外汇管理局 2008 年 8 月发布的《关于完善外商投资企业外汇资本金支付结汇管理有关业务操作问题的通知》（汇综发〔2008〕"142 号文"），规定外商投资企业资本金结汇所得人民币资金，应当在政府审批部门批准的经营范围内使用，除另有规定外，结汇所得人民币资金不得用于境内股权投资。这一规定在限制国际热钱涌入的同时也限制了外资股权投资企业设立人民币基金。

"142 号文"的发布跟近年来我国的经济环境有关。除了我国持续多年令人瞩目的经济增长率外，人民币的不断升值更是刺激外资争相涌入我国。2010 年 12 月 31 日，人民币对美元的汇率中间价为 6.6227，创下 2005 年汇改以来的新高，与 2009 年 12 月 31 日的中间价 6.8282 相比，2010 年人民币升值达到 3%。如图 9.9 所示，2011 年以来人民币继续加快升值速度，不断创出新高。2011 年 4 月 11 日，人民币对美元汇率中间价升至 6.5401，年内 4 个多月以来累计涨幅已达到 1.16%，与去年同期相比涨幅更是达到 4.1%。人民币升值速度的加快必然带来热钱流入的加速。根据国家外汇管理局发布的《2010 年中国跨境资金流动监测报告》，2010 年国际热钱净流入 355 亿美元，占我国外汇储备增量的 7.6%；过去 10 年，国际热钱总体呈小幅净流入态势，年均流入近 250 亿美元，占同期外汇储备增量的 9%。国外投资者认为，只要资金能进入中国，即使存入银行不做投资，通过利率和人民币对美元升值的利差也能获得 10% 左右的年收益。

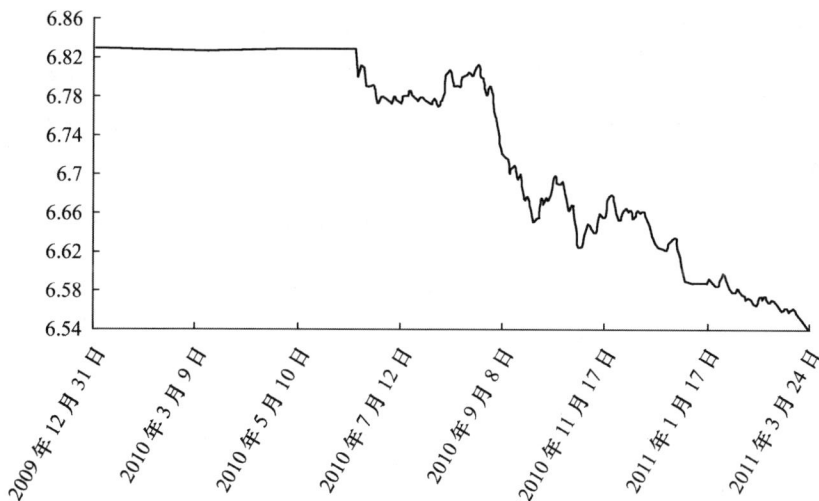

图 9.9　人民币对美元汇率中间价

资料来源：中国人民银行（http://www.pbc.gov.cn/publish/main/537/index.html）。

　　热钱在国内投资的渠道，除了传统的股市楼市外，还有股权投资，甚至于打着股权投资的幌子变相放高利贷。股权投资已经成为另一条热钱隐匿的密道。

　　2008 年金融危机时政府实施 40000 亿元经济刺激计划后，国内开始出现流动性过剩，2010 年政府随即开始利用从紧的货币政策调控，不断提高存贷款利率和存款类金融机构的存款准备金率。截至 2011 年 5 月 18 日，大型金融机构的存款准备金率已经从 2010 年 1 月 12 日的 15.5% 上升到 21.0%，短短 16 个月已上调 11 次。同时，贷款基准利率也从 2010 年 10 月 20 日的 5.31% 经历 4 次上调后升至 2011 年 4 月 6 日的 6.31% 。

由于商业银行信贷大规模收紧，不少民营企业面临资金短缺，尤其是江浙一带，很多无法再从银行贷到款的企业只能转而考虑高利贷。但是面对地下钱庄高达到 50% 甚至 100% 的年息，敢冒险借贷的还是少数。这种环境给了外资机构可乘之机，他们与企业签订股权投资合同出资购买企业股权，实则是假借股权投资之名为企业提供中短期贷款。合同到期后企业需要按一定的利润率回购股权。

另一种略显"合法"的途径是外资利用股权投资基金进军中国的房地产行业。虽然政府在不断加强对房地产的调控，中国的房价也已经上涨到一定的高位，但中国房地产行业的暴利仍然让国外投资者趋之若鹜。2010 年 4 月 17 日国务院发布了《关于坚决遏制部分城市房价过快上涨的通知》。这次号称"史上最严厉房地产调控政策"的出台，使房地产开发商压力陡增，加上连续加息和上调存款准备金率的影响，很多开发商资金链严重收紧。在政府连出重拳打压房地产市场的同时，外资却利用这次机会继续加大对房地产的投资。

2010 年 11 月，国家外汇局和住建部共同发布了《关于进一步规范境外机构和个人购房管理的通知》，规定境外个人在境内只能购买一套用于自住的住房；在境内设立分支、代表机构的境外机构，只能在注册城市购买办公所需的非住宅房屋。在"限外令"的管制下，外资难以直接投资房地产，转而通过收购企业股权或借道房地产基金曲线进入楼市。

2010 年 4 月，金地集团与瑞银环球资产管理集团合作发起房地产基金，募集资金约 1 亿美元。8 月下旬，黑石集团与香港房地产开发商鹰君集团达成协议，共同开发鹰君在大连的高端酒店和住宅项目。新加坡直投、渣打直投等外资股权投资机构一起参与了上海东海广场一期的并购项目；华平、淡马锡、老虎基金等外资股权投资机构也和绿城地产在并购项目上进行合作。

据商务部统计，2011 年 1～2 月，我国房地产领域实际到位境外资本 41.5 亿美元，同比上升 50.5%，其中，房地产开发企业已投入使用的境外资金为 86 亿元，同比上升 61.5%。此外，清科研究中心数据显示，2011 年一季度我国共有 25 只股权投资基金完成募集，其中房地产基金 5 只，募集资金 9.59 亿美元。这 5 只基金中，有 3 只为外资机构管理，单只基金平均募集资金 2.39 亿美元，大幅超越本土机构管理的 1.22 亿美元的平均规模。

由于外资大肆投资国内房地产，尽管楼市成交量大幅下滑，房地产企业仍能继续硬撑着高企的房价。在连续上调存款准备金率和存贷款利率，国内 CPI 却始终居高不下的情况下，政府有必要出台更合适的法律政策，在逐步放宽对外资股权投资企业人民币基金的同时，严格控制好国外热钱的流入，以防热钱再通过人民币基金在国内大肆推高物价。

三、对外资人民币基金的监管

1. 上海 QFLP 制度出台

2010 年多家知名外资股权投资机构宣布进军人民币基金。凯雷与北京国有资本经营管理中心联手设立凯雷北京人民币基金，募资规模 50 亿元人民币。黑石集团与上海浦东新区政府签署金融合作备忘录，宣布将在浦东设立黑石中华发展投资基金，募资 50 亿元人民币。里昂证券和上海国盛集团共同设立资产管理公司，并发起设立规模达 100 亿元人民币的国盛里昂产业投资基金。香港第一东方投资集团也在浦东设立了一家全资子公司，为其 3 只总规模为 60 亿元人民币的基金开始募资。然而由于结汇管制，松绑政策迟迟未出，外资股权投资机构募集的人民币基金多数未能成型。如凯雷集团与复星集团合资的人民币基金中，就因为"142 号文"的政策障碍使得凯雷出资的 5000 万美元一直未能顺利结汇。

外资参与人民币基金是未来的趋势，政府必然会放开"142 号文"涉及的管制，但是在放开管制的同时需要在国际热钱涌入层面和股权投资市场层面进行监管。目前一种重要的手段就是参照 QFII（合格境外机构投资者）制度来解决外资参与人民币基金的监管问题。QFII 制度是对境外机构投资者在境内投资证券的资格认定和监管制度，一是对境外投资机构的合格性做出规定，二是对境外机构投资者资金流动情况的监控，三是对境外机构投资者投资范围和投资额度的监管。

虽然政府还没有出台正式的制度松绑结汇管制，但是上海已获准进行外商股权投资企业的试点工作。2011 年 1 月 11 日，上海市金融办、市商务委和市工商局公布了《关于本市开展外商投资股权投资企业试点工作的实施办法》（以下简称《实施办法》），正式启动了外商投资股权投资企业的 QFLP（Qualified Foreign Limited Partner，合格境外有限合伙人）试点工作。完全放开结汇管制，股权投资必然会成为国际热钱加速流入的通道。因此，试点企业的资格和结汇额度的限制将会是上海《实施办法》中核心的监管内容。

2. 外资人民币基金的试点

《实施办法》对境外投资机构的种类并没有限制，境外主权基金、养老基金、捐赠基金、慈善基金、投资基金的基金、保险公司、银行、证券公司以及联席会议认可的其他境外机构投资者皆可进行投资。但是，申请试点的外商投资股权投资企业中的境外投资者，应在其申请前的上一个会计年度，具备自有资产规模不低于 5 亿美元或者管理资产规模不低于 10 亿美元，有健全的治理结构和完善的内控制度，近 2 年未受到司法机关和相关监管机构的处罚，并具有 5 年以上相关投资经历。对于出资额度，第 24 条规定"获准试点的外商投资股权投资管理企业可使用外汇资金对其发起设立的股权投资企业出资，但是金额不超过所募集资金总额度的 5%，该部分出资不影响所投资股权投资企业的原有属性"。也就是说，作为 GP（普通合伙人）的外商股权投资企业的结汇额度为所募集资金额度的 5%，并且其他 95% 的资金来自于国内投资者，这只基金就等同于内资人民币基金，不受针对外资基金的限制。

申请试点的具体流程，首先是满足申请条件的外商投资股权投资企业或外商投资股权投资管理企业通过其执行事务合伙人向市金融办递交试点申请。递交的申请材料包括：试点申请书，股权投资企业资料，托管银行的有关资料及与托管银行签署的相关文件，申请人出具的上述全部材料真实性的承诺函和联席会议要求的其他材料。然后，市金融办在收到申请后 5 个工作日内决定是否受理，并在受理后 10 个工作日内进行评审。最后，审定合格的试点企业须在通过审核之日起 6 个月内完成工商登记注册手续。

对于最低出资额度，《实施办法》也做了相应规定，以股权投资为主要业务的外商投资企业，名称中要加注"股权投资基金"字样的应具备：认缴出资应不低于 1500 万美元，出资方式限于货币形式；合伙人应当以自己名义出资，除普通合伙人外，其他每个有限合伙人的出资应不低于 100 万美元。

对于主要为股权投资企业提供咨询管理服务的股权投资管理企业而言，《实施办法》也有详细的规定：外商投资股权投资管理企业注册资本（或认缴出资）应不低于200万美元，出资方式限于货币形式。注册资本（或认缴出资）应当在营业执照签发之日起3个月内到位20%以上，余额在2年内全部到位。

3. 外资人民币基金的组织形式

在上海市的《实施办法》中，外商投资股权投资企业可以采用合伙制等组织形式，外商投资股权投资管理企业可以采用公司制、合伙制等组织形式。其中，外商投资股权投资企业是指以非公开方式向包括境外投资者在内的特定对象募集资金，对境内未上市企业进行股权投资为主要经营业务，并向企业提供技术、管理和市场等增值服务的新型金融机构。外商投资股权投资管理企业是指由外国公司、企业和其他经济组织或个人以中外合资、中外合作和外商独资形式投资设立的，受股权投资企业委托，以股权投资管理为主要经营业务的企业。也就是说，股权投资企业是以股权投资为主要经营业务的企业，具有对项目投资和融资的权利。而股权投资管理企业除了接受股权投资企业的委托，为项目投资提供咨询和管理服务，也可发起设立股权投资企业。

采取公司制的外商投资股权投资管理企业应向市商务委提出申请，并在获得批准后凭《外商投资企业批准证书》等材料在一个月内向市工商局申请办理注册登记手续，并及时至外汇局上海市分局办理外汇登记手续。采取合伙制的外商投资股权投资管理企业则不向市商务委提出申请，而是向市工商局提出申请，并在获批后及时凭工商登记注册等材料至外汇局上海市分局办理外汇登记、开户核准等相关外汇管理事宜。另一方面，《实施办法》仅对采取合伙制的外商投资股权投资企业有详细的说明。合伙制外商投资股权投资企业向市工商局提出申请并取得营业执照后，凭工商登记注册等材料至外汇局上海市分局办理外汇登记、核准开户等相关外汇管理手续。对于公司制等其他组织形式的股权投资企业，《实施办法》只在附则中提到，外商投资企业在本市再投资设立公司制股权投资管理企业或公司制股权投资企业的，应按照《关于外商投资企业境内投资的暂行规定》报市商务委审批。

公司制是目前国内多数股权投资基金采取的组织形式。公司制拥有明确的法人治理结构，良好的政策环境和法律环境，股权结构明确，上市、转让和回购等退出渠道通畅。但目前国内股权投资企业采取公司制的主要劣势在于企业面临双重征税的压力，除了基金主体需要缴纳企业所得税外，投资者的投资所得还要按20%的税率缴纳个人所得税。

有限合伙制却避免了公司制的双重征税。由于有限合伙制并不是法人企业，不作为经济实体缴纳企业所得税，而是将收益分配给投资者后，对投资者征税。除此之外，有限合伙制中LP和GP关系明确，激励机制和决策机制灵活有效，基金的管理运作更为完善、高效。尽管有着这些诱人的优势，有限合伙制在中国并没有得到充分的发展，原因是相关法律制度和配套措施尚不完善，在登记设立、投资运作和监管等方面面临着不同的困难。在国内有些省份甚至还不知道如何办理有限合伙制企业的情况下，公司制企业操作的便捷性便成为多数股权投资基金的首选。

从国外股权投资的发展历程来看，投资者还是更乐意采取有限合伙制的组织形式。由于有限合伙制在股权投资行业的诸多优势，在美国和欧洲，多数股权投资基金都是采取这种形式。随着国内股权投资行业的不断发展，以及有限合伙法的实施和完善，有限合伙制股权投资基金必将在市场上扮演越来越重要的角色。

4. 外资人民币基金的备案

《实施办法》要求外商投资股权投资试点企业必须进行备案管理。首先，试点企业必须在工商登记后10个工作日内向所在区（县）职能部门提交备案材料。需提交的材料包括：备案申请书，股东协议、公司章程或合伙协议等文件，工商登记决定文书与营业执照复印件，承诺出资额和已缴出资额的证明，至少两名高级管理人员名单、简历及相关证明材料，投资决策机制以及参与投资决策的主要人员简历及身份证明。另外，外商投资股权投资试点企业，应当在每半年向所在区（县）职能部门报告上半年投资运作过程中的重大事件。试点企业在境内投资项目时，还应向备案管理部门递交外商投资股权投资企业投资备案表，被投资企业营业执照和被投资企业所在地外资主管部门的文件。

对试点企业进行备案管理的部门，主要是试点企业所在区（县）政府和市金融办。区（县）政府应配合市金融办负责对本区（县）范围内的试点企业实施备案管理，定期了解外商投资股权投资试点企业融资、投资、财务等信息，并向联席会议报告情况。区（县）职能部门在收到试点企业递交的备案申请材料后 5 个工作日内，报市金融办。对于试点企业投资运作过程中的重大事件，区（县）职能部门也应在收到上报材料后 5 个工作日内，报市金融办。另一方面，市金融办可以通过信函与电话询问、走访或向托管银行征询等方式，了解已备案的外商投资股权投资试点企业情况，并建立社会监督机制。当试点企业违反相关备案规定时，市金融办应责令其在 30 个工作日内整改；逾期未改正的，市金融办取消备案并向社会公告，并会同相关部门依法进行查处。

可见，《实施办法》对外商投资股权投资试点企业的备案管理做了详细的规定，考虑到了备案管理中的方方面面，对今后其他地区或全国性的试点企业备案工作具有指导性意义。

不过从全国范围来看，外资股权投资基金的备案还存在不小的障碍。国家发展和改革委员会在 2011 年 1 月发布了《关于进一步规范试点地区股权投资企业发展和备案管理工作的通知》，这是在 2009 年底发展和改革委员会暂停备案工作后，又一次重启了股权投资基金的备案。尽管外资和内资股权投资企业都能申请备案，但目前的情况却是在国家发展和改革委员会备案的 23 家股权投资企业均为内资。目前完成备案的大型基金有弘毅投资和鼎晖投资等，久负盛名的黑石、凯雷等都没申请得到发展和改革委员会的备案。原因在于弘毅和鼎晖的基金从资金到管理层都是内资身份，而黑石和凯雷这些国际著名的股权投资企业虽然也开始募集人民币基金，但长期以来给投资者根深蒂固的印象难以抹掉市场对其外资身份的认同。

2008 年 4 月，经国务院批准，财政部、人力资源和社会保障部同意，全国社保基金可以投资经发展和改革委员会批准的产业基金和在发展和改革委员会备案的市场化股权投资基金，总体投资比例不超过社保基金总资产的 10%。根据社保基金大约 1 万亿元的总体资金规模计算，有 1000 亿元资金可投入股权投资市场。在上海市 QFLP 实施的带领下，外资股权投资企业受"142 号文"结汇管制的困境已经有所突破，但作为普通合伙人的外资股权投资企业一方面受到出资额不超过 5% 的限制，另一方面尽管国内民间资本充裕，但个人投资者尚不成熟，缺乏投资股权投资基金的经验。因此，国内机构投资者的缺乏，使得希望尽快拓展人民币基金业务的外资股权投资企业急于在发展和改革委员会备案，以便取得资金实力雄厚的社保基金的投资。

在外资股权投资企业渴望获得社保基金投资的同时，社保基金也希望更多国际大型股权投资企业在发展和改革委员会备案，以满足其庞大的投资需求。截至 2010 年底，社保基金在股权投资市场总共只投出去 100 多亿元，当前狭窄的投资空间给其造成了较大的投资压力。不过既然发展和改革委员会在今年（2012 年）初重启了备案制度，也就意味着发展和改革委员会会逐步放宽该政策，使更多股权投资基金获得备案，外资人民币基金的备案或许就在不久的将来。

5. 外资人民币基金的投资

作为国际热钱流入的重要渠道之一，对外资设立人民币基金的监管重点也在于对其投资范围和投资额度的监管。

监管外资人民币基金的投向也是控制国际热钱流入的重点。对此，《实施办法》要求，外商投资股权投资企业应当委托境内符合条件的银行作为资金托管人；托管银行应定期向联席会议办公室及联席会议有关单位上报外商投资股权投资试点企业托管资金运作情况、投资项目情况等信息；每个会计年度结束后，向联席会议办公室上报外商投资股权投资试点企业各方核对一致的上一年度境内股权投资情况的年度报告；监督外商投资股权投资试点企业的投资运作，发现其投向违反国家法律法规或托管协议的，不予执行并立即向联席会议办公室报告；监督联席会议规定的其他事项。

《实施办法》明确规定了外商投资股权投资企业不得从事的业务范围：①在国家禁止外商投资的领域投资；②在二级市场进行股票和企业债券交易，但所投资企业上市后，外商投资股权投资企业所持股份不在此列；③从事期货等金融衍生品交易；④直接或间接投资于非自用不动产；⑤挪用非自有资金进行投资；⑥向他人提供贷款或担保；⑦法律、法规以及外商投资股权投资企业设立文件禁止从事的其他事项。其中，第 4 条规定外商投资股权投资企业不得直接或间接投资于非自用不动产，可以说是明令禁止了外资股权投资基金投资房地产，以防外资借道人民币股权投资基金缓解开发商资金紧张的状况，削弱当前调控政策的效果。

6. QFLP 制度有待进一步完善

外资机构对于《实施办法》的发布跃跃欲试，希望入选首批试点企业。

尽管有实力的外资机构众多，但首批结汇额度只有 30 亿美元，最有希望的可能是凯雷与复星集团合作的凯雷复星人民币基金和国盛里昂产业投资基金。

但是，这个初步的方案还有一些不完善之处。在《实施方案》出台之前，市场传闻外资人民币基金的换汇额度为 50%，然而《实施方案》仅规定了 GP 的换汇额度为 5%，却没有提及对境外 LP 的投资额度限制。上海 QFLP 制度起初是将境外 LP 的出资限制在 50% 以下，后来又下调至 1/3，等到正式出台时又完全取消了该规定。上海之所以没有对其做出明确规定，主要是外资股权投资企业设立人民币基金更希望在国内募资，在国外募集引进太多外资很可能又会被视为境外投资者，受到诸多政策的限制。因此，政府有较大把握外资人民币基金中外资成分不会太多。另外，上海 QFLP 制度规定外资 GP 的结汇额在 5% 以下，但管理层认为该额度较高，且上海只是试点，等北京 QFLP 制度出台后，该额度应该会有所降低，降至 3% 左右。当然，地方性的 QFLP 制度都只是试点，具体采取怎样的额度限制还有待市场检验其政策效果。

第十章　合理引导股权投资基金行业的发展

第一节　优化促进股权投资的税收政策

一、国内外股权投资税收问题研究现状和本章的构架

伴随着同时期股权投资行业的发展，国外（主要是美国）对股权投资税收问题的研究在 80 年代进入一个快速发展期，各类研究集中于直接税包括企业所得税和个人所得税对股权投资业的影响，涌现了大量的经典文献。

Poterba（1987）认为，资本利得税水平的下降能促进创业欲望，进而大幅提升对风险资本的需求，政府的税收政策作为市场经济体系中的重要杠杆，可以被用来影响社会投资的形成。Warne. F. Katharine（1988）的研究结果则表明，从预期成本变化的角度来看政府资本利得税削减的效果，利得税削减的利好能显著的刺激风险资本的总额增长，但在短期内因为优质项目的不足，总体投资回报率会下降。

Keuschnigg Chrstian 和 Nielsen Soren Bo（2000）分析了各直接税对风险投资家以及风险企业成本函数的影响，认为各种直接税对风险投资均能产生一定的影响，个人所得税对风险企业家的职业选择有重大影响，各种影响最终都会体现在相关产业的产出水平上。

1990 年以后，国外的相关研究更多的是在对这一领域进行实证检验，Boadway. Marchand 和 Pestiau（1991）检验了职业选择、风险和税收之间的联系；Gentry 和 Hubbard（2001）的实证分析表明税收计划所具备的正向调节作用，对风险投资行业和新兴企业而言具有非常重要的影响；Cullen 和

Gordon（2002）发现由于个人所得税越低，弥补亏损的政策的税收价值就越小，从这个角度看，较低的个人所得税实际上会降低风险企业家的创业积极性；Keuschnigg 和 Nielsen（2003）分析了资本利得税中的亏损弥补准备金的作用；Keuschnigg（2004）分析了资本利得税和创业补助金在决定风险投资融资最优组合中的关键作用。

由于与国外以直接税为主税收体制的不同以及股权投资所处的发展阶段存在较大差别，国内学者在西方研究者的基础上就税收对股权投资影响的研究更多集中在税收政策目标与定位、股权投资税收优惠税种的研究、双重征税问题的解决以及比较研究国内外相关税制发展等方面。

黄凤羽（2005）系统研究了国内现行税制下股权投资相关的各个涉税环节，认为股权投资的多环节性要求税收制度上的特殊性，每个参与者都涉及一定的税收问题，因而股权投资行为对政府的税收政策有很强的敏感性。在设计税收政策时，要重点考虑涉税环节比较多的阶段，其中的两个最重要的环节是销售环节的流转税和利润分配阶段的所得税。针对不同环节的目标，税种的设计也应随之不同，因而我国针对股权投资行业的税收优惠政策应分为针对风险投资企业和风险投资机构两类。曲顺兰（2004）提出要优化对高新技术企业的税收优惠，就增值税、所得税、折旧制度以及投资退税等四个方面进行整体性的税收改革，制定全国统一的、能很好匹配国家高新技术产业发展战略的风险投资税收政策。

就当前国内股权投资行业存在的较为严重的双重纳税问题，苏启林（2002）从产业发展、创业者培养以及税收优惠政策的激励效果等三个方面分析了创业投资产业双重征税带来的不利影响，指出实行有限合伙制这一制度性创新、凭借特别立法等手段来消除双重征税的负面影响等这些国际通行的手段所存在的局限性，给出了在当前较为优化的政策选择：选择豁免创业投资公司税收等直接的税收优惠政策。刘健钧（2003）针对创投企业双重征税问题认识的误区，强调了有限合伙制的局限性，提出在我国当时的法律与政策体系框架内全面改善创投企业的政策环境是可行的，可以在《公司法》的框架内制定有关创业投资企业运作的一系列问题，根据当时的税法从国务院和财政部两个层次上入手，可以同时解决对创业投资企业的双重征税问题和政策扶持问题。

在股权投资税收优惠政策的税种设计方面，黎婧（1999）提出应分流转税和所得税设计；郭庆旺、罗宁（2001）也进行了较早的探索，他们认为对风险投资的税收激励政策应主要体现在企业所得税、个人所得税和增值税这三大税种的设计上。而后出现的一些文献也基本认同这一思路。

本章研究股权投资税收政策时主要考虑了针对股权投资企业这一环节的所得税政策，对在税法框架下的针对投资高新企业的优惠政策效果进行分析，以寻求最为优化的税收优惠政策目标。

在对近几年的股权投资相关税收政策脉络进行整理后，本章对实际上影响股权投资机构更大的地方性税收政策进行了分析，利用双重差分法这一分析工具分离出了各地因为税收因素差异导致的股权投资行业发展的差别；在进一步总结我国股权投资行业投资行为的特征之后，提出了税收优惠政策目标的优化方向：通过双层的优惠税收政策架构引导形成专业领域的投资基金。即一方面要利用我国股权投资市场存在的"羊群行为"背后的决策心理，使税收激励能更大程度契合国家发展战略性新兴产业的国家战略，另一方面能同时促进股权投资行业整体规模的扩大，从根本上解决我国中小企业融资面临的困难。

二、国内股权投资税收政策脉络

在 2007 年以前，我国没有股权投资相关的专门税收政策规定，为实施"科教兴国"战略，促进高新技术产业的发展，我国制定了相应的促进高新技术产业发展的税收优惠政策。也就是说，通过给予风险企业一定的政策扶持，增强风险企业的盈利能力，提高风险投资的收益预期，间接促进股权投资业的发展。

2007 年 2 月，财政部和国家税务总局联合发布《关于促进创业投资企业发展有关税收政策通知》（财税［2007］31 号，"31 号文"），首次确立了我国促进创业投资企业发展的税收政策的基本原则。

2007 年 3 月《企业所得税法》发布，其第 31 条所明确的"创业投资企业从事国家需要重点扶持和鼓励的创业投资，可以按投资额的一定比例抵扣应纳税所得额"规定，确认了"31 号文"所确立的基本原则。

"31 号文"明确规定，创业投资企业采取股权投资方式投资于未上市中小高新技术企业 2 年以上（含 2 年），凡符合一系列条件的，可按其对中小高新技术企业投资额的 70% 抵扣该创业投资企业的应纳税所得额。

"31 号文"虽然早在 2007 年 2 月 7 日就已颁布，但只是在少数省市得到了实施，很少有股权投资机构真正享受到"31 号文"所规定的税收优惠。按照惯例，新《企业所得税法》有关股权投资的税收政策正式实施后，此前各地出台的与创投相关的税收优惠政策都要停止执行，因而各地区的税收部门都在等待国家税务部门进一步明确创投企业所享受的税收优惠政策，因此"31 号文"在实施层面上被各地搁置。

2009 年 4 月 24 日，财政部、国家税务总局发布《关于执行企业所得税优惠政策若干问题的通知》（财税〔2009〕69 号 2009.4.24），进一步明确了创业投资企业投资未上市中小高新技术企业享受税收抵免优惠的条件。

2009 年 4 月 30 日，为贯彻落实"31 号文"和《企业所得税法》的相关规定，国家税务总局签发了《关于实施创业投资企业所得税优惠问题的通知》（国税发〔2009〕87 号，"87 号文"）。在核心内容上，"87 号文"与"31 号文"是一以贯之的：一是实施税收优惠政策的环节是创业投资企业；二是税收优惠方式是抵扣应纳税所得额；三是税收优惠的基本条件是合格创业投资企业采取股权投资方式投资于未上市的中小高新技术企业满两年以上；四是税收优惠力度仍是按照创业投资企业对中小高新技术企业投资额的 70%，在股权持有满两年的当年抵扣该创业投资企业的应纳税所得额；当年不足抵扣的，可以在以后纳税年度结转抵扣。

通过上述梳理过程我们发现，在 2009 年以前，对股权投资这一行业而言，国家层面上的税收优惠政策更大的意义是释放了一种利好的信号，在实际操作上，各地制定的一些优惠政策更具有现实意义。

除了普遍通行的一些税收优惠政策外，各地争相推出了很多独具特色的优惠政策。例如，深圳地区出台的一系列优惠政策突出了对高新技术产业的扶持，并且覆盖面相对其他地区比较全面，力度也较大。重庆地区出台的政策中有一条吸引了业内大量的注意力：对于符合西部大开发政策的以有限责任公司或股份有限公司形式设立的股权投资类企业，按规定执行 15% 的企业所得税税率。天津地区的政策意图体现了对合伙制股权投资企业较大的扶持力度，《天津市促进股权投资基金业发展办法》第 7 条规定：以有限合伙制设立的合伙制股权投资基金中，自然人有限合伙人，依据国家有关规定，按照"利息、股息、红利所得"或"财产转让所得"项目征收个人所得税，税率适用20%。上海地区对于合伙制自然人普通合伙人按照"个体工商户的生产经营所得"应税项目，采用5.0%～35.0%五级超额累进税率。但正如本章稍后提到的，由于公司制股权投资企业仍然是我国股权投资企业的主体，本章前半部分研究的出发点主要针对公司制股权投资企业，因而接下来会只分析针对公司制股权投资企业优惠政策的异同。

从各地出台的优惠政策来看，大都涵盖了个人所得税、企业所得税、一次性落户资金奖励以及企业购房补贴或租房补助等方面，很多细节条款甚至包括从业人员专业培训补贴、子女教育等优惠条件。出于支持下文对各地税收政策效果进行双重差分分析的目的，表10.1整理了北京、上海、深圳、天津等四个主要地区针对公司制股权投资企业制定的优惠政策。

三、基于双重差分法的税收政策效果分析

从需求角度看，边际理论认为，降低税率，可以提高资本的边际收益率，在资本的边际成本不变的情况下，被投资机构对风险资本的需求就会增长，因而会促进风险资本总量增加。从供给角度看，期望理论认为，税率的降低，可以提高投资的预期收益，投资者有动力把收益较低的投资转移到较高收益的风险项目上来，因而税收优惠可以刺激风险资本供给的增加。

2010年各地的股权投资基金数量和募集资金数均出现了大幅增长，根据清科研究中心提供的数据，2010年新募基金数从2009年的94只大幅上升至148只，新增募集资金量逾70%。但造成这些数据增长的原因是多样的。

诞生仅一年多的创业板，在为中国贡献了一大批亿万富翁的同时，也催热了本土的私募股权投资。来自深圳证券交易所的数据显示，截至目前，创业板已先后吸引了158家企业登陆。高企的发行市盈率、不菲的股价，让隐身其间的PE们获利丰厚。在创业板"造富"效应的刺激下，中国内地PE"家族"呈现加速扩容迹象。来自PE专业研究机构的报告显示，2010年前三季度，中国市场共有50只基金完成募集，较上年全年增加2/3；新增资金规模逾210亿美元，较上年全年增加164%。创业板的出现为创投机构的退出开辟了一个新通路，促进了人民币基金的兴起，国内融资国内退出开始受

表10.1　北京、天津、上海、深圳针对公司制股权投资企业制定的优惠政策

地区	政策出台时间	名　称	优惠类型	具体优惠条款	优惠对象
北京	2005年12月	《关于促进首都金融产业发展的意见实施细则》	个人所得税	个人工薪收入所得税地方留成部分80%的标准予以奖励，用于以后在本市购买商品房一套，汽车一辆和参加专业领域培训，每年申报一次，奖励总额累计不超过30万元，其购房、购车及培训所付款项原则上不超过30万元	金融企业连续聘用2年以上的高级管理人员
	2005年12月	《关于促进首都金融产业发展的意见实施细则》	落户奖励	注册资本10亿元人民币以上的，补助1000万元人民币；10亿元人民币以下，5亿元人民币以上的，补助800万元人民币	2005年后在京新设立或新迁入京的金融企业
	2005年12月	《关于促进首都金融产业发展的意见实施细则》	办公用房补贴	购买办公用房的，一次性补贴标准为每平米1000元人民币；租用办公用房的，实行三年租金补贴	金融企业
	2009年1月	《关于促进股权投资基金业发展的意见》	企业所得税	自获利年度起，由所在区县政府前两年按其所缴企业所得税区县实得部分全额奖励，后三年减半奖励	股权投资基金和股权投资基金管理企业
	2009年1月	《关于促进股权投资基金业发展的意见》	个人所得税	市政府给予股权投资基金或管理企业有关人员的奖励，免征个人所得税	从业人员
天津	2009年9月8日	《天津市促进股权投资基金业发展办法》	企业所得税	前两年由纳税所在区县财政部门全额奖励营业税地方分享部分，后三年减半奖励营业税地方分享部分	股权投资基金和股权投资基金管理企业
	2009年9月8日	《天津市促进股权投资基金业发展办法》	办公用房补贴	新购建自用办公用房，按每平方米1000元的标准给予一次性补贴，最高补贴金额为500万元；租赁自用房的，三年内每年按房屋租金的30%给予补贴。补贴总额不超过100万元。	股权投资基金和股权投资基金管理企业

续表

地区	政策出台时间	名　称	优惠类型	具体优惠条款	优惠对象
天津	2009年9月8日	《天津市促进股权投资基金业发展办法》	企业所得税	投资于本市的企业或项目，由财政部门按项目退出或获得收益后形成的所得税地方分享部分的60%给予奖励	股权投资基金和股权投资基金管理企业
	2009年9月8日	《天津市促进股权投资基金业发展办法》	人员补贴	连续聘用两年以上的高级管理人员在本市第一次购买商品房、汽车或参加专业培训的，按其缴纳的个人所得税地方分享额奖励，车或参加培训实际支付额，期限不超过5年	高级管理人员
上海	2008年	《浦东新区促进股权投资企业和股权投资管理企业发展的实施办法》	落户奖励	注册资本达5亿元的，给予500万元；注册资本达15亿元的，给予1000万元；注册资本达30亿元的，给予1500万元；对浦东金融业发展具有重大意义的，加大奖励力度	股权投资基金和股权投资基金管理企业
	2008年	《浦东新区促进股权投资企业和股权投资管理企业发展的实施办法》	人员补贴	高级管理人员，按照当年个人工薪所得形成全部财力的40%给予补贴；业务骨干人员，按照其当年个人工薪所得形成全部财力的20%给予补贴	高级管理人员及骨干人员
	2008年	《浦东新区促进股权投资企业和股权投资管理企业发展的实施办法》	人员补贴	股权投资企业注册资本达到5亿元的，以及股权投资管理企业管理的资本达到10亿元的，对其担任董事长、副董事长、总经理、副总经理职位的人员，给予每人一次性住房或租房补贴20万元	高级管理人员

续表

地区	政策出台时间	名称	优惠类型	具体优惠条款	优惠对象
上海	2008年	《浦东新区促进股权投资企业和股权投资管理企业发展的实施办法》	办公用房补贴	在陆家嘴功能区和张江功能区租赁办公用房的，按实际租赁面积给予500元/平方米/年的房租补贴；在上述区域购买自用办公用房的，按购房房价给予1.5%的补贴	股权投资基金和股权投资基金管理企业
	2010年7月	《关于促进股权投资基金业发展的若干规定》	企业所得税	投资于未上市中小高新技术企业2年以上，符合《国家税务总局关于实施创业投资企业所得税优惠问题的通知》规定条件的，可按其对中小高新技术企业投资额的70%抵扣企业的应纳税所得额	股权投资基金和股权投资基金管理企业
	2010年7月	《关于促进股权投资基金业发展的若干规定》	落户奖励	注册资本达5亿元的，奖励500万元；注册资本达15亿元的，奖励1000万元；注册资本达30亿元的，奖励1500万元	股权投资基金和股权投资基金管理企业
深圳	2010年7月	《关于促进股权投资基金业发展的若干规定》	办公用房补贴	新购置自用办公用房，可按购房价格的1.5%给予一次性补贴，但最高补贴金额不超过500万元	股权投资基金和股权投资基金管理企业
	2008年9月	《关于加强自主创新促进高新技术产业发展的若干政策措施》	企业所得税	自取得第一笔生产经营收入所属纳税年度起，第一年至第二年免征企业所得税，第三年至第五年按照25%的税率减半征收企业所得税	股权投资基金和股权投资基金管理企业
	2008年9月	《关于加强自主创新促进高新技术产业发展的若干政策措施》	研发费用扣减	未能享受受国家企业所得税优惠政策的，按其缴纳企业所得税形成深圳地方财力部分50%予以研发资助	股权投资基金和股权投资基金管理企业

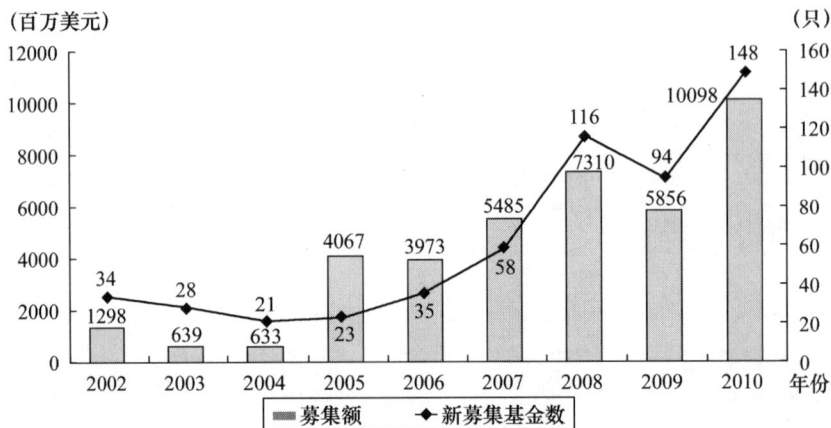

图 10.1　2002～2010 年私募股权投资市场新增基金数和新募资金数额

到重视。这应该是导致 2010 年股权投资基金数量和募集资金数大幅增长的首要原因。但创业板推出后导致股权投资的急剧升温只能是短暂的效应，这是由于创业板酝酿了 10 年，积聚了市场资金的巨大期望，一旦这股势能被释放，长期看，较高市盈率带来的较低预期盈利空间会使得股权投资行业遭遇一轮洗牌。所以在做政策供给的研究时要预测到在数年后投机氛围淡化后如何通过政策的引导作用为股权投资行业注入持久的活力。

吸引股权投资基金的还包括项目的盈利潜力、市场、基础设施、公平的市场竞争氛围以及良好的人力资源环境，国家科技动态信息的可获得性等软环境因素。税收是影响企业投资的重要因素之一，但远非唯一的主导因素，而只是政府政策体系的一个重要环节，"税收天堂"百慕大群岛除了一些空壳注册公司外，并未吸引大量实际资本的流入，在我国也是如此：给予同样税收优惠待遇的地区，有些迎来了众多优质企业，而有些几乎吸引不到什么项目。

1. 利用双重差分模型分析税收政策效果的思路

为分离出税收政策对股权投资行业的影响，较为准确地评价税收政策的效果，本书收集了近几年的相关数据，采用双重差分法对这一问题进行分析。在数据上，本章采用投中集团 CVSource 公开数据库提供的投资事件数统计，因为股权投资税收优惠政策分地区非同步推进，且各地区税收优惠政策差异较大，故在研究方法上，本章内容借鉴计量经济学"自然实验"

(natural experiment) 的思想和 "双重差分模型" (difference in differences model) 的测定方法，以估计股权投资税收政策对行业增长所产生的因果效应的大小。

当某些外生事件比如政府政策对经济的运行环境产生了影响，可视其为 "自然实验"，即类似于自然科学实验中对实验对象施加的某种 "处理"。在一个较大经济体中，一项政策的推行通常是不均衡和有差异的，这样政策的改变作为一个外部变量产生的效果，就可以观察不同地区的相应指标获得。在一次自然实验中，我们将受到政策变化影响的地区视为处理组 T，不受政策变化影响的地区视为对照组 C。这里假设因变量是投资额 I，对照组在政策变化前的投资额记为 I 1C，处理组在政策变化后的投资额记为 I 2T，则双重差分估计量（I 2T － I 2C）－（I 1T － I 1C）度量了税收政策的处理效应。

如果数据集是面板数据，那么双重差分模型不仅可以利用解释变量的外生性，而且可以控制不可观测的个体异质性对因变量的影响。因此，双重差分模型成为近年来经济学者评估公共政策（特别是税收政策）的主要方法之一。

本章利用双重差分模型的基本想法是，税收政策一方面制造了一个地区股权投资公司投资额在政策实施前后的差异，另一方面由于各地税收政策存在差异，导致了在同一时点上不同地区行业发展的差异。基于这双重差异形成的估计，有效控制了其他共时性政策的影响和不同地区的事前差异，进而识别出政策改革所带来的因果效应。

把上文中统计的各地优惠政策按时间顺序排列，如图 10.2 所示。

在全国股权投资最为集中的这四个城市，北京地区早在 2005 年就率先制定了区域性的鼓励性政策，2009 年更是推出了税收方面的大力优惠；深圳和上海则紧随其后，也于 2008 年各自推出了促进股权投资发展的措施；天津则稍显滞后。上海在 2008 年推出的激励措施主要侧重于补贴及落户奖励，并没有针对公司制股权投资企业的税收优惠政策，而深圳则在所得税、研发费用扣减、房产税及增值税等多个涉税环节给予了公司制股权投资企业支持。根据上述四地政策推出的时间特点，本章选取北京作为 "处理组 T"，而将上海视为 "对照组 C"。

北京： 个人所得税优惠 落户奖励 办公用房补贴	深圳： 增值税优惠 研发费用扣减 企业所得税优惠 房产税优惠	北京： 企业所得税优惠 个人所得税优惠	深圳： 企业所得税优惠 落户奖励 办公用房补贴
2005 年	2008 年	2009 年	2010 年　　　时间
	上海： 落户奖励 人员补贴 办公用房补贴	天津： 企业所得税优惠 办公用房补贴 人员补贴	

图 10.2　各地优惠政策推出的时间顺序

2. 数据描述

本章在分析过程中只考虑了税收政策对公司制股权投资企业的影响。

合伙制与公司制孰优孰劣不是本章的讨论内容。在实际政策供应方面，合伙型股权投资企业的税收政策体现了"重在防止避税"的原则。目前来看，不仅股权投资领域，担保公司、先进服务类企业等诸多领域的税收优惠政策都仅针对公司型。这在很大程度上是因为与合伙型基金不同，本身作为纳税主体的公司型企业，逃税难度加大，再加之能够建立法人治理结构，也有助于保护投资者权益，维护金融秩序，避免系统性的市场风险。因此，在当前的中国国情下，政府更倾向通过税收优惠政策鼓励股权投资企业按公司型设立。

鉴于股权投资行业公司制的组织形式仍然是主流，所以本章在分析过程中选择只考虑税收政策对公司制股权投资企业的影响。

由于实施税收优惠政策的环节是股权投资企业，故本章在统计各地投资额数据时，是按照投资主体所在地进行的，而不是按照被投资企业所在地进行分类。即如果某股权投资企业注册地为北京，则其在外地所投项目的资金数计入北京地区的投资额，该事件也计入北京地区的投资事件数。

在数据选取上，北京地区于 2009 年 1 月推出针对股权投资企业的税收激励措施。本章收集了北京地区和上海地区注册的公司制股权投资机构在 2008～2009 年这两个地区间的投资数据。之所以选择这两个时间段，是考虑到 2009 年 10 月创业板推出这一重大事件对国内股权投资业带来的显著系统性影响。尽管从理论上看双重差分法能较为有效地剔除其他因素的干扰分离出税收对投资的影响，但从创业板推出后股权投资行业出现的井喷式发展来看，正如前文所论述的，市场十年积累的势能短期被释放，巨大的造富效应吸引了大量资金进入这一行业，短期内税收因素带来的成本考量与巨大的套利收益相比显得微不足道，因而必然带来对税收政策效果评估的很大干扰，有效避免这一事件无疑能提高分析的精度。故本章分析将 2010 年后的投资数据剔除出分析范围。

数据来源于投中集团 CV Resource 数据库的投融资事件公开数据，鉴于"处理组"北京实施优惠新政的时间是 2009 年 1 月，选取"处理"前后各一年的两地的投资事件数变化分析税收政策效果，因而样本剔除了 2008 年 1 月 1 日后没有投资项目的公司以及在 2010 年以后才在两地注册营业的公司。考虑上述因素后，得到在上海地区在目标时间区域内符合要求的公司制股权投资企业 39 个，北京地区符合要求的股权投资企业 48 个（见图 10.3）。

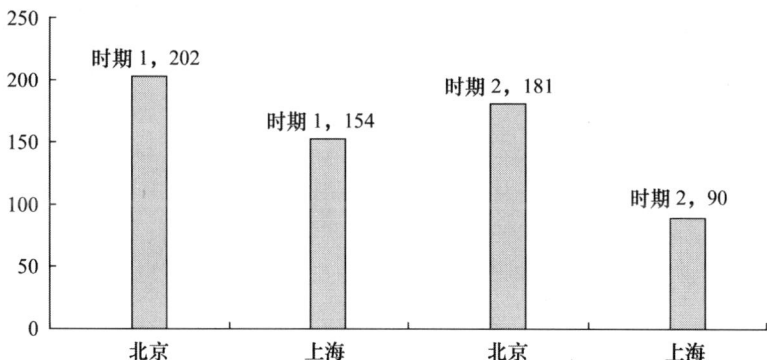

图 10.3　京沪两地投资事件数对比图

从数据上直观看，对比 2008 年的情况，2009 年两地的投资事件数均有所下降，似乎北京地区 2009 年 1 月的税收优惠这一利好并没有带来投资事件数量的显著增加，预期的政策效果并未显现，但正如前文所述，影响股权投资的因素不仅仅是税收，还包括宏观经济环境、项目的盈利潜力、市场、基础设施、公平的市场竞争氛围以及良好的人力资源环境，科技动态信息的可获得性等软环境因素。2009 年，全球经济形势尚不明朗，国内 4 万亿元刺激计划效果初现，国内经济企稳势头明显，但仍然存在很多不确定性，股权投资行业也面临复杂严峻的市场环境。在此背景之下，众多股权投资机构调整投资策略，放缓投资节奏，在已投企业身上投入了更大的精力，以帮助企业走出经济寒冬。

根据创业投资与私募股权研究机构清科研究中心发表的数据，2009年中国创投市场投资总量相比2008年大幅下挫，甚至不及2007年的活跃程度。2009年中国创投市场的投资案例数和投资总金额较2008年均大幅减少，共发生447起投资案例，较2008年的607起投资案例数减少21.4个百分点；其中已披露的425起投资金额共计27.01亿美元，较2008年全年投资金额直降15.10亿美元，降幅达到35.9%。

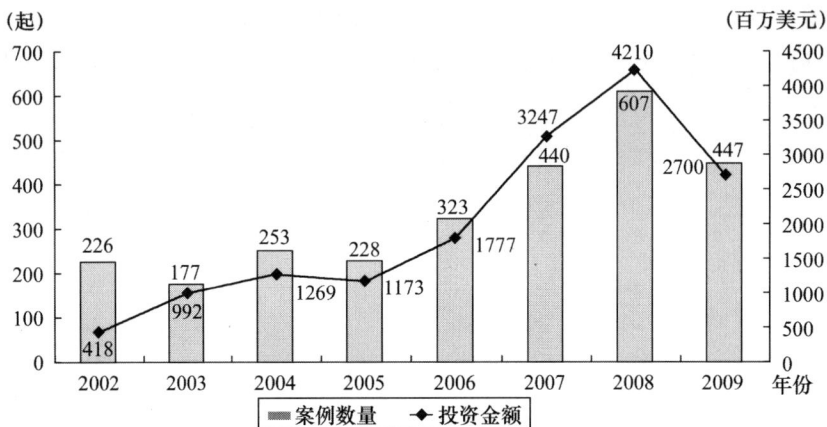

图10.4　2002～2009年中国创业投资市场投资总量比较

数据来源：清科研究中心。

由此可见，2009年京沪两地投资事件数的下降，并不能说明税收优惠政策的效果不佳，相反，仔细对比一下两地投资事件数的下降幅度可以发现，北京地区的投资事件数降幅要大大小于上海地区。接下来我们通过双重差分法剔除其他因素的干扰，分离出北京地区税收政策效应。

3. 计量模型设定与结果分析

应用双重差分法估计税收政策效应的一个要点是虚拟变量的设定。为了使读者更容易理解，我们先来看一个简单的模型。在2009年1月以前，也就是北京地区在实施税收激励以前，我们设定模型（1）：

$$I = \beta_0 + \beta_1 \cdot T_{preference}$$

其中 $T_{preference}$ 是虚拟变量，当股权投资企业注册地是北京时，$T_{preference} = 1$，当注册地为上海时，$T_{preference} = 0$。当 $T_{preference} = 0$ 时，显然有 $I = \beta_0$，即 β_0 是在

对照组上海地区所注册的股权投资企业在时期 1（即 2008 年 1 月至 2009 年 1 月间）的平均投资金额。这样我们就很容易看出 β_1 的含义了：β_1 在这里衡量了在北京地区实施税收优惠政策前，两地股权投资就已经存在的区位差异。

使用 2008 年的数据对 $T_{preference}$ 这一虚拟变量进行简单的回归：

得到 $\hat{I} = 3.948718 \ + \ 0.2596154 T_{preference}$

（0.6846）　　　　（0.0418）

在两地均没有实施税收优惠政策的 2008 年，上海地区股权投资机构的平均投资事件数是 3.9 起，而北京地区的这一数值要比上海地区大 0.26，且 t 统计量的值为 6.21，这一差额是统计显著的。

有了对模型（1）的初步了解，下面我们就可以往上述模型中添加变量，以分析税收优惠政策带来的影响了。

考虑模型（2）：$I = \beta_0 + \beta_1 \cdot T_{preference} + D_0 \cdot t_2 + D_1 \cdot T_{preference} \cdot t_2 + U$

t_2 是另一个虚拟变量，当数据属于时期 1 时，$t_2 = 0$；当数据属于时期 2（2009 年 1 月至 2010 年 1 月）时，$t_2 = 1$。

易见参数 D_0 则描述了上海地区股权投资企业平均投资事件数从时期 1 到时期 2 的变化。如前所述，我们记对照组在政策变化前的平均投资事件数为 I 1C，处理组在政策变化后的平均投资事件数为 I 2T，则对于对照组虚拟变量 $T_{preference} = 0$，而在时期 1，又有 $t_2 = 0$。

将上述数值代入模型（2），则有：I 1C $= \beta_0$

如此类推有：I 1T $= \beta_0 + \beta_1$

I 2C $= \beta_0 + D_0$

I 2T $= \beta_0 + \beta_1 + D_0 + D_1$

由此看出，双重差分估计量（I 2T － I 2C）－（I 1T － I 1C）$= D_1$，也即对模型中系数 D_1 的估计量 $\hat{D}_1$ 度量了税收优惠的政策效应。

通常，在计量分析中为得到一个近似的百分比效应，在分析过程中对方程取对数，得出的结果更能体现"处理"的效应。我们接下来对模型（2）进行这一处理，得到模型（3）：

$\ln(I) = \beta_0 + \beta_1 \cdot T_{preference} + D_0 \cdot t_2 + D_1 \cdot T_{preference} \cdot t_2 + U$

利用 2008 年、2009 年两年的数据，估计模型（3）的结果如下：

$$\hat{\ln}（\mathrm{I}）= 1.00537 + 0.0235256 T_{preference} - 0.443453 t_2 + 0.3897605 T_{preference} \cdot t_2$$
$$(0.1437) \qquad (0.0046) \qquad\qquad (0.0852) \qquad\qquad (0.2736)$$

t_2 的系数表明了由于整个经济环境因素的影响，上海地区的股权投资数量下降的幅度约为 44%，$T_{preference}$ 的系数提供的信息是：北京地区由于在 2009 年初实施了税收优惠政策对股权投资事件数量的正面影响约为 39%，虽然总体上北京地区的投资事件数也没能逃脱股权投资行业整体回调的基调，但税收新政在很大程度上抵消或减弱了不利因素的影响。也就是说，在分离其他影响股权投资的因素——包括宏观经济环境、项目的盈利潜力、市场、基础设施、公平的市场竞争氛围以及良好的人力资源环境，科技动态信息的可获得性等软环境因素等的影响之后，税收优惠政策的差异对股权投资项目数量的增长有着显著的作用。

四、股权投资税收政策的行为金融学分析

上文利用双重差分的分析方法对京、沪两地的投资数据进行了检验，分析结论是北京地区 2009 年推出的税收优惠新政对当地的股权投资行为有着显著的影响。上文测度的是股权投资业与税收政策的高度相关性，我国的股权投资行业既要增加各阶段投资资本总量，还要促进投资机构自身的成长壮大、完善投资结构。如何使税收政策的供给既有助于实现国家产业布局的战略意图，又激励股权投资行业的健康成长，形成一个设置合理、激励有效的股权投资税收激励体系。这是下文要探讨的主要问题。

1. 股权投资机构的行为偏差

如前所述，从 2007 年的"31 号文"开始，针对股权投资行业的税收激励政策就体现了很强的配合产业政策意图，2010 年《国务院关于加快培育和发展战略性新兴产业的决定》（国发〔2010〕32 号，以下简称"32 号文"）中就明确指出了要将战略性新兴产业加快培育成为先导产业和支柱产业，列入战略性新兴产业的行业包括节能环保产业、新一代信息技术产业、生物产业、高端装备制造产业、新能源产业、新材料产业以及新能源汽车产业这七个领域。"32 号文"强调要强化科技创新，提升产业核心竞争力，与此同时还提出要"大力发展创业投资和股权投资基金。建立和完善促进创业投资和股权投资行业健康发展的配套政策体系与监管体系，充分运用市场机

制，带动资金投向战略性新兴产业中处于创业早中期阶段的创新型企业……积极发挥多层次资本市场的融资功能，进一步完善创业板市场制度，支持符合条件的企业上市融资"。从国务院这一系列的陈述来看，促进股权投资发展以带动产业发展，是未来若干年里影响股权投资行业发展的主旋律。税收政策作为国家对经济施加影响的一种重要手段，必然也会纳入整个政策激励体系，体现国务院的政策意图。那么，现有税收政策是否能很好地契合发展战略性新兴产业这一战略意图？从"31 号文"、新《企业所得税法》到2009 年出炉的"87 号文"都一以贯之地体现了针对股权投资机构税收政策制定者的思路：限定"高新技术"行业和坚持"中小企业"规模认定的双重标准。这一标准带有明显的产业导向，与发展战略性新兴产业的思路和内在逻辑是一致的，通过研读对背后有股权投资机构支持、在创业板上市的企业的相关统计数据可以发现，税收政策在实际引导投资方向方面的效果可能与预期相去甚远。

清科研究中心公布的数据显示，2009 年，股权投资机构在传统行业投资从金额来看，占 45%，IT 行业占 26%，这其中外资机构投资 IT 行业比较多。服务行业投资占 14%。在 2009 年首批股权投资机构支持下进入创业板初审的企业中，传统行业及服务业所占比例略有下降，但仍然很可观，也达到了将近 40%（见图 10.5）。

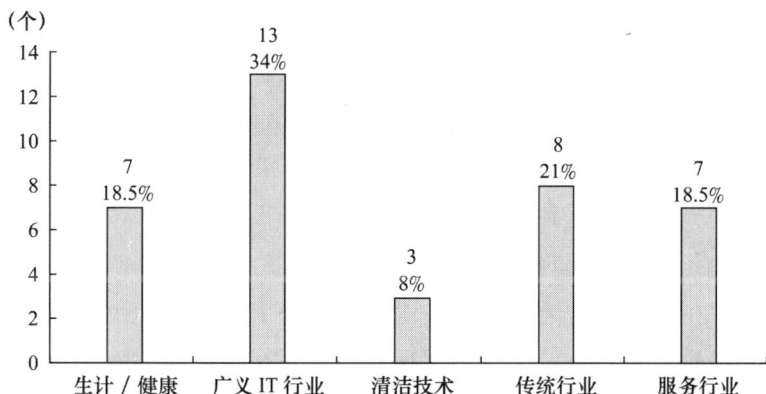

图 10.5 首批股权投资机构支持下进入创业板初审企业的行业分布情况

国家统计局发布的 2010 年经济数据显示，2010 年 GDP 实现 10.3% 的高速增长，固定资产投资实现实际增长 19.5%，城镇第一、第二、第三产业投资分别增长 18.2%、23.2%、25.6%。宏观的经济数据与近年来股权投资行业对产业的关注基本吻合。尽管税收政策倾向于更大程度的促进高科技型企业的发展，但传统行业仍然是投资者重点关注的领域，新税法及"87 号文"在股权投资机构这一环节的税收优惠倾向高科技企业的效果并不显著。

2. 税收引导政策的优化

税收优惠政策和产业发展政策以及创业板、新三板等退出渠道的完善，释放的有利信号迅速地吸引了大量的资金流入股权投资行业，但税收政策在引导资金进入细分的领域这一方面效果不甚理想。下文将运用行为金融学的相关理论对这一现象进行分析。

（1）金融市场的羊群行为。羊群行为原指动物（牛、羊等畜类）成群移动、觅食。后来这个概念被引申用来描述人类社会的许多现象，通常指与大多数人一样思考、感觉、行动，与大多数人的行为保持一致。在金融市场，羊群行为表现为大量的投资者对相同或类似的资产产生偏好，进而采取类似的投资策略。

羊群行为的形成原因，从不同角度出发有不同的解释：哲学上认为是人类理性的有限性导致了这一现象；心理学解释的出发点则是人类的从众心理；社会学的观点是人类的集体无意识；从我们较为关注的领域看，经济学对这一现象的解释大多从信息不完全、委托代理等角度入手。学界对投资领域的羊群行为理论模型主要包括声誉模型、信息流模型和基于薪酬结构的羊群行为模型等，这些模型从不同的角度对羊群效应的效率、成因做了讨论。

国内外对证券市场的羊群行为研究的文献比较多。Froot 等（1992）认为，机构投资者通常采用相似的信息处理技术，关注相同的市场信息以及使用类似的经济模型，在这种情况下，机构投资者很容易对外部信息做出相似的反应，在交易活动中表现为羊群行为。

陈收（2004）指出，在信息不充分的情况下，投资者的决策在很大程度上依赖其他投资者的投资行为。中国证券市场中存在大量模仿他人决策或过度考虑舆论的影响的投资行为，就是典型的羊群行为。证券市场的羊群效应主要有两类：一是基于收益外部性，如重大政策事件发生时投资者同时采取行动；二是基于信息的外部性，比如后行动者通过观测先行动者的行为而采取行动。

噪声交易理论则认为，在交易参与者关注短期的情况下，某些信息可能会引起交易的聚集现象，这会使得信息资源配置不合理，投资者"理性的"聚集在某一信息上，而忽视对其他基础信息的搜寻与分析，甚至聚集在相关度不高的噪声上，这往往会导致价格与价值相偏离，降低市场的有效性，当聚集在某信息的交易者数量达到一定程度时就会导致"羊群效应"。

总的来说，对于羊群行为，主要有两种观点：一种是非理性的羊群效应。认为行为主体在模仿过程中的表现是盲目而忽视理性分析的，非理性的羊群效应会加剧证券市场的波动，容易引发投机和泡沫。另一种则是理性的羊群效应。其基本观点是，由于信息获取的困难、投资者之间的信息不对称、行为主体的激励因素以及支付外部性的存在，羊群行为成为行为主体的最佳策略。这种观点认为，不能把羊群效应看成是与市场不稳定等同的概念，投资者的行为在某种情况下可以加快股价对信息的吸收速度，促使市场更为有效。

（2）我国股权投资市场的羊群行为。二级市场上广泛存在着羊群行为和噪声交易现象，那么在国内近几年快速兴起的股权投资行业是否存在同样的现象呢。本章对此做出了进一步的思考和分析。

国内外大部分文献涉及的都是证券市场的羊群效应检验，大都是利用统计和计量的方法检验某些市场上是否存在跟风投资行为，相关的实证模型主要有两类，一类通过观察资产价格波动的关系和资产收益率的分散度来研究这一问题，另一类则是通过观察投资者的投资决策来检验是否存在羊群效应。

本章的检测思路属于后一类，即通过投资者的投资决策统计数据来判断股权投资市场是否存在羊群行为。但股权投资市场与证券市场不同的是不能提供连续、完善的动态交易数据。检验羊群行为常用的计量模型如 LSV 检验法、PCM 检验法等都无法在检验国内股权投资市场的羊群行为时顺利应用。鉴于国内股权投资市场的特点，本章根据"基于声誉的羊群行为理论模型"设计了如下文所述的检验步骤。

Graham（1999）继承并发展了由 Schaarfstein 和 Stein（1990）从委托代理角度提出的一个解释羊群行为产生的理论，在其基础上建立了声誉模型。该模型的基本思想是：市场通过投资经理的业绩判断其表现，所以投资经理会关注其他竞争对手的表现，高能力的经理能收集到关于投资回报的有用信息，并做出正确的分析，而低能力的经理人掌握的信息中更多的是噪声。如果一位投资经理对自己的决策把握不足，则理性的做法是尽量模仿行业专家的做法，当更多的人持同种想法时，"羊群行为"就产生了。

基于这一思想，本章设计了如下的检验思路：选取在股权投资行业内有影响力的若干家投资机构（假设的"头羊"），统计这些机构在最近三年所投资项目的行业分布，然后再将全行业最近三年剔除"头羊"所投资项目后的投资行业分布与之对比。也即将假设的"头羊"近三年的数据与假设的"模仿者"近三年的数据对比，寻找其中的相关性。鉴于股权投资市场交易数据与证券市场数据质量的差异性，本章采用直观的简易相似度指标 $R = L/F$ 来度量羊群效应（其中，L 指列入"头羊"的机构投资最集中的 5 个行业的投资项目数占该类机构投资项目总数的比例；F 指"模仿者"的该项比例值），相似度指标 R 越接近 1，则说明两类机构行为的相似度越大，即"羊群行为"存在的可能性越大。

本章选取了投中集团 CVSource 数据库近三年有投资记录的 213 家股权投资机构的统计数据，其中纳入"头羊"的机构为 15 家，占全行业的比例约为 7%。若"头羊"近三年的投资分布与"模仿者"的投资分布显著相关，则可认为我国股权投资市场存在显著的"羊群行为"。

本章在选取假设的"头羊"时，参考了清科研究中心 2008 年、2009 年和 2010 年《中国创业投资暨私募股权投资年度排名》的排名数据，该排名根据股权投资机构管理的可投资金量、年度募资金额、投资及退出案例数量以及投资金额和回报水平等因素分别排出中国最佳私募股权投资机构及创业投资机构的名次。本章选取了 8 家创投机构及 7 家 PE 机构作为假设的"头羊"，分别是：深圳市创新投资集团有限公司、红杉资本中国基金、IDG 资本、赛富亚洲投资基金、鼎晖创业投资、深圳达晨创业投资有限公司、联想投资有限公司、弘毅投资、新天域资本、建银国际、凯雷投资集团、华平创业投资有限公司、厚朴投资、昆吾九鼎和上海永宣创业投资管理有限公司，这些机构三年内均至少两次列入所属排名前 10。

在对投中集团 CVSource 数据库中 213 家创投/PE 机构近三年的投资分布数据进行分类整理后，得出了图 10.6 所示的行业分布情况。

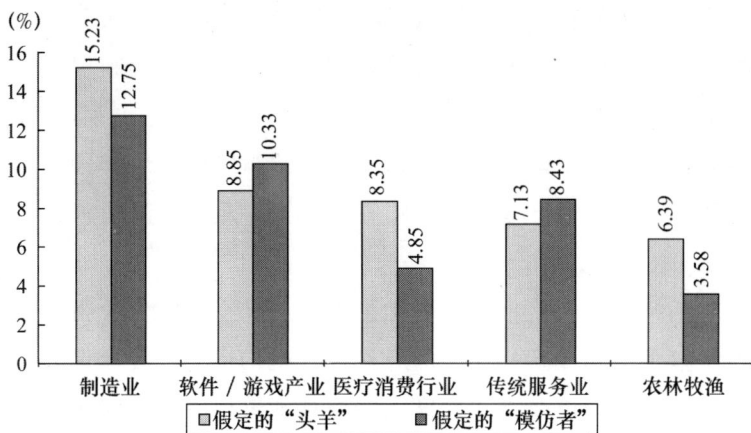

图 10.6　"头羊"投资比重最大的五个行业分布

注：传统服务业包括旅游/传统媒体/连锁经营/餐饮等行业；医疗消费行业包括医药/医疗设备/医疗服务三个细分行业。

图 10.6 直观地显示了在行业领先者投资最密集的五个行业中，传统行业及消费相关行业占据了较大的比重。根据图中的数据我们可以发现，行业领先的 15 家股权投资机构在这五大行业的投资事件数占比达到了 45.95%，其余股权投资机构在这五大行业中的投资占比也达到了 39.94%，由此得出简易相似度指标值 $R = L/F = 115.05\%$，可认为国内股权投资市场存在"羊群行为"的可能性较大。

（3）税收优惠政策目标的优化：引导形成专业领域投资基金。上述分析过程表明，现阶段我国股权投资市场的投资决策过程中存在着较为显著的"羊群行为"，这一方面是由于我国股权投资行业出现爆发式的增长，由专业股权投资人掌控的资金数量占比相对较低，另一方面是由于相对于高科技新兴产业，众多的投资者更熟悉传统行业，且国内处于消费升级的阶段，居民收入的持续性增长给众多传统行业注入了新的活力，显示了投资者对国内消费市场的良好预期。前期成功案例给后期资金的持续流入提供了强大的示范效应，在股权投资迅猛发展的当前阶段，丰厚的退出收益相比有限的税收优惠而言，显然更具有吸引力。显然，"87 号文"在税收优惠上限定"中小企业"和"高新技术"的二重标准在引导资金通过股权投资机构流入目标行业的效果注定不佳。

出于理性的收益衡量，较少的股权投资机构能真正符合双重标准获取税收优惠，本章前半部分对区域性税收优惠政策的双重差分分析表明，税收在促进股权投资行业投资总量形成有着显著的效果。由此看出，"87号文"在促进总量形成和引导资金进入高新技术行业这两个目标上的效果都大打折扣。这促使我们思考一个问题：如何通过税收政策既促进股权投资行业量上的发展，又能引导资金流入政府的战略目标行业，且能实现股权投资机构的专业度提升？

一项简单的措施是：简单的加大优惠力度，进一步降低所得税税率，加大应纳税所得额的抵扣比率。广大的股权投资机构也一直呼吁更大的税收优惠。但纯粹的税率降低以及抵扣额度上的增加能够回答上诉问题么？

简单的加大优惠力度，使得税收等优惠因素能更大程度影响股权投资机构的收益及成本，或许能够短期内吸引资金流入政府期望促进的领域，但这样一方面会大幅加重财政的负担，另一方面从股权投资机构良性发展的角度看，这样粗线条的引导方法会毁掉一个行业的创造力，使股权投资机构的独立思考进一步退化成为简单的从众行为。

本章认为，应该利用好我国股权投资市场所表现出来的"羊群行为"这一投资决策特征，优化税收政策目标，使其从单一的引导资金流向战略性产业转向引导资金流向与培育机构并重。

在操作上，要实现上述单一目标向双重目标的转变，本章认为首先要认可股权投资行业对投资机会的判断，出于鼓励行业成长的目的，要让大多数股权投资机构享受到税收优惠，"高新技术企业"和"中小规模"双重标准实际上限制了大量股权投资享受优惠待遇，而其引导资金流向的效果并不明显，因而可以取消"高新技术企业"才能享受税收优惠这一前提，让行业更充分地受到政策激励。同时，为提高引导资金流向战略新兴产业的政策效能，可以采取如下的方法。

税务部门可以重新定义股权投资基金，将投资高新技术产业或战略性新兴产业额度占其投资总量70%以上的股权投资基金列为"高新技术产业投资基金"。对于列入该类别的基金，在原"87号文"提出的优惠基础上，给予企业所得税15%以及应纳税所得额100%的抵扣的优惠。这样一来，对于本身就具备技术优势的投资机构而言，能够在因熟悉特定产业获得投资收益增值的同时最大限度的享受税收政策的支持，加快发展的步伐。对比"87

号文"的措施，新的做法还可以使得税收优惠更集中体现在投资某一类产业（战略性新兴产业）的基金上，增加了战略性新兴产业投资回报的吸引力。

对于众多的"模仿者"投资机构而言，一方面，高达70%的投资集中度无疑加大了模仿他人策略的风险度，高科技行业的门槛并非能一蹴而就，这一风险收益考量有助于减少模仿"头羊"策略的盲目性，同时即使投资传统行业，也能够享受到"87号文"提出的税收优惠，有助于促进原"模仿者"深挖掘传统行业的投资机会；另一方面，对于受某一产业高收益及税收优惠吸引而进入"高新技术投资基金"行列的小型股权投资机构而言，70%的投资集中度限制了投资机构盲目追逐热点的能力，从而促进投资机构收敛精力专注于某一领域。经济学中的学习曲线理论告诉我们，连续进行有固定模式的重复工作，工作效率会按照一定的比率递增，因而投资集中的提高有助于促进投资机构在特定领域的专业化。

表 10.2 对比了"87号文"的税收优惠以及本章提出的修改建议。

表 10.2   "87号文"的税收优惠及其修改建议

激励措施	激励层次	激励范围	激励目标	优惠程度
"87号文"规定的按"高新技术"和"中小"双重标准执行按投资额的70%抵扣应纳税所得额	单层次激励	符合"高新"和"中小"两个条件的创业投资公司	鼓励资金配合产业战略以及一定程度上促进创投业的发展	符合双重标准的机构能够享受较大的应纳税所得额抵扣
定义投资"高新技术行业"资金占比70%以上的股权投资基金为"高新技术投资基金"，取消"高新技术"标准，施行"双层"税收优惠激励	两层次激励	所有股权投资机构均能享受第一层次的优惠，被列入"高新技术投资基金"的机构能享受第二层次的优惠	多重目标：鼓励股权投资机构投资领域的专业化；鼓励股权投资行业资金量的增加；鼓励资金配合产业战略	第一层次同"87号文"规定；第二层次优惠在第一层次的基础上增加了抵扣额度，并且将企业所得税税率降至15%

对于规模较大的股权投资基金管理机构，可以允许其申请将旗下管理的

某只或数只股权投资基金列入"高新技术投资基金",鼓励形成多个重点投资领域,同时不错过传统行业当前存在的良好投资机遇,最大限度的享受税收优惠的同时还能分散投资风险。

总结上文,一方面要避免"羊群行为",增加股权投资市场的波动性,避免投资过度集中于某些概念或行业形成泡沫,另一方面要利用"羊群行为"背后的投资决策心理。本章的建议是取消"87号文"的"高新技术产业"标准,定义"高新技术投资基金"并实行双层税收优惠激励政策。依靠"高新技术投资基金"的风险集中度减少盲目模仿的行为和促进投资领域的专业化;双层税收激励则可以同时促进投资总量的提高和引导资金的投资方向。具体效果是否显著,还需要经过更为严格的理论论证和实践检测。

第二节　进一步完善我国场外股权交易市场

一、我国场外股权交易市场发展现状

2009年创业板正式推出,随着国内股权投资行业出现的井喷式发展,PE、VC等概念一夜之间街头巷尾皆可耳闻,近期新三板扩容又成为资本市场谈论最多的话题,与股权投资行业相关的方方面面日益成为各方注意的焦点。如何建立完善的、适合我国多层次经济发展水平需要的资本市场体系,完善股权投资基金的退出通道,使股权投资行业实现良性的循环发展,是本节要探讨的主要内容。

从欧美等发达国家的资本市场发展过程来看,多层次的资本市场体系是满足企业融资需求多样性的自然产物。分层次的资本市场结构一方面满足了不同发展阶段的企业的融资需要,另一方面也保证了公司的质量。欧美等国家基本建立了与风险程度相适应的多层次资本市场理论体系以及运作体系,每个层次的市场均具备各自的发展重点,高风险的中小企业先通过较低层次的资本市场引入资金以及投资者的其他资源,在经历一定的成长孵化过程后,较为成熟的企业方可进入较高一层级的资本市场,不同层级间的升降机制保证了整个体系的运行效率。

成熟的资本市场帮助欧美等国吸引了大量民间资本参与企业创新,并且不仅仅是资金层面的参与,较低层次资本市场存在的高水平投资收益溢价促

成了股权投资行业的成熟和壮大，进而能够帮助企业迅速建立适应市场需要的制度和机制，快速形成竞争优势。在宏观的多层次资本市场的架构下，更为细微的运行机制比如股权激励体系、市场化选择机制等等兼容地嵌入这一架构，充分调动了企业家以及科研人员等各方利益相关者的积极性，为高新技术产业的发展和创新提供了源源不断的动力，持续性的发掘新的经济增长点。

根据周放生的界定，多层次资本市场是一种由主板、二板、柜台交易市场构成的"完整协调互动式的体系"，各类别市场间的关系是一种层层递进或递退的关系，不同层级具备不同的规模，具备不同的准入门槛，各层级间是一种可升可降的互动式关系。我国资本市场发展至今也已经形成了若干个层次：以两大交易所为代表的主板市场、中小企业板市场和创业板市场；以上海联合产权交易所、北京产权交易所以及天津产权交易所为代表的产权交易市场；还有以中关村科技园区非上市股份报价转让系统为代表的三板市场等。2009年末证监会也正式成立了创业板发行监管部，确立了多层次资本市场发行监管体系，我国的多层次资本市场体系建设轮廓越来越清晰，但其中也存在很多细节上的问题，具体我们会在下文详细讨论。

创业板从2009年推出以来便一直是众多股权投资机构注意的集聚点，其实对于股权投资行业而言，场外股权交易体系的发展情况具备着同样重要的意义。观察欧美等发达国家的资本市场，我们可以发现场外交易市场无论交易规模或是业务范围，均远远超过证券交易所。场外交易市场可以说是多层次资本市场的毛细血管，是建立成熟资本市场的一个基本前提。一个发育良好的场外交易市场能够提供优化的准入机制和退市机制，促进高新技术企业的发展，有效解决中小企业的融资问题；对股权投资行业而言，场外交易市场对比创业板以及主板市场来说是一个更大容量的退出通道，这一通道的日益成熟无疑对当前股权投资扎堆 Pre - IPO 阶段、陷入恶性竞争的困境破解有着更为现实的意义。

当前我国场外股权交易市场体系由产权交易市场、股权交易市场以及代办股份转让系统（三板市场）这三块组成，各类市场在交易对象、信息披露要求以及交易制度等方面均有所不同。

产权交易市场的交易对象以国有独资、控股、持股公司的产权或者股权挂牌转让为主，其交易对象不限于股权，没有统一明确的信息披露要求，各级国资委以及地方政府的产权交易管理办公室负责监管这一条块分割市场的信息披露情况。在交易制度层面，产权交易市场普遍采用了会员代理制，买卖双方通过会员进行交易，通常采取网上挂牌、线下交易的方式。

我国产权交易市场自 1988 年武汉成立第一家企业产权转让市场至今，经历了三个主要发展阶段：1992～1998 年间出于地方利益及自我生存的需要，各地相继设立规模各异的产权市场，这一时期是产权交易市场发展历程中的扩张阶段，在这一期间，许多交易机构在行政干预下陷入了盲目发展、无序竞争的混乱局面。1998 年国务院发布"10 号文"，对产权交易市场进行整顿清理，我国产权交易市场开始进入短暂的调整阶段。随着国有企业改革的深化以及经济结构调整力度的加大，产权交易市场这一平台很快又受到各方重视，1999 年后，以技术产权交易所的迅猛发展为标志，国内产权交易市场进入了恢复性发展的阶段。

当前国内产权交易市场出现了持续性的业务创新热潮，市场规模不断扩大，近 300 家产权交易机构遍布全国各地，同时出现了区域性产权交易机构合作加强的趋势，区域共同市场通过建立共享的信息平台推动了产权在不同区域间的流动。

2008 年 8 月，在天津股权托管交易市场的基础上成立了天津股权交易所，主要负责"两高两非"公司以及创投、PE 的交易市场建设。天津股权交易所的功能定位是从当前交易国家级高新技术产业园区的股份有限公司股权起步，通过交易制度、市场组织等各方面分步骤的创新，逐步构筑多层次、多品种、多交易方式的交易平台。与天津股权交易所同城的天津滨海股权交易所则定位为专业的第三方服务平台，从事企业股权投融资信息交易，致力于为股权投资机构提供资金募集、投资及退出提供全面的服务。2010 年北金所也推出了类似的服务平台。可以预见的将来，专业的股权交易平台这一市场组织形式仍然会在我国场外股权交易市场体系中占有一席之地。

2011 年两会新三板扩容方案成为资本市场最新的焦点，新三板指中关村科技园区非上市股份有限公司进入代办股份转让系统进行转让试点。2001 年 7 月，为了解决主板退市问题以及原 NET、STAQ 系统内存在有法人股历史遗留问题，"代办股份转让系统"正式成立，被称为"老三板"。在老三板挂牌的股票大多质量较为低下，加上股票品种有限、转板上市难度较大，长期受到冷落。2006年，为了改变我国柜台交易市场的落后现状，建立了中关村科技园区非上市股份报价转让系统，交易采用配对成交的方式并设置30%的价格波动幅度，这就是现在的新三板。新三板采用的是报价券商代理制，即报价券商接受投资者委托，通过专用通道按接受报价委托的时间先后顺序向报价系统申报。

我国场外股权交易市场整体规模庞大，但过于分散，近300家产权交易所、股权交易所以及代办股份转让系统间存在业务重合以及信息闭塞，导致交易效率低下，交易制度、转板制度建设滞后以及信息披露规则不健全等细节性问题，制约了场外股权交易市场的功能发挥。下文就这些细节问题重点探讨如何进一步完善场外股权交易市场。

二、完善场外股权交易市场的若干细节问题

1. 建立适宜的转板制度

在国外成熟的资本市场，在低层次市场中得到成长的公司，在满足高层次市场的相关上市条件（运作规范、成长性较好且能保证一定盈利能力等）之后，通常可以通过简单的程序到更高层次的市场上市。比如在美国，在OTCBB场外交易市场上市的股票在符合股东超过300名，价格维持在4~5美元，净资产达到400万美元以上等一系列条件后即可申请转移到更高层次的纳斯达克资本市场上市。

国内近期的新三板扩容给场外股权交易市场的发展带来了极大的想象空间，是否能够在三板市场建立成熟资本市场通常具备的转板制度成为业内热议的话题。目前三板市场上仅有的3家"转板"至创业板和主板市场的企业，都是通过正常IPO程序上市，与其他上市企业所走的程序无异，并未能按照业内呼吁的"绿色转板通道"或者"直接转板制度"[1] 实现转板过程。

（1）转板制度在资本市场体系中的关键作用。从国外资本市场的发展历史来看，转板制度的存在对多层次资本市场体系的高效运行具有关键的作

---

① "绿色转板通道"指建立一条专属于场外交易市场挂牌企业的发行通道，场外交易市场挂牌企业统一通过这条程序简化的通道IPO，以实现转板的目的。"直接转板制度"指在场外股权交易市场挂牌上市的公司，如果符合较高层级证券市场的上市条件，可以直接转至主板或创业板市场挂牌上市。

用：第一，成长到一定阶段的企业能够通过转板制度，简便、低成本的进入高层次资本市场，扩大投资者的基础；转板退市制度则能够保证市场的整体信誉，取优汰劣，保证各级资本市场的运行效率和全社会的资源配置效率。第二，转板企业需要规范自身的运作，按要求披露信息。转板成功对于规范运作并具备竞争力的企业而言是一种很大的奖励，从这个角度而言，转板制度能够促进公司规范运作。

我国的多层次资本市场体系建设与国外处于不同的阶段，具备自身的特殊性，相比国外明显的金字塔形资本市场结构，我国的新三板市场规模还很小，对市场的影响力有限，对众多股权投资机构而言，转板制度的成立能够形成良好的退出预期，有助于引导鼓励资金流向早期企业，专注于培养有潜力的企业。从而改善创业板成立以来资金扎堆推高市盈率，高市盈率进一步吸引短期资金进入 Pre – IPO 阶段的非良性循环。

（2）现行制度的运行成本在加大。从当前我国多层次资本市场的运行成本角度来看，创业板实施的核准制控制着每年进入市场的企业数量，与中小企业庞大的基数相比，创业板仍然只是为少数中小企业提供了融资和股权流通的平台，相对严苛的进入门槛自然造成创业板的高溢价，推高了制度成本。对政府而言，创业板虽然为广大股权投资企业提供了一个良好的退出通道，但出于对系统性风险的控制目的，创业板的严苛标准仍然体现着企业通过在资本市场挂牌获得外部资源的通道的稀缺性，稀缺资源往往是炒作的题材，大量短期资金进入股权投资业，以图分享上市带来的暴利，结果很大程度上挤出了专业机构，抬高了整体市盈率，这一现象是个体理性和群体非理性并存的典型结果，并且这一趋势仍在继续，这会加剧股权投资行业的畸形发展，不利于国家借股权投资业促进战略性新兴产业发展这一战略目标的实现；对拟上市企业而言，通道的稀缺使得券商处于一个优势地位，导致发行费用飙涨，拿双箭股份来说，该公司 32 元的发行价中每股发行费用 4.62元，募集资金 6.4 亿元，发行费用就高达 9237 万元，成本高达 14.43%。在国际上，融资成本极少超过 10% 的情况，但在国内并不少见。

（3）建立适宜的转板制度。在其他国家和地区的一些资本市场转板制度推出的过程中，由于时间、节奏的把握不当，产生过对创业板或 OTC 市场发展的一些负面影响。陈全伟（2004）对台湾证券交易所 2000 年出台和修订上柜公司转上市的审查准则和作业程序,简化转板程序到 2003 年底这一时期的情况做了详细地分析后认为:大批符合主板上市条件的上柜公司转移,对柜台市场有巨大的负面影响。大量柜台市场挂牌的企业通过转板上市后,对柜台市场的交易活跃程度和规模增长有显著的制约作用,转板制度导致了柜台市场本身的袖珍化。

在构建我国场外股权交易市场转板制度的时候,也需要吸取其他地区在这方面的经验,三板市场之前的流动性原本就很差,大量投资机构在此刻对新三板充满兴趣,很大程度上也在赌未来转板制度的实施能够带来的转板利差。因此在建立转板制度的同时,一定要注意培育新三板市场本身的流动性,使新三板本身就能够为小企业提供一定的融资能力,而不止单纯扮演一个主板上市跳板的角色。

推出转板制度,应采取渐进式的模式,比如先只建立创业板与新三板间的转板通道,但在转板节奏和要求上要严格控制,而并非像市场上预期的那样一步到位。这样做的好处在于能最大限度降低游戏规则改变带来的成本,保证新旧规则交替过程的有效衔接,并允许监管者以及市场参与者边改革边学习,在实践中修正制度,有效减小新制度推出给市场带来的波动性。

2. 试点推出做市商制度

新三板扩容被市场人士称为 2011 年国内资本市场的"1 号工程",与主板以及创业板市场相比,新三板除了具有持续经营记录、运作规范以及公司治理机制健全和主营业务突出等要求之外,对盈利方面的要求几乎不存在。较低的挂牌门槛对于中小型高科技企业而言,无疑多了一条理想的融资渠道;对众多股权投资机构而言,则明显拓展了退出渠道;对各家券商而言,新三板则蕴含着新的获利空间。据规定,非上市公司申请在新三板挂牌,必须委托一家主办券商作为其推荐主办券商。随着中小企业融资业务的不断发展和完善,新三板的相关业务很可能改变未来证券行业格局,新三板市场的一举一动都吸引着各方的注意力。目前新三板很大程度上并非严格意义上的柜台市场,三板市场的所有技术支持仍依靠交易所实现,股份转让仍采取集合竞价的模式撮合配对,与主板并无本质的区别,各方热切期盼的做市商制度并未如期推出。虽然多年来我国对债券市场、外汇市场、产权交易市场以及股票市场的做市场制度一直在进行探索,但至今未能推出适合我国资本市场特点的做市商制度。本章就如何在新三板试点推出做市商制度做进一步的探讨。

做市商制度与 OTC 市场有着天然的联系，在各地的 OTC 市场，做市商制度占据着主导优势，这与该制度与 OTC 市场的特点在很大程度上相契合是分不开的。做市商制度虽然比集合竞价的拍卖制度有更大的交易成本和信息成本，但其对各类金融交易活动的包容性、灵活性，使得其能够很好适应场外交易市场，为投资者和市场提供充足的流动性。场外交易市场的创新类公司普遍存在业绩波动大、价值评估差异大的特点，做市商在双向报价的同时面临着很大的风险，脱离公司内在价值的报价会招致损失，因而做市商于场外交易市场的另一重大意义便在于其能发现公司价值。

（1）国内做市商制度的研究现状。创业板的推出经过了 10 年酝酿，在 21 世纪起始，国内出于对创业板以及场外交易市场的配套制度的关注出现了大量与做市商制度相关的研究文献，大致可分为两类，最多的一类是对国外成熟做市商制度的介绍性文章，它们对国外成熟制度的细节、演变趋势以及各国做市商制度的差异进行了分析。

陈一勤（2000）系统地介绍了美国纳斯达克市场的做市商制度，分析了做市商制度的作用以及缺陷，并指出了我国当时建立做市商制度存在的障碍：一方面是证券法规的限制，另外还存在市场结构以及市场机制等不成熟的因素。在我国做市商制度建设方面，则认为做市商制度必然是未来中国证券市场的发展方向，但不会是对现有指令驱动模式的简单替代，而是一种完善和补充，在制度建设节奏上，应先有试点后再逐步推开。但并未就做市商制度设计的细节进行进一步探讨。

燕鹏等（2006）介绍了纳斯达克市场做市商的分类，其五级分类的结构对未来我国做市商群体的构成有一定的启示意义。

金永军等（2010）总结了近年来各国资本市场做市商制度的演变趋势，认为"以订单驱动为主、报价驱动为辅的混合交易机制既继承了订单驱动机制透明度高、交易效率高、交易成本低的优点，又保留了报价驱动机制流动性、稳定性高和价格波动小的特点"，摆脱了做市商的人为干预，大量节省了交易成本。做市商订单自主成交的控制权和订单信息流的功能被弱化，做市商的盈利模式发生了重大改变，做市动力对比以前大为弱化，做市商很多已蜕变为"双边报价商"、"流动性提供者"、"一级交易商"或"准做市商"。

国内研究做市商制度第二类的文献大多是从经济学原理角度出发，对证券的定价、制度成本以及信息不对称等进行了剖析。

楚尔鸣（2001）对做市商因做市义务而发生的成本做了总结，认为指令处理成本、存货成本和信息成本构成了做市成本的三个主要来源，并介绍了基于三方面成本认识的定价理论模型。在此基础上，提出了调控做市商成本、维持做市商制度的三方面措施：通过技术创新和制度创新适当降低做市商的指令处理成本；通过制度保障调节和降低做市商的存货定价成本；严格信息披露制度，降低信息定价成本。

彭蕾等（2004）利用纽交所挂牌的144家公司的交易、报价、订单过程数据，检验了Easley和O'Hara的理论假设，即由于低频率交易的现象代表了完全信息交易在将来不太可能发生，做市商会缩小价差。检验结果认为，做市商在报价时的确考虑了证券市场的"信息不对称"现象，并把交易间隔期本身所包含的信息内容作为决定自己的报价的一个因素，为证券市场中信息不对称现象对做市商有影响提供了有力证据。

做市商制度从十几年前就已经进入了市场人士及政策制定部门的视线，然而却鲜有著作给出具体的设计，给出与我国场外交易市场特点相适宜的方案。

（2）场外交易市场做市商制度的新形态。传统的证券交易制度一般可以划分为指令驱动和报价驱动两类，前者的典型代表是国内两大交易所采用的包括集合竞价和连续竞价在内的公开拍卖制度，后者的典型代表是做市商制度。

传统的做市商制度依靠双边报价机制为市场提供持续的流动性，垄断单边交易，但如上文所述，从近年来世界各地主要资本市场的做市商制度的发展来看，做市商的做市动力下降，混合型交易机制逐渐占据主导地位。

国外新型的做市商制度更为全面地考虑了流动性、透明度、交易成本以及波动性等多重目标，糅合了拍卖制度及做市商制度的诸多特点、演化出了新的形态。

新型的混合型做市商制度主要分为指令驱动型电子化市场中的竞争性做

市商制度和指令驱动型并通过经纪人交易的垄断性做市商制度两种。

指令驱动型电子化市场中的竞争性做市商制度不仅具备了报价驱动制度具备的做市商之间的竞争,普通投资者在这一制度下也可以通过指令在竞价中扮演重要的角色。在该制度下,每种股票都有多家做市商连续报出买卖限价指令,但做市商与普通投资者的地位是一样的,并没有像传统做市商一样垄断市场上的交易信息。指令驱动型电子化市场中的竞争性做市商制度理论上兼具了拍卖形态市场的高效率和报价驱动型市场的高流动性和稳定性,但在实际运行中存在对做市商激励不足而导致做市商运用交易策略逃避做市义务的情形。

指令驱动型并通过经纪人交易的垄断性做市商制度则更大程度上保留了传统做市商制度的特征,一方面允许机构投资者通过场内经纪人进行大宗交易,投资者之间可以通过指令直接进行交易;另一方面做市商可以在交易缺乏对手时为市场提供流动性。在单一股票设定单一垄断做市商的情形下,做市商之间的竞争特性被消除,信息透明度较低,解决了指令驱动型电子化市场中的竞争性做市商制度的做市商激励问题,但同时传统做市商制度下存在的弊病也被保留了下来。

(3)新三板做市商制度的设计。我国证券市场在发展的过程中曾经屡次出现庄家操纵股价导致市场价格体系扭曲的情形,市场充斥着较为浓重的投机氛围,监管体系的不健全引致了很多对传统做市商制度在我国现有证券市场土壤能否健康成长的疑惑。本章认为,在新三板引入做市商制度的过程中,要考虑努力消除传统做市商制度固有的交易信息垄断、透明度低下的问题,但同时要保留做市商制度下市场具备的高流动性,避免新三板陷入旧三板市场交易低迷的困境。从这一意图出发,可以定位新三板的做市商为"纯粹流动性提供者",削弱做市商对交易信息的垄断程度,在保持市场透明度的前提下附加流动性提供机制。

本章认为要实现上述目标,可以对"指令驱动型电子化市场中的竞争性做市商制度"进行一定的修改,解决这一制度在对做市商激励不足方面的弱点,而保留该制度在其他方面的优势。具体可以考虑设立"流动性维持基金",根据"指令驱动型电子化市场中的竞争性做市商制度"下的做市商在交易清淡时提供促进流动性交易的次数以及交易额予以奖励,基金来源可以考虑额外向新三板投资者每笔交易收取一定费用，虽然会增加整体的交易费用，但对比因交易信息不透明带来的效率损耗而言，更有利于促进市场的稳定。

3. 新三板的信息披露制度

信息披露制度起源于英国，1844 年英国《公司法》首次对公司招股募资提出了提交财务状况、生产经营活动状况等方面的要求。经过一个多世纪的发展，信息披露制度已经成为资本市场的一项支柱性制度，发挥着保护投资者利益、维护各类证券市场稳定、有效、安全运转的重要作用。

信息披露确保了资本市场投融资双方中处于信息劣势的一方能够以低成本获取交易信息，交易信息的公开意味着交易背后的利益关系公开，因而信息披露通过明确交易双方利益界限建立起了资本市场投融资双方的社会信任感；信息透明度的增加也提高了资本市场对投融资活动的预警能力和控制能力，为资本市场各方参与者创造了一个秩序良好的交易环境。

信息不完全这一市场缺陷客观上影响了市场机制的正常运行，降低了市场运行效率，干扰了市场均衡的稳定状态。不完全信息客观上增加了资本市场运行的成本，如何尽可能多地降低这一成本，西方国家的资本市场对信息披露制度进行了漫长的探索，才形成了今日完善的制度体系。

（1）美国 OTCBB 市场的信息披露制度。1990 年开始运转的美国 OTCBB（场外交易报价板）市场承载着全美大量中小企业的股票交易，这些企业多是未能达到在纽交所或纳斯达克上市标准的新兴成长型公司或者是处于破产程序中的公司。OTCBB 市场对上市企业没有规模和盈利上的限制，具备 3 名以上做市商为企业股票做市和美国证监会的核准即可在 OTCBB 市场挂牌。

一开始，OTCBB 市场没有针对挂牌企业的强制性信息披露要求，但随后的发展过程中，频繁出现的损害投资者利益的欺诈案件促使监管者开始加强 OTCBB 市场的信息披露制度建设。

在 1999 年后，OTCBB 市场开始实行新的合规规则，按照新规，OTCBB 的挂牌公司要遵守强制性信息披露制度：只有向监管机构按规定披露季报和年报等信息的发行人才可以在 OTCBB 市场挂牌交易；对于未能及时披露信息的公司，NASD 每日将会在 OTCBB 上公布；在做市商层面，严禁做市商为未按照规定报告财务信息的公司的股票提供报价。

尽管如此，对比主板市场和二板市场的信息披露要求，OTCBB 市场的信息披露要求还是很低的。OTCBB 市场的信息披露分两个层次：企业和做市商。信息披露的重点是挂牌企业的持续性信息披露，即挂牌企业按规定向 SEC 提交年报、季报和即时性报告。针对做市商的初次信息披露要求和持续性信息披露要求，则主要包括向客户描述股票在发行中和交易中的风险性质和风险等级，客户的权利和义务，做市商违规时客户能采取的措施及相关法律的规定等等。

徐求（2008）总结了美国 OTCBB 市场信息披露制度的四个特点。

第一，信息披露要求低，在 OTCBB 挂牌交易的公司只需履行定期报告义务，而无须向 SEC 登记。

第二，信息披露程序简便，所需填写的信息申报表格相对比较简单。

第三，NASD 和 SEC 主要通过监管做市商的行为来监管 OTCBB 市场的挂牌公司，以确保市场能够有效运行。这种做法一方面能充分提高监管效率，另一方面也可大大降低监管成本。

第四，与纽交所的场内市场相比，在 OTCBB 市场挂牌的公司承担的信息披露义务较少。这在很大程度上体现了美国立法者以承担风险能力相挂钩的方式来减轻证券市场信息不对称产生的不良后果的意图。

从美国主要场外交易市场之一的 OTCBB 信息披露制度的发展历程来看，为抑制信息不对称对投资者利益的影响，信息披露的要求总体上是一个由松到严的发展趋势，但场外交易市场信息披露的底线与主板及创业板市场相比还是要宽松一个量级，强制性信息披露制度在保证 OTCBB 市场投资者获取及时公开信息的同时，也会给挂牌企业带来相应的成本负担，在权衡天平两端时，美国的监管者迈出的步伐是相对谨慎的。

（2）新三板信息披露制度建设的建议。当前我国新三板挂牌企业的信息披露制度框架是针对代办股份转让系统和股份报价转让系统的披露规则。根据这些规则，在财务信息方面，新三板公司只需披露利润表及其主要项目附注、资产负债表；年度财务报告只需经过会计事务所审计，并不强调会计师事务所的证券业资质；需披露首次挂牌的报价转让报告以及后续的年度报告和半年度报告、最近两年的财务报告；对于临时报告，只有发生在对股份转让价格有重大影响的事项时才需披露。

对比美国 OTCBB 市场的信息披露制度可以发现，新三板的信息披露要求也是比较低的，除了 OTCBB 市场因采取做市商制度对做市商有信息披露的较强要求外，两地的场外交易市场信息披露规则基本体现了相同的监管思想。

但与美国证券市场投资者的结构不同，我国证券市场参与者的成熟度还有待提高，另外虽然三板市场存在多年，但一直缺乏参与者，新三板扩容引起大量投资者进入这一市场的局面是以前没有过的，更多人对新三板是陌生的。本章认为，在制定新三板市场的信息披露规则时，也应充分考虑到该市场投资者群体对信息需求的特点。

新三板现行信息披露制度很大程度上是主板披露制度的精简版，在披露内容上仍然比较强调数量上重要的信息，也即能够直接反映新三板挂牌公司的财务状况和经营情况的硬信息，对于市场参与者而言，这些硬信息比较客观和具体，比较容易阅读，但事实上新三板挂牌企业多为高科技新兴行业企业，业绩波动大，其财务信息的高波动性决定了它的预测性较差。实际上，从密切关注新三板上市企业的股权投资行业选择投资对象的过程中可以看出，市场对此类公司的关注更多地集中于企业核心技术的掌握情况、技术的应用前景、管理者的个人能力和创业经历以及商业模式是否可行、成长空间如何等等一系列软信息上。

本章认为，在新三板发展的初期，应该在信息披露上采取较为严格的制度，避免短时间内大量劣质公司涌入新三板。除了证券业协会制定的强调数量信息的披露制度外，应该同时在制度上支持上述软信息的披露，重点研究建立风险性信息披露规则和成长性信息披露规则。

就风险性和成长性而言，应重点披露核心技术团队以及关键技术人员的变动情况；企业对某种特别资源的依赖情况；主营业务经营情况和竞争能力以及无形资产等。相关条款可以进一步探讨，但需要注意的原则是对于风险因素的披露要充分、具体，强调逻辑上的关联性。鉴于中小型高科技企业对市场风险因素的高度敏感性，风险性因素的披露应该特别强调及时性原则，突出临时报告的重要性。

第三节　推动人才培养战略

一、股权投资行业人才缺口现状

随着金融全球化的进程加快，中国也逐步融入到了金融全球化的体系之中，并且在这一体系中扮演愈来愈重要的角色。然而，随之而来的是中国金融人才缺口问题的逐渐显现。根据相关的统计数据，就全球而言，国际金融中心城市中，从事金融业的人口占总人口数的 10% 以上，而对于我国目前最大的金融城市上海，这一比率也只有 1%。香港拥有金融人才 33 万人，纽约的金融人才数更是达到了 77 万，同样，对于上海，金融人才数也不过 10 余万。

随着我国近年来金融市场的不断完善和发展，我国对金融人才的需求已经呈现出井喷之势。中华英才网发布了《金融行业人才研究报告》，报告显示，我国金融行业人才的总体供求很不均衡，对于金融人才的需求量远远大于金融人才的供给量，供需比例接近 1:9（见图 10.7）。从人才求职的活跃程度来看，金融人才的求职活跃度还是比较高的，活跃人员占到了总从业人员的 38.61%（见图 10.8），这也从另一个侧面体现出金融行业总体人才缺口较大，从业人员的可选机会较多，人才的流动率也较大。从金融细分行业人才需求来看，截至 2010 年，除投行类以外，其他各细分金融人才需求较 2009 年都有所增长，尤其是投资类人才，同比上升了 80%（见图 10.9）。该报告还显示，北京、上海、广东和江苏这几个省市对金融人才的需求量尤为大，尤其是金融高端人才。这些省市正是我国金融业较为发达的地区，金融机构也较为集中。随着我国金融业的进一步深化发展，三线城市金融业的进一步成长，企业对金融人才的需求将会进一步膨胀。

中国金融行业整体人才瓶颈问题日益显现，尤其是投资类人才。对于近年来中国金融行业的明星——股权投资基金来说，人才缺口问题显然十分严重。根据清科集团披露，原 V2Tech 创始人兼 CEO 叶滨和原蓝驰创投投资总监屈卫东，正式加盟清科集团旗下的清科创投。如此一来，清科集团便成功地"挖"来了两位重磅人物加盟。无独有偶，随后，金沙江创投也先后迎来了两位新的合伙人——创业家兼投资人贾石琏和曾创业和管理过 2 亿美元基金的王炳晋。原九鼎投资的梁江也在近期转投到新东家红杉资本麾下。当

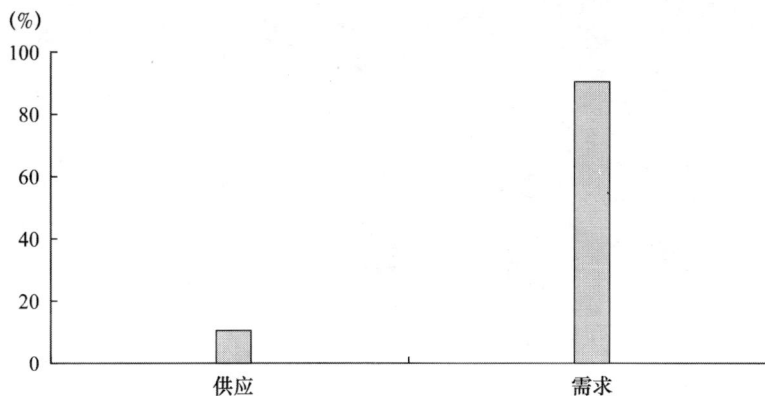

图 10.7　金融行业人才供需比

资料来源:《金融行业人才研究报告》,中华英才网。

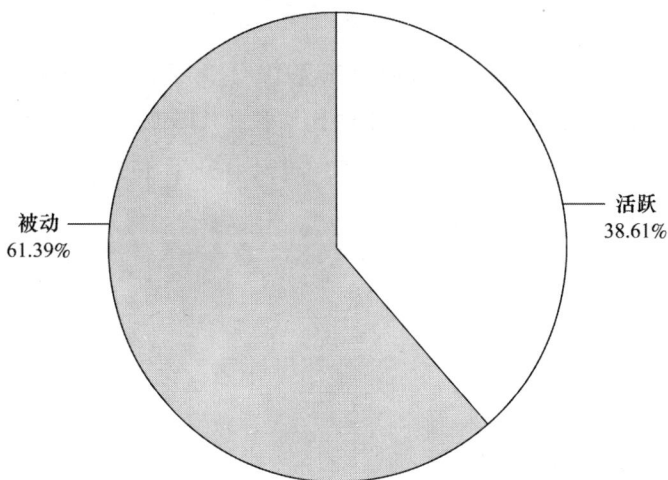

图 10.8　金融人才的求职活跃度

资料来源:《金融行业人才研究报告》,中华英才网。

然,这些股权投资业跳槽的例子只是冰山一角,更多的股权投资人才流动现象也不胜枚举。这些股权投资人才流动的背后,是近些年来股权投资行业的急剧扩张,以及急剧扩张带来的相应的股权投资人才的巨大缺口。

相关统计数据显示,2010 年全年股权投资领域新增机构 100 余家,同期新募基金的数量和金额都出现大幅度的增长。据清科集团 2010 年中国创投和私募股权投资市场数据,PE 基金募集额从 2006～2008 年一直是狂飙式的增长,截至 2008 年募集额达到峰值 611.53 亿美元。到 2009 年,受金融海啸

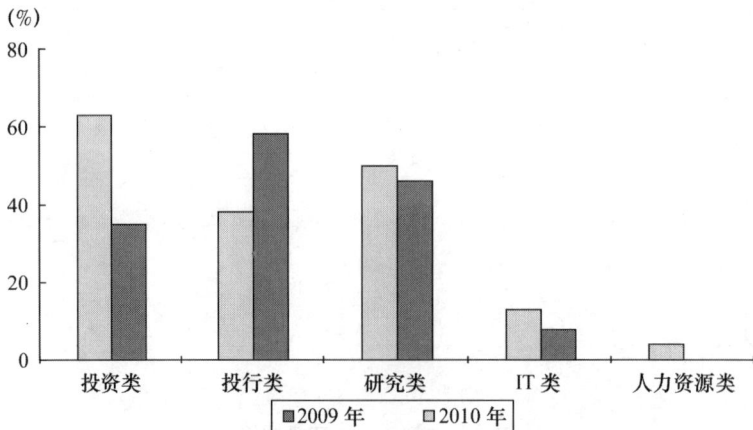

图 10.9　2009 年和 2010 年金融人才需求比较

资料来源：《金融行业人才研究报告》，中华英才网。

的影响，PE 募集额大幅回落。然而，在 2010 年，随着全球经济的复苏，我国 PE 的募集额大幅回升，较 2009 年同比增长了 113%；PE 的募集数量也从 2009 年的 30 家上升到 2010 年的 82 家，同比上升了 173.3%（见图 10.10，斜体数字表示新募集基金只数）。

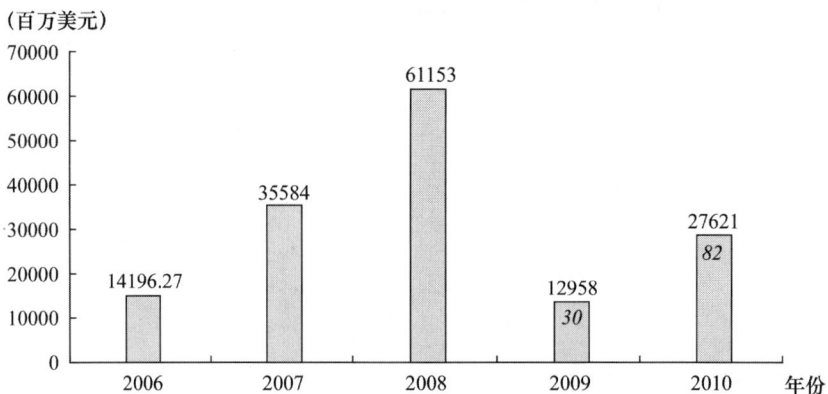

图 10.10　2006 ~ 2010 年募集基金情况

资料来源：《中国创投暨私募股权投资市场 2010 数据回顾》，清科集团。

从投资额和投资案例数来看，截至 2010 年，PE 基金的投资额同比增长了 20%，达到 103.81 亿美元；PE 基金的投资案例数同比增长 210.3%，达到了 363 起（见图 10.11，斜体数字表示投资案例数）。从 PE 基金投资的地区分布来看，投资多分布在北京、上海和江苏等金融业较为发达的地区（见图 10.12）。

（百万美元）

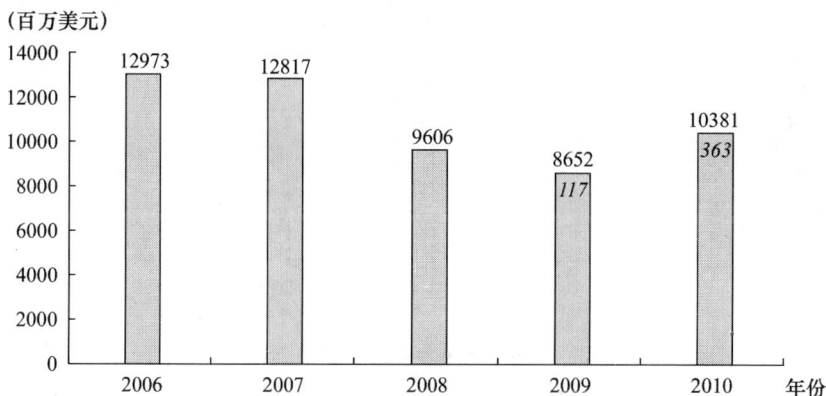

图 10.11　2006～2010 年 PE 基金的投资额

资料来源：《中国创投暨私募股权投资市场 2010 数据回顾》，清科集团。

（起）

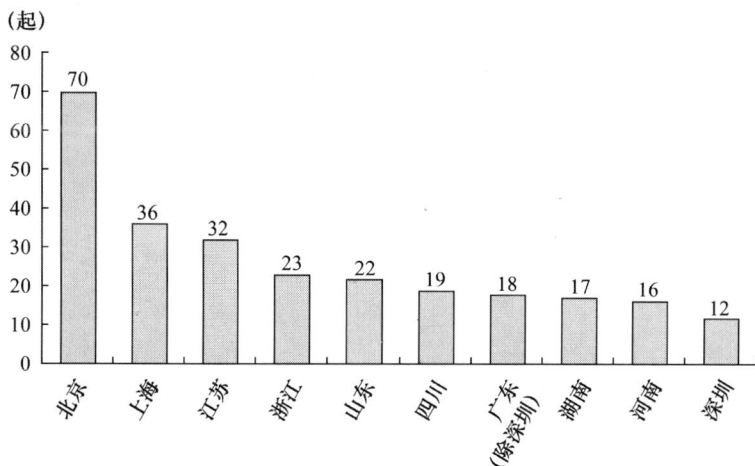

图 10.12　2010 年 PE 基金投资的地区分布情况

资料来源：《中国创投暨私募股权投资市场 2010 数据回顾》，清科集团。

注：2010 年投资案例数为 363 起。

同样，作为股权投资基金一支的 VC 基金，它的发展趋势同 PE 基金大体相似。从募集数量和金额上看，截至 2010 年，VC 基金的募集数量同比上升了 68.1%，达到了 158 家，募集金额同比上升了 90.7%，达到了 111.69 亿美元（见图 10.13，斜体数字表示新募基金只数）。

(百万美元)

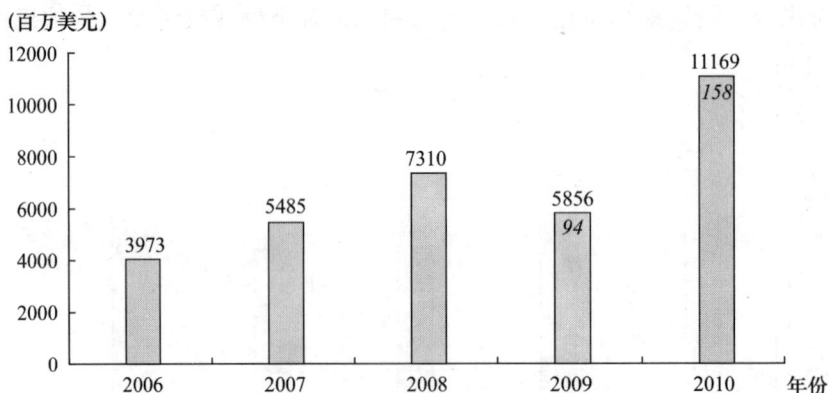

图 10.13　2006~2010 年 VC 基金的募资额情况

资料来源:《中国创投暨私募股权投资市场 2010 数据回顾》,清科集团。

从投资额和投资案例数目来看,截至 2010 年,VC 基金的投资额同比增加了 99.4%,达到了 53.87 亿美元,投资案例数目同比增长了 71.3%,达到了 817 起(见图 10.14,斜体数字表示投资案例数)。从 VC 基金的投资地区分布来看,投资多分布在北京、上海和江苏等金融业较为发达的地区(见图 10.15)。

(百万美元)

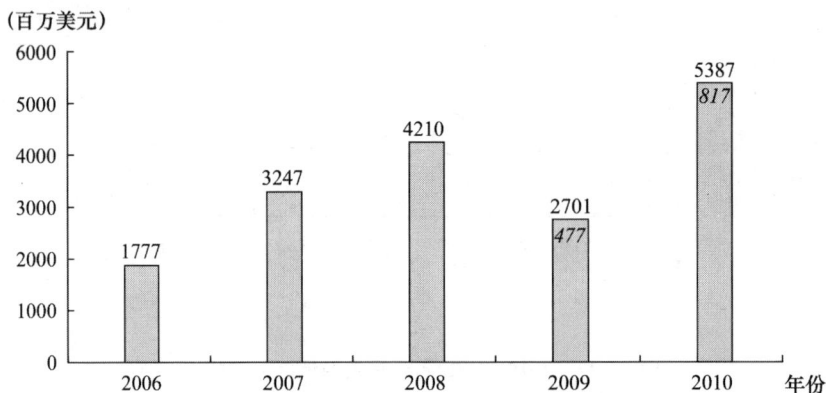

图 10.14　2006~2010 年 VC 基金的投资额情况

资料来源:《中国创投暨私募股权投资市场 2010 数据回顾》,清科集团。

综上来看,大量资金涌入了股权投资行业,股权投资基金迅速扩张。社保基金、产业基金、民间资本、商业银行,以及近期获准进入股权投资行业的保险资金竞相角逐,尤其是在 2010 年上半年,股权投资基金市场活跃到

(起)

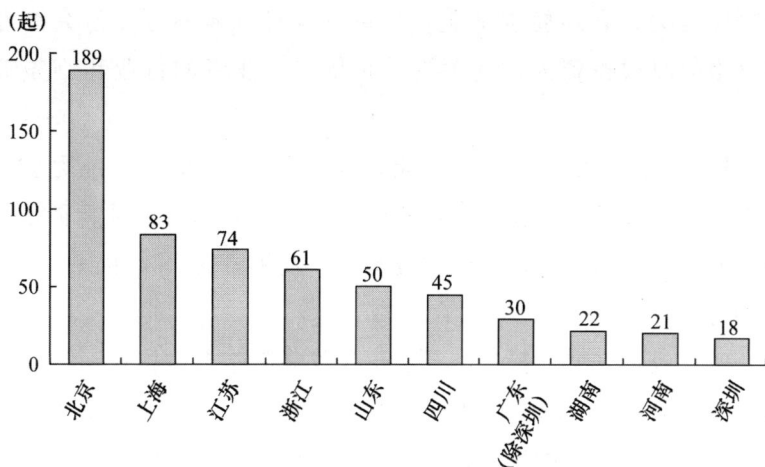

图 10.15　2010 年 VC 基金投资的地区分布情况

资料来源:《中国创投暨私募股权投资市场 2010 数据回顾》,清科集团。

注:2010 年投资案例数为 817 起。

了白热化程度。对于近些年的股权投资基金来说,资金和各种项目并不缺乏,但是能够运作好这些资金的股权投资人才十分缺乏,每一个投资项目通常会成立一个专门的项目团队,而组建一个项目团队通常需要 20 名各有所长的专业股权投资人才,毕竟股权投资是一个技术性、专业性极强的行业。

二、加强行业和业务研究能力

随着我国金融行业的飞速发展,股权投资行业面临着人才缺口的威胁,我国股权投资基金人才瓶颈问题极为严重,制约着股权投资基金的发展。如此一来,解决我国股权投资基金的人才匮乏问题便成了推动我国股权投资基金发展过程中的关键性问题之一。怎样解决这个问题?四个字——"开源节流"。众所周知,股权投资行业一直是一个人才流动性极高的行业,股权投资基金想要完全扼制人才流出,即"节流",实属不易。而且,"节流"并不能增加合格股权投资人才的供应量,所以,不能从根本上解决人才瓶颈问题。那么,填补股权投资人才缺口的重中之重便落到了"开源"上,即培养更多的合格的股权投资人才。

股权投资行业是一个技术性、专业性极强的行业,它属于金融行业,但又不仅仅属于金融行业。股权投资基金不仅要求从业者具有与金融相关的较强的业务研究能力，它还要求从业者具备所投资行业的行业研究能力。所以，培养合格的股权投资人才的关键就是培养从业者的行业和业务研究能力。

股权投资人才的行业和业务研究能力是由多方面的知识和能力复合而成的。具体而言，股权投资人才的行业和业务研究能力包括：对所研究行业的深刻把握；财务会计知识过硬；熟悉资本运作及相关的法律知识；具备现代企业管理能力。

首先，股权投资基金所投资的行业不仅仅局限于金融行业，甚至它们所投资的行业大部分并不是金融行业，而是各行各业。这就要求从业者对他所投资的行业有比较深刻的把握。比如，股权投资基金很可能会投资于高科技企业。而高科技企业的核心竞争力就是它所独占的新技术，这种技术是企业自身通过创新得来的。股权投资从业者需要对该技术和相关领域有较深的把握，对其历史有深刻的了解，并且能够预测这一领域的未来发展趋势，以便筛选出优良的投资对象，掌握恰当的进入时机和退出时机。

其次，股权投资基金的整个投资过程都与财务分析和管理密不可分。在选择投资项目时，股权投资从业人员需要对目标公司财务状况进行历史、现状和未来趋势分析，还需要将目标公司财务状况跟同业其他竞争者的财务状况进行对比分析；选定并进入投资对象后，股权投资基金与投资对象可能会有一个较长的合作期，股权投资基金还会派代理人进入投资对象的管理层，在整个合作期间，股权投资基金需要对很多重大的财务问题及时地做出决策，如财务监督与内部控制、追加或减缓注资、公司上市、利润分配等；在股权投资基金准备退出时，从业人员也必须把握好投资对象的当前财务状况和近期走势，以便选择最佳的退出时机。在以上的整个过程中，股权投资从业人员必须精通财务会计知识。而且，财务会计处在不断地发展变化之中，投资对象的财务结构也日益复杂化，所以，从业人员必须时刻关注财务会计创新及热点问题，熟悉各类财务会计操作，以便合理、公允地把握投资对象的财务状况。

再次，股权投资基金从业人员必须熟悉资本运作及相关的法律知识。股权投资基金跟投资对象的合作可能会是一个较长的过程，对于创业投资项目，甚至会长达8年。在这一过程中，从业人员可能需要不断进行资本操作，及时地募集和追加新资本，监督资本的使用，以确保投资保值增值。如果股权投资基金自有资金不足，从业人员还必须具备高超的融资技巧，以确保资金及时到位。同时，股权投资从业人员还必须精通相关的法律知识，确保资本运作的合法性，做到合法融资和合法投资。如果投资对象能够享受国家在税收等方面的优惠和扶植，从业人员应该具备相关的法律法规知识，在合法的前提下，协助投资对象争取到最大的权益。

最后，股权投资基金从业人员还必须具备现代企业管理能力。投资对象的管理者大都具备专业技术，但缺乏管理经验。在企业创立初期规模较小，管理者一般身兼数职，同时从各个方面来维持企业运转，企业并不具备现代企业管理制度。随着企业规模的扩大，业务种类的丰富，全靠管理者自己就难以协调所有事务了。这时，股权投资从业人员就应当给企业带来全新的管理理念，协助企业建立明晰、合理的公司产权结构，建设强有力的领导核心和科学的监督内控体系。最终，企业会建立现代企业管理制度，这也是股权投资基金想要通过"上市"实现退出的必要条件之一。

三、创新人才培养机制

目前，我国并没有清晰的股权投资行业职业发展路径，更没有明确的针对股权投资人才的培养机制。从总体上来看，我国的金融人才培养机制还是"通才"导向型，针对性缺失，导致从业人员博而不精。然而，股权投资行业是一个技术性、专业性极强的行业，它要求从业者具有极高的、富有针对性的行业和业务研究能力，所以，我国现有的金融人才培养机制培养出的人才已经难以满足股权投资行业的需求。鉴于培养行业和业务研究能力是培养合格的股权投资人才的关键，创新股权投资人才培养机制就要紧紧围绕"培养行业和业务研究能力"这一中心。

我国的股权投资行业刚刚起步，所以还难以具备自我培养人才的能力。从人才来源来看，股权投资人才的主要来源有两个：一是其他非股权投资行业；二是院校毕业生。在其他非股权投资行业中，来自其他金融投资行业的人才占大多数，直接院校毕业生所占比例很小，仅为 4.72%。尽管院校毕业生直接进入股权投资行业的为数不多，但是高等院校教育对于初步培养股权投资行业潜在投资者的行业和业务研究能力起着举足轻重的作用。

1. 创新在校生培养机制

创新股权投资人才培养机制，首先得从创新高等院校金融人才培养机制做起，着重培养在校生的行业和业务研究能力。

首先，要培养在校生的行业把握能力。目前，我国的金融人才培养着眼于金融"通才培养"，缺乏对金融细分行业的挖掘。其直接后果就是，金融专业毕业生择业时，对经济学原理和一般经济常识都有所涉猎，一旦涉及金融业的某一细分行业（如股权投资、证券投资、信托投资、银行等），就表示知之甚少了，这反映出在校生的行业把握能力缺乏。所以，校方在金融专业学生入校之初，就应当尽早让学生对金融业的所有细分行业有一定的了解，以尽早让学生确定自己感兴趣的细分金融行业，并且加以跟踪研究，积累知识。达到效果的方式可以有两种，一是开设一个关于所有主要金融细分行业的介绍课程或者若干个关于各个主要金融细分行业的子课程，对各个金融细分行业的现实情况进行适当的介绍，学生可以根据自己的偏好进行选择性听课，甚至参与所有课程；二是以讲座的形式取代授课形式，相比较而言，讲座形式更加灵活、自由。授课人员和演讲嘉宾可以是对某金融细分行业很有研究的在校老师，也可以是校方邀请的其他高校老师、专家学者或者精英从业人员。在校生在选定自己感兴趣的细分金融行业后，校方对在校生的意愿进行统计，并开设相应的细分金融行业的更高级的课程或者更深入的讲座，以帮助学生进行更深层次的学习和研究。如果校方相关教育资源缺乏，可以寻求兄弟院校的支持和合作，在更广的范围内寻求教育资源的优化配置。同时，学生在明确自己的方向后，就要更加注重所选金融细分行业的相关知识积累。特别地，股权投资行业本身也属于金融行业的一个细分行业，校方应该开设股权投资相关课程以供感兴趣的学生学习。另外，由于股权投资基金所投资的行业并不局限于金融行业，甚至投资于其他非金融行业所占的比重更大，这往往要求合格的从业者还要具有把握某些非金融企业的能力，即具备复合专业背景。针对这种情况，高校可以开设更多的双学位项目和辅修项目，鼓励有余力的金融学生辅修非金融专业，有余力的非金融学生辅修金融相关专业；高校还可以鼓励学生本、硕、博跨专业学习，同样也可以让学生具备"金融专业＋非金融专业"的复合专业背景，为今后从事股权投资打下良好的专业基础。最后，校方除了加强学生在校培养外，还应当帮助和鼓励学生走出校门，到相关企业去实习，以接触到相关行业的第一手资料，培养学生的行业把握能力。如果校方有实力取得同一些股权投资基金的合作，或者学生自身的社会资源允许，在校生可以兼职到股权投资基金实习，直接培养行业把握能力；如果条件不允许，在校生也可以到其他金融相关企业或非金融企业实习，间接获得股权投资所要求的行业把握能力。

其次，要加强在校生财务会计知识的培养。校方应当开设完备的财务会计课程，这一点大部分经济类院校和综合性院校已经基本实现了。但是，为了适应在校生进入股权投资行业的需要，如果条件允许，校方还应当开设针对股权投资行业的财务会计课程，如兼并与收购会计实务等；校方甚至可以开设"股权投资基金会计实务"这门课，内容涉及股权投资基金筹备、进入、存续、退出各个阶段；校方还可以鼓励在校生参加 CPA（中国注册会计师）、CFA（注册金融分析师）等金融专业资格认证考试，以促进在校生财务会计知识的迅速高效提升。另外，校方也可以以讲座或者培训的形式夯实在校生股权投资相关财务会计知识，培训方可以是对股权投资行业很有研究的专家学者，最好是股权投资基金中项目经验丰富的财务会计人员，如此，财务会计知识的培训更有针对性。最后，在校生还应当走出校门，到股权投资企业中去参与社会实践，亲身接触股权投资经营中的财务会计操作；如果条件不允许，在校生也可以到其他企业的财务会计部门，协助工作人员工作，也能够在一定程度上拓展自身的财务会计知识，为将来可能进入股权投资行业打下基础。

再次，要注重培养在校生的资本运作技能及相关的法律知识。校方应当开设有关股权投资基金资本运作和法律知识的相关课程，注重股权投资基金运营实务，涵盖股权投资经营的各个阶段。股权投资基金的运营过程，实质上就是一个资本运作的过程，在进入项目时，需要进行融资和注资；在项目运行过程中，需要保值、减资或增资；在退出时，需要选择恰当的时机和方式撤资套现。整个过程都需要从业者具有高超的投融资技巧。为了培养在校生股权投资投融资技能，校方可以联合可能的股权投资基金合作方，举办"模拟股权投资资本运营大赛"，该大赛可以以互联网的形式进行，类似当下比较流行的"模拟炒股大赛"，以退出后资本净收益的高低进行排名，优胜者可以获得到合作股权投资基金实习的机会。这类的比赛可以激发在校生对资本运作技巧的学习和操作热情,让在校生在比赛的过程中提升自身的能力。同样,对于丰富在校生资本运作相关法律知识,也可以举办类似的大赛,比如"股权投资法律知识竞赛"。校方还可以鼓励在校生参加全国司法考试,以促进在校生法律知识的快速积累。另外,校方也可以以培训或者讲座的形式来培养在校生的资本运作技能和相关的法律知识,培训方可以是股权投资基金的资深投资人,也可以是股权投资基金的资深法律顾问,这样的讲座或者培训更加贴近实务,有助于快速丰富在校生的相关知识。最后,在校生还是要走出校门,到股权投资企业中亲身参与实践,跟成功人士交流学习,以更有效率地丰富自身的技能;如果条件不具备,在校生也可以到法律顾问机构去实习,协助股权投资相关的法律从业人员完成项目工作,也能够在一定程度上丰富自身股权投资相关的法律知识,为将来进入股权投资行业作铺垫。

最后,还应当加强在校生的企业管理能力的初步培养。校方应当开设管理学、公司治理结构和公司内部控制的课程,涵盖股权投资基金和标的公司合作的全过程,尤其是关于上市辅导的阶段。如果条件允许,可以开设"Pre – IPO 公司治理结构"课程。股权投资基金在项目经营过程中,并不仅仅为标的公司提供资金支持,它还为标的公司提供智力支持,带去全新的管理理念,协助企业建立明晰、合理的公司产权结构,建设强有力的领导核心和科学的监督内控体系,最终标的企业往往能确立现代企业制度。为此,股权投资基金往往会派驻从业人员加入标的企业的管理层,与标的企业高管进行较长期的合作,而在这一合作过程中,从业人员的领导力、协作能力以及沟通能力都是及其重要的,往往能决定合作的成败。如今,我国的股权投资领域也不乏标的公司管理层风格不相容导致投资失败的案例。所以,校方应当鼓励在校生在学习之余多参加学生会、社团等社会活动,在活动中锻炼自己的领导力、协作能力和沟通能力,为今后进入股权投资行业培养综合企业管理能力。校方还可以举办"公司治理结构设计大赛",参与者是金融专业学生和管理学专业学生,鼓励他们交叉组队,让管理学专业学生学金融,金融专业学生学管理。当然,校方也可以以培训或讲座的形式来培养在校生的企业管理能力,培训方可以是股权投资基金资深上市辅导专家,也可以是其他上市非股权投资公司 CEO(首席执行官),这种讲座或培训应当更加贴近实务，能够很好地促进在校生企业管理知识的迅速积累。最后，在校生还是要走出校门，到股权投资企业中去亲身参与实践，跟成功人士沟通学习，以更有效率的提高自身的领导力、协调能力和沟通能力；如果条件不具备，在校生也可以到其他非股权投资上市公司去实习，也能够在一定程度上增进对现代企业管理架构的了解，为将来进入股权投资行业打下坚实的基础。

以上在校生需要培养的四个方面的能力都是股权投资从业人员行业和业务研究能力的有机组成部分，这些能力的培养对于毕业生在股权投资领域的发展至关重要。校方应当为在校生提供这四个方面的学习条件，在校生也应当利用好现有资源，努力高效地提升自己的能力。当然，在校生的个人时间有限、个人能力参差不齐，他们可以根据自身情况进行以上四个方面能力的培养，可以都有所涉猎，也可以选其中一两个方面重点突破。

2. 创新新员工培养机制

当毕业生直接或者从其他行业最终进入股权投资基金后，创新股权投资人才培养机制的重任就落到了股权投资公司身上。员工入职股权投资基金后，就正式成为股权投资行业的从业人员，他们可能拥有各种各样知识背景，他们有的是高校应届毕业生，有的来自其他金融机构，还有的来自非金融行业。面对这样一群背景各异的员工，股权投资公司创新人才培养体制的关键是——"各有侧重，取长补短"。股权投资公司应当给予员工充分的自由空间，让员工在充分发挥各自的长处的前提下，填补自身知识的"短板"。

公司应当定期组织员工培训，培训的内容要紧紧围绕"提高员工的行业和业务研究能力"，即提高员工前述四个方面的能力。当然，培训要给予员工高度的自由，员工应当根据自身的知识背景，各有侧重的参与培训。比如，如果员工来自化工企业，该员工对化工行业的运作就会比较熟悉，他就应当更侧重于财务会计、资本运作技巧、相关法律知识或企业管理能力的培训；如果员工来自财务会计部门，该员工对财务会计知识掌握得比较好，他就应当更侧重于行业把握能力、资本运作技巧、相关法律知识或企业管理能力的培训；以此类推。员工在培训时要注重取长补短，提高培训效率，强化培训效果。如果员工是高校应届毕业生，该员工可能需要统筹所有四个方面的知识的学习。在培训形式上，公司可以自己组织，推荐公司内部优秀老员工或者邀请合作兄弟公司的优秀员工在公司内部进行培训；也可以选拔有潜力的员工参加知名高校的针对股权投资基金行业的研修班学习，在学习过程中，参训员工不仅可以提升自身的行业和业务研究能力，还能获得与来自其他股权投资基金的同行交流的机会，也有利于员工的人脉架设；如果公司有条件，还可以选拔有潜力的员工到国外知名股权投资基金参加培训或到国外知名高校进修，这样不仅有助于提升员工的行业和业务研究能力，还有助于开阔员工眼界，学习国外先进的经营经验来建设公司。

在员工入职之初，对公司运营尚不熟悉的情况下，公司可以为每位或者若干位员工配一名导师，导师由公司优秀老员工担任，"以老带新"，促进公司人才内生性循环。"以老带新"这些年在金融投资领域较为流行，比如，公募基金流行"双基金经理制"。在"以老带新"的过程中，新员工协助老员工，减轻了老员工的负担，老员工给予新员工必要的辅导，促进了新员工行业和业务研究能力的提升，如此，便构建了一个良性的股权投资人才培养形式。当新员工的能力超越老员工时，公司为该新员工更换层级更高的导师，这样，新员工的能力提高就是一个螺旋上升的过程，直到达到公司的最高管理层。这种"以老带新"的股权投资人才培养模式，不仅有利于构建创新型人才培养机制，还能够作为公司的一大亮点，吸纳更多有潜力的新人加盟股权投资基金。

公司可以派遣新员工进驻股权投资标的公司，或者选派新员工到潜在投资目标企业进行实地调研。股权投资基金在对标的公司进行资金投资的同时，还会为标的公司提供智力支持，其中就包括委派资深员工进驻标的公司的管理层，协助公司运营。所以，公司在派出资深员工的同时，可以同时派出新员工，以协助老员工工作。更为重要的是，新员工能够零距离获得项目经验，迅速提升行业和业务研究能力。找到好的投资项目，即甄选优质的股权投资标的公司，对于投资的成功有着至关重要的影响。所以，股权投资基金会对潜在的投资项目进行筛选，派遣员工到候选公司进行实地调研，有些风险投资企业甚至可能会派代表驻扎在一些高新科技园区，以便寻觅潜在的投资目标。在进行实地调研时，公司会派出一个调研小组，可以安排新员工加入调研小组，让新员工在实地调研中训练自身的行业和业务研究能力；公司也可以鼓励新员工多到公司合作的企业园区走访，和众多创业者展开深入

交流，建立良好的关系，为甄选优质合作项目做准备，同时也能切实提高新
员工的行业和业务研究能力。

股权投资公司还应当进一步完善员工的激励制度。对员工的激励方式有
很多种，包括经济利益激励、权力与地位激励、荣誉激励等，但是经济利益
激励仍然是主要方面。在美国，股权投资者的收入由两个部分构成：一是
1%~3%的基金管理费；二是分享20%左右的项目投资成功并顺利退出所
得的收益。可见，项目所得提成占股权投资员工收入的大部分。我国股权投
资基金也可以借鉴国外经验，完善股权投资基金的收入提成机制。另外，公
司还可以让优秀的股权投资员工持有一小部分公司股票，这样可以将公司的
长期发展同员工个人的长期收益紧紧地联系在了一起，有利于激发员工的工
作热情和提高员工的忠诚度；公司可以对表现突出的员工给予高额奖金，以
产生示范效应，激励广大员工努力工作；公司还可以向员工派发所投资标的
公司的认股期权，将标的公司的公开募集价格和总额同员工的个人收益挂
钩，能够刺激员工努力工作，以成功实现高收益退出。

从总体来看，创新股权投资人才培养体制，各大高校和广大股权投资基
金是直接的推动力，做出的贡献也是最为直接的。然而，创新股权投资人才
培养体制，也离不开政府部门和社会各界所创造的适宜的社会宏观环境，只
有"天时、地利、人和"，各大高校和广大股权投资基金创新股权投资人才
培养体制的目标才能得以顺利实现。

第四节　对于合理引导的其他举措

一、优化完善股权投资基金的工商注册制度

作为设立股权投资基金的法律程序，高效合理的工商注册制度对于促进
股权投资基金行业的健康发展至关重要。从全球范围看来，美国的股权投资
基金行业最为发达，其工商注册制度也较为成熟。

在美国，股权投资基金的注册制度的主要特点如下。

（1）涉及股权投资基金的法律条文分散在各个相关法规中，美国证券
监督委员会（SEC）进行统一登记管理，规模大于1.5亿美元的股权投资基
金被要求定期披露信息并接受检查，有特殊风险的基金还要受到美国联邦储

备委员会的系统风险监管。

（2）股权投资基金首选的企业组织形式为有限合伙制。一般说来，股权投资基金存在三种主要的组织形式，即公司制、有限合伙制和契约制。总体看来，以有限合伙制股权投资基金最为常见。国际经验显示，这一组织形式也是最合适股权投资基金发展的。有限合伙制股权基金依照相关合伙企业法律规范设立，在这一组织形式下，具有成熟投资经验的专业机构或自然人担任普通合伙人并对企业债务承担无限连带责任，负责合伙企业的日常运营管理。相比之下，其有限合伙人则以出资额为限对企业承担有限责任，通常不参与企业的运营管理。

美国的有限合伙制企业根据《证券法》设立，在股权投资基金的筹备阶段，一般合伙人与普通合伙人通过订立具有法律效力的《合伙人协议》来明确各方的权利和义务，主要包括合伙人定位的规定、基金经营策略及风险控制手段、资本金筹措及撤资的规定、财务比例限制、基金管理者报酬计划和利润分配制度等。在美国的股权投资基金，法律规定有限合伙人必须是满足一定的资产要求的机构或居民个人。具体来说，银行需具有 500 万美元以上的净资产，保险公司、银行、基金和其他机构投资者的资产最低要求为100 万美元，而个人投资者最低年收入须达到 20 万美元或家庭年收入超过30 万美元。

（3）允许养老保险基金为主的机构投资者作为美国股权投资基金的主要资本提供者。根据美国《联邦劳工退休投资保障法案》（the Federal Employment Retirement Investment Security Act），养老保险基金具备投资股权投资基金的资格。机构投资者成为股权投资基金的有力推动者，并且是股权投资基金的第一大资金来源。作为社会保障制度的重要组成部分，养老保险基金参与股权投资基金遵循严格的审慎原则，一般要求投资对象具有表现良好的财务指标、稳定的未来现金流和透明的信息披露制度。除此之外，养老保险基金等机构投资者往往具有充足的资金，在社会上有极高的关注度，养老基金参与股权投资基金必然会给基金带来良性影响。

（4）有限合伙制基金创立时订立的《合伙人协议》对基金投资目标等方面不做过细的规定，给予基金管理者充分的运作空间。

（5）根据 2001 年出台的新《统一有限合伙法》规定，有限合伙人通常并不参与基金的经营，但若存在参与的主观愿望，经同意可以介入基金的管理，同时保留有限责任的保护。

在中国，股权投资基金的发展还处于起步阶段，股权投资基金的工商注册制度也在不断摸索之中。

2007年生效的新《合伙企业法》为合伙制股权投资基金的成立奠定了法律基础，极大地推动了本土股权投资基金的发展。新《合伙企业法》还规定，自然人、法人和其他组织都可以成为合伙人，这就使得养老基金、公司年金和保险基金可以参与股权投资基金。同时，还解决了重复征税的问题，规定合伙企业的生产经营所得和其他所得按国家有关税收规定，由合伙人分别缴纳所得税。对于合伙协议的变更、合伙份额的转让、合伙企业有关事项的表决方式、合伙人的自我交易等，新《合伙企业法》不再做统一规定，合伙人可在法律允许的范围内自行协商约定。这种新的注册形式有利于股权投资基金灵活自主经营，建立更加合理的激励约束机制，扩大基金资金来源，并提升股权投资基金的企业治理水平。

地方政府和行业自律组织也是推动完善股权投资基金注册制度的主要力量。北京、天津、上海、辽宁和深圳等城市都先后出台了相应的政策，以提供方便、可靠的工商注册服务，对完善股权投资基金工商注册制度的探索有着非常重要的借鉴意义。

2009年1月，北京市金融办等五部门联合发布了《关于促进股权投资基金业发展的意见》，针对股权投资基金在北京的长远发展提出了系统配套的优惠政策。北京市金融局还与北京市工商局共同为股权投资基金在北京注册提供高效便捷的"一站式"服务。

同样在2009年，天津市发展改革委员会、金融办等六部门联合制定出台了《天津股权投资基金和股权投资基金管理公司（企业）登记备案管理试行办法》，规定在天津设立公司制和合伙制股权投资基金、股权投资基金管理企业，应按照国家相关规定办理工商注册登记。股权投资基金、股权投资基金管理企业，以股份公司设立的，投资者人数（包括法人和自然人）不得超过200人；以有限公司形式设立的，投资者人数不得超过50人；以合伙制形式设立的，合伙人人数不得超过50人。公司制股权投资基金的注册资本要求为1000万元人民币。公司制股权投资基金管理股份公司的注册资本不少于 500 万元人民币；公司制股权投资基金管理有限公司的注册资本不少于 100 万元人民币。注册资本允许分期缴付，股权投资基金首期缴付不少于 1000 万元人民币，股权投资基金管理公司首期缴付不少于 100 万元人民币。

2010 年 2 月，辽宁省政府金融办出台《关于加强私募股权投资发展的实施意见》，明确规定凡在辽宁省注册的股权投资基金和股权投资基金管理企业，可在工商注册、税收方面享受相应的优惠政策，各级工商行政管理部门要积极支持股权投资基金和管理企业的设立，对股权投资基金和管理企业给予工商注册登记便利。

针对境外股权投资基金的监管和注册问题，上海市浦东新区在 2009 年 10 月公布了《浦东新区设立外商投资股权投资管理企业试行方法》，根据这一文件的规定，浦东新区将允许外资风险投资和股权投资等股权投资资本以股权投资管理身份进行合法登记注册。受股权投资企业委托、以股权投资管理为主要经营业务的境外金融机构，都可以在浦东新区以有限责任公司的形式注册为外商投资股权投资管理企业，注册的行业名表述为"股权投资管理"，但注册资本不应低于 200 万美元。出于有效控制风险的考虑，该文件规定外商投资管理企业至少拥有一个投资者，且此投资者或其关联实体的经营范围需涵盖股权投资或股权投资管理业务。另外，这类企业在申请设立时应当拥有两名以上具备两年以上从事股权投资或股权投资管理业务的经历，同时还需具有两年以上高级管理职务任职经历的管理人员。通过出台此试行办法，上海市浦东新区旨在吸引更多的境外股权投资基金参与国内市场投资。

此外，在 2011 年 1 月，北京和上海成为第一批试点合格境外有限合伙人（QFLP）制度的城市，第一批进入上海 QFLP 候选名单的境外股权投资基金包括黑石集团、赛富基金等。在此基础上，试点进一步给予投资股权市场的外资有限合伙人（LP）一定的人民币换汇额度，将资本金换成人民币并用于投资中国国内企业。上海市的做法比较有借鉴意义。作为第一批试点合格境外有限合伙人制度的城市，为完成试点工作，上海市出台了《关于本市开展外商投资股权投资企业试点工作的实施办法》，并成立上海市外资股权投资企业试点工作联席会议，专门管理外资股权投资企业试点工作，针对境外股权投资基金在沪设立、开户等方面提供全程咨询服务和管理。

具体做法首先是加强对股权投资基金的审批。对在上海市注册登记的境外股权投资企业和境外股权投资管理企业，设定一定条件，由上海市金融办开展审核工作，设定境外股权投资企业和股权投资管理企业的准入门槛。其次，开展试点评审。对在上海设立的有业务需求的境外股权投资企业展开评定，并要求提出申请的基金管理者具备管理境外长期机构投资者资金经验和国内至少三年股权投资管理经验。再次是实行备案管理，设立外资股权投资企业重大事件登记制度，强化外资股权投资企业融资渠道和境内投向监督。然后是引入强制托管机制，要求境外股权投资试点企业必须指定符合条件的境内托管银行，托管银行负责定期和不定期地呈报外资股权投资试点企业运作的真实信息，以防范腐败。最后是明确投资管理方法，该文件明确了在上海市依法设立的外资股权投资企业的国内投资按照外商投资相关法律法规处理，并设置了禁止外资股权投资企业涉足的业务。在企业引进方面，上海市将重点关注试点企业的经营层次，除引进大型并购型股权投资基金外，还会重点吸引投资于科技型、中前期和就业型中小企业的成长型股权投资基金，使得试点企业呈现更加合理的多元化形态。上海市还将与政府、国有企业等境内资本合作的股权投资基金纳入优先考虑的范围。在引入经营良好的境外股权投资基金的同时，争取更多的闲散社会资金参与股权投资基金，鼓励有条件的国内机构投资者扩大影响力。此外，上海市也加强了对资金流向的引导。试点企业的投资领域要符合国家发布的《外商投资指导目录》，规定投资于新兴战略产业、高新领域以及创新型中小企业的外资股权投资基金将优先享受试点政策，引导试点企业为我国经济结构调整和产业优化升级服务。

从以上出台的政策可以看出，我国为促进股权投资基金的健康发展，在借鉴国外经验的基础上做出了不懈的努力。然而，我国的股权投资基金的工商注册制度还不能完全满足股权投资飞速发展的需要，具体表现如下。

（1）在现有的工商注册制度下，银行、保险机构和证券公司等金融机构投资者对基金的参与度较低。我国《商业银行法》和《保险法》在一定程度上限制了金融机构参与股权投资基金，我国的金融业分业经营体制使金融资本难以渗入股权投资基金领域。而境外的股权投资基金的资金来源几乎囊括所有的机构投资者和富有的个人。从这个意义上来讲，我国的工商注册制度阻止了基金资本机构的多样化。以风险投资基金为例，2009 年我国境内新募集的股权投资基金的首要资金来源中，52.74% 来自非金融企业，其次是个人为 23.47%，银行、保险机构和证券机构的参与度都很低。这就与同时期新募集的来源境外的股权投资基金形成鲜明对比（见图 10.16 和图 10.17）。

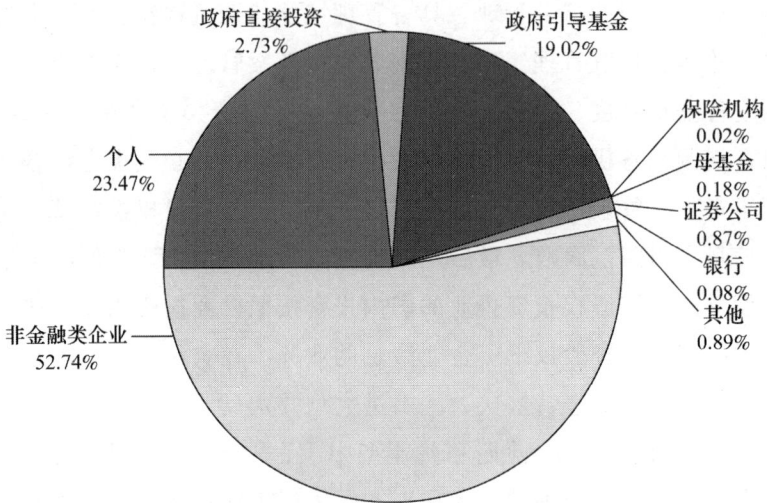

图 10.16　2009 年新募集的来源境内的风险资本结构

资料来源：中国风险投资研究院（CVCRI），《2009 年中国风险投资行业调研报告》。

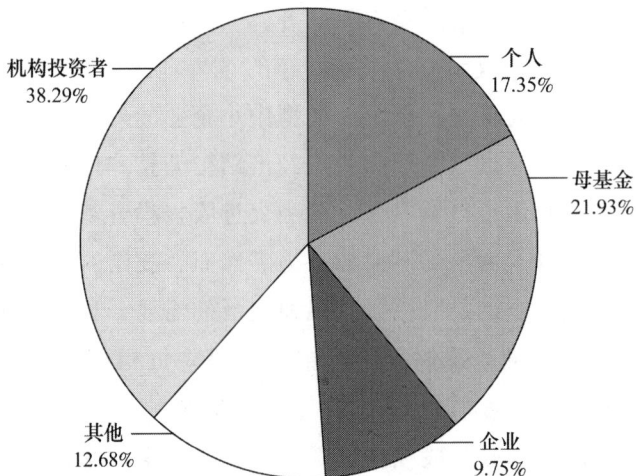

图 10.17

资料来源：中国风险投资研究院（CVCRI），《2009 年中国风险投资行业调研报告》。

（2）我国的股权投资基金的组织形式仍然是以公司制为主体，难以发挥有限合伙制对现代股权投资的促进作用。以风险投资基金为例，在近几年国内新募集的风险投资基金中，公司制比例远高于有限合伙制，并且有限合伙制募集的资金呈逐渐减少的趋势。2009 年新募集的风险投资基金中，超过半数的基金采用公司制，另有 25.20% 采用有限合伙制，与 2008 年的 51.19% 相比较，有限合伙制募集基金的比例大量减少（见图 10.18）。

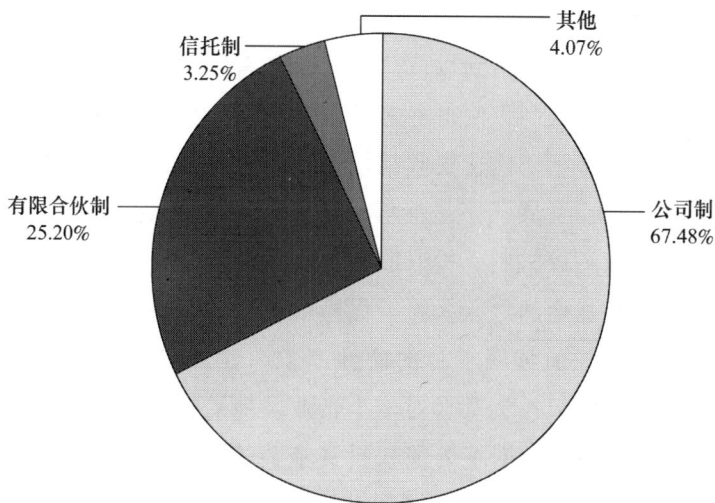

图 10.18 2009 年新募集的 VC/PE 组织结构
资料来源：中国风险投资研究院（CVCRI），《2009 年中国风险投资行业调研报告》。

在股权投资基金业，有限合伙制可以实现职业基金管理和投资者的紧密结合，有利于促进分散资金的集中管理，满足了积极投资者的投资需求，同时也为寻求资金增值而不干预投资管理的消极投资者提供了投资工具。在有限合伙制下，股权投资基金可以设置相对灵活的利润分配制度，其特有的治理架构体现现出很强的利益的一致性，再加上卓有成效的内部激励机制，可以在一定程度上解决信息不对称和"委托代理"问题。因此，有限合伙制必然是股权投资基金未来发展的大趋势。

（3）我国出台的《公司法》、《企业法》、《外商投资创业投资企业管理办法》、《创业投资企业管理暂行办法》、《信托法》和新的《合伙企业法》等都可适用于股权投资基金，但到目前为止我国还没有一套针对股权投资基金各个环节的具体法律体系，对股权投资基金的工商注册缺乏统一的政策指导。

（4）我国还缺乏统一的股权投资基金的监管和注册备案机构。就目前来说，证券监督管理委员会和国家发展和改革委员会都对股权投资基金的工商注册和备案都有很大的主导作用，分工不够明确容易造成重复监管和监管缺位。

工商注册制度对于加强对股权投资基金的监管、杜绝非法募集和防止腐败尤为重要。结合我国金融市场发育的特点，为保障股权投资基金行业的健康发展，工商注册制度应该达到以下要求：一是有利于拓宽股权投资基金的资金来源，完善有限合伙制，使得养老基金、公司年金和保险基金可以参与股权投资基金；二是有利于优化税收结构，避免重复征税，鼓励满足法定条件的股权投资基金快速发展；三是能够促进股权投资基金的灵活自主经营，建立比较合理的激励约束机制，提升股权投资基金的企业治理水平；四是可以有效规避股权投资基金的经营风险，保障投资者的利益和国家宏观经济的健康稳定运行；五是注册程序本身的便捷高效，建立"一站式"工商注册服务；六是能够发挥股权投资基金对中小企业发展的积极促进作用，引导股权投资流向；最后是有利于对境外股权投资基金的监管。

订立统一的股权投资基金工商注册和审查制度是当前工作的重中之重，建议借鉴西方发达国家的经验，建立证券监督管理委员会为核心的注册备案监管模式，由证监会全面负责管理股权投资基金的发起、设立、运转、退出和信息披露，而其他有关部门在各自的职能范围内对股权投资基金相关事务进行监管。若基金的募集和经营过程中违反了股权投资基金的相关法规，财政部、央行、工商行政系统和外管局等部门可密切配合证监会展开调查，进而做出裁处。若保险机构和银行机构涉入股权投资基金，保监会和银监会要关注相关的基金注册和审批环节，做好政策协调和配套措施落实工作。为引导股权投资基金支持中小企业的发展，可在发展改革委员会下设置专门机构，拨付预算资金，以应对面向中小企业的股权投资基金登记注册提供咨询服务，并积极引导资金流向中小企业及其他国家产业政策重点扶持的行业。

另一项同等重要的工作就是实现对股权投资基金工商注册的统一政策指导。修订已有的《证券投资基金法》，把股权投资基金纳入调节范围，把股权投资基金、创投基金和对冲基金置于统一的政策体系下，对股权投资基金的登记注册、组织形式、信息披露和合法投资者的门槛做出明确规定，走出《公司法》、《企业法》、《外商投资创业投资企业管理办法》、《创业投资企业管理暂行办法》、《信托法》和《合伙企业法》下的政策矛盾困境。鉴于股权投资对实体经济的特殊推动作用，建议把股权投资基金单列出来制定《股权投资基金法》，对股权投资基金进行适度监管，一方面要对合格的股权投资基金给予注册便利，繁荣整个股权投资市场，另一方面要发挥工商注册制度对杜绝非法募集和防止腐败的作用，化解金融风险，贯彻国家宏观经济政策。

而下一步工作就是完善相应配套制度的建设，使出台的工商注册制度能真正有利于股权投资基金的蓬勃发展，有利于完善市场主体，健全融资市场。

二、积极引导股权投资基金参与企业的前期投资

股权投资基金一般投资于未上市企业的股权。在企业首次公开发行上市之前，企业的发展过程一般分为几个阶段，即种子期、成长期、扩张期、成熟期和上市前过渡期。与此相对应，股权投资基金的投资通常被划分为风险投资、直接投资、并购投资和过桥投资。研究者习惯把风险投资阶段和直接投资阶段定义为企业的前期投资，在该投资阶段，投资对象企业一般是规模不大的中小企业。

在相当长的时期内，在高额投资回报的诱惑下，催生了一批以协助企业上市为目的股权投资基金。但是随着我国资本证券市场的不断完善，这种为追求高额投资回报而过分热衷于投资即将上市（Pre‑IPO）企业的投机空间将被逐渐压缩。股权投资基金必定会愈来愈倾向于投资有发展前景或现金流稳定的中小企业，特别是种子期的高新技术企业，以期和企业达成长期合作关系，培育长期的利润点。这也就是说，股权投资基金的获利能力是与投资对象企业的长期健康发展是联系在一起的。可以这样说，随着股权投资市场不断走向成熟，一个突出的特点便是股权投资的前期化和成长化。通过观察我国 2003~2010 年股权投资市场和风投市场不同发展阶段企业投资规模（见表 10.3、表 10.4 和表 10.5），同时对比 2009 年和 2010 年中国境内募集的股权投资基金类型结构，可以得出这一结论（见图 10.19 和图 10.20）。

在 2010 年，虽然从案例数量和投资金额上看处于早期和发展期的股权投资仍然低于获利期和扩张期，但是风险基金和成长基金在不同类型基金规模中已经占据了 81%。

表 10.3　　　　2010 年中国股权投资市场不同发展阶段企业投资规模

阶　　段	案例数量	投资金额（US＄M）	单笔投资金额（US＄M）
早　　期	5	566.84	103.92
发展期	37	576.19	15.65
获利期	91	8877.67	97.17
扩张期	241	9592.27	39.74
总　　计	375	19612.97	52.3

资料来源：China Venture，China Private Equity Investment Report，CV Source，2010。

表 10.4　　　　　　　2009 年我国创业风险投资阶段分布

阶　　段	初创期	成长期	扩张期	成熟期	Pre－IPO	总　　计
数　　量	197	200	125	38	34	594
比例（%）	33.16	33.67	21.04	6.40	5.72	100
金额（亿）	31.14	79.46	67.32	43.04	47.48	268.44
比例（%）	11.60	29.60	25.08	16.03	17.69	100

资料来源：《2009 年中国风险投资行业调研报告》。

表 10.5　　　　2003～2007 年中国创业风险投资项目所处阶段分布　　　单位：%

年　　份	2003	2004	2005	2006	2007
种子期	13	15.80	15.40	37.40	26.60
起步期	19.30	20.60	30.10	21.30	18.90
扩张期	49.50	47.80	41	30	36.60
成熟期	18.20	15.50	11.90	7.70	12.40
重建期	0	0.30	1.60	3.60	5.40

资料来源：根据《中国创业风险投资发展报告》（2003～2007）数据整理。

对于企业的前期发展来说，股权投资的参与会带来众多积极影响。在企业的前期阶段，企业的发展前景和未来盈利能力都有很大的不确定性，一般具有高风险高收益的特点，具体衡量标准见表 10.6。

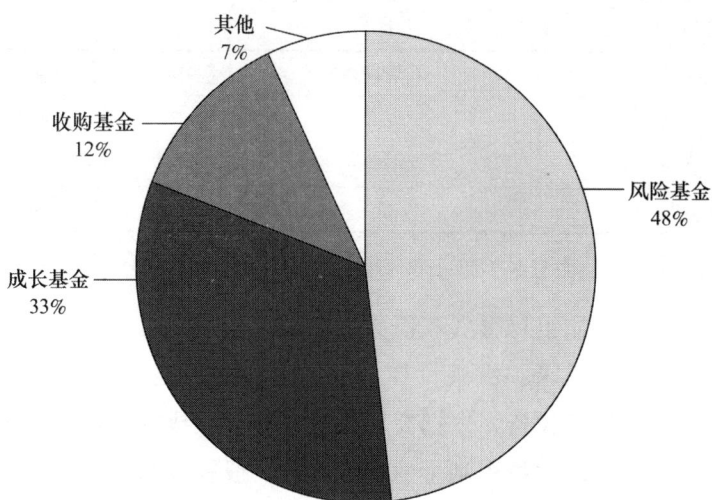

图 10.19　2009 年中国股权投资基金不同类型规模比例

资料来源：China Venture, China Private Equity Investment Report, CV Source, 2009。

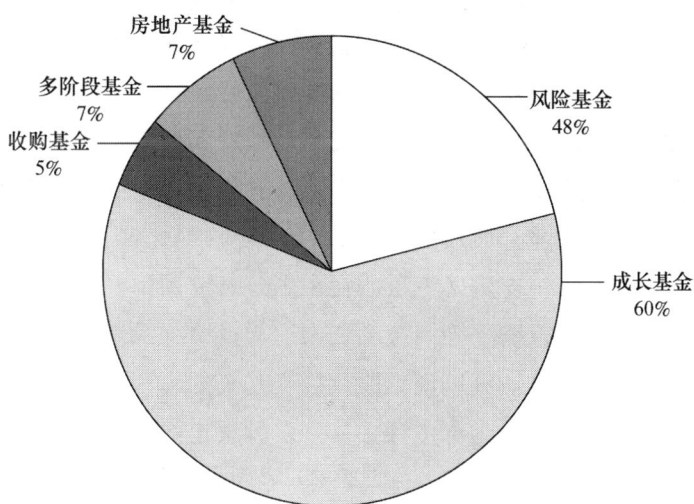

图 10.20　2010 年中国股权投资基金不同类型规模比例

资料来源：China Venture, China Private Equity Investment Report, CV Source, 2010。

表 10.6　　　　　　　　　不同阶段股权投资的风险和收益比较

投资阶段	风险程度	收　益
种子期	极高	50% ~ 70%
初创期	高	40% ~ 60%

续表

投资阶段	风险程度	收　益
成长期	较高	35% ~ 50%
成熟期	中等	30% ~ 40%
重整期	低	25% ~ 35%

资料来源：刘晓宏，《风险资本市场运行机制》，上海财经大学出版社 2004 年版，第 73 页。

传统的融资渠道如银行融资和债券融资对风险的容忍度较低，难以满足企业前期发展的融资需求。纵观世界上飞速发展的巨型 IT 企业，在成长初期往往需要大量的风险投资，以把高新技术成果转化成现实产品，所以很容易就能在其身上发现股权投资基金的积极参与。股权投资基金参与企业的前期投资，至少具有以下优点。

首先是拓宽企业的融资渠道，进一步改善资本结构。在发展良好的资本金融市场中，融资渠道应该是多元化的。不同的融资主体有不同的融资期限和融资结构需求，而不同的投资主体有不同的风险厌恶程度，因而具有不同的资本供给。一个高度发达的融资市场能够较好地搭配不同的融资主体和投资主体，化解两者之间的冲突，提高资金的配置和使用效率。发达国家股权融资在全部融资中的比例已经超过多半数，股权投资基金的发展速度远超过信贷和债券规模的速度。股权投资基金不仅是直接融资的重要组成部分，而且是推动企业成长的一支重要力量。在中国，目前的情况就是企业融资过分依赖银行贷款，而银行贷款等间接融资渠道对风险的厌恶程度很高，满足不了企业前期的融资需要。可以说，股权投资基金的出现，打破了中小企业前期融资的僵局，也有利于完善多种主体、多种渠道的融资市场，对企业的前期投资，无疑具有重要意义。

其次，股权投资基金参与企业的前期投资，还有利于提高中小企业的治理水平和风险管理水平。股权投资基金投资企业的种子期和成长期，不但可以为企业提供前期发展需要的风险资金，还有可能通过战略合作的方式提供技术支持、人力资源支持和财务管理支持，优化企业的组织结构、选择合适发展战略和改善财务结构，使中小企业的进一步发展获得长足的动力（见表10.7）。

表 10.7　　　　　　　　股权投资基金前期投资对企业治理水平的影响

投资前	投资后	
对企业原有治理水平进行评估	披露	要求企业财务信息得到审计并披露以便及时提供给股东
检查企业治理的相关问题，如关联交易、利益冲突和合规性		确保财务报告和内外部审计准确无误
帮助企业论证融资方案和商业计划		要求管理者和董事会披露关联交易和潜在利益冲突
对企业、管理者和大股东进行三方背景检查	监管	形成一个有效董事会监督管理层并和股东沟通
与中介和管理者共同确保投资过程的公平有序		引入常规董事会程序
		确立绩效导向的文化和行为，以绩效薪酬系统来加强
向企业管理者提供企业治理的反馈信息		确保公司合法、合规、合乎政策要求和实践

资料来源：Peter H Sullivan，Geoffrey Lim，Corporate Governance and Private Equity。

最后，股权投资基金参与企业的前期投资还有利于克服信息不对称，解决中小企业的"委托代理"问题，从而降低企业的资本成本，提高资金的使用效率。在企业的成长前期，其内部往往缺乏恰当的信息披露制度，故外部投资者在整个投资过程中都面临着信息不对称的问题，如企业可能故意隐瞒各种潜在的运营风险，或企业管理者可能以损害公司整体利益为代价来追逐自身的利益。这些信息披露问题是外部投资者在做出决策时必须慎重考虑的。但是事实上，无论是证券市场还是银行等间接金融机构，在解决信息不对称问题、及时获得企业准确信息方面都不拥有明显优势，其结果就是整个中小企业前期融资市场的不断萎缩。一方面，企业前期投资多，资金需求量大；另一方面，银行由于缺乏融资主体的充分信息而惜贷，中小企业在证券市场上更是因为资信问题而难以有所作为。相比之下，股权投资基金在选择企业、监督企业和管理企业方面更加具有优势。在有限合伙制下，工商管理当局通常要求股权投资基金的普通合伙人由具有成熟投资经验的专业机构或自然人担任，专业知识和丰富经验将使他们在信息获得、信息处理和信息使用方面更加具有优势，成为更加理想的投资代理人，使股权投资基金投资者

——股权投资基金管理者的委托代理关系取代外部投资者——投资对象企业管理者的委托代理关系（见图 10.21）。

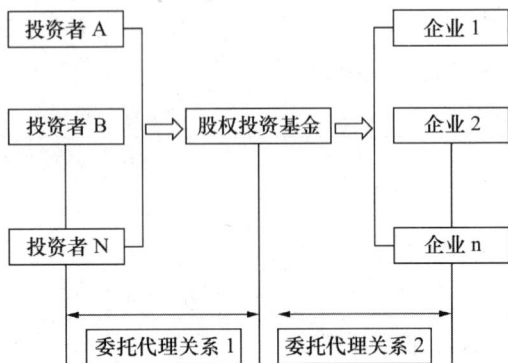

图 10.21　股权投资基金的双边委托代理关系

事实上，股权投资基金之所以能够解决委托代理问题，是因为它把不确定的契约关系转化成为确定的契约关系。基金投资者和基金管理者就分风险承担和利润分配问题达成协议，而股权投资基金依靠其基金规模效应，和中小企业制定更加严格详细的投资条款，并且在多数时候直接参与企业的经营决策。

从上文分析可以看出，股权投资基金参与企业的前期投资对中小企业的发展无疑是非常有意义的。然而，如何采取措施引导股权投资基金参与企业的前期投资是需要进一步回答的重要问题。

在美国，政府鼓励早期成长型企业引入股权投资基金的通常做法为，小企业管理局（U. S. Small Business Administration）担保经认证的股权投资经理人，由经理人通过私募方式募集至少 500 ~ 100 万美元作为投资的初始资本，经担保杠杆放大 3 倍后投资于有资格的中小企业。这种投资一般持续 7 ~ 10 年。在确定中小企业的初期发展获得成功后，股权投资基金经理向小企业管理局返还杠杆资金并按规定支付恰当水平的投资收益。通过这种做法，小企业管理局有效地转移了企业前期投资的风险，为处于发展前期的中小企业开拓了一条良好的融资渠道。

借鉴国外股权投资基金及经验，同时参考国内已经开始实施的相关政策，以下几种尝试可能是有益的。

创设政策性投资母基金。母基金，顾名思义就是指专门投资于股权投资基金的基金。其运行机制是首先把市场上机构投资的资金聚集起来，设立一个股权投资基金，然后把这些资金投资于股权投资基金的股权。母基金的出现，就是为了解决资本市场中的资金错位难题，促进股权投资基金投资于中小企业前期和国家产业政策重点支持的领域。为引导股权投资基金参与新兴企业投资，我国已经出现投资母基金。2010 年 12 月 28 日，国开金融有限责任公司同苏州工业园共同设立中国第一个国家级股权投资母基金（FOF）。该母基金拥有 600 亿元人民币的资金总规模，主要投资对象为国内优秀团队管理的人民币基金。在内部构成上，该母基金分为两个板块，分别为股权基金板块和风险投资板块。其中风险投资板块名为国创元禾创业投资基金，其投资对象为人民币创业投资基金，主要是侧重于成长期中小企业和新兴技术行业的股权基金，对单个基金的股权投资比例通常为 10% ~ 30%，投资金额为 2 亿~15 亿元人民币。截至目前，母基金已经初步显示出对股权投资基金参与企业的前期投资的引导作用。

企业本身也要采取措施吸引股权投资基金参与企业的前期投资。企业要尽可能引入战略投资者。战略投资者的特点是其投资期限较长，并且会带来普通投资者不具有的资源，完善企业的财务结构，提高企业的管理层水平，选择有远见的发展战略，为企业的进一步成长和扩张打下基础。事实上，股权投资者参与企业的战略投资等同于与各利益攸关者订立了一个对赌协议。对企业的早期阶段进行股权投资，相当于以股权为赌本、以企业未来业绩为标的的一项对赌。若未来企业各项业绩表现良好，那么企业就可以以红利或转让股权的方式获得可观的收益；若企业表现欠佳甚至长期处于亏损状态，那么股权投资基金的这项投资就会被套牢或者蒙受损失。但这种对赌协议不同于一般的赌博，股权投资基金参与企业经营，拥有主动权，有能力而且有必要利用自己的专业技术和丰富经验从各个方面帮助企业提升企业的盈利能力，进而赢得这场对赌。值得注意的是，股权投资基金不能单纯地追求财务指标的迅速提高，企业业绩的增长必须是可持续型的增长。过分追逐短期收益，往往会妨害企业长期的盈利能力，这是一种杀鸡取卵式的非理性发展方式。

同时，企业还可以聘请外部具有专业技术和丰富经验的机构或人员担任财务咨询或其他管理咨询职务，为企业提供专业的咨询建议服务，在引入股权投资基金参与企业的前期投资的过程中发挥牵线搭桥的作用，并利用专业技术为企业提供风险报告，权衡利弊，不能不顾风险地盲目引资，做到有进有退有所为有所不为。

政府要逐步出台有利于股权投资基金流入企业前期的政策或法规。一是工商管理部门要为符合资质的并且偏重于投资中小企业和新兴行业的投资基金在注册上提供便利，鼓励有条件的自然人或机构投资者参与股权投资基金，引导投资流向，或设法建立中小企业前期股权投资基金行业聚集地并完善配套设施；二是监管部门要为股权投资基金参与企业的前期投资简化审批流程，减少不必要的繁文缛节，提高办事效率；三是税务部门可为股权投资基金参与企业的前期投资提供税收优惠，降低交易成本，给股权投资基金更多的激励作用。在这方面，我国已经出台了税收优惠政策。为落实股权投资基金投向企业前期的所得税优惠政策，国家税务总局于 2009 年 4 月发布了《关于创业投资企业所得税优惠问题的通知》，明确规定了股权投资基金适用税收优惠的前提条件和程序。关于股权投资基金投资的中小高新技术企业应符合的条件是：除应按照《关于印发〈高新技术企业认定管理办法〉的通知》和《关于印发〈高新技术企业认定管理工作指引〉的通知》的规定，通过高新技术企业认定以外，还应符合职工人数不超过 500 人，年销售额不超过 2 亿元，资产总额不超过 2 亿元的条件。中小企业接受股权投资之后，经认定符合高新技术企业标准的，应自其被认定为高新技术企业的年度起，计算股权投资企业的投资期限。该期限内中小企业接受股权投资后，企业规模超过中小企业标准，但仍符合高新技术企业标准的，不影响创业投资企业享受有关税收优惠。对于申请享受投资抵扣应纳税所得额的程序，要求在其报送申请抵扣应纳税所得额年度纳税申报表以前，向当地税务机关报送有关资料备案。但是，这项政策的具体落实，还需要诸多配套的措施，确保税收优惠政策能真正有助于吸引股权投资基金参与企业的前期投资。

最后是要发挥好中小板和创业板市场的作用。中小企业板和创业板在深圳证券交易所设立以来，为股权投资基金参与企业前期投资提供了又一契机。由于拓宽了退出渠道，中小板使企业前期投资对股权投资基金产生了更大的吸引力。创新和成长是创业板的核心理念，根据创业板的定位，越来越多的股权投资基金将会转向"两高六新"领域，其未来投资方向会聚焦于

"两高六新"领域的企业。通常所说的"两高六新",一般指成长性高、科技含量高加上新经济、新服务、新农业、新材料、新能源和新商业模式。股权投资流向"两高六新",也即是对企业前期成长的支持。

三、培育健康的股权投资文化

在欧洲和北美发达国家,股权投资基金已经发展为一种成熟的投资渠道,深受个人投资者和机构投资者的信赖,成为资本金融市场的支柱之一,是仅次于银行贷款和公开上市的第三大融资途径。但在我国,股权投资基金才处于初步发展阶段,市场活跃程度较低,境外的股权投资基金引入国内市场仅五六年,股权投资基金在中国的发展还有很长的路要走。但也正是因为我国处于起步阶段,可以从一开始就建立符合股权投资基金发展趋势的机制体制,而不必经历改革旧制度的阵痛。我国的股权投资基金要获得长足的发展,除了要完善相应的法律制度和规范外,培育健康的股权投资文化也是非常重要的一个环节。

近年来,我国的股权投资基金虽然有所进步,但远不尽如人意。其原因就在于我国缺乏健康的股权投资文化,表现就是个人投资者和机构投资者都没有形成通过投资基金进行集合投资以分散风险、实现专业投资管理的意识,有限合伙制的遇冷等等。当然,需要克服的问题还远不止这些,培育健康的股权投资文化是一个长期的任务,同时需要相应的配套制度,不可能一蹴而就。因此,政府、行业自律组织和企业本身都有责任和利益驱动去采取恰当措施维持有利于股权投资发展的文化环境。具体说来,健康的股权投资文化至少要满足以下要求。

一是要通过多种途径发展现代化的投资文化,培育通过投资基金进行集合投资以分散风险实现专业投资管理的意识,壮大股权投资基金在整个融资市场中的影响力。股权投资基金作为现代化金融市场的产物,融合了现代金融投资分散风险和专业管理的特点,相对传统投资方式更能满足投资者的需求。股权投资基金的管理人员通常具有多年的投资经验,有高效的信息收集和处理能力及风险控制手段,能够更好地保障投资的安全和收益。但是让更多的投资者了解股权投资基金的良好运作机制并愿意参与基金,纠正其认识误区,需要政府积极发挥引导作用,在宏观规划上给予股权投资文化建设支持。政府可用的措施包括建立区域性股权投资基金发展中心或鼓励设立行业促进组织，使股权投资理念深入人心。另外，有限合伙文化也是很重要的一部分，它要求投资者以放弃管理经营权为代价去规避无限连带责任，把决策权交由经验丰富的普通合伙人，以出资额为限承担债务的同时还能获得比较有保障的收益。

二是成立股权投资基金行业自律机构，建设股权投资市场的诚信体系。这一方面可以加强股权投资基金的互相沟通协调，群策群力，促进股权投资基金理念的推广，并和政府监管部门、基金投资者、投资对象企业等利益攸关者保持密切联系，致力于优化投资环境；另一方面还可以加强行业道德，统一行业规范和业务标准，杜绝违反行业规范的操作，保护投资者的合法权益，推进股权投资文化建设。我国目前在这一点上已经有所作为。2007 年 9 月 16 日，中国第一家股权投资基金协会——天津股权投资基金协会成立。该协会宣布致力于促进政府与股权投资机构之间沟通，是股权投资机构之间相互交流的平台，也是股权投资机构与中介服务机构之间联系的桥梁。协会以推动行业发展、参与金融创新、促进经济发展为使命，以维护会员合法权益为己任。此后，北京、上海和深圳的股权投资基金协会相继成立，在各自区域中发挥了比较重要的作用。下一步的任务就是设立全国性的股权投资基金协会。未来的全国性股权投资基金协会的宗旨应该是加强行业道德、提供行业数据分析、开展国际合作和推动行业发展等。全国性和地方性行业协会紧密联系成一张网，覆盖整个股权投资基金行业，将对培育健康的股权投资文化有极大的推动作用。

三是要在与外资股权投资机构的博弈中不断壮大本土股权投资机构的实力。竞争是经济的润滑剂，一个健康的投资文化环境在适度监管的基础上应该允许不同的投资主体在同一平台上自由公平竞争，优胜劣汰，才能保证股权投资基金行业的活力。境外股权投资基金参与中国股权投资市场，也有利于本土基金吸收先进的治理手段，同时培育高素质的本土基金投资管理人才，提升整个股权投资基金业的行业水平。然而，境外股权投资基金在华业务因文化冲突问题而屡屡受挫。一方面是因为境外股权投资基金的本土化进程才刚刚起步，有"水土不服"的迹象；另一方面则是因为我国市场对境外投资基金抱有怀疑态度，或出于民族情绪对外资有所排斥。从各国股权投资基金发展的总体趋势来看，股权投资的国际化是大势所趋。完善的股权投资文化应当创造公平的竞争环境，允许境外股权投资基金进入法律法规未禁止其进入的行业和领域。随着股权投资市场的不断完善，本土股权投资基金和外资股权投资基金的竞争日益白热化，同时在互相博弈、相互借鉴中经营策略也日趋相似，这是必然的趋势，也是一种比较有利于股权投资市场发展的竞争文化。从2010年中国创投市场发展报告的数据看来，2010年中国股权投资市场中资基金的募集完成规模为192.9亿美元，远超同期外资基金对应的85.2亿美元，同时，在创业投资市场上，人民币基金规模超过美元基金规模成为主要股权投资力量。特别值得一提的是，境外机构募集人民币基金和本土机构募集美元基金的案例都有发生，境外基金与地方政府合作、享有优惠待遇的案例也屡见不鲜。进入2011年，合格境外有限合伙人（QFLP）制度开始试点，外资机构换汇更加便利，给外资机构设立人民币基金增加了动力，外资机构募集人民币基金更是愈演愈热，先后有黑石、高盛、摩根士丹利等知名机构在中国设立人民币基金（见表10.8）。

表 10.8　　　　　2011 年 1～5 月外资机构募集人民币基金主要案例

境外机构	国内合作方	募集规模	募集性质	组织形式
黑　石	政府、大型国企等	50 亿元	首轮募集	有限合伙
高　盛	北京市政府	50 亿元	首轮募集	有限公司
凯　雷	北京市政府	32 亿元	次轮募集	有限合伙
摩根士丹利	杭州工商信托有限公司	15 亿元	首轮募集	有限公司

近几年本土股权投资基金从数量和规模上明显体现出赶超外资基金的趋势，但是一个不容忽视的问题是，本土股权投资基金的管理水平和外资基金仍然存在很大的差距。见贤思齐，在互相竞争和互相学习中不断提高技术水准、培养优秀的本土基金经理人是走向进步和完善的必经之路。

四是要培养风险意识。培养风险意识可以从三个层面入手，即监管层面、信息披露层面和契约治理层面。在监管层面，监管机构需要对股权投资基金的行业风险采取适当的控制措施，如设定市场准入标准、控制财务杠杆率、建立指标保持对系统性风险程度的监测和对有限合伙人的保护等；在信息披露层面，主要是股权投资基金要及时准确地向合伙人和监管机构披露基金的财务状况、经营策略和投资方向。对于重大投资项目，应该按要求向相关监管部门提出审核和备案，要及时报告基金可能存在的管理机制漏洞和运营资金的异常变动情况；在契约治理层面，股权投资基金管理人要严格遵循事先与基金投资者和股权投资对象企业之间约定的限制性条款，履行承诺。涉及股权投资基金常见的契约型限制条款见图 10.22。

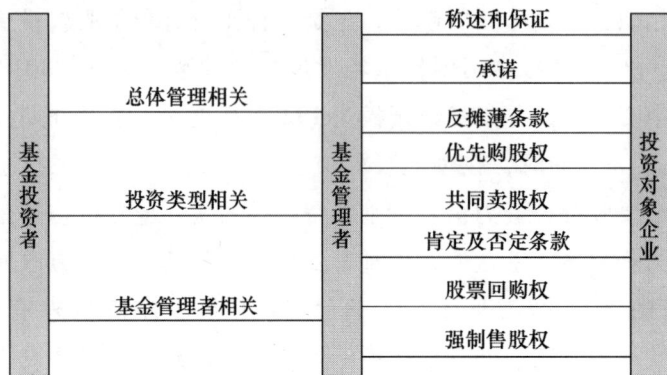

图 10.22 股权投资基金常见的契约型限制条款

资料来源：高正平、张兴巍：《私募股权投资基金价值实现的机制设计》，《经济与管理研究》，2011 年第 2 期。

最后，培育健康的投资文化要培养以创新和创业为核心的企业家精神。企业家精神是企业家拥有的一种创业精神，一种信念，相信无论现状如何，只要有创新的理念和敢于拼搏尝试的勇气，企业就一定会取得成功。经济学家精神是健康股权投资文化不可或缺的一部分。在股权投资基金出现之前，企业家就算有好的创业机会，也会因为传统筹资渠道的限制不能取得足够的创业资金，因此不能把潜在的盈利机会转化为现实。股权投资基金的出现，恰好迎合了企业家创业的需要。股权投资融企业管理和企业投资为一体，既能解决创业需要的资金，又能提高企业治理水平，声望较高的股权投资基金还能为企业赢得良好的声誉和品牌效应，逐步引导企业成长壮大乃至在公开市场上发行股票，最终在股权投资基金的引导下，企业家因为创业和创新精神而获得回报。可观的回报吸引更多具备远见卓识的人加入创业的队伍中，使整个经济体保持积极进取的状态。同样的道理，股权投资基金的发展也离不开企业家精神，良好的创新和创业文化为股权投资基金提供了充分的投资机会，这是一个共赢的结果。健康的股权投资文化，也必然是一种企业家精神和生生不息的文化。

参考文献

英文文献

[1] Amit R. , L. Glosten and E. Muller. Entrepreneurial ability, venture investments, and risk sha-
ring. Management Science. 1990.

[2] Bergemann, Dirk, and Ulrich Hege. Venture capital financing, moral hazard, and learning. Journal of
Banking and Finance. 1998.

[3] Bygrave, William D. , and Jeffry A. Timmons. Venture and risk capital: practice and performance, promo-
tion and policy. Boston: Harvard Business School Press.

[4] Casanatta, Catherine. Financing and Advertising: Optimal financial contracts with venture capitalist. Journal
of Finance. 2003.

[5] Chan Yuk – see. On the positive role of financial intermediation in allocation of venture capital in a market
with imperfect information. Journal of Finance. 1983.

[6] Cornelli, Francesca, and Oded Yosha. Stage financing and the role of convertibale debt. Review of Economic
Studies. 2003.

[7] Fama Eugene F. and Michael C. Jenson. Separation of ownership and control, Journal of law and econom-
ics. 1983.

[8] Gompers , Paul, and Josh Lerner. The Determinants of corporate venture capital success: organization struc-
ture, incentive and complementarities. Cambridge Press. 1999.

[9] Gompers , Paul, and Josh Lerner. The Venture capital cycle. Boston: MIT press, Cambridge. 1999.

[10] Gompers , Paul. Ownership and control in entrepreneurial firms: An examination of convertible securities in
venture capital investments. NBER working paper, 1997.

[11] Gompers , Paul. Optimal investments, monitoring, and the staging of venture capital. Journal of Fi-
nance. 1995.

[12] Gorman, Michael and William Sahlman. What do venture capitalists do? Journal of Finance. 1989.

[13] Grossman, Sanford, and Oliver Hart. An analysis of the principal – agent problem. 1983.

[14] Holmstrom, Bengt. Moral hazard and the observability. Bell Journal of Economics. 1979.

[15] Holmstrom, Milgrom. Aggregation and linearity in the provision of intertemporal incentives. Econometrica, 1987.

[16] Meyer, Vickers. Performance comparison and dynamic incentive, mimeo, Nuffield college, oxford. 1994.

[17] Kaplan, Steven. Venture capitalist as principals: contracting, screening, and monitoring. NBER working paper. 2001.

[18] Sahlman, William. The structure and governance of venture capital organization. Journal of Financial Economics. 1990.

[19] Trester, Jeffery J.. Venture capital contracting under asymmetric information. Journal of Banking and Finance.

[20] National Venture Capital Association. Measuring the importance of venture capital and its benefits to the US economy. 2002.

[21] Rebecca Harding. Venture capital and regional development: towards a venture capital "system". Venture capital, 2000.

[22] Samuel Kortum, Josh Lerner. Assessing the contribution of venture capital to innovation. The RAND Journal of Economics. 2000.

[23] Merton, R. C. and Z. Bodie, A framework for analyzing the financial system, in Crane et al.. Eds., The global financial system: a functional perspective, Boston, Ma, Harvard Business School press. 1995.

[24] Merton, R. C. and Z. Bodie, Deposit insurance reform: a functional approach. In Carnegie – Rochester Conference Series on Public Policy. Vol. 38, edited by A. Meltzer and C. Plosser. Amsterdam: Elsevier N. V., 1993.

[25] Paul Krugman. The Myth of Asia's Miracle. Foreign Affairs; Nov/Dec 1994; Vol. 73.

[26] Cendrowski and Harry, "Private Equity: Governance and Operations Assessment", NJ: John Wiley & Sons, 2008.

[27] Maxwell, Ray, "Private Equity Funds: A Practical Guide for Investors", New York: John Wiley & Sons, 2007.

[28] Bergemann, D. and U. Hege, "Venture Capital Financing, Moral Hazard, and Learning", Journal of Banking and Finance, 1998.

[29] Beroutsos A., Freeman A. and Kehoe C. F., "What Public Companies Can Learn From Private Equity", McKinsey on Finance, 2007.

[30] Gomper, Paul Alan and Lerner, "Venture Capital Distributions: Shortrun and Longrun Reactions", Journal of Finance, 1998.

[31] Sahlman, William A, "The Structure and Governance of Venture Capital Organization", Journal of Financial Economics, 1990.

[32] Poterba James M，"Capital Gains Tax Policy toward Entrepreneurship"，National Tax Journal. 1989. (42)，P375 - 389.

[33] Keuschnigg Christian and Nielsen Soren Bo，"Taxes and Venture Capital Support"，European Finance Review. 2000. (7)，P515 - 539.

[34] Froot K. A，Scharfsteinand D. S.，Stein J C，"Herd on the street：Informational inefficiencies in a market with short term speculation"，Journal of Finance，1992 (47)：1461 - 1682.

[35] NASD Notice to Members 99 - 15，http：//www. finra. org/web/groups/rules_ regs/documents/notice_ to _ members/p004544. pdf.

中文文献

[１] 欧洲委员会国际市场与服务部. Report of the Alternative Investment Expert Group，2006 年 7 月

[２] 麦肯锡全球研究院. 新兴力量：石油美元，亚洲中央银行、对冲基金以及私募股权投资基金如何塑造全球资本市场（执行摘要）. 2007 年 10 月

[３] 凌涛. 股权投资基金在中国——兴起原因与未来发展. 上海：上海三联书店，2009

[４] 朱武祥，魏炜. 重构商业模式. 北京：机械工业出版社，2010

[５] 吴江. 拓宽私募股权投资基金资金来源渠道. 现代物业，2010 年第 9 卷第 3 期

[６] 郭恩才. 解密私募股权基金. 北京：中国金融出版社，2008

[７] 高正平. 全视角观 PE——探索 PE 中国化之路. 北京：中国金融出版社，2009

[８] 伍慧春，楼启葵. 风险投资中的尽职调查与情报研究. 现代情报，2003 年 9 月

[９] 赵远. 投资基金的筹划与管理. 北京：中国对外经济贸易大学出版社，2003

[10] 北京科技风险投资股份公司. 风险投资与新经济. 北京：经济管理出版社，2001

[11] 安实，王健，何琳. 风险企业控制权分配模型研究. 系统工程学报，2009 (1)

[12] 安实，周艳丽，赵泽斌. 基于不完全信息动态博弈分析的风险企业融资策略研究. 数量经济技术经济研究，2003 (10)

[13] 陈业宏，黄媛媛. 公司制与有限合伙制风险投资之比较与选择. 华中师范大学学报，2003 (11)

[14] 成思危. 进一步推动风险投资事业发展. 北京：民主与建设出版社，1999

[15] 成思危. 科技风险投资论文集. 北京：民主与建设出版社，1997

[16] 胡海峰. 创业资本投资过程中的契约安排：理论回顾与展望. 南开经济研究，2003 (3)

[17] 黄孝武. 风险投资者与风险投资企业的激励约束机制初探. 财贸经济，2002 (1)

[18] 李永周. 高技术产业风险投资研究. 北京：经济科学出版社，2006

[19] 应瑞瑶，赵永清. 风险投资中激励机制与代理成本分析. 财经研究，2004 (6)

[20] 俞自由，李松涛，赵荣信. 风险投资理论与实践. 上海：上海财经大学出版社，2001

[21] 张维迎. 博弈论与信息经济学. 上海：上海人民出版社、上海三联书店，1997

[22] 张维迎. 企业的企业家—契约理论. 上海：上海三联书店，1996

[23] 张新立，王青建. 风险投资家的最优激励契约模型研究——一种基于逆向选择和道德风险条件下的

博弈模型分析. 财经研究, 2006 (5)

[24] 郑君君, 刘恒. 基于委托代理关系的风险投资者对风险投资家激励模型的研究. 数量经济技术经济研究, 2005 (5)

[25] 卓越. 风险投资治理机制研究——基本人力资本的视角. 北京: 中国社会科学出版社, 2006

[26] 王春峰, 李吉栋. 可转换证券与风险投资——可转换证券的信号传递机制. 系统工程理论方法应用. 第12卷第4期

[27] 徐玖平, 陈书建. 不对称信息下风险投资的委托代理模型研究. 系统工程理论与实践, 2004年1月

[28] 王树慧. 风险投资促进高技术产业发展的机制分析. 中国社会科学院研究生院, 2003

[29] 张陆洋. 科技产业创新与风险投资. 北京: 经济科学出版社, 2001

[30] 范大平, 邵晖. 浅谈投资私募基金的法律风险及防范. 金融与经济, 2008 (4)

[31] 李光. 我国私募基金的风险及防范. 特区经济, 2009 (5)

[32] 胡晟姣, 杨静易, 碧蓉. 我国私募基金发展中存在的风险及对策研究. 中国集体经济, 2009 (6)

[33] 倪明. 我国私募基金运行现状及风险. 中国金融, 2010 (3)

[34] 何梦杰, 汪进. 中国私募股权投资估值困境的产生机理及解决思路. 学术月刊, 2009 (5)

[35] 张矢的, 魏东旭. 风险投资中双重道德风险的多阶段博弈分析. 南开经济研究, 2008 (6)

[36] 谢季坚, 刘承平. 模糊数学方法及其应用. 武汉: 华中科技大学出版社, 2006

[37] 王瑞花, 吕永波, 王永平等. 风险投资机构项目风险评价研究. 中国科论坛, 2003 (1)

[38] 蔡建春, 王勇, 李汉铃. 风险投资中投资风险的灰色多层次评价. 管理工程学报, 2003 (2)

[39] 常永华. 高科技项目投资决策风险的综合评价模型. 统计与决策, 2008 (10)

[40] 王晓艳. 利用模糊数学进行风险投资项目的综合评价. 经济经纬, 1998 (10)

[41] 岳意定, 曾小龙. 上市公司监管风险评价实证研究. 系统工程, 2008 (8)

[42] 朱奇峰. 中国私募股权基金理论、实践与前瞻. 北京: 清华大学出版社, 2008

[43] 王元. 中国创业风险投资发展报告2010. 北京: 经济管理出版社, 2011

[44] 刘静. 我国本土私募股权投资基金的发展研究. 法制与经济, 2010 (6)

[45] 王颖. 私募股权投资: 现状、机遇与发展建议. 理论探索, 2010 (6)

[46] 北京市道可特律师事务所、道可特投资管理 (北京) 有限公司. 外资PE在中国的运作与发展. 北京: 中信出版社, 2011

[47] 戴盛. 外资私募股权投资基金在中国. 国际融资, 2011 (2)

[48] 张莫, 王涛. 外资巨头不惧中国调控, 正加快布局中国楼市. 经济参考报, 2010 (9)

[49] 艾小乐. 论外资并购与中国本土私募股权投资的发展. 特区经济, 2008 (3)

[50] 倪淑慧. 美、日两国防范外资对国家经济安全影响的经验以及对我国的启示. 北方经济, 2009 (10)

[51] 李淑平. 外资并购及其法制监管. 当代经济, 2007 (5)

[52] 厦门大学王亚楠经济研究院、新加坡管理大学中国资本市场研究中心、高能资本有限公司. 中国私募股权基金研究报告. 北京: 中国财政经济出版社, 2007

[53] 邹晓琴. 破解中小企业融资难题——私募股权融资. 商场现代化, 2010 (12)

［54］孙春艳．私募股权基金解决中小企业融资．商场现代化，2010（6）

［55］翟文超．发展私募股权基金如何突破中小企业成长中的融资障碍．财经界，2011（2）

［56］邓卫．私募股权融资：中小企业融资新风向．企业改革与管理，2010（5）

［57］张恩光．中小企业融资难的原因及对策研究．商业经济，2010（12）

［58］张跃强．我国中小企业财务状况的分析研究．中国市场，2010（52）

［59］王烨．我国中小企业融资难问题研究．商洛学院学报，2010（6）

［60］翁建华．后危机时代中小企业融资难困境与对策．中国市场，2010（52）

［61］钟文颖．从爱尔眼科看我国中小企业的私募股权融资．财经界，2010（4）

［62］聂光宇．中国流动性过剩的影响、成因及解决方式．河北学刊，2007（4）

［63］许永兵，刘华光．外汇占款、流动性过剩与当前的通胀压力．价格理论与实践，2010（12）

［64］柯剑山．我国的流动性过剩的表现及成因分析．金融经济，2010（17）

［65］栾申洲，苏秋波．流动性过剩对我国经济的影响及应对策略．中国集体经济，2011（3）

［66］王凯鑫．金融危机下流动性过剩问题的分析．价值工程，2011（1）

［67］林毅夫，李永军．中小金融机构发展与中小企业融资．经济研究，2001（1）

［68］吴晓灵．发展私募股权基金，服务滨海新区自主创新．港口经济，2006（6）

［69］李勇五，马丽，武宏波．发展私募股权基金支持经济发展和产业转型的探索—山西案例．华北金融，2009（增刊）

［70］张洁梅．私募股权基金与我国的产业发展问题研究．改革与战略，2009（9）

［71］艾西南．私募股权投资基金将开启我国产业整合的新时代．今日工程机械，2007（11）

［72］符瑞光．私募股权基对我国中小企业融资金融制度创新的启示．商业经济，2008（10）

［73］邓媚颖．清洁能源和环保行业的投资现状和机会——2008中国创业投资暨私募股权投资中期论坛之一．科技创业，2008（8）

［74］林洁．走出去战略：我国企业海外投资现状与思考．北方经济，2010（7）

［75］赵旭梅．加快海外投资步伐，积极"走出去"．中国国情国力，2007（8）

［76］黄人杰．发展开放型经济的金融支持体系研究——基于支持"走出去"战略的视角．现代经济探讨，2010（11）

［77］孙中和．充分发挥股权投资在"走出去"中的重要作用．中国经济，2008（2）

［78］咸适．我国"走出去"战略的实施及离岸金融支持．经济体制改革，2009（6）

［79］彭继民．"走出去"战略与我国企业海外投资．国民经济管理，2008（9）

［80］杨明海．我国金融企业走出热的冷思考——看中国平安投资富通失利．财会月刊，2009（9）

［81］王艳．打造竞争力，掌握话语权——国际金融危机带给中国企业的机遇与挑战．化工管理，2008（11）

［82］程云杰．中国积极谋求国际金融市场话语权．商务周刊，2005（5）

［83］张颖．经营者的责、权、利——浅谈私募股权投资基金和社会契约对公司治理的影响．江苏商论，2007（9）

［84］彭升平．私募股权参与公司治理的研究．商场现代化，2009（5）

[85] 李艳虹，王聪. 切实解决上市公司治理问题. 特区理论和实践，2003（3）

[86] 刘文君. 转型期中国上市公司治理问题分析. 企业经济，2007（10）

[87] 石予友. 中国上市公司治理的主要问题探讨. 经济管理，2007（4）

[88] 刘念. 我国创业板上市公司治理的相关问题探索. 金卡工程，2011（3）

[89] 邓念武，包小忠. 我国民营企业的治理问题研究——以广东东莞为例. 中国商贸，2011（26）

[90] 鲁桐，仲继银，孙杰. 2006 年度中国上市百强公司治理评价. 中国改革，2006（6）

[91] 邵国良，田志龙. 两类民营上市公司治理问题分布及绩效研究. 系统工程，2005（6）

[92] 陆涛. 股权结构与我国上市公司治理问题研究. 上海经济研究，2008（10）

[93] 国家发改委. 关于进一步规范试点地区股权投资企业发展和备案管理工作的通知. 2011

[94] 国家发改委. 创业投资企业管理暂行办法. 2005

[95] 上海市金融服务办公室，上海市工商行政管理局，上海市国家税务局，上海市地方税务局. 上海市关于股权投资企业工商登记等事项的通知. 2008

[96] 河北省人民政府办公厅. 河北省促进股权投资基金业发展办法. 2010

[97] 中国保监会. 保险资金投资股权暂行办法. 2010

[98] 外贸易经济合作部，科学技术部，国家工商行政管理总局，国家税务总局，国家外汇管理局. 外商投资创业投资企业管理规定. 2003

[99] 外贸易经济合作部，科学技术部，国家工商行政管理总局，国家税务总局，国家外汇管理局. 中国证券监督管理委员会. 外商投资创业投资企业管理办法. 2006

[100] 对外经贸合作部. 关于设立外商投资股份有限公司若干问题的暂行规定. 1995

[101] 上海证券交易所. 股票上市规则. 2008

[102] 中国证券监督管理委员. 关于企业申请境外上市有关问题的通知. 1999

[103] 对外贸易经济合作部，国家工商行政管理. 外商投资企业投资者股权变更的若干规定. 1997

[104] 北京市金融工作局，北京市商务委员会，北京市工商行政管理局，北京市发展和改革委员会. 在京设立外商投资股权投资基金管理企业暂行办法. 2009

[105] 商务部. 外国投资者并购境内企业暂行规定. 2006

[106] 国家外汇管理局. 关于完善外商投资企业外汇资本金支付结汇管理有关业务操作问题的通知. 2008

[107] 国家外汇管理局. 2010 年中国跨境资金流动监测报告. 2010

[108] 国家外汇局，中国住房和城乡建设部. 关于进一步规范境外机构和个人购房管理的通知. 2010

[109] 上海市金融办，上海市商务委，上海市工商局. 关于本市开展外商投资股权投资企业试点工作的实施办法. 2011

[110] 刘东辉，林丽. 面向金融行业人才培养的技能需求分析. 中国乡镇企业会计，2010（5）

[111] 耿庆章. 如何培养高素质的风险投资人才. 科学学与科学技术管理，2000（5）

[112] 冯中圣，沈志群. 中国创业投资行业发展报告 2010. 北京：中国计划出版社，2010

[113] 姚芳玲. 美国风险投资人才的研究及对我国的启示. 西安金融，2002（9）

[114] 李小忠. 我国私募股权投资的发展对策. 河北经贸大学学报，2009 年（4）

[115] 刘磊. 中小企业私募股权投资基金发展对策研究. 农村金融研究，2010（5）

[116]王吉发，姚秀敏．我国私募股权投资基金发展问题及对策研究．金融经济，2009（24）

[117]侯玉娜，李振一．国内私募股权投资基金发展思考．合作经济与科技，2007（12月号上）（总第334期）

[118]谢富华，刘惠杰，何翔．私募股权投资基金对天津市中小企业融资研究．华北金融，2009（5）

[119]高正平，张兴巍．私募股权投资基金价值实现的机制设计．经济与管理研究，2011（2）

[120]清科研究中心．中国私募股权投资报告．清科研究中心网站，2011

[121]黄凤羽．风险投资与相关税收制度研究．北京：中国财政经济出版社，2005

[122]曲顺兰．以税制改革为契机优化我国风险投资税收政策．税务研究，2004（5）

[123]苏启林．论创业投资双重征税的消除——国际经验与我国的选择．外国经济与管理，2002（8）

[124]刘健钧．对"资创业投资企业管理规定"宏观审视．中国风险投资，2003（4）

[125]黎婧．风险投资税收优惠政策分析——兼议我国风险投资税收优惠政策的设计．税务研究，1999（8）

[126]郭庆旺，罗宁．促进风险投资的税收思考．当代财经，2001（4）

[127]周黎安，陈烨．中国农村税费改革的政策效果：基于双重差分模型的估计．经济研究，2005（8）

[128]石善冲，齐安甜．行为金融学与证券投资博弈．北京：清华大学出版社，2006

[129]陈收．行为金融理论与实证．长沙：湖南大学出版社，2004

[130]董志勇，韩旭．基于GCAPM的羊群行为检测方法及中国股市中的实证证据．金融研究，2007（5）

[131]黄利明．新规约束IPO发行灰色利益链．经济观察报，2010-08-23

[132]陈全伟．台湾证券市场转板机制动因及影响．证券市场导报，2004（7）

[133]陈一勤．从NASDAQ看中国做市商制度的建立．金融研究，2000（2）

[134]燕鹏，任启哲，隋晖．做市商制度的国际比较及其启示．集团经济研究，2006（7）

[135]金永军，扬迁，刘斌．做市商制度最新的演变趋势及启示．证券市场导报，2010（10）

[136]楚尔鸣．做市商及其定价分析．华南金融研究，2001（6）

[137]彭蕾，干胜道．信息不对称对做市商报价影响力的实证研究．金融教学与研究，2004（5）

[138]徐洪才．中国多层次资本市场体系与监管研究．北京：经济管理出版社，2009